高等学校应用型特色规划教材　经管系列

统计学原理与实务

编著　陈在余　陶应虎

清华大学出版社
北京

内容简介

本书是按照“技能型、应用型”人才培养目标，本着学以致用的原则编写的统计学教材。全书共分11章，重点讲述统计学的基本原理及方法，主要内容包括：绪论、统计数据的搜集、统计整理、静态分析指标、时间数列分析、统计指数、抽样推断、方差分析、相关分析与回归分析、Excel 在统计学中的运用、统计分析与统计报告。在各章节中，结合所讲述的内容，教材中插入了大量的例题、案例分析及专栏，每章最后均配有适量的练习题，以提高学生分析和解决实际问题的能力。

本书概念准确、层次分明、深入浅出，理论联系实际，具有较强的实用性。本书适用于各类应用型本科及高职高专院校经济类、管理类等相关专业的学生，也可作为实际统计从业人员的培训教材和参考读物。

图书在版编目(CIP)数据

统计学原理与实务/陈在余，陶应虎编著. —北京：清华大学出版社，2009.3（2024.8 重印）
(高等学校应用型特色规划教材　经管系列)
ISBN 978-7-302-19257-2

Ⅰ. 统…　Ⅱ. ①陈…　②陶…　Ⅲ. ①统计学—高等学校—教材　Ⅳ. ①C8

中国版本图书馆 CIP 数据核字(2009)第 006305 号

责任编辑： 温　洁
封面设计： 杨玉兰
版式设计： 北京东方人华科技有限公司
责任校对： 周剑云
责任印制： 刘　菲

出版发行： 清华大学出版社
网　　址： https://www.tup.com.cn, https://www.wqxuetang.com
地　　址： 北京清华大学学研大厦 A 座　　**邮　　编：** 100084
社 总 机： 010-83470000　　**邮　　购：** 010-62786544
投稿与读者服务： 010-62776969, c-service@tup.tsinghua.edu.cn
质量反馈： 010-62772015, zhiliang@tup.tsinghua.edu.cn
印 装 者： 北京建宏印刷有限公司
经　　销： 全国新华书店
开　　本： 185mm×230mm　　**印　　张：** 26.75　　**字　　数：** 580 千字
版　　次： 2009 年 3 月第 1 版　　**印　　次：** 2024 年 8 月第 14 次印刷
定　　价： 69.00 元

产品编号：030413-04

出版说明

应用型人才是指能够将专业知识和技能应用于所从事的专业岗位的一种专门人才。应用型人才的本质特征是具有专业基本知识和基本技能，即具有明确的职业性、实用性、实践性和高层次性。加强应用型人才的培养，是“十一五”时期我国教育发展与改革的重要目标，也是协调高等教育规模速度与市场人才需求关系的重要途径。

教育部要求今后需要有相当数量的高校应致力于培养应用型人才，以满足市场对应用型人才需求量的不断增加。为了培养高素质应用型人才，必须建立完善的教学计划和高水平的课程体系。在教育部有关精神的指导下，我们组织全国高校的专家教授，努力探求更为合理有效的应用型人才培养方案，并结合我国当前的实际情况，编写了这套《高等学校应用型特色规划教材》丛书。

为使教材的编写真正切合应用型人才的培养目标，我社的策划编辑在全国范围内走访了大量高等学校，拜访了众多院校主管教学的领导，以及教学一线的系主任和教师，掌握了各地区各学校所设专业的培养目标和办学特色，并广泛、深入地与用人单位进行交流，明确了用人单位的真正需求。这些工作为本套丛书的准确定位、合理选材、突出特色奠定了坚实的基础。

✧ 教材定位

- ➢ 以就业为导向。在应用型人才培养过程中，应充分考虑市场需求，因此本套丛书充分体现“就业导向”的基本思路。
- ➢ 符合本学科的课程设置要求。以高等教育的培养目标为依据，注重教材的科学性、实用性和通用性。
- ➢ 定位明确。准确定位教材在人才培养过程中的地位和作用，正确处理教材的读者层次关系，面向就业，突出应用。
- ➢ 合理选材、编排得当。妥善处理传统内容与现代内容的关系，大力补充新知识、新技术、新工艺和新成果。根据本学科的教学基本要求和教学大纲的要求，制定编写大纲(编写原则、编写特色、编写内容、编写体例等)，突出重点、难点。
- ➢ 建设“立体化”的精品教材体系。提倡教材与电子教案、学习指导、习题解答、课程设计、毕业设计等辅助教学资料配套出版。

◇ 丛书特色

- 围绕应用讲理论，突出实践教学环节及特点，包含丰富的案例，并对案例作详细解析，强调实用性和可操作性。
- 涉猎最新的理论成果和实务案例，充分反映岗位要求，真正体现以就业为导向的培养目标。
- 国际化与中国特色相结合，符合高等教育日趋国际化的发展趋势，部分教材采用双语形式。
- 教材在结构的布局、内容重点的选取、案例习题的设计等方面符合教改目标和教学大纲的要求，把教师的备课、授课、辅导答疑等教学环节有机地结合起来。

◇ 读者定位

本系列教材主要面向普通高等院校和高等职业技术院校，适合应用型人才培养的高等院校的教学需要。

◇ 关于作者

丛书编委特聘请执教多年且有较高学术造诣和实践经验的教授参与各册教材的编写，其中有相当一部分课程的教材主要执笔者是精品课程的负责人，本丛书凝聚了他们多年的教学经验和心血。

◇ 互动交流

本丛书的编写及出版过程，贯穿了清华大学出版社一贯严谨、务实、科学的作风。伴随我国教育改革的不断深入，要编写出满足新形势下教学需求的教材，还需要我们不断地努力、探索和实践。我们真诚希望使用本丛书的教师、学生和读者朋友提出宝贵的意见或建议，使之更臻成熟。

清华大学出版社

前　　言

统计学是教育部规定的高等院校经济管理类专业的一门专业基础课程，在我国高等院校的经济学和管理学专业中普遍开设。面对今天高速发展的知识经济时代，作为数据处理和分析技术的统计方法已广泛应用于科学研究、生产管理、经济分析和经营决策的各个方面，因此，在现代经济发展中，统计学及统计工作已越来越多地受到人们的重视。

另一方面，随着我国应用型人才培养需求的不断增加，统计学教材应如何满足我国应用型人才培养目标的要求，既能体现统计学思想，培养学生的统计学思维方式，又能通俗易懂，理论联系实际，提高学生的实际操作能力，这是统计学教学研究的重要课题，而本教材是一次有益的尝试。

本教材具有以下特点。

(1) 系统性。本书的内容结构和章节安排，都要求做到条理清楚，层次清晰，力求系统，严密地阐述统计学的基本原理与方法。

(2) 实用性。在确保理论体系完整的情况下，充分展示统计方法的实用性本质，如增加了 Excel 在统计学中的应用、统计分析与统计报告等相关内容，在各章节中大量举例，并配有适量练习，给读者以启迪，增强学生对现实问题进行数据处理和统计分析的能力。

(3) 通俗性。本书力求通俗易懂，删除概率论与数理统计中较为晦涩难懂的部分内容，同时确保统计思想的完整性，遵从循序渐进的原则，深入浅出，突出本书的简洁性和可读性特征。

(4) 针对性。本书主要针对应用型人才的培养目标，注重统计方法的阐述，培养学生统计学的基本专业知识与基本技能，以满足实际工作的需要。

把系统性、实用性、通俗性、针对性统一起来，围绕应用型人才的教学要求，全面阐述统计学基本原理与实务，是本书的鲜明特色。我们在每章开篇均设有学习目标、关键概念，提出了教学要点和对学生的教学要求，在各章节中，结合所讲述的内容，插入了大量的专栏及案例分析，内容生动。此外，我们还制作了与本书配套的 PPT 多媒体教学课件，本书的复习思考题的参考答案也安排在课件中，提供给教师参考使用。

下载地址：www.tup.tsinghua.edu.cn

本书由陈在余、陶应虎合作编著而成，全书共 11 章，第一章到第四章以及第十一章由陶应虎博士编写，第五章到第十章由陈在余博士编写。初稿完成后两位作者共同对全书进行了修改定稿，多媒体教学课件由陈在余博士制作。

本书在编写过程中，参考了大量的文献资料，并且借鉴了同行专家的研究成果，在此我们向有关作者表示诚挚的谢意。

本书的编著和出版得到了清华大学出版社，以及中国药科大学商学院、金陵科技学院商学院及三江学院有关领导和老师的大力支持，并且得到《江苏科技政策公共服务中心》项目资助(编号 BM2009862)，在此一并表示感谢。

限于我们的水平，书中不足和疏漏之处在所难免，恳请同行和读者提出宝贵意见，使之更臻成熟。

编　者

目　　录

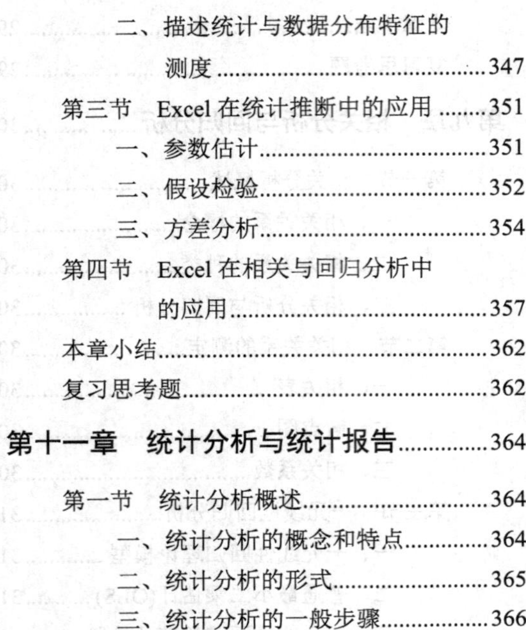

第一章

绪　　论

学习目标：通过本章的学习，了解统计学的含义、统计学的产生与发展，正确地理解统计学的对象与特点，掌握统计学的几个基本概念。把握统计指标设计的一般问题，并能根据研究目的，进行简单的统计指标体系的框架设计。

关键概念：统计(statistics)　标志 (symbol)　指标(index)　指标体系(index system) 总体(population)　变量(variable)　总体单位(population unit)

第一节　统计和统计学

现代统计的含义包括三方面：统计工作、统计资料、统计学。

统计工作即统计实践，是指从事对社会、政治、经济、文化、科学技术等方面统计资料的搜集、整理及分析的工作活动过程。统计资料，是统计工作过程中取得的各项数字资料和其他与之相联系的资料的总称，是统计工作取得的成果。统计学，是研究事物数量方面(统计数据)的方法和原理，是方法论科学。

统计三个方面的含义之间存在下列关系(如图 1-1 所示)：统计工作是统计实践活动；统计资料是统计工作的成果；统计学是统计实践经验的理论概括和深化，统计学形成以后，又反过来指导统计工作实践，它们是理论与实践的关系。

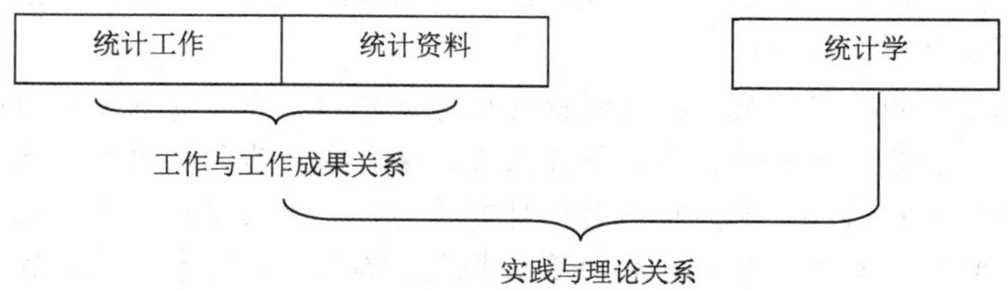

图 1-1　统计三个方面的含义之间的关系

【专栏 1-1】 “统计”一词的由来

统计已经有几千年的历史。不过在早期还没有出现“统计”这样的用语。

统计一词最早出现于中世纪拉丁语的 Status，意思指各种现象的状态和状况。由这一

语根组成意大利语 Stato，表示“国家”的概念，也含有国家结构和国情知识的意思。根据这一语根，最早作为学名使用的“统计”，是在 19 世纪德国政治学教授亨瓦尔(G. Achenwall) 1749 年所著《近代欧洲各国国家学纲要》一书绪言中，把国家学名定为 Statistika(统计)。原意是指“国家显著事项的比较和记述”或“势学”，认为统计是关于国家应注意事项的学问。此后，各国相继沿用“统计”一词，并作了翻译，如法国译为 Statistique，意大利译为 Statistica，英国译为 Statistics。1907 年彭祖植编写的《统计学》在日本出版，同时在国内发行，这是我国最早的一本“统计学”书籍。此后“统计”一词就成了记述国家和社会状况的数量关系的总称。

【专栏 1-2】 统计实践活动的产生及发展

(1) 原始社会后期：统计萌芽于计数活动。例如，以人类灵巧的十个手指充当计数的天然工具；利用石子、贝壳、小木棍等自然物作为算筹进行计数；利用绳索的颜色、长短、粗细及在绳索上打结的多少来表现和记载数字；在树木、石头、泥坯等上面进行刻痕画线来表现和计算数字。

(2) 奴隶制国家的产生使统计日显重要，统计活动被明显地作为奴隶制国家的治国手段。《史记》记载：“禹平水土，定九州，计民数。”意思是说，夏禹立国后就勘定国土面积，统计人口数量。作为治国的手段和管理的工具，统计活动在世界范围内也相继产生和开展起来。例如，公元前 4 世纪—公元前 3 世纪，埃及托勒密王朝为了稳定国库收入，对王室土地和其他各类土地及产品都进行过统计；公元前 2030 年，古犹太进行过人口统计；公元前 933 年，为了增加赋税和劳役，犹太王所罗门进行了人口和财产调查。此外，在古波斯、古印度、古希腊和古罗马这些古代文明国家有关国情国力的调查也相继展开。

(3) 封建社会时期：统计已略具规模。如在欧洲，古希腊和古罗马时代，就已开始了人口数字和居民财产的统计调查工作。封建主国家根据其需要也进行了有关人口、军队、世袭领地和财产等统计。但是那个时代的统计活动和统计资料，无论中国还是外国，都是一些原始的、简单的汇总和计算。

(4) 资本主义的兴起：统计扩展到社会经济各方面。随着资本主义的兴起和社会生产的不断发展，社会分工越来越科学，社会生活日趋复杂。为了解国内外社会经济状况、市场状况和企业的生产情况，资产阶级必须对有关的经济活动进行广泛的统计，于是工业、农业、商业、对外贸易等各方面的统计活动都发展起来。当资本主义发展到垄断资本主义阶段，随着科学技术的进步，统计在现代经济管理和科学技术分析中的作用更为重要，从而得到了更广泛的应用和发展。随着统计实践的发展和经验的积累，各种统计理论和学说应运而生。但是直到 17 世纪以后统计才逐渐发展成一门科学，逐步形成了不同的学派。从统计学产生和发展的过程来看，大致可以分为古典统计学、近代统计学和现代统计学三个时期。

第二节　统计的研究对象与研究方法

一、统计学的研究对象

统计学按其研究对象包括的内容划分，可分为广义统计学和狭义统计学。广义统计学以社会现象、经济现象、自然现象的数量方面作为其研究对象。广义统计学既不属于社会科学，也不属于自然科学，它是一门跨学科的独立的通用方法论科学。狭义统计学是指社会经济统计学、数理统计学等。本书阐述狭义统计学中的社会经济统计学，本书所涉及的统计工作系狭指社会经济统计工作。

社会经济统计的研究对象是大量社会经济现象总体的数量方面，即研究社会经济现象总体的数量特征和数量关系。

【例 1-1】判断题

社会经济统计工作的研究对象是社会经济现象总体的数量方面。(　　)

参考答案：✓

分析：统计学和统计工作是理论与实践的关系，它们所要认识的研究对象是一致的，故统计工作的研究对象也是社会经济现象总体的数量方面。

二、统计学研究对象的特点

统计学研究对象的特点如下。

1. 总体性

统计是研究社会经济现象总体的数量特征和规律性，而不是个体的量。例如，了解市场物价情况，统计学是着眼于整个物价指数的变动，而不是某一种商品价格的变动，但物价统计必须从每种有关商品(即代表性商品)的价格变动情况着手调查。

2. 数量性

统计是从数量方面认识社会经济现象的科学方法，数字是统计的语言。统计学的一个重要特征就是用大量数字资料来说明事物的规模、水平、结构、比例关系、差别程度、普遍程度、发展速度、平均规模和水平、平均发展速度等。

3. 具体性

统计是研究社会经济现象在一定时间、地点、条件下具体事物的量，而不是抽象的数量，这是统计学不同于数学的重要特点。但要注意的是，统计学在研究数量关系时，也要应用数学方法，研究客观现象数量的变动规律。

4. 社会性

社会经济统计是以社会经济现象作为研究对象，有明显的社会性的特点；社会经济统计本身也是一种社会实践活动，更具有社会性特征。

三、统计研究的具体方法

统计研究的具体方法主要有大量观察法、统计分组法、综合指标法、归纳推断法及统计模型法。

1. 大量观察法

大量观察法是统计要对社会经济现象总体的全部或足够多的个体进行调查研究并综合分析，从而反映社会经济现象总体的数量特征及其规律性的方法。为什么要采用大量观察法？这是由于社会经济现象复杂多变而又相互联系、相互制约决定的，现象总体是在诸多因素综合作用下形成的，总体内各个体既受主要因素的影响，又受次要因素的影响；既受必然因素的影响，又受偶然因素的影响。只有在对现象的质进行分析的基础上，观察现象总体的全部或抽取足够多的个体进行观察，才能使次要因素、偶然因素的影响相互抵消，从而揭示现象的本质规律。在实际统计工作中，广泛采用了大量观察法，如统计报表、普查、重点调查和抽样调查等。

2. 统计分组法

统计分组法是根据统计研究的目的和研究对象的特点，按一个或几个特定的标志，把总体划分为若干个不同部分或组的一种统计研究方法。应用统计分组，可以揭示现象的不同类型，在分组的基础上，研究现象总体内部构成及内部数量关系。

3. 综合指标法

将大量观察所得的资料进行加工、汇总，就可以得到反映现象总体一般数量特征的综合指标，运用各种综合指标对现象总体的数量方面进行分析，这种分析方法叫综合指标法。常用的综合指标有三类：总量指标、相对指标和平均指标，它们从动态和静态上反映了经济现象的总规模、水平、结构、速度等数量特征。在这三类指标的基础上展开统计分析的具体形式有对比分析、平均分析、变异分析、动态分析、指数分析、经济模型分析(包括相关与回归分析、平衡分析和预测分析)。

4. 归纳推断法

统计研究中，一些现象所包括的个体是有限的，而另一些现象所包括的个体的量非常大或无限，对于前者可用综合指标法进行分析，而对于后者，则采用归纳推断法进行分析。归纳推断法是以一定的置信标准，采用科学的方法，根据样本数据来判断总体数量特征的归纳推理方法，归纳推断法广泛应用于对总体数量特征的估计和对总体某些假设的检验。

5. 统计模型法

统计模型是将客观现象的统计资料配合以适当的数学模型，对客观经济现象总体及其变化过程作出比较完善的、近似的反映和模拟，借以反映社会经济现象之间的数量关系和数量特征，从而揭示其发展变化规律的科学方法。统计模型按其量化层次不同可以分为两类：一类是统计逻辑模型，它按照系统的逻辑结构，用框架图表的形式反映与刻画研究系统的特征、构成要素及其相互间的关系，例如，国民经济指标体系、宏观经济监测指标体系等；另一类是统计数学模型，按统计指标之间存在明确的数量关系，对某一系统的行为及运行过程进行评价、统计预测及控制。统计模型法是大量观察法、综合指标法、归纳推断法的进一步综合化与系统化。由于计算机的普及与互联网的发展而更为广泛使用，统计模型法的应用是统计理论与统计方法的飞跃发展，是贯穿整个统计认识全过程的基本方法，它将成为今后统计分析最普遍、最严密的统计方法。

四、统计的工作过程

统计工作过程是指统计工作的步骤。统计工作的步骤有：统计设计、统计调查、统计整理和统计分析。

1. 统计设计

统计设计是根据统计研究的需要和现象的性质，对统计工作的各个方面和各个环节进行全盘计划和安排。统计设计的结果表现为各种统计设计方案，如统计指标与统计指标体系、分类目录、统计报表制度、调查方案、汇总或整理方案等，统计设计贯穿于统计工作全过程。

2. 统计调查

统计调查是根据统计设计方案的要求，采用科学的方法，对所要调查的对象进行有计划的、系统的搜集资料的过程。统计调查是统计整理与统计分析的基础环节。统计调查担负着搜集基础资料的任务，所搜集的资料是否准确关系到统计工作的质量。

3. 统计整理

统计整理是根据统计的目的采用科学的方法，对调查资料进行分组、加工汇总，使之系统化、条理化的过程。统计整理是统计工作的中间环节，是统计分析的前提。

4. 统计分析

统计分析是对经过加工汇总的统计资料进行分析研究，计算各项综合指标与分析指标，进行分析对比研究，揭示现象的数量特征和内在联系，阐明现象的发展趋势和规律性，根据分析结果对现象的数量表现进行综合评价，并对现象的发展前景进行估计与预测的工作过程。统计分析是统计工作的决定性环节。

整个统计过程是统计认识提高的过程，是经过统计设计(质)到统计调查和统计整理(量)，再到统计分析(质与量结合)，从而达到对现象的本质和规律的认识过程。

【专栏 1-3】 统计的发展时期及学派划分

从统计学的产生和发展过程来看，可以把统计学划分为古典统计学、近代统计学和现代统计学三个时期。

一、古典统计学时期

古典统计学时期指的是 17 世纪中末叶至 18 世纪中末叶的统计学萌芽时期。当时分记述学派和政治算术学派两大学派。

(一)记述学派

记述学派又称国势学派，产生于 18 世纪。所谓国势学就是以文字来记述国家的显著事项的学说，它的发源地在德国，主要代表人物为康令(H. Conring，1606—1681)和阿亨瓦尔(G. Achenwall，1719—1772)。他们在大学中开设“国势学”，采用记述性材料，讲述国家“显著事项”，借以说明管理国家的方法，特点是偏重于对事物质的解释而忽视量的分析。

国势学派所研究的是历史学的组成部分，属于实质性的社会科学。

这一学派对统计学的贡献如下：①阿亨瓦尔在 1749 年首先提出了“统计学”学科名词。他把“国势学”称为 Statistik，即“统计学”，这个名词一直沿用至今。②提出了统计学的一些术语。如“统计数字资料”、“数字对比”等。国势学派主要用对比方法研究各国实力的强弱，在对比方面是较为成功的。

(二)政治算术学派

政治算术学派的发源地在英国伦敦，产生于 17 世纪中叶，代表人物是英国威廉·配第(W. Petty，1623—1687)和约翰·格朗特(J. Graunt，1620—1674)。政治算术学派是用计量方法研究社会经济问题，运用大量观察法、分类法以及对比、综合、推算等方法解释与说明社会经济生活的。他们在自己的著作中构建了初具规模的社会经济统计的研究方法体系，但由于受历史、经济等条件的限制，这在很大程度上还处于统计核算的初创阶段，只能以简单、粗略的算术方法对社会经济现象进行计量和比较，尽管这个学派当时还未采用统计学之名，但已有统计学之实了。

政治算术学派虽然以数字表示事实，但它还未从政治经济学中分化出来，这一学派所探讨的规律，都是用数字表示的社会经济规律，所以也属于实质性的社会科学。

二、近代统计学时期

近代统计学时期指的是 18 世纪末到 19 世纪末的 100 多年时间，在此时期统计学又形成了许多学派，其中主要是数理统计学派和社会统计学派。

(一)数理统计学派

数理统计学派产生于 19 世纪中叶，以比利时的凯特勒(A. Quetelet，1796—1874)作为奠基人，著有《社会物理学》。凯特勒认为统计学既研究社会现象又研究自然现象，是一

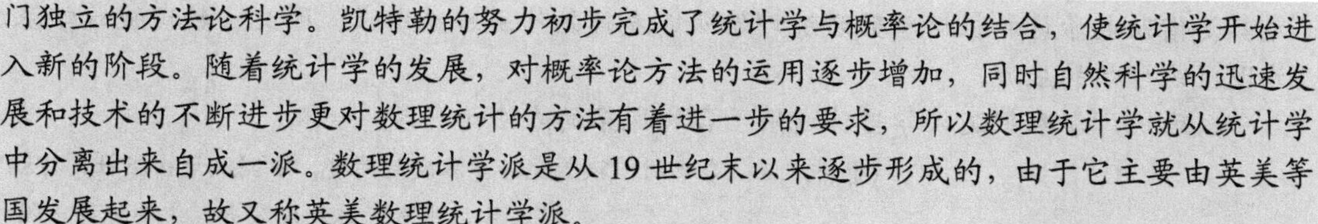

门独立的方法论科学。凯特勒的努力初步完成了统计学与概率论的结合，使统计学开始进入新的阶段。随着统计学的发展，对概率论方法的运用逐步增加，同时自然科学的迅速发展和技术的不断进步更对数理统计的方法有着进一步的要求，所以数理统计学就从统计学中分离出来自成一派。数理统计学派是从 19 世纪末以来逐步形成的，由于它主要由英美等国发展起来，故又称英美数理统计学派。

(二)社会统计学派

19 世纪后半叶，正当英美数理统计学派刚开始发展的时候，德国兴起了社会统计学派。

社会统计学派以德国为中心，由德国大学教授克尼斯(K. G. A. Knies，1821—1898)首创，主要代表人物为恩格尔(C. L. E. Engel，1821—1896)和梅尔(G. V. Mayr，1841—1925)，他们认为统计学是一门社会科学，是研究社会现象变动原因和规律的实质性科学。社会统计学派认为统计学所研究的是社会总体而不是个别的社会现象，由于社会现象的复杂性和总体性，必须对总体进行大量的观察和分析，研究其内在的联系，方能反映社会现象的规律。社会统计学派一方面研究社会总体，另一方面在研究方法上采用大量观察法，这两方面构成了他们研究的两大特点。社会统计学派在国际统计学界中占有一定的地位，尤其是德国、日本等国的统计学界更受其影响。

社会经济的发展，要求统计提供更多的统计方法，社会科学本身不断地向细分化与定量化发展，也要求统计能提供更有效的调查整理、分析资料的方法。所以，社会统计学派的研究逐步从实质性科学向方法论转化，但仍强调以事物的质为前提，如德国法兰克福大学教授弗拉斯卡姆波(P. Flaskamper，1886—?)是第二次世界大战后社会统计学派的重要人物，他吸收了英国数理统计学派的通用方法论，把自然科学领域中的方法也应用于社会现象，但他认为社会现象的核心，即质的规律性，不可能全部转化为以量来表示。

三、现代统计学时期

现代统计学时期是指自 20 世纪初到现在的统计学发展时期。在这个时期，数理统计在随机抽样的基础上建立起推断统计的理论和方法。它是一种以随机抽样为基础推断有关总体数量特征的方法，来源于英国数学家哥塞特(N.S.Gosset，1876—1936)的小样本 t 分布理论，经费雪(R. A. Fisher，1890—1962)的充实，并由波兰统计学家尼曼(J. Neyman，1894—?)以及 E. S. 毕尔生(K. 毕尔生之子)等人加以发展，并建立了统计假设理论。其后，美国统计学家瓦尔德(A. Wald，1902—1950)将统计学中的估计和假设理论予以归纳，创立了“决策理论”；美国的威尔克斯(S. S. Wilks，1906—1964)、英国的威沙特(J. Wishart，1898—1956)等对样本分布理论也有贡献。美国的科克伦(W. G. Cochran，1909—1980)等在 1957 年提出实验设计的理论和方法，拓宽了统计学的范围。

20 世纪 60 年代以后数理统计学的发展有如下三个明显的趋势：①随着数学的发展，数理统计学越来越广泛地应用数学方法。②数理统计学的新分支或以数理统计学为基础的边缘学科不断形成(新分支如抽样理论、非参数统计、多变量分析和时间序列分析等；边缘学科如经济计量学、工程统计学、天文统计学等)。③数理统计学的应用日益广泛而深入，尤其是借助电子计算机后，数理统计学所能发挥的作用日益增强。因此，数理统计学派成为现代统计学的主流。

数理统计学家把统计学当作通用于各种现象的方法论科学。

(资料来源：李惠村，欧美统计学派发展简史，中国统计出版社，1984；
陈善林、张哲，统计发展史，中国统计出版社)

【专栏 1-4】 当代中国的统计学(1949 年至今)

新中国成立前，我国的统计学主要受英美数理统计学派的影响，主要引入欧美统计学派。新中国成立后，在社会主义公有制基础上实现了计划经济，吸收了前苏联的社会主义统计学。在统计工作方面，我国基本上采用了前苏联的组织体制，逐步建立了全国统一的统计机构，制定了一套完整的统计制度和方法，为国家提供了大量的统计资料，对国家建设和发展起了积极的作用。

进入 20 世纪 80 年代以后，我国计划经济体制向社会主义市场经济体制转轨，统计也进入全面改革的现代化时期，以学习世界各国统计之长，创有中国特色的统计之路。

第三节 统计学的基本概念

统计学中有一些最基本的概念，以后各个章节都要用到，它是全面认识统计学科学的基础环节。这些概念有：统计总体和总体单位，标志、统计指标和统计指标体系，变异和变量。

一、统计总体和总体单位

1. 统计总体和总体单位的概念

凡是客观存在的具有某种共同性质结合起来的许多个别单位、事务所组成的整体，就称为统计总体，简称总体，它是统计调查研究的对象。例如，研究 2008 年全国民营企业的情况，全国的民营企业就构成一个总体。首先，这些企业是客观存在的；其次，它们都是中国的民营企业，从这一点来讲每个个体都是共同的，也就是这一共同性质使它们成为一个整体。确定这个总体就可对全国民营企业的一系列数量特征加以研究，如研究投资规模、注册资本、增加值、利润、就业人数等。

总体的类型是多样的。例如，研究某省的工业企业状况，全省的工业企业就形成一个总体；研究某市的工业企业状况，全市的工业企业就构成一个总体。

构成总体的每个个体就是总体单位(总体与总体单位的关系示例参见图 1-2)。例如，全国的民营企业是一个总体，则每个民营企业都是一个总体单位。

总体按包含个体的多少可以分为有限总体和无限总体。有限总体指总体所包括的总体单位是有限的，是可以计数的，例如，在特定时点上全国的国有商业企业总数，统计所研究的绝大部分总体是有限总体。无限总体指总体所包括的单位是无限的，是不可以计数的，例如，生产线上大量连续不断生产出某种零件时，由于时间不断延续，其总产量是无限的，构成一个无限总体。

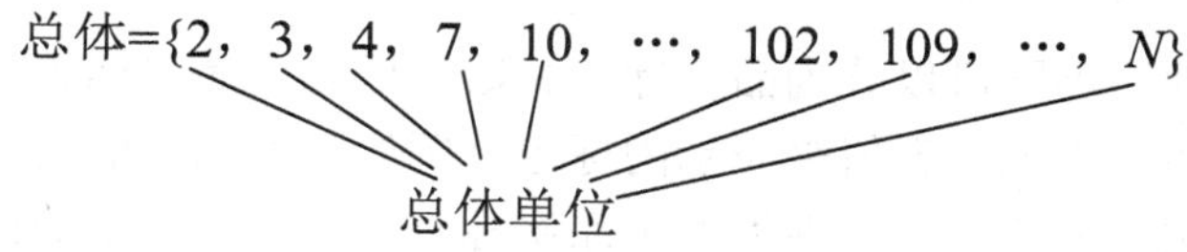

图 1-2 总体与总体单位的关系示例

2. 统计总体的特征

统计总体具有三个基本特征：大量性、同质性和差异性。

1) 大量性

大量性特征是指统计总体应包含足够多的单位数，这是由于统计研究的目的在于研究现象数量方面的规律性，而这种规律性只有通过对大量现象的调查研究才能揭示出。

2) 同质性

同质性是指构成统计总体的单位必须至少在某一方面具有共同性质，就是这个共同性使这些个体结合成一个整体：同质性是构成统计总体的基础。

3) 变异性

变异性是指构成统计总体的各个单位除了至少在某一方面具有共同性质外，在其他方面存在差异。例如，全国的工业企业总体，除了具有都是中国的工业企业这一共同点外，在注册资本、投资规模、净利润、职工人数等方面存在差异。

3. 统计总体和总体单位的相对性

统计总体和总体单位的概念不是固定不变的，随着研究目的改变，原来的总体有可能变为总体单位，原来的总体单位也有可能变为总体。例如，研究全国的工业企业生产情况，每个工业企业是一个总体单位，而当研究一个典型企业的经济效益状况时，则被选作典型的工业企业又成为统计总体。

二、标志、统计指标和统计指标体系

1. 标志

标志是说明总体单位属性或特征的名称。例如，研究全国工业企业的职工状况时，每个工业企业就是统计总体，企业的每个职工就是总体单位，而职工的姓名、性别、民族、文化程度、年龄、工资、职称等就是说明总体单位特征的名称，这些都是工业企业职工的标志。

标志的具体表现是在标志名称之后所列示的属性或数值。例如，在全国人口总体中，性别是个标志，性别分为男、女，“男”就是性别这个标志的具体表现，同样“女”也是性别这个标志的具体表现；在全国人口总体中，身高也是个标志，各总体单位身高不完全相同，身高可以有 1.65m、1.73m、1.86m 等，“1.86m”就是身高这个标志的具体表现。

标志可以有多种分类方法。

(1) 按标志的性质不同可以分为品质标志和数量标志。品质标志是表明事物的属性特征，只能用文字说明，不能用数值来表示的标志，例如，性别只能用“男”、“女”两个文字来表示，不能用数值来表示，性别就是品质标志；又如，职工的民族、文化程度、职称等都为品质标志。数量标志是表明事物量的特征，用数值来表示的标志。例如，年龄用“20 岁”等数值来表示，年龄是数量标志。职工的工资额、工龄、销售额等都用数值来表示，且说明总体单位，均为数量标志。数量标志的具体表现也称为标志值。

(2) 标志按变异情况可分为不变标志和可变标志。在一个总体中，对于一个标志来说，如果各总体单位具有相同的标志具体表现，则该标志称为不变标志。例如全国民营工业企业总体，所有制是不变标志，因为标志的具体表现在各总体单位都相同，都表现为民营，每个总体必须至少有一个不变标志，正是这个不变标志使总体具备同质性。在一个总体中，对于一个标志来说，如果各总体单位具有不同的标志具体表现，则该标志称为可变标志。同样是全国民营工业企业总体，因为利润的具体表现在各总体单位不完全相同，有的数值大，有的数值小，所以利润是可变标志。在全国民营工业企业总体中，职工人数、工资总额、注册资本、投资总额等均是可变标志。

【例 1-2】以某大学 2008 年秋季入学的一年级大学生为研究对象，则总体为一年级全体在校大学生；总体单位则是每个一年级大学生。其中的标志分类示意如下：

	不变标志	可变标志
品质标志	在校大学生	性别、年龄
数量标志	年级	年龄、入学成绩

分析：本例题清晰地说明了总体、总体单位、不变标志、可变标志、品质标志及数量标志。

2. 统计指标

统计指标是反映社会经济现象总体数量特征的概念和数值。可以形象地表示为：指标 = 指标名称+指标数值。例如，国民收入、工业总产值、职工人数、土地面积、成本、利润等，这些概念用于反映一定统计总体的数量方面时，就是统计指标。统计指标说明社会经济现象总体在具体时间地点条件下的数量概念和具体数值。例如，江苏省 2006 年地区生产总值为 21 645.08 亿元(当年价)，地区生产总值是指标名称，21 645.08 是指标数值。统计指标一般包含六个要素，即指标名称、计量单位、核算方法、时间限制、空间限制、指标具体数值。例如，我国某城市 2008 年 6 月规模以上工业总产值按现行价格为 984 亿元。

(1) 统计指标按性质的不同分为数量指标和质量指标。数量指标是反映现象总规模、总水平或总数量的统计指标，又称总量指标，数量指标用绝对数表示。例如，人口总数、国民生产总值、工业总产值、工资总额、职工总数等均是数量指标。质量指标是反映现象本身质量或反映现象强度、密度、工作质量和经济效果的统计指标，质量指标表明现象的对比关系，质量指标常用相对数或平均数表示。例如，平均工资、人均收入、人口密度、出勤率、设备利用系数、利润率等均是质量指标。

(2) 统计指标按其反映社会现象存在的状况不同，分为显性指标和隐性指标。显性指标是具体事物的物质记录、具体外在性的统计指标，如商品销售量、商品库存额等，它与人们的好恶无关，是物质状态的真实反映。隐性指标是人们精神活动的产物，是具有模糊性的统计指标，如顾客对商场形象的评价，顾客对营业员服务态度的感受等，它与人们的愿望、要求、情感等方面因素有关。

(3) 统计指标按其反映社会经济的功能不同，分为描述指标、评价指标和预警指标。描述指标是反映社会经济现象的现实状况、变化过程和运行结果的统计指标，如反映生产经营条件的物质技术设备指标、职工人数指标，分时间段反映的生产经营成果和最终成果的生产总值、销售总额、利润总额等。评价指标是用于考核、评估、比较社会经济活动质量及其效果的统计指标，如设备利用率、资金周转率、职工劳动效率等。预警指标是对社会经济活动过程中的关键点进行监测，通过正常值的比较而发出警示的统计指标，如宏观经济中通货膨胀率、失业率、物价指数、社会积累率，微观经济中的资金利润率、成本利润率、工资利润率等。

(4) 统计指标按其数量对比关系不同，可以分为总量指标、相对指标和平均指标。这部分内容将在第四章作详细介绍。

(5) 统计指标按性质不同分为正指标(销售收入、资金利税率)、逆指标(犯罪率、不及格率)、适度指标(恩格尔系数、基尼系数)。正指标是指指标数值大小与所研究现象的发展程度或密度成正比例；反之，逆指标是指其数值大小与所研究现象的发展程度或密度成反比例。适度指标是指指标数值大小与所研究现象的发展程度或密度并不成正或反比例，而是在某一数值范围比较理想。

(6) 统计指标按推断统计的指标说明对象不同分为参数、统计量(见图 1-3)。在推断统计中，说明总体的指标也称参数，即是描述总体的量度。例如，中央电视台春节晚会收视率；又如，人力资源部经理的平均工资。

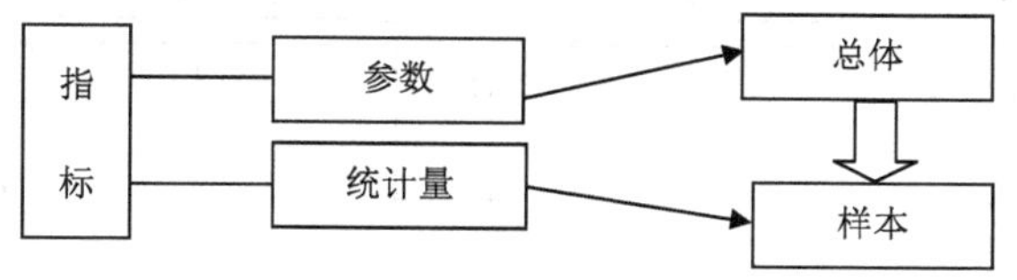

图 1-3　推断统计中指标的分类及其关系

说明样本的指标也称统计量，即样本的描述指标。例如：对 500 人作调查得到的春节联欢晚会的收视率。

此外，统计指标还可以按其他标志进行分类。这些分类可以结合统计工作的实践进行，主要是为了便于在实际工作中的有效运用。

3. 标志和指标的区别和联系

1) 标志和指标的区别

(1) 标志说明总体单位的特征，指标说明总体的特征。

(2) 有的标志可用数值来表示，如数量标志；有的标志不能用数值表示，如品质标志。而所有的指标不论是数量指标还是质量指标都可用数值表示。

(3) 标志是没有经过综合，仅代表某一个体现象，而统计指标是由许多个体现象在数量综合的总数。

(4) 标志一般不具备时间、地点等条件，但作为一个完整的统计指标一定要有时间、地点和范围。

2) 标志和指标间的联系

(1) 数量指标的数值是根据数量标志的标志值汇总而来的。

例如某企业全部职工总体，每个职工是总体单位，工资是数量标志，工资总额是数量指标，工资总额是根据每个职工的工资汇总得到的。

(2) 指标与标志间存在变换关系。随着研究目的的改变，原来的总体变为总体单位，原来的指标相应的变为数量标志；随着研究目的改变，原来的总体单位变为总体，原来的数量标志相应的变为指标。

各概念之间的联系可以用图 1-4 反映，通过此图，可以更好地理解本节关键概念。

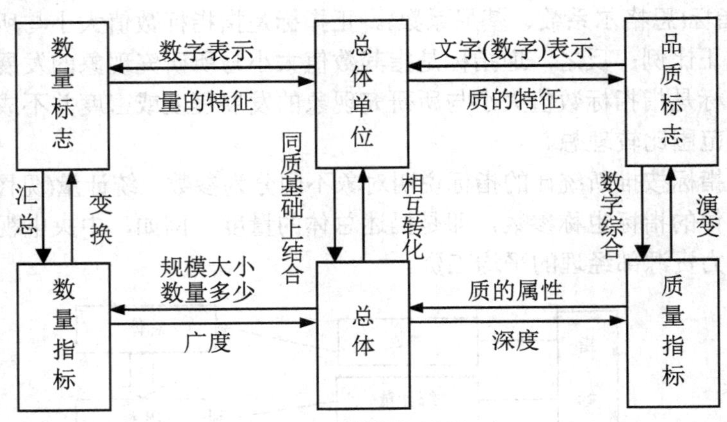

图 1-4 各概念之间的联系

4. 指标体系

单个指标只能反映总体的一个侧面或一个方面，不可能反映总体的全面情况，为了揭示总体的全貌，必须把一系列相互联系、相互补充的指标结合起来应用。若干个相互联系、相互补充的指标结合在一起形成一个整体叫指标体系。例如，一个工业企业的生产经营情况可以从生产、供应、销售、劳动、财务、效益等方面综合反映，相应的可建立一个指标体系，这便于全面、准确地评价该企业的生产经营情况。

由于社会经济现象内在联系的不同特点，统计指标体系的形成一般有两种类型：一是数学式联系的指标体系，如“商品销售额=商品销售量×商品销售价格”，“期初库存量+本期购进量=本期销售量+期末库存量”等；二是框架式联系的指标体系，如国家统计局与原国家计委于 1995 年联合制定的“全国人民小康生活水平”的指标体系就包括经济水平、物质生活、人口素质、精神生活和生活环境五大方面，其指标包括人均国内生产总值、人均收入水平、人均居住水平、人均蛋白质摄入量、城乡交通状况、恩格尔系数、成人识字率、人均预期寿命、婴儿死亡率、教育娱乐支出比重、电视机普及率、森林覆盖率和农村初级卫生保健基本合格以上县的百分比等 13 个。

由于社会经济现象相互联系的多样性和人们认识问题的多视角，反映现象总体的统计指标体系也可以从不同的角度进行分类。

指标体系按其反映内容不同，可分为社会统计指标体系、经济统计指标体系和科学技术统计指标体系。它们分别从人口社会、国民经济运行和科学技术发展三个方面，反映一定时期、一定范围内国民经济和社会科技发展的总体状况。

指标体系按其考核范围不同，可分为宏观指标体系、中观指标体系和微观指标体系。宏观指标体系反映整个社会、经济和科技情况；中观指标体系反映各个地区和各个部门、行业的社会、经济和科技情况；微观指标体系反映各企、事业单位的生产经营或工作运行情况。

指标体系按其功能不同，可分为描述性指标体系、评价性指标体系和决策性指标体系。描述性指标体系主要是反映社会经济现象的现状、运行过程和结果；评价性指标体系主要是比较、判断社会经济现象的运行过程、结果是否正常；决策性指标体系是为了保证社会、经济、科技等方面有序、协调地发展。

上述各类统计指标体系都有其自身的特点，实际工作中可以根据统计研究的目的选择运用或结合运用，以便充分发挥统计的信息、咨询和监督的整体功能。

5. 建立指标体系的基本要求

建立一套完整、科学的指标体系，要符合以下几个基本要求。

1) 指标体系的目的要明确，中心要突出

用几个相互有关联的指标来组成指标体系，其目的是为了反映某个重要及复杂的社会经济问题，所以，在指标体系的设计过程中，要注意所反映问题的角度及它们之间的协调性，使指标体系中的所有指标都围绕一个中心，从各自角度来反映情况。

2) 指标体系的内容要全面，层次要清楚

由于一个复杂社会经济现象所涉及的问题是多方面、多层次的，所以，在指标体系的设计过程中，应尽量考虑影响社会经济现象变动方方面面的因素，如政治、军事、文化、科技等方面的因素，避免重复或遗漏；同时，为了将一个复杂的社会经济现象表述清楚、恰当，应将大问题分成几个层次来有序地反映。在指标体系的设计中，还要注意各个层次指标体系之间的内在依存及制约关系，无论从概念上还是计算方法上，都要联系紧密，安排有序。

3) 指标体系的方法要可行，具有可操作性

要考虑到与客观条件相适应的人力、物力、财力等条件的可行性；指标体系的具体计算方法要切合实际，要符合科学原则，要考虑到电算化的要求，要具有可操作性。

【例 1-3】为了全面掌握我国工业的发展规模、结构和效益等情况，建立健全基本单位名录及其数据库系统，为研究制定国民经济和社会发展规划，提高决策和管理水平，中华人民共和国第三次全国工业普查于 1996 年 1 月 1 日起实施普查登记，以该普查发布的资料为例，则有以下分类及指标。

总体：	工业企业		
	指标名称	指标值	
	工业企业总数：	734.2 万个	
	工业企业职工数：	1.47 亿人	数量指标
	工业总产值：	9.19 千亿	
	平均工资：	7000 元/年人	质量指标
总体单位：	每一个工业企业		

(资料来源：http://www.stats.gov.cn/tjgb/gypcgb/qggypcgb/t20020331_15501.htm)

分析：本案例以工业普查为例说明了指标、数量指标、质量指标、总体、总体单位等有关概念。

【例 1-4】单项选择题

设某地区有 670 家工业企业，要研究这些企业的产品生产情况，总体单位是(   )。

A. 每个工业企业　B. 670 家工业企业　C. 每一件产品　D. 全部工业产品

参考答案：C

分析：总体单位是根据总体的性质和范围来确定的。本题中的总体是由该地区 670 家工业企业的全部产品组成，因而企业不能作为总体单位，构成总体单位的是每一件产品，故正确答案是 C。

【例 1-5】为了反映 2007 年我国民办高校(含独立学院)的综合办学能力，2007 年中国

校友会网对中国民办高校排名，采用三级评价指标体系，见表 1-1。一级评价指标由人才培养、办学设施和综合声誉 3 个指标构成；二级指标由师资力量、学科建设、培养数量、培养质量、投入资金、硬件设施、软件设施和学校声誉等 8 项指标构成；三级指标包括固定资产、图书馆生均藏书、教学仪器设备价值、毕业生就业率、师生比、新闻搜索数和人均学费等 20 多项指标，见表 1-1。

表 1-1　2008 年中国独立学院排行榜评价指标及权重分配

序号	一级指标	二级指标	三级指标	权重
1	办学设施	投入资金	1. 固定资产总值	3.28%
		硬件设施	2. 学校占地面积	1.20%
			3. 教学科研用建筑面积	5.11%
			4. 教学科研用生均建筑面积	7.66%
		软件设施	5. 图书馆藏书量	4.38%
			6. 图书馆生均藏书	8.21%
			7. 教学仪器设备价值	4.38%
2	人才培养	培养数量	8. 全日制在校学生人数	5.47%
		培养质量	9. 近三年毕业生平均就业率	4.38%
			10. 学生获国家级、省部级各类大学生竞赛奖励	2.19%
		师资力量	11. 专任教师总数	6.57%
			12. 专任教师师生比	8.76%
			13. 专任教授、副教授(含相应职称)数	4.38%
			14. 专任教授、副教授(含相应职称)占专任教师比例	5.47%
			15. 专任外籍教师	3.28%
			16. 省级和校级教学名师和优秀教师	1.09%
		学科建设	17. 学历教育本科专业数	7.66%
			18. 省级和校级重点学科、重点建设专业与精品课程等	1.20%
4	综合声誉	学校声誉	19. 国家声誉(高考录取批次、国家办学条件评估结果等)	2.19%
			20、 社会声誉(新闻报道数等)	5.47%
			21. 人均学费(本科专业人均学费等)	4.38%
			22. 本地生源比例(本科专本地生源比)	3.28%

(资料来源：http://www.cuaa,net/cur/2008mb/201.shtml)

分析：每一个中国独立学院可以将上表中指标的标准值和自己所在学院的实际值比较计算，得到该学院每一项指标值的得分，然后分别乘以各自的权重相加，就得到每一个学院的综合得分。最后所有学院可以根据综合得分进行比较排名。

三、变异和变量

变异是指标志的具体表现在各总体单位间的差异，例如在人口总体中，性别是个标志，男、女是标志的具体表现。在这个总体中，性别这个标志的具体表现在各总体单位间是有差异的，这就是变异。变异分为品质变异和数量变异。全国工业企业总体中，所有制分为国有、集体、私营和合资是品质变异，职工人数具体表现为500人、1000人、……是数量变异。

可变的数量标志称作变量，变量的具体取值叫变量值。例如在某工业企业职工总体中，工资是变量，工资的具体取值2600元、3200元、……是变量值。

变量可以按不同的标准进行分类，按变量值是否连续分为离散型变量和连续型变量。离散型变量的各变量值都是按整数位断开的，如学生人数、学校个数、设备台数等，其变量值可以用记数的方法取得。连续型变量的各变量值是连续不断的，相邻两值间可作无限分割，如长度、体重、面积、体积、利润、总成本等，连续型变量采用测量和计算的方法取得。

变量按性质的不同分为确定性变量和随机变量。确定性变量是指变量值受确定因素影响，其变动方向明确呈上升或下降趋势。如扩大商品销售额就能使费用水平下降，这是确定性因素的影响。随机变量是指变量值受不确定因素的影响，其变动方向呈现偶然性。

【例1-6】 我国于2000年11月1日零时进行第五次全国人口普查。第五次全国人口普查表分为普查表短表和普查表长表。普查表短表包括反映人口基本状况的项目、反映人口受教育程度的项目和反映住户的基本状况的项目，共19项；普查表长表包括反映人口基本状况的项目、反映人口迁移流动的项目、反映人口受教育程度的项目、反映人口经济活动的项目、反映妇女生育状况的项目、反映住户的基本状况的项目和反映住房的项目，共49项。其中部分项目及标志如下。

总体：具有中华人民共和国国籍的所有公民

总体单位：每一位公民

标志名称	标志的具体表现	
国籍：	中国	不变标志
姓名：	张三	
性别：	男	品质标志
民族：	汉	
婚姻状况：	已婚	
家庭成员数：	4人	离散变量
年龄：	50岁	
身高：	172cm	连续变量　数量标志

体重:　　　　　72.5kg

收入:　　　　　2000 元/月

分析：本例题以中华人民共和国人口普查为例说明了总体、总体单位、不变标志、可变标志、品质标志、数量标志、离散变量、连续变量、标志名称、标志值。

【专栏 1-5】 统计的职能与工作任务

(一)统计的职能

统计具有信息、咨询、监督三大职能。

统计的信息职能是最基本的职能，它是运用科学的统计指标体系和统计调查方法，灵敏、系统地采集、处理、传递、存储和提供大量的以数量描述为基本特征的各种各样的信息。

统计的咨询职能是统计信息职能的延续和深化，它是利用已经掌握的丰富的统计信息资源，运用科学的分析方法和先进的技术手段，开展综合分析和各种专题研究，为科学决策和经济管理提供可供选择的咨询建议和对策方案。

统计的监督职能是指统计部门运用统计手段，根据统计调查和统计分析资料，及时、准确地从总体上反映社会经济的运行状态，并对其实行全面、系统的定量检查、监督和预警，以促进国民经济按照客观规律的要求持续、稳定、协调地发展。

从以上可知，统计的三种职能相辅相成，相互作用，构成了一个有机整体，故又称为整体功能。

(二)统计工作的任务

统计的职能决定了统计工作的任务，因此，《中华人民共和国统计法》(以下简称《统计法》)第二条规定：“统计的基本任务是对国民经济和社会发展情况进行统计调查、统计分析，提供统计资料和统计咨询意见，实行统计监督。”与其相适应的具体任务是：调查、整理社会经济活动的各种数字资料；在此基础上，对社会经济活动过程及其结果进行主观与客观、横向与纵向、静态与动态的综合分析，提供信息产品；判断社会经济活动的运行状态，提出相应的咨询意见，监督社会经济活动的运行过程，为国民经济宏观调控、企业经营管理和科学研究提供客观依据。为了完成上述任务，统计工作必须做到“准确、公正、及时、方便”，这是衡量统计工作质量的重要标准。

【专栏 1-6】 统计的组织

我国集中统一的统计系统是由各级政府部门的综合统计系统、各级业务部门的专业统计系统及基层单位统计组织所组成。

(一)综合统计系统

各级政府部门的综合统计系统是由国家统计局和地方各级统计机构以及乡镇统计组织

所组成，是我国国家统计组织的主系统。国务院设立国家统计局，负责组织领导和协调全国统计工作。省(自治区、直辖市)、市(州、盟)、县(市、旗)人民政府设立统计局，它是各级地方政府的组成部门，受各级地方政府和上级统计机构的双重领导，在统计业务上以上级统计机构的领导为主。乡、镇人民政府设专职或兼职统计员，有些地方由乡、镇政府组织统计员和有关人员成立乡、镇统计组织(统计站、统计办公室、统计委员会等)，在统计业务上受县(市)人民政府统计机构的领导。乡、镇以下的行政村统计工作，由村民委员会指定专人负责，在业务上受乡镇统计员的指导。上述机构人员，组成自上而下的政府综合统计系统，负责组织和协调全国的综合统计工作。国家综合统计系统根据统计业务的需要，以统计局为主体，设置各种子系统，主要有城市社会经济调查队、农村社会经济调查队、企业经济调查队，专业普查系统，中央成立国家普查领导机构，地方分设省、市、县普查领导机构等，形成多种交叉的统计网络。

(二)专业统计系统

我国专业统计系统是由中央及地方各级业务部门的统计机构所组成，是我国专业统计组织的子系统。它是各级专业部门针对业务管理的需要，按照隶属关系，在本部门内部所建立的统计组织。

国务院各业务部门(或直属的专业总公司)，根据统计任务的需要设立统计机构，或者在有关机构中设置统计人员，并指定统计负责人，各省、市、自治区和各县(市)业务部根据工作需要设立统计机构，负责组织管辖范围内工作。各业务部门统计机构必须按照综合统计部门的要求与规定，完成国家统计任务，同时完成本部门的统计任务。各业务部门统计机构，在统计业务上受国家统计局与上级主管业务部门统计机构的指导。

(三)基层单位统计组织

基层单位是统计工作的基础，它包括各级企事业单位及其他性质的统计组织或统计人员。各级企事业单位根据统计任务的需要设立统计机构，或者在有关机构中设置统计人员，并指定统计负责人。各级企事业单位的统计机构或统计负责人在统计业务上受所在地人民政府统计机构的指导，负责执行本单位的综合统计任务。

【专栏 1-7】 统计的管理

我国建立集中统一的统计系统，实行统一领导、分级负责的统计管理体制。统计工作要实行统一领导、分级负责，必须明确各级和各部门统计组织的职责，充分调动和发挥各地区、各部门的统计力量共同做好统计工作。

本 章 小 结

“统计”一词包括三种含义，即统计资料、统计工作和统计学。统计是社会生产力发展的必然产物，它是认识社会的有力武器，在社会实践过程中愈来愈重要。

统计学研究对象具有数量性、总体性、具体性和社会性等四个相互联系的主要特点，统计活动以现象总体为认识对象，但不排斥对个别现象的调查研究。统计学是研究客观现象总体的数量方面，在社会经济现象的范围内，统计学是对社会经济现象总体进行定量认识的方法论。

统计具有信息、咨询、监督三大职能，其中信息职能是统计最本质的职能，三者相辅相成，相互作用，构成了一个有机联系的整体。统计的职能决定了统计工作的基本任务和相应的具体任务，统计研究的基本方法有大量观察法、统计分组法、综合指标法、归纳推断法、统计模型法。统计工作过程一般包括统计设计、统计调查、统计整理和统计分析等四个阶段，它们各有侧重但又紧密联系，一起构成一个完整过程。我国的统计工作机构在现阶段已发展成为以国家统计组织为核心和主导，民间统计组织与企业统计组织并存的复合型组织体系。

凡是客观存在并至少具有某一相同性质而结合起来的许多个别事物构成的整体，当它作为统计的研究对象时，就称为总体。构成总体的每一个事物，就称为总体单位。形成总体的三个基本条件是同质性、大量性和变异性，总体和总体单位具有多样性和相对性。

标志是说明总体单位特征的名称，按其表现性质的不同，分为品质标志和数量标志。按其变异情况的不同，分为不变标志和可变标志。不变标志是形成总体的客观依据之一，可变标志使统计研究成为必要。变异是指标志在各个单位上的具体属性或数值的差别，它是统计的前提条件。变量是变动的数量标志的简称，变量的具体表现就是变量值。变量按其数值表现是否连续，分为离散型变量和连续型变量，连续型变量有时也可作为离散型变量看待。

指标是反映社会经济现象总体数量特征的概念和数值。指标与标志具有密切的关系，因为指标由标志汇总而来，但指标又不同于标志，指标是说明总体的，标志是说明总体单位的；指标必须能计量，而标志并非都能计量。统计指标体系是若干个反映社会经济现象数量特征的相对独立又相互联系的统计指标所组成的整体。指标和指标体系均可以按不同的标志进行分类，统计指标设计应符合目的性、科学性、度量性和可比性的基本要求。

复习思考题

一、名词解释

统计　统计学　统计指标　指标体系　总体　变量　变量值　总体单位　标志　品质标志　数量标志　连续型变量　离散型变量　变异　参数　统计量

二、填空题

1. 统计一词从不同角度理解可以有三种意义，即________、________、________。

2. 社会经济统计学的研究对象是________。
3. 统计总体具有________、________和________三个特点。
4. 标志是说明________特征的，指标是说明________特征的。
5. 工人的工种、文化程度是________标志，产品的等级是________。
6. 企业的机器台数、企业的职工人数属于________变量，而人的身高、体重、人均收入等属于________变量。
7. 一个完整的统计指标，从其构成来看，必须具备两个最基本的部分，即________和________。
8. 凡是说明社会经济现象总体数量的相对水平或平均水平的统计指标，都称为________。
9. 学生的性别、民族属于________标志，而学生的年龄、成绩属于________标志。
10. 总体的变异性，就是指________，简称________。

三、判断题

1. 随着研究目的变换，总体和总体单位之间是可以变换的，相应的指标和标志之间也可以变换。（　）
2. 张明同学的期末考试总成绩为476分是统计指标。（　）
3. 同质性是形成总体的必要条件。（　）
4. 品质标志和质量指标一般都不能用数值来表示。（　）
5. 数量指标是由数量标志值汇总来的，质量指标是由品质标志值汇总来的。（　）
6. 银行职工的姓名、性别、工资和籍贯都是品质标志。（　）
7. 全国人口普查中，人的年龄是变量值。（　）
8. 一个总体只能有一个指标。（　）
9. 在总体单位中具有相同性质的某一标志，称为“不变标志”；各单位互有差异的某一标志，称为“可变标志”。（　）
10. 反映各企业完成产值计划进度的百分比，称为连续型变量；反映各企业规模大小的职工人数，称为离散型变量。（　）

四、多项选择题

1. 下列属于品质标志的是(　　)。

A. 职工人数　　B. 性别　　C. 企业经济类型
D. 文化程度　　E. 女职工人数

2. 下面属于连续型变量的是(　　)。

A. 家庭人口数　　B. 粮食产量　　C. 居民生活用水量
D. 各企业完成计划百分比　　E. 各企业设备台数

3. 下面属于离散性变量的是(　　　)。
A. 生猪存栏头数　B. 工商企业户数　C. 粮食产量
D. 生产设备台数　E. 职工年龄
4. 下面属于数量指标的是(　　　)。
A. 人均收入　B. 金丝小枣年总产量　C. 原煤产量
D. 某企业生产工人的劳动生产率　E. 某市总人口 53 万
5. 下面属于质量指标的是(　　　)。
A. 人均产值　B. 平均工资　C. 工资总额
D. 社会总产值　E. 产品合格率
6. 计算某班 40 名学生的平均成绩，这是(　　　)。
A. 对 40 个变量求平均
B. 对 40 个变量值求平均
C. 对 40 个数量标志求平均
D. 对 40 个指标求平均
E. 对 40 个数量标志的具体表现求平均
7. 人口普查中，(　　　)。
A. 男性总人数是数量指标
B. 文化程度是质量指标
C. 具有大中专学历的人数是统计指标
D. 文盲人数是连续变量
E. 每个家庭是填报单位
8. 研究某高校全部男教师情况，可变标志是(　　　)。
A. 教龄　B. 婚否　C. 职业
D. 年龄　E. 性别　F. 工资
9. 人口普查中，每个人是总体单位，品质标志有(　　　)。
A. 年龄　B. 性别　C. 婚否
D. 民族　E. 职业
10. 下列属于数量指标的有(　　　)。
A. 商品销售额　B. 工业总产值　C. 职工总人数
D. 工人劳动生产率　E. 资金利润率
11. 下列属于质量指标的有(　　　)。
A. 商品销售额　B. 工业总产值　C. 职工总人数
D. 工人劳动生产率　E. 资金利润率
12. 数量指标的特点是(　　　)。
A. 以数量特征说明问题

B. 以绝对数说明问题
C. 以明确的计量单位反映现象属性
D. 指标数值与总体空间范围有密切联系
E. 指标数值与总体空间范围无联系
F. 指标数值与总体时间长短有密切联系

13. 质量指标的特点是(　　　)。
A. 以数量特征说明问题
B. 相对数说明问题
C. 平均数说明问题
D. 指标数值与总体空间范围有密切联系
E. 指标数值与总体空间范围无联系

14. 社会经济统计学研究对象有如下特点：(　　　)。
A. 大量性　　B. 数量性　　C. 总体性
D. 差异性　　E. 具体性

15. 统计研究的具体方法主要有(　　　)。
A. 大量观察法　　B. 统计分组法　　C. 综合指标法
D. 归纳推断法　　E. 统计模型法

五、问答题

1. 简述统计的概念、含义及其相互关系。
2. 简述统计工作的过程及各阶段的工作内容。
3. 什么是统计总体、总体单位、标志和指标？试说明它们之间的相互关系。
4. 什么是统计设计？为何要进行统计设计？
5. 数量指标和质量指标是怎样区分的？

第二章

统计数据的搜集

学习目标：通过本章学习，了解并掌握统计调查的概念和要求，明确统计调查的各种分类；掌握统计调查的主要组织形式、特点以及适用场合；掌握问卷设计的基本技术，能设计比较简单的调查表；把握常见的几种统计调查方法及特点并了解它们的应用领域；掌握设计统计调查方案的步骤及其方法。

关键概念：统计数据(statistics data)　统计调查(statistics investigation)　抽样调查(sampling survey)　统计报表(statistical report forms)　普查(census)

第一节　统计调查的概念和种类

一、统计调查的含义

1. 统计调查的概念

统计调查就是根据统计研究的预定目的、要求和任务，运用各种科学的调查方法，有目的、有计划、有组织地向调查对象搜集各种原始资料以及次级资料的工作过程。

所谓原始资料是指对调查单位搜集的没有经过汇总整理而保持其原始状态的第一手资料。次级资料是指已经过加工整理、能在一定程度上说明总体特征的统计资料，又称为间接资料，例如，从统计年鉴、各种报表以及报纸杂志上所搜集的数据资料。

任何次级资料都是在原始资料的基础上经过加工整理得到的，因此，统计调查的基本任务就是取得反映调查对象各个单位的原始统计资料。统计调查是统计工作的基础环节，是统计分析的前提，只有搞好统计调查，才能保证统计工作达到对于客观事物规律性的认识，从而预测未来。统计资料还是制定政策的依据，并据此检查和监督政策的贯彻执行情况。

2. 统计调查的要求

对一项统计调查的基本要求是：准确性、及时性、全面性和经济性。

1)　准确性

统计调查的准确性是指搜集的资料必须真实、可靠，符合实际，具有的调查误差较小，统计调查只有做到了准确性，才能为正确的分析提供客观依据，做出科学的结论。

2) 及时性

各项调查资料不但要求准确，而且需要及时。这是很明显的。因为过时的资料落在了形势发展的后面，失去时效，犹如“雨后送伞”起不到统计的真实作用。

3) 全面性

全面性就是要求搜集的资料必须全面系统，即应该包括所要调查的全部单位的资料，同时，搜集的资料要具有系统性，便于系统观察，这样才能从不同层次、各个方面反映现象发展的过程、特征及问题，从而做出正确的判断。

4) 经济性

经济性就是指在满足一定准确度要求的前提下，能以最少的调查费用取得所需的统计资料，通常，对调查资料的准确度要求越高，则调查的费用就越大。由于任何一项统计调查总有一定的费用约束，因此，如一味强调资料的准确性，而无视经济性的要求，就会造成不必要的人力、物力和财力的浪费。

以上四个基本要求是相互结合、相互依存的，一般而言，应以准为基础，力求准中求快，准快结合，以尽可能小的成本取得完整而系统的资料。

二、统计调查的种类

统计调查的种类如下。

1. 按调查对象包括的范围划分为全面调查和非全面调查

(1) 全面调查：对总体中的所有单位进行登记或观察的调查方式，如人口普查。

(2) 非全面调查：对总体中的一部分单位进行登记或观察的调查方式，如典型调查、重点调查、抽样调查。

2. 按统计调查的组织形式划分为统计报表和专门调查

(1) 统计报表：按照统一规定的表式要求，自上而下的统一布置，自下而上逐级汇总上报的一种调查方式，如农业统计报表制度、工业统计报表制度。

(2) 专门调查：针对调查对象的特点，为研究某些专门问题而由调查单位组织的多数属一次性调查的组织形式，如普查抽样调查，典型调查。

3. 按调查登记的时间是否连续划分为经常性调查和一次性调查

(1) 经常性调查：随着调查对象的不断变化而连续不断地进行登记，例如，产品产量、原材料消耗量、货运量的发展变化过程等，其数值变动很大。

(2) 一次性调查：间隔一定时间(一般为一年以上)对调查对象进行调查登记，例如，人口数、固定资产总值、生产设备数等，其数值在一定时期内变动不大，通常采用一次性调查。

为了更好地理解统计调查的组织形式纵横关系，我们绘制了图 2-1。

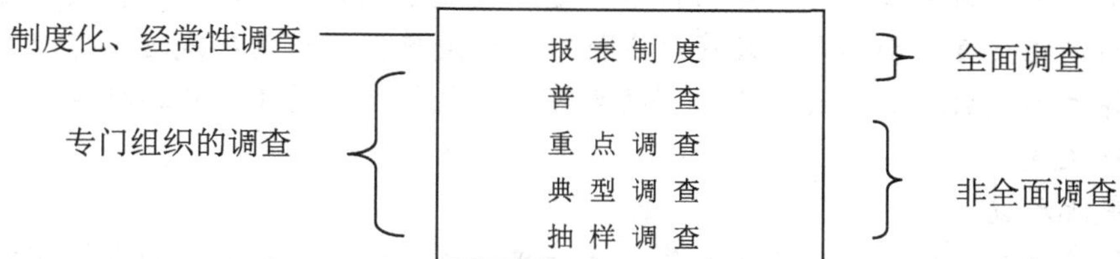

图 2-1　统计调查的组织形式

【专栏 2-1】　统计数据的计量尺度

统计作为方法论的科学，没有能够对客观现象真实和清楚地进行度量的所谓操作化定义是无法想象的。确定数据的计量尺度，实际上就是给出一种操作性定义。根据不同的客观现象和研究任务，就需要确定不同的数据计量尺度。从数据计量的量度层次来划分，可以将计量尺度分为以下四种类型(四种类型比较见表 2-1)。

一、定类尺度

所谓定类尺度，就是将所研究对象按某种特征划分成若干个部分，并给每一类别定名，但不对类别之间的关系做任何假设。任何科学中的操作，分类都是基础，就定类(或分类)这一术语来说，相对其他的计量尺度，它的量度层次是最低的。将工业企业按经济类型划分为国有经济、集体经济、股份制经济、外商投资经济、港澳台投资经济等，就是一种定类尺度的计量。在形式上，定类尺度具有对称性和传递性两种属性，对称性说明各类之间彼此相对称，传递性则表示运算上各类量值只具有相等与不等的性质。这种尺度经常计量的数据主要是各类(各组)的比重。

二、定序尺度

定序尺度也称等级尺度或顺序尺度，是按照某种逻辑顺序将调查对象排列出高低或大小，确定其等级及次序的一种尺度，这种计量尺度的量度层次要比定类尺度高一些。定序尺度不仅可以将所研究的现象分成不同的类别(像定类尺度一样)，而且可以确定这些类别的顺序，各类之间还能比较等级和次序上的差别。比如，教育程度可以划分和排列成大学、中学、小学、文盲；产品等级可分为特等品、一等品、二等品；考试成绩可以分为优、良、中、及格、不及格等。在运算上，各类量值除了具有等与不等的特征外，还有大于或小于之分。定序尺度所能计量的数据除比重(频率)外，还可以大致确定诸如众数之类的位置指标。

三、定距尺度

定距尺度也称等距尺度或区间尺度，是一种不仅能将变量(社会现象)区分类别和等级，而且可以确定变量之间的数量差别和间隔距离的方法，定距尺度的量度层次又高于定序尺度。在这个层次中，一般要求建立某种物理的量度单位，例如考试成绩以“分”计量，长度以“米”计量，收入以“元”计量等。像考试成绩，每分之间的间隔是相等的，80 分与

90分的差距等同于90分与100分的差距。在运算上，除了等于、不等于、大于、小于之外，还可进行加、减运算。在一定条件下，定距尺度可以换算为定序尺度，但定序尺度则不能转换为定距尺度。由于定距尺度具有标准的量度单位，利用加减运算可以准确地给出数据的差异大小，故在这种尺度下取得的数据，无论是在种类还是在精确度上，都远胜于定类和定序尺度。

四、定比尺度

定比尺度也称比例尺度或等比尺度，是一种除有上述三种尺度的全部性质之外，还有测量不同变量(社会现象)之间的比例或比率关系的方法，这是量度层次最高的数据计量尺度，它在定距尺度上确定了一个绝对的、有意义的零点。换言之，定距尺度中的“0”只表示某一个值，即0值，不表示没有；而定比尺度中的“0”是绝对零点，表示没有或理论上的极限值。用定比尺度计量的数据很多，如产量、产值、体重、身高、价格水平等。在定比尺度中，一个人身高为0米则表示此人不存在，因为没谁的身高为0米的。而定距尺度中0的含义则是另一回事，例如某人考研数学考试得0分，只能表示他这场考试的成绩是0分，但不等于他完全没有数学水平。换一个角度来理解这个问题，人们可以说同种商品报告期售价1000元，基期售价500元，报告期售价是基期售价的两倍，但不能说数学成绩是80分的学生其数学水平就是40分考生的两倍。定距与定比尺度的差别，在于是否存在绝对零点。需要说明的是，在运算上，定比尺度可用加、减、乘、除等方法运算，而且绝大多数的客观现象都是按照定比尺度来计量其数据的，因此需要很好地掌握。

另外，计量尺度是可以灵活运用的。如果不担心损失信息量，就可降低量度层次，如收入数据按实际值填写就是定比尺度；按高、中、低收入水平分就是定序尺度；按有无收入计量则变成了定类尺度。再者就是研究的内容如果不同，计量尺度也会不同。如性别在医学上若根据荷尔蒙的比例来区分的话，那就是使用定距尺度，而非定类尺度。如表2-1为四个测定层次的比较。

表2-1 四个测定层次的比较

测定层次	特　征	运算功能	举　例
1. 定类测定	分类	计数	产业分类
2. 定序测定	分类 排序	计数 排序	企业等级
3. 定距测定	分类 排序 有基本测量单位	计数 排序 加减	产品质量 差异
4. 定比测定	分类 排序 有基本测量单位 有绝对零点	计数 排序 加减 乘除	商品销售额

第二节　统计调查的组织

一、统计报表

1. 统计报表的概念和作用

统计报表是按照国家统一规定的表格形式、统一规定的指标内容、统一规定的报送程序和报送时间，由填报单位自下而上逐级提供统计资料的一种统计调查方式。它由一系列表式及填表说明组成，主要包括：报表的主体、填报范围、指标解释、分类目录、填报单位、报送日期等。

国家利用统计报表定期地取得全社会的国民经济与社会发展情况的基本统计资料，是国家取得调查资料的主要方法之一。它已形成一种制度即统计报表制度。执行统计报表制度，是各地区、各部门、各基层单位必须向国家履行的一种义务，但随着我国经济体制的不断变革，统计报表已呈现出很大的局限性，具体表现在：占用大量的人力物力，不符合少投入多产出的效益原则；时效差，缺乏应用的灵活性；中间环节过多，人为因素的影响太大，容易产生登记性错误；目前的许多统计总体不可能或无法使用全面统计报表搜取到资料。

2. 统计报表制度的内容

统计报表制度的内容包括以下几个方面。

(1) 报表目录。它是指应报送的统计报表名称、填报单位、调查对象的统计范围，以及报送程序等说明的一览表。

(2) 表式。它是由国家统计部门根据研究的任务与目的而专门设计制定的统计报表表格，用于搜集统计资料，它是统计报表制度的主体。

(3) 填表说明。它是对统计报表的统计范围、指标等做出的规定，具体如下。

① 填报范围：指统计报表的范围，规定每种统计报表的报告单位和填报单位，各级统计部门与主管部门的范围等。

② 指标解释：对列入表中统计指标的口径、计算方法以及其他有关问题进行具体说明。

③ 分类目标：有关统计报表主栏中应进行填报的有关项目的分类。

④ 其他有关事项的规定：除了以上各项规定以外的一些注意事项，如报送日期、报送方式、报送份数等。

统计报表的资料来源，主要是基层的原始记录、台账及基层的内部报表。

3. 统计报表分类

(1) 统计报表按报送周期长短，可分为日报、旬报、月报、季报、半年报和年报等。

(2) 按报表方式不同，报表可以分为电讯和邮寄两种。电讯报表即采用电报、电话、传真等方式报送报表。一般周期短的报表，如日、旬报等多用电讯方式；而月、季以上周期长的报表，一般用邮寄方式。

(3) 按填报单位不同，报表可以分为基层报表和综合报表。基层报表是由基层单位填报的统计报表，综合报表则是由主管部门或统计部门填报、汇总的统计报表。

另外，按报表的内容和实施范围划分，有国民经济基本统计报表、部门统计报表和地方统计报表，后两者均是国民经济统计报表的补充。

4. 统计报表的资料来源

综合统计报表的资料直接来自于基层统计报表，基层统计报表的资料来源于基层单位的原始记录，但是原始记录又离不开统计台账和企业内部报表。因此设计统计台账和企业内部报表制度是健全原始记录、保证统计报表质量的基础。

原始记录是基层单位通过一定的表格形式(如表、票、单、卡和册等形式)，对发生的生产、经营和管理活动进行最初的文字记载，是反映经济活动的第一手文字资料，如产品产量记录、商品销售发货票据、产品质量记录、工人出勤记录等。原始记录的工作质量好坏直接影响到报送数字的准确性和送交报表的及时性。原始记录是统计报表的基础和依据，同时也是会计核算和业务核算的基础和依据。因此，认真做好原始记录工作，应注意以下几点。

(1) 要根据统计工作、会计核算和业务核算的需要建立健全原始记录，在记录的范围、内容和计算方法等方面尽量适应这三方面的要求。

(2) 要建立科学的、系统的管理制度，为建立健全原始记录提供基础和条件。例如，在一个企业中，只有制订并执行限额领料制度，才能建立和使用限额领料的凭证。

(3) 要有严格的计量制度和完备的计量工具。

统计台账是基层单位根据编制统计报表和内部管理的要求而设置的一种整理核算原始记录资料的表册，是介于原始记录和报表之间的一种资料积累形式，如柜组、车间统计台账。统计台账便于及时登记、整理原始记录资料，为编制报表做好准备工作。

企业内部报表是基层单位根据原始记录或统计台账，为满足编制统计报表和内部管理的要求而设计的一种整理统计资料的表格。它是基层单位内部各职能部门和领导取得有关统计资料的一种形式，是编制基本报表和业务报表的基础。统计报表形式如表 2-2 所示。

表 2-2 统计报表

独立核算商业、饮食服务业主要经济指标统计报表

制表机关：统计局
制表文号：商综①号 商基(1)号(1995)
单位：万元(保留两位小数)

填报单位： 199 年 月

指标名称	合 计		商 业		饮 食 业		服 务 业		备 注
	本月	累计	本月	累计	本月	累计	本月	累计	
商品销售(营业)收入									
商品零售额									

续表

指标名称	合　计		商　业		饮 食 业		服 务 业		备　注
	本月	累计	本月	累计	本月	累计	本月	累计	
商品购进额									
商品销售收入净额									
商品销售(经营)费用									
商品销售(营业)税金									
商品销售(经营)利润额									
利润总额									
流动资产合计额									
其中：商品库存额									
本月职工人数									
实有网点数									

单位负责人　　　　　统计负责人　　　　　制表人　　　　　报出日期 19　年　月

二、普查

1. 普查的概念

普查是指根据统计研究的特定目的和任务而专门组织的一次性、大规模的全面调查，主要用来收集某些不能够或不适宜用定期的全面调查报表收集的信息资料，一般用来调查属于一定时点的社会经济现象的总量。如我国 2000 年组织实施的第五次全国人口普查，人口普查表见表 2-3。

表 2-3　人口普查表

本户　　省　　市　　县　　乡　　村组

住址____自治区____市____街道____居委会____居民小组(街巷____号)

姓名	与户主关系	性别	年龄	民族	常住人口的户口登记的状况	文化程度	行业	职业	不在业人口状况	婚姻状况	生育子女总数和存活子女总数	上年生育状况
1	2	3	4	5	6	7	8	9	10	11	12	13

申报人________　　普查员________　　填报日期________　　户主姓名________

普查的主要特点有以下三个方面。

(1) 普查比任何其他调查方式、方法所取得的资料更全面、更系统。

(2) 普查主要调查在特定时点上的社会经济现象总体的数量，有时也可以是反映一定时期的现象。

(3) 普查需要动用较多的人力、物力、财力，需要较长的时间。

2. 普查的作用

普查的主要作用如下。

(1) 为制订长期计划、宏伟发展目标、重大决策提供全面、详细的信息和资料。

(2) 为搞好定期调查和开展抽样调查奠定基础。

3. 普查的优缺点

(1) 优点：收集的信息资料比较全面、系统，准确可靠。

(2) 不足：涉及面广、工作量大、时间较长，而且需要大量的人力和物力，组织工作较为繁重。

目前，我国所进行的普查主要有：人口普查、农业普查、经济普查等。

4. 组织普查的原则

由于普查是一次性的全面调查，面广量大，要求取得的资料有较高的准确性和时效性；同时，普查的对象往往随着时间而不断变化，在空间分布上也会有较大的变动，样表参见表 2-3。因此，与其他调查方式相比，普查要求集中领导的程度更大，力求统一要求和统一行动，并严格遵守以下的基本原则。

(1) 确定普查时点，即“标准时间”，以免普查中出现重复登记或遗漏。

(2) 选择普查的时期，就是规定进行普查登记的时期。

(3) 普查范围内的调查登记工作应同时进行，尽可能在最短期限内完成，以期在方法上、步调上一致，保证普查资料的准确性和时效性。

(4) 同类普查的内容在各次普查中应尽可能保持一致，一般要按一定的周期进行，以便对比分析历次的普查资料，观察被研究现象的发展变化及其规律性。

【例 2-1】判断题

全面调查包括普查和统计报表。(　　)

参考答案：√

分析：普查是全面调查，统计报表也是全面调查，因此该题所下断语是正确的。

三、重点调查

1. 重点调查的概念

重点调查是一种非全面调查，它是在调查对象中，选择一部分重点单位作为样本进行调查。重点调查主要适用于那些反映主要情况或基本趋势的调查。

2. 重点单位的选取

重点调查的重点单位，通常是指在调查总体中具有举足轻重的、能够代表总体的情况、特征和主要发展变化趋势的那些样本单位。这些单位可能数目不多，但就其标志值来讲，在总体的标志总量中却占有绝大比重，它能够反映出调查对象的基本情况。

选取重点单位，应遵循两个原则。一是要根据调查任务的要求和调查对象的基本情况而确定选取重点单位及数量。一般来讲，要求重点单位应尽可能少，而其标志值在总体中所占的比重应尽可能大，以保证有足够的代表性。二是要注意选取那些管理比较健全、业务力量较强、统计工作基础较好的单位作为重点单位。

3. 重点调查的特点

重点调查的主要特点是：调查单位少，节省人力和时间，调查项目可以相对多一些。

4. 重点调查的作用

根据重点调查的特点，重点调查的主要作用在于反映调查总体的主要情况或基本趋势。因此，重点调查通常用于不定期的一次性调查，但有时也用于经常性的连续调查。

四、典型调查

1. 典型调查的概念

典型调查也是一种非全面调查，它是从众多的调查研究对象中，有意识地选择若干个具有代表性的典型单位进行深入、周密、系统的调查研究。

进行典型调查的主要目的不在于取得社会经济现象的总体数值，而在于了解与有关数字相关的具体情况。

2. 典型调查的优缺点

典型调查的优点在于调查范围小、调查单位少、灵活机动、具体深入以及节省人力、财力和物力等。其不足是在实际操作中选择真正有代表性的典型单位比较困难，而且还容易受人为因素的干扰，从而可能导致调查的结论有一定的倾向性，且典型调查的结果一般情况下不宜用以推算全面数字。

3. 典型调查的类型

典型调查主要有两种类型。

一种是一般的典型调查，即对个别典型单位的调查研究，在这种典型调查中，只需在总体中选出少数几个典型单位，通过对这几个典型单位的调查研究，用以说明事物的一般情况或事物发展的一般规律。如辽宁省企业调查队组织实施的《华厦集团启示录——本溪华厦集团成功改造国企超常发展的调查》，就是辽宁省企业调查队直接派人到华厦集团就国有企业超常发展这一问题而进行的典型调查。

第二种是具有统计特征的划类选点典型调查，即将调查总体划分为若干个类，再从每类中选择若干个典型进行调查，以说明各类的情况。

4. 典型调查的作用

典型调查的作用主要有以下两点：

(1) 在特定的条件下用于对数据的质量检查。

(2) 了解与数字相关的具体情况。

五、抽样调查

抽样调查又称样本调查，它是从调查对象总体中抽取出一部分作为样本，通过对这部分样本的调查结果进行推算、估测、分析来推断总体调查对象的一种调查方法。根据调查者选取样本的不同方法，可以把抽样调查划分为两大类型：随机抽样与非随机抽样。所谓随机抽样又称为概率抽样法，它是根据调查对象总体中每个部分都有被同等选取为样本的可能，即每个个体调查对象都享有“机会均等”的原则，调查过程中被调查总体中的每一个个体都自然存在、自然出现，在不受调查者主观意图的影响下抽取样本的一种抽样方法；相反，非随机抽样方法则是调查者有意识地主观选择若干具有代表性的个体单位作为样本来进行调查，并进而推测样本所代表的总体情况的抽样方法。常用的非随机抽样方法有重点调查与典型调查两种。很明显，随机抽样与非随机抽样有着很大的区别，非随机抽样方法在抽样过程中渗入了调查者的主观选择与判断，而随机抽样方法抽取的样本具有更好的代表性。具体内容在本书第七章将作详细介绍，此处不再赘述。

【案例 2-1】 曾经有两位美国社会学家对美军在越南战争中的士气问题进行调查，他们使用了系统的抽样方法，选择逢 10 的号码作为样本，然而结果完全出乎意料，官兵的士气远比假设的要高。经过对抽样方法的鉴定，他们悟出了一个道理，原来军队的花名册排列是由“三等兵、二等兵、……少尉、中尉、上尉”的顺序排列的，每 10 个人恰好构成一个循环，这样，他们逢 10 抽取的样本都是清一色的某个军阶的军官，而军官的士气相对来说要高，这样的调查结论在推及军队官兵总体时就失去了意义。两位美国学者后来对此作了改进，将每一军阶的士兵或军官放在一组，将第 1～100 号列为三等兵组，第 101～200

号列为二等兵组……，然后重新系统抽样，最后得出的结论推及总体时就较全面、客观，富有代表性。

第三节　统计数据的搜集方法及调查方案设计

一、数据的搜集方法

在实际中，统计调查是取得直接统计数据的重要手段，特别是随着市场经济的发展，市场调查越来越被人们所重视，一些企业已逐步把市场调查作为取得企业所需生产和经营信息的重要来源。搜集数据的具体方法主要有以下几种。

(一)问卷调查

凡是属于第一手资料搜集的调查方法，几乎都离不开问卷设计这一环节，一个出色的、科学严谨的问卷常常是保证调查成功的最重要的因素之一。

1. 定义与内容

问卷调查是把所要调查的内容设计成一组问题，以设问的方式或表格的形式形成一份问卷，通过让调查对象填写问卷来收集信息的一种调查方法，是一种专门为向特定公众调查对某些具体问题的知晓、态度、意图等情感与行为的反映而设计的书面测验。

2. 问卷的类型

根据问卷对问题和答案设计的形式不同，可以把问卷分为封闭式问卷和开放式问卷。开放式提问答题者可以自由选择答案，封闭性提问答题者只能在调查者所提供的多项答案中选择一种。

(1) 封闭式问卷。这是一种事先对问题确定了可供选择答案的问卷，被调查者根据各自的情况进行判断，在其中选择一个或多个自认为恰当的答案。这种问卷多用来调查事实、态度、行为等方面的问题。例如：

① 您对自己的职业满意吗？(请在下面各项中适合自己的选项后划√)

A. 很满意　B. 满意　C. 无所谓　D. 不满意　E. 很不满意

② 您对下列饮料的饮用情况，如表 2-4 所示(请在相应的空格中打√)。

表 2-4　某地区饮料市场调查问卷

序　号	项　目	a(经常饮用)	b(偶尔饮用)	c(从不饮用)
1	啤酒			
2	汽水			
3	可乐			

续表

序　号	项　目	a(经常饮用)	b(偶尔饮用)	c(从不饮用)
4	茶			
5	咖啡			
6	果汁			
7	果奶			

封闭式问卷所获的答案内容，既规范又统一，便于调查者进行大量的定量分析和计算机数据处理，因而广泛地受到调查工作者的欢迎，是统计调查中采用较多的一种问卷设计形式。但封闭式问卷也存在某种缺陷，主要是调查者事先划定了答案，这就有可能遗漏一些很重要的、但尚未被研究者认识到的答案，如果这部分答案的比例较大，则会严重影响调查质量；此外，由于事先提出了答案，有可能造成强迫被调查者回答的情况，因为它很容易使一个不知道如何回答或没有具体看法的被调查者随便乱答，所以为了防止被调查者不负责任地回答问题，在答案中往往要加上“不知道”或“其他”等选项。

(2) 开放式问卷。开放式问卷是一种可以自由回答的问卷，实际上是一个比较详细的调查提纲，只有一个个具体的问题，答案完全由被调查对象提供。例如：

① 您对公司的管理有何评价？

② 请谈一谈您对未来大学教育的展望？

开放式问卷多用于探索性研究，它能给回答者以较多的创造性或自我表达的机会，可以了解到被调查者独特的观点，尤其适用于讨论一些比较复杂的问题。在一些特定的场合下，在少数人群中，在调查某些敏感和具有深度的问题时，开放性提问往往十分有效。在一定程度上，开放式问卷可以得到一些在封闭性问卷中得不到的真知灼见和极有价值的细节性信息。但由于这种提问允许答题者自由地提供独特的、富有个性的答案，因而对某一问题的回答内容肯定是因人而异，这就给调查者进行资料的整理工作带来了困难，不容易统一数据处理的标准。在进行数据处理之前，统计调查人员必须重新进行整理与分类，否则就难以保证测试结果分析的科学性。对于被调查对象来说，由于回答问题要花费较长的时间和精力，容易引起较高的拒答率，从而影响问卷的回收。

总之，封闭式问卷和开放式问卷在实际应用中各有利弊，调查者要根据具体情况选用，在大多数情况下，是两种问卷形式综合使用，以保证调查效果。

3. 调查问卷的设计

1) 问卷的结构

(1) 引言，也称说明。一般应包含调查目的、意义、调查组织者、选样的原则、调查结果的使用者、保密措施等内容。在问卷中说明这些情况有利于争取被调查者的合作，消除他们的戒备心理，这部分在语言表达上要诚恳，文字应简洁、明确。

(2) 注释，也称导语。用来提示如何填写调查问卷或解释某些调查项目的含义。

(3) 条款，也称调查项目。它是问卷的主体部分，问卷设计主要就是条款的设计，这部分由封闭式问题和开放式问题组成。

(4) 资料的登录部分。它是为了区分、核实、分析资料而专门设计的，区分设计包括问卷编号、调查对象基本情况等；核实设计包括调查问卷使用的日期、时间、地点及调查人员和核实人员姓名等；分析设计包括问卷内容各部分的编码、序号等，主要是供资料统计和输入计算机分析使用。

2) 调查问卷条款设计

(1) 指标的测量方式。所谓测量方式就是将某一概念或某一组概念向调查者显示的方式，一般可分为两类：定性测量和定量测量。定性测量是用两个对立概念将某个问题区别开来，如对洗衣粉的态度是“喜欢”，还是“不喜欢”，定性测量必须注意包容性和排他性。包容性是指所列的各种概念必须能包含所有可能出现的答案。如“性别”可以用“男”或“女”来回答，但对于像“民族”这个问题，如果不列出所有可能出现的民族，被调查者就会无法回答。有时这种无法包容的情况，可以用第三种如“其他或另外说明”等选择，但如果调查中有相当多的人选择了这一种答案，那这个定性测量就有了缺陷。排他性是指定性的两个对立概念之间不能有交叉，被调查者只能选择一个答案，就像“男”或“女”这样的问题，非男即女，被调查者不能有其他选择。定量测量是用数字表示的数量关系来显示概念之间的区别，不同的数字用来表示不同的区别程度，它有三种方式：定序、定距和定比率测量。定序测量是以数字大小来表示概念按重要性的顺序排列，例如：如果有足够钱，您在以下几种商品中先买哪种？答案为四种选择：电视机、录音机、电冰箱、录像机，被调查者可以依自己的意愿对这四种顺序分别标以 1～4 的顺序号，汇总后，就可得知人们心目中哪类商品是放在优先位置上考虑的。定距测量是利用不同数字表示答案的大致差异，如调查测试者的经济背景情况，对家庭的每月人均收入可在选择答案中列为 0～600 元，600～1200 元，1200～1800 元，1800 元以上，这样几个定距区段的划分，在数量汇总上要容易一些，同时，大致也能清楚地表明被调查者的经济背景。定比率测量的精确程度较定距测量更高，但较难进行数据处理。典型的定比率测量是让测试者在一条直线比率段上标出一个位置作为他的答案，假如还是调查收入，则定比率测量可如图 2-2 所示。

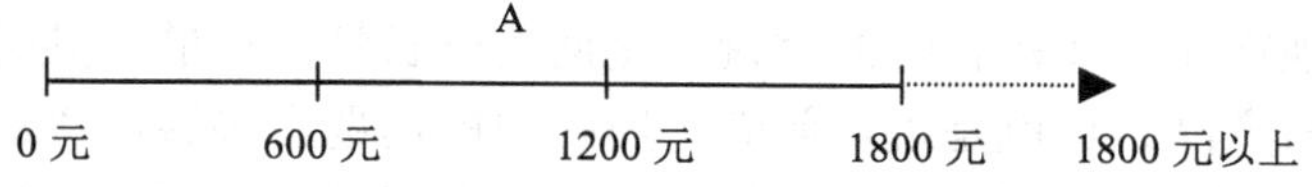

图 2-2　定比率测量示意图

在图 2-2 中，A 点表示调查者的家庭人均收入大致在 1000 元以下。

定序、定距、定比率测量三种定量测量方式各有优缺点，在具体实施中可灵活运用。

(2) 条款设计的方法。问卷的条款就是一个个具体的问题，封闭式问卷还包括了选择性答案。为了确保这些问题及其选择性答案的科学性，统计调查人员要根据具体的调查目的和题目，通过科学的理论假设，由理论假设到概念，再由概念到变项，这样对调查题目进行分解化处理，找到调查对象的具体问题，然后把这些问题分门别类，从而构成了问卷的条款内容。

关于条款的具体产生过程，可用图 2-3 直观地显示出来。

对于封闭式问卷来说，条款内容除了问题之外，还包括答案，答案设计也很重要，这是问卷条款的有机组成部分。封闭式问题根据答案的设计情况可以划分为单项选择、多项选择、对比选择、排序选择四种。单项选择即从多个答案中只选一个答案，通常为“是”或“否”，因此答案之间应该是相互排斥的；多项选择即从多个备选答案中选出至少两个以上答案；对比选择即从两类相互抵触、对比强烈的答案中选出一个方面；排序选择即对众多有程度或次序等方面差异的备选答案，要求被调查者根据各自情况排出顺序。

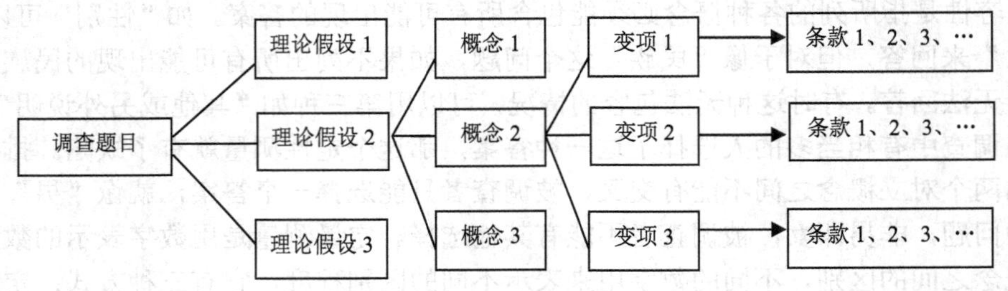

图 2-3　条款的设计方法

(3) 条款设计的原则。设计条款应尽量遵守以下一些原则。

第一，封闭式问卷所列出的答案应包括所有可能出现的一切答案，这在实际操作中很难做到，所以在列出尽可能多的答案后，必须再列一项“其他”，以供选择。

第二，一个问题的不同答案之间必须相互排斥，互不包容。只有这样才能够使调查者正确解释所得资料。

第三，条款必须清楚明确，具有确定的具体含义，避免使用模糊语言和容易引起误解的词句。如果统计人员在问卷中提出这样一个问题：“你对长虹电气公司的印象如何？”这个问题就很不清楚，因为答题者不知道你想让他回答关于长虹公司哪方面的印象。你是问长虹公司的电视产品，还是长虹的空调？是问关于长虹公司的公共关系形象，还是问该公司的机器设备与产品？这就是说，问卷中所提出的问题有多种回答的可能性，这就属于问卷不精确的错误。因此，问卷提出的问题应十分清晰严谨，简明易懂，具体明确，使回答问题者能确切地知道你所提问的意图。

第四，要避免在问卷中进行双重提问。这样使问题变得复杂，很多时候没有经验的设计人员可能不经意间就会提出这类双重问题而使答题者左右为难，如“请问你是喜欢长虹公司的电视机还是空调？”很显然此类问题有双重内容，应有两个答案，答题者很难回答。

同时，如果是封闭式问卷，也给设置答案增加了难度，很容易导致答题者不能确切地回答问题。

第五，避免使用假定性问题。假定性问题指用虚拟语气构成的条款，如“假定……你是否会……”、“如果……你将会……吗？”，这样的问题多见于意愿调查中。意愿调查的目的就是根据所得资料进行某种行为习惯变动的预测或对某种事态可能引起的心理和行为后果进行预测。但假定性问题的答案无论肯定与否，其含义实质上都是不明确的，因为问题本身不成事实，只有理论上的意义，不足以为信。

第六，不可使用诱导性条款。诱导性条款是指由于条款的措词、内容等方面的原因，使答题者有意无意地不得不选择某种答案，即条款的提问实际上就是要求答题者选择某种答案。如有一份关于生育意愿的调查表，问卷开头有一大段宣传计划生育意义，阐述一对夫妇只生一个孩子这一国策的重要性，然后在具体问题中提问：“你认为一对夫妇最理想的子女数是多少？”不管被调查者“理想”如何，多数人可能都会理智地选择“只生一个孩子”。所以问卷中条款措辞应尽量避免使回答者想到集体意识意义上的“正确”与“错误”，从而使信息失真，要使用中性词，用客观的态度提问。

第七，问卷中提出的问题应使答题者有能力回答。调查问卷中，设计者应考虑提出的问题答卷者有没有回答的资格与能力，如“你认为在电视上进行计算机软件课程的讲授合适吗？”，如果被调查者是一些没有受过计算机教育的公众，那么这道题他们可能就没有能力回答。再如询问汽车驾驶员，“你得到汽车驾照后已经消耗了多少汽油？”，如果问卷上要他回答这样的问题，那么得到的答案只能是胡乱填写，信息的误差是可想而知的。

第八，提出的问题在顺序上要尽量适应调查对象的心理习惯。提出的问题顺序上要循序渐进，先易后难，使答题者能完整地回答完全部问卷的内容，常见的提问顺序是先询问答题者的个人简历情况，再问对方是否了解某事、某人、某个组织，然后才较为详细地询问对方具体的心理倾向。情感态度与可能或已经做出的行为等较为复杂的问题。在问题的安排上，要尽量把同类问题归纳在一起，按照逻辑的顺序排列提出，一些问题是所有的答卷人都能够或应该回答的，就应该在问卷中首先提出来，另外一些问题只有一部分人才能回答的，就应放在后面或另行安排。提出的问题如果排列不当，就可能会影响答题者对问题的回答质量，如：在一份问卷中开始就提出关于大学生恋爱问题的总括来概述性提问，“您赞成在大学期间谈恋爱吗？”，如果回答是否定的，那么在回答后续的一些探测大学生恋爱的具体问题时，答题者可能会为了同前面的总括性的答案保持一致，而违背自己的本意去回答这些问题。因此，为了克服这种可能的不真实性，统计调查人员在设计问卷时，必须对提问的顺序问题有所注意。

第九，调查问卷中涉及敏感问题时，问卷设计应遵守保密原则。敏感性问题是指涉及私人生活以及大多数人认为不便于在公开场合表态或陈述的问题，如私人财产调查、不轨行为调查及其他私人生活情况调查。在对此类问题进行调查时，问卷设计不注意方式、方法、措辞等，就会使拒答率相当高，或者得不到真实的答案，从而使调查失去意义。所以在进行敏感性问题调查时，必须替答题者保密，要事先说明所采取的具体保密措施，如：不进行有个人特征的记录，如姓名、工作单位、住址等；问卷填完后由答题者自己密封问卷；资料汇总后问卷被销毁；如有泄密情况，研究者或调查人员将负法律责任等。在设计这类问卷时，还可改变提问形式，使答题者不以第一人称回答问题，而是以第三人称来回答，如“有人如何，请做出评价”。

(4) 附带性问题的设计。在一些问卷中，可能有一些问题只适用于某一些人来回答，或者说某些问题只有一部分人有资格、有能力来回答。如在问及被调查的教育背景与欣赏某一事务水平之间的潜在联系时，可能会有这样一个问题：“请问您受过大学以上的学历教育吗？”答案可能有两种：受过、没有，紧接着一个问题是：“如果您受过本科以上的学历教育，请问您是喜欢外国电影、中国电影、……”，这种正题后面的附加问题(也被称为后续性问题)，就是问卷中的附带性问题，答题者是否应当回答这些问题，是由他对前面正题(也称前趋性问题)的回答所决定的。附带性问题的设计是为了使人们免于回答那些他不了解的问题，或仅用来调查某些特定群体公众的特定信息，设计中，调查人员一定要清晰地表明只有那些对特定的前趋性问题能够做出肯定回答的人，才需要回答后续的附带性问题，而其他人则可以跳过这些附带性问题，继续回答其他主要的问题。如果附带性问题过长，不能在同一页码中显示，设计者就要在问卷中特别加以说明，使答题者能明确地知晓自己是否需要回答这些附带性问题。

4. 问卷的分发方式

调查问卷的分发即是怎样用问卷去采集信息，这要根据具体的情况而定，常见的方法有以下几种。

(1) 邮寄法。就是把问卷邮寄给调查者，填写后再寄回来的调查方法，邮寄调查的方式省时、省力，可以大规模地分发问卷，但弊端是可能回收率不高，无法保证问卷质量。

(2) 组织分配法。即通过已有的组织形式发放和回收问卷。例如，依靠党派团体和其他的组织以及有较强人事控制能力和社会影响能力的其他个人。组织分配法的优点是回收率高、费用低、省时，但不能保证答案都是个人亲自填写，经常发现抄写和他人代写的现象。

(3) 当面填写法。即调查人员亲自把调查问卷送到被调查对象的手中，请被调查者当面填好后，立即收回问卷的调查方法。为了提高调查效率，也可把被调查者集中起来，当面填写问卷。当面填写法的优点是可确保问卷答案的真实性，但需投入较多的人力，也比较花费时间。

【案例 2-2】《大学生心理健康状况》调查问卷

各位同学：你们好！

随着社会的发展和进步，竞争越来越激烈，由于竞争的加剧人们来自生活和工作的压

力也越来越大，这些压力既有生理上的又有心理上的。作为一个特殊的群体我们大学生又会有哪些压力呢?我校的大学生在学习、工作、生活、情感等方面的心理压力情况又是怎样的呢？就此我们作如下调查，希望同学们积极配合，谢谢！

1. 你的性别(　　)。

A. 男　B. 女

2. 你现在的年级(　　)。

A. 一年级　B. 二年级　C. 三年级　D. 四年级

3. 除了基本生活费用外你的消费主要用于(　　)。

A. 学习　B. 零食　C. 上网　D. 游玩

4. 你认为大学与高中的整体氛围差距大吗？(　　)

A. 特别大　B. 很大　C. 差不多　D. 无差别

5. 你在所在大学生活适应状况如何？(　　)

A. 很好　B. 还可以　C. 较差　D. 非常差

6. 上大学后，你觉得你最大的挫折是什么？(　　)

A 学习成绩不理想　B. 恋爱不成功　C. 不适应宿舍生活

D. 经济困难　E. 就业竞争太激烈

7. 你与班级及宿舍的同学相处得融洽吗？(　　)

A. 很融洽　B. 挺融洽　C.一般　D. 不太融洽　E. 很不好

8. 你认为宿舍是否有利于你的学习？(　　)

A. 非常有利　B. 比较有利　C. 一般有利　D. 比较不利　E. 非常不利

9. 你感觉宿舍的其他成员会对你造成压力吗?(　　)

A. 经常有　B. 偶尔有　C. 没有

10. 你是否会有和同学攀比的想法或行为?(　　)

A. 从来没有　B. 偶尔有　C. 经常有

11. 你是否感觉自己在学习上有心理压力?(　　)

A. 压力极大　B. 压力较大　C. 有些压力　D. 没有压力

12. 当你出现学习效率低下的状况时，你会觉得心烦气躁吗？(　　)

A. 经常会　B. 偶尔会　C. 很少会　D. 不会

13. 考试前后你会心情紧张吗?(　　)

A. 总是　B. 有时，特定在考前

C. 有时，特定在考后　D. 偶尔　E.从不

14. 你觉得令你产生压力的原因是什么?(　　)

A. 没有　B.学习　C. 健康　D. 情感　E. 就业　F.其他

15. 你的家庭关系如何？(　　)

A. 和睦　B. 一般　C. 冷淡

16. 你喜欢与别人交往吗？(　　)

A. 喜欢　　B. 一般　　C. 不喜欢

17. 遇到压力的时候你会怎么做？(　　)

A. 记日记　　B. 和家人朋友或者老师倾诉　　C. 憋在心里

D. 做其他的事情转移注意力　　E. 去心理咨询室咨询

18. 你会常常感到心中怒气难抑吗？(　　)

A. 是　　B.否　　C. 一般

19. 当你遇到问题时，你会怎么做？(　　)

A. 通常感到自己能够应对这个问题　　B. 向你所能依靠的朋友请求帮助

C. 只有十分严重时，才找朋友　　D. 一个人默默承受

20. 你认为身体健康重要吗？(　　)

A. 非常重要　　B. 一般重要　　C.不重要　　D. 没有想过

21. 在人际交往中，你的信条是什么？(　　)

A. 大多数人是善良的，可以之为友

B. 人群中有一半是善良的，一半是狡诈的，我将选择善良者为友

C. 大多数人是狡诈虚伪的，不可与之为友

22. 对于做一项决定，你的态度或做法是(　　)。

A. 害怕决定的后果，因此常常拖延做决定的时间

B. 要有充裕的时间进行考虑，一旦决定，就会坚决执行

C. 能很快做出决定而且通常是正确的，丝毫也不草率

D. 决定快了，往往错误；决定慢一些往往是正确的

E. 能够极迅速地做出决定，但有时不希望自己有这种糊涂的做法

F. 觉得做决定是一件很困难的事情

23. 你在平时生活中还有其他的心理健康问题吗？可以写在下面的横线上。

____

再次感谢你对我们此次调查活动的支持与配合！

【案例 2-3】 “绿色、人文奥运” 调查问卷

亲爱的朋友：您好！

2008 年奥运会在中国北京举行，这是值得我们每一位中国人骄傲与光荣的事情。为了迎接北京奥运会的来临，我们国家各个地区进行了“奥运知识宣传”的实践活动积极响应人文奥运理念，为了了解大众对奥运会的了解及关注程度，特组织这次调查，希望大家积极配合，谢谢！

一、基本材料

1. 您的年龄是(　　)。

A. 18 岁以下　B. 18～30 岁
C. 30～40 岁　D. 40～50 岁　E. 50 岁以上

2. 您的性别是(　　)。
A. 男　B. 女

3. 您受教育的程度是(包括在读的情形)(　　)。
A. 小学及以下　B. 中学(中专、技工、职高、技校)
C. 专科　D. 大学本科　E. 研究生

4. 您目前的职业是(　　)。
A. 干部　B. 工人　C. 农民
D. 学生　E. 军人　F. 其他

5. 您现在的家庭平均月收入大约是(　　)。
A. 1000 元以下　B. 1000～2000 元　C. 2000～3000 元
D. 3000～5000 元　E. 5000 元以上

二、奥运知识

6. 北京 2008 年奥运会是第(　　)届奥运会。
A. 27　B. 28　C. 29

7. 北京奥运的主题口号是(　　)。
A. 同一个世界，同一个梦想
B. 绿色奥运、科技奥运、人文奥运

8. 北京 2008 年奥运会的吉祥物是(　　)。
A. 福娃　B. 盼盼　C. 运行之星

9. 奥林匹亚为奥林匹克运动的发祥地，(　　)位于其西南约 300 公里的地方。
A 法国巴黎　B. 希腊首都雅典

10. 奥林匹克运动的格言是(　　)。
A 和平、友谊、进步　B. 更快，更高，更强

11. 下列属于 2008 年北京奥运会合作伙伴的是(　　)。
A. 安踏　B. 中国移动　C. 中国联通

12. 中国第一个获得奥运会金牌的运动员是(　　)。
A. 李宁　B. 许海峰　C. 叶乔波

三、环保知识(可复选)

13. 你主要从哪些途径了解中国的环境状况？(　　)
A. 电视、广播　B. 报刊、杂志　C. 互联网
D. 各种类型的社会宣传活动　E. 工作单位的普及教育活动

14. 你觉得通过参加奥运和环境宣传活动，确实提高和增强了你的环境意识吗？(　　)
A. 没什么作用　B. 有一定帮助

C. 起到了应有的作用　　D. 还需进一步充实和完善教学内容

15. 作为一名普通市民，你认为自己应该在环境保护方面做哪些努力？(　　)

A. 自觉遵守环保法律、法规　　B. 发现环境污染事件及时举报

C. 从小事做起，改善自己行为　　D. 向周围的人普及环保知识，示范环保行为

E. 为环境保护和迎办绿色奥运献计献策

16. 你是否愿意多花费一点钱购买对环境友好的产品？(　　)

A. 愿意　　B. 不愿意

17. 请问以下哪些属于危险废物应谨慎处理？(　　)

A. 电池　　B. 日光灯管　　C. 体温计

D. 消毒剂　　E. 塑料制品　　F. 农药残留物

18. 中国移动为积极配合绿色奥运所发起的“绿箱子计划”是为了回收(　　)。

A. 废旧手机及配件　　B. 废旧电器

C. 塑料制品

19. 您家有哪些节电措施？(　　)

A. 尽量不开空调或把空调温度调到适中

B. 安装节能灯或尽量减少开灯时间和数量

C. 使用太阳能(或其他能源)

D. 尽量使用待机能耗低的产品

E. 不使用时关闭电源开关

F. 不太在意

20. 您家的节水途径有哪些？(　　)

A. 安装节水水箱和阀门　　B. 较干净的水回用(如洗衣水用于冲厕所等)

C. 尽量把衣物集中大量清洗　　D. 不太在意

21. 您有意识地选购过下列哪些环保产品？(　　)

A. 无磷洗涤剂　　B. 无氟冰箱和空调

C. 节能、节水型家用电器　　D. 绿色食品、无公害食品

E. 再生纸或其他废物再生产品　　F. 有环保标志的产品

22. 如果条件允许，您更喜欢的出行方式是(　　)。

A. 步行　　B. 骑自行车　　C. 乘公交　　D. 打的　　E. 开车

四、您还有其他对奥运的想法与意见吗？如果有，可以写在下面的横线上。

____

再次感谢您的合作与支持！

(二)访问调查

访问调查就是通过人际交往的形式进行调查活动的调查方法，即由访问者向被访问者

直接提出调查问题，通过被访问者的直接回答来收集调查资料的一种调查方法。这种调查方法通常用于对一些问题的调查，或是对某个具体问题的深入调查，如对重点人物的访谈调查。访谈调查一般可分为三种具体形式：访谈法、信访、电话访问。

1. 访谈法

1)　访谈调查的性质及主要类型

访谈法是调查人员分别造访调查对象，通过个别谈话的方式收集信息的一种调查方法。按照其程序结构，访谈法被分为结构式访问和非结构式访问。

所谓结构式访问，就是根据事先撰写的调查表格进行访问，谈话的内容和次序基本上按表格规定进行，答案也是固定的，谈话一般不超过表格规定的范围，这种访问也称作正式访问。所谓非结构式访问，就是只有调查任务但事先没有固定的程序要求，访问人员可以机动灵活地掌握，这种访问也称为非正式访问。非正式访问也可组织成多人同时参加的座谈会形式，这种访问对调查人员的技能要求较高，一般由素质较高的调查人员实施。

2)　访谈调查应注意的问题

(1)　要有充分的准备。调查前，要根据调查任务，与调查对象事先沟通，约定访谈时间、地点等。如果是正式访问，可事先通报访谈内容；非正式访问也应事先通报访谈的大致目的，使调查对象在心理上和具体问题上都能有所准备。调查前的准备还包括调查者对所要调查问题的充分了解和调查问卷及调查提纲的设计；还有调查者对自我衣着、言语、举止、礼节等预想性设计。一般来说，访谈者衣着整洁、得体，行为举止大方，仪态端庄、稳健，言语朴实、文明，都会不同程度地影响到调查的效果。

(2)　注意培养良好的谈话气氛。调查者要主动地、热情友好地培养一种融洽的访谈气氛，特别是深度访问，这样才能使被访者有话想说，且说得深刻、自然，不会有所顾忌。

(3)　要善于启发引导。访问者要善于巧妙地引导调查对象谈论所调查的话题，如有些调查对象不善言谈或态度冷淡，这就需要调查者的耐心，要从各个角度，用各种方式提问，获取调查信息；调查对象过于健谈，这也要求调查人员要有耐心，既不能打断别人，又要善于巧妙地抓住机会，把话题引导到调查主题上来。

2. 信访调查法

信访调查又称为通信调查，指采用信函方式将调查表或问题提纲邮寄给被调查者，请被调查者按要求以书面形式回答问题后，再把调查材料寄回给调查者。信访调查适用于大面积或远距离调查，优点是省时、节约、保密性较好；缺点是不易控制、复函率不高，获取的信息也比较平常，信息资料的真实性不十分可靠。

为了提高调查资料的回收率，在调查表和提纲的设计方面，要多从调查对象的角度考虑，尽量简单、明确，便于回答问题；调查表格和提纲的印刷也要做到清楚，版面整洁，特别是对调查对象的说明文字，要注意用语谦虚、礼貌、文明、诚恳，以赢得调查对象的

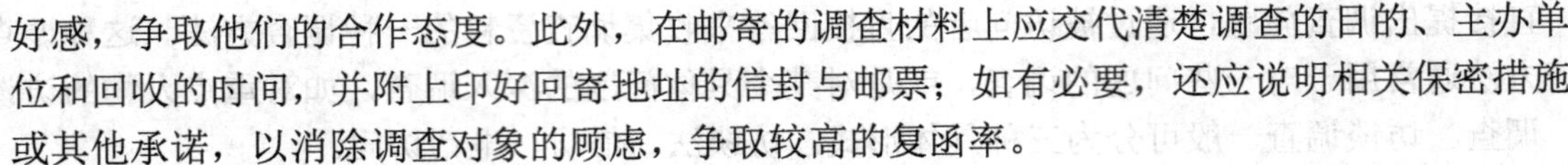

好感，争取他们的合作态度。此外，在邮寄的调查材料上应交代清楚调查的目的、主办单位和回收的时间，并附上印好回寄地址的信封与邮票；如有必要，还应说明相关保密措施或其他承诺，以消除调查对象的顾虑，争取较高的复函率。

3. 电话访问法

电话访问是由调查人员借助电话这种通信技术，通过拨打电话的方式访问调查对象，以获取信息资料的一种调查方法。电话访问的优点是快捷、省力、省时；通过与调查对象的间接交谈，调查者基本可以判定对方的合作态度，获取的资料比较可靠。缺点是访问的时间不宜过长，调查内容不宜繁杂；如果调查地区电话普及率不高，样本的代表性会受到影响。

为了做好电话访问工作，调查人员也应做好充分的准备工作。第一，要事先组织好调查程序，包括怎样开始赢得被调查者的合作、访问内容的编排、如何结束等。第二，精心选择拨打电话的时间，调查者拨打电话时，无法预知对方的情况，只能依据常识做出判断，何时可能是最不至于打扰对方的时间，从而更容易赢得对方的合作与好感。第三，提问时应首先主动用礼貌用语和诚恳的态度说明自己的身份及调查目的，征得对方同意后方可提问，所提问题也应简短、客观，尽力避免提示或引导调查对象回答问题；调查结束后还应诚恳致谢。

(三)观察法

观察法是由调查人员深入调查现场，以公开的身份或隐蔽的身份观察调查对象的态度、行为等情况，并形成记录资料的一种收集信息的方法。

观察法是最为常用的一种调查方法，它首先要求观察者应具备较高的素质，有敏锐的观察力，能够洞察事物的本质，迅速捕捉到常人注意不到的问题并做出正确判断。其次，观察法还可以运用一些现代化的技术手段，如录像机、录音机、照相机等，把观察对象的声音和行动等情况保存下来，特别是照相技术和录像技术，使调查对象的表情、神态、动作与相关背景都可以真实地保存下来，便于调查者做从容、仔细和深入的研究。第三，观察法也有局限性，主要表现为对观察目标所处的环境无法控制，各种干扰因素可能会影响到观察的效果，而且，观察者的主观因素也会不可避免地影响观察结果。

(四)实验法

统计调查提出的实验调查法，有其狭义的内涵。它是特指设置专门的现实场景，在现场观察和访问有关人员，从而收集信息资料的一种调查方法。例如：有意识地在一些公共场所安排一些假戏真唱的表演性质的生活场景，通过调查人员的切身体验和现场观察、访问来收集有关信息。在统计调查中常用的还有，通过设置一些场景来调查职工的态度、行为，如心理素质、公益心、社会责任感和道德水准等。

(五)文献研究法

文献研究法也是公共关系调查中较常用的一种调查方法，是指通过第二手资料来收集信息、了解情况。文献是前人调查研究的成果，主要来源有：出版物、政府和社会团体的档案、个人文献三类。

1. 出版物

出版物包括公开出版的书籍、杂志、报刊和内部发行的通信、简报等各种印刷材料。这类文献数量多、内容系统，便于查找；但多为加工利用过的第二手资料，很容易受到具体作者主观因素的影响。

2. 政府和社会团体的档案

政府和社会团体的档案包括文件、统计材料、会议记录、大事记等。这类材料比较原始，真实可靠，研究价值很大。但得到这些材料一般不太容易，有些还不能公开引用。

3. 个人文献

个人文献包括私人信件、日记、笔记、账目、契约、回忆录及其他形式的个人资料。这类资料一般真实可靠，研究价值很大。但这些资料的取得必须合乎法律手续，需要征得本人同意。

(六)网上调查

1. 网上调查的优点

网上调查在 20 世纪 90 年代开始热门起来，发展也很迅速，其优点表现在以下几个方面。

(1) 速度快。由于省略了印制、邮寄和数据录入的过程，问卷的制作、发放及数据的回收速度均得以提高。可以短时间内完成问卷并统计结果及报表。

(2) 费用低。印刷、邮寄、录入及调研员的费用都被节省下来。由于调研经费的增加却很有限，因此，进行大规模的网上调研较其他如邮寄或电话调研方法可以省下可观的费用。

(3) 易获得连续性数据。随着网上固定样本调研的出现，调研员能够通过跟踪受访者的态度、行为和时间进行纵向调研。复杂的跟踪软件能够做到根据上一次的回答情况进行本次问卷的筛选，而且还能填补落选项目。

(4) 调研内容设置灵活。打一个电话却只提两三个问题在费用上是不值得的，但在网上，调研内容可以很容易包含在市场、商贸或其他一般网站上。例如，如果一个人上了银行主页，激活“信用卡”链接，在进入正式网页之前，他可以被询问几个有关被认为是最重要的信用卡特性问题。

(5) 调研群体大。网上可以接触很多人。目前很难想象还有什么媒体可以提供那样大的调研群体，随着互联网的普及，计算机产品购买者或是互联网使用者，是使用互联网调研的理想对象。利用互联网的企事业单位使用者也是不错的可发展的调研对象。目前估计有40%的企事业单位已上网，这个群体还在日益扩大。

(6) 可视性强。网上调查还有一个独一无二的优点，即它们在视觉效果上能够吸引人，互联网的图文及超文本特征可以用来展示产品或介绍服务内容。对于那些有较新版本Netscape 及 IE(两个最为流行的网上浏览器)的用户，还可以将声音及播放功能加入到问卷中。这是其他调研方式所无法比拟的。

2. 网上调查的缺点

(1) 代表性问题。网上调查在目前来说还有不少缺点。最大的一点恐怕就是上网的人不能代表所有人口。使用者多为男性，是教育水平高、有相关技术、较年轻和较高收入的人。不过，这种情形正有所改变，越来越多的人开始接触互联网。

(2) 安全性问题。现在很多使用者为私人信息的安全性担忧，加上媒体的报道及针对使用者的各种欺骗性文章，更使人忧心忡忡。然而，考虑到对互联网上私人信息的保护，提高安全性仍是互联网有待解决的重要问题。

(3) 无限制样本问题。这是指网上的任何人都能填写问卷。它完全是自我决定的，很有可能除了网虫外并不代表任何人。如果同一个人重复填写问卷的话，问题就变得复杂了。

关于统计调查的技术与方法，比较详细地介绍了最为常用的几种，但需要指出的是，在具体的调查实践中，往往需要多种方法综合运用，才能取得较好的调查效果。

【案例 2-4】 南京市网络媒介广告调查问卷

1. 请问您的职业是:

(1) ○学生　(2) ○家庭主妇、无业　(3) ○管理者、官员、业主　(4) ○专业技术人员及研究人员(医生、律师、建筑师、工程师、计算机编程人员、艺人、技术工人)　(5) ○销售人员　(6) ○办公室职员

2. 您的文化程度是:

(1) ○高中、中专、中技　(2) ○大专　(3) ○大学本科　(4) ○本科以上

3. 您的年龄是:

(1) ○18 岁以下　(2) ○18～25 岁　(3) ○26～35 岁　(4) ○36～50 岁　(5) ○50 岁以上

4. 您的收入状况是:

(1) ○无收入　(2) ○500 元以下　(3) ○500～1000 以下　(4) ○1000～1500 元

(5) ○1500 元以上

5. 请问您的上网目的是:

(1) □获得各方面信息 (2) □学习计算机等新技术 (3) □休闲娱乐 (4) □工作需要 (5) □网上购物 (6) □其他

6. 您得知新网站的途径是:

(1) □搜索引擎 (2) □其他网站上的链接 (3) □相关报纸杂志的介绍 (4) □朋友、同事、同学的介绍 (5) □相关广播电视节目的介绍 (6) □其他方式(请注明)

7. 请问您在网上主要获得哪方面的信息?

(1) □新闻 (2) □计算机软硬件信息 (3) □休闲娱乐信息 (4) □电子书籍 (5) □科技信息 (6) □金融证券信息 (7) □求职招聘信息 (8) □商贸信息 (9) □旅行信息 (10) □各类广告信息

8. 您希望网络能更多地提供哪些方面的信息?

(1) □书刊类 (2) □电脑的相关产品 (3) □照相器材 (4) □通信类 (5) □音像器材及制品 (6) □生活、家居类 (7) □服装 (8) □家电产品 (9) □医疗保健类 (10) □礼品服务 (11) □金融保险服务 (12) □教育学习服务 (13) □其他

9. 您对于网络广告:

(1) ○经常点击 (2) ○有时点击 (3) ○偶尔点击 (4) ○不点击

10. 哪些网络广告形式最可能吸引您点击?

(1) □动画式广告 (2) □横幅式广告 (3) □跳出窗口式广告 (4) □文字式广告 (5) □邮件式广告 (6) □插播式广告

11. 网页上哪一类的广告会吸引您点击?

(1) □公益性活动 (2) □新闻信息 (3) □商业公司 (4) □商品信息 (5) □有奖促销活动 (6) □新站发布 (7) □学术活动 (8) □娱乐活动 (9) □形象广告 (10) □其他

12. 您是否乐意收到网络广告邮件作为选择购物或服务的参考?

(1) ○乐意 (2) ○不乐意 (3) ○无所谓

13. 您是否经常点击网页上的链接图标或链接站点?

(1) ○经常　(2) ○有时　(3) ○偶尔　(4) ○从来不

二、调查方案设计

在统计调查工作正式开始之前，应当事先设计一个切实可行、周密细致的数据搜集方案，以指导整个调查工作，使调查得以顺利地实施和完成。数据搜集方案又称调查方案，它是指导整个调查过程的纲领性文件，其内容主要包括以下几个方面。

1. 调查目的

在调查方案中首先明确本次调查的目的、任务和意义。调查目的是调查所要达到的具体目标，它所回答的是“为什么调查”，要解决什么样的问题，具有什么样的社会经济意义等，这些问题明确之后，我们才能确定向谁调查、调查什么以及采用什么方法进行调查。

2. 确定调查对象和调查单位

确定调查对象和调查单位就是要确定“向谁调查”，由谁来提供所需数据的问题。所谓调查对象是根据调查的目的确定的调查研究总体。所谓调查单位是指所要调查的具体单位，即构成调查单位中的每一个单位，它是调查项目和标志的承担体和载体，是我们搜集数据、分析数据的基本单位。

3. 调查项目和调查表

调查项目是调查的具体内容，它可以是调查单位的数量特征。如一个人的年龄、收入，一家企业的产量、产值等；也可以是调查单位的某种属性或品质特性，如一个人的性别、职业，一家企业所属的行业类别等。

调查表又称问卷或询问表，是以问题的形式系统地记载调查内容的一种印件。问卷可以是表格式、卡片式或簿记式，设计问卷是询问调查的关键。完美的问卷必须具备两个功能，即能将问题传达给被问的人和使被问者乐于回答，要完成这两个功能，问卷设计时应当遵循一定的原则和程序，运用一定的技巧。

4. 确定调查时间

统计调查时间包括两种含义，即调查时间和调查期限。调查时间是指调查资料所属的时间，在统计调查中，如果所调查的是时间现象，就要明确规定调查资料所反映的起始和截止时间。调查期限是指进行调查工作的时限，包括搜集资料和报送资料工作所需的时间，应尽可能缩短。

5. 制定调查工作的组织实施计划

调查工作的组织实施计划包括：调查人员的选择、组织和培训；调查表格、问卷的印刷；必备工具的准备等；调查经费来源和开支预算等。

【例 2-2】 多项选择题

在对工业企业生产设备的调查中(　　)。

A. 全部工业企业是调查对象　　B. 工业企业的全部生产设备是调查对象

C. 每台生产设备是调查单位　　D. 每台生产设备是填报单位

E. 每个工业企业是填报单位

参考答案：BCE

分析：在一次统计调查中，调查对象是由调查目的决定的。此题调查目的是对工业企业生产设备进行调查，根据此目的可知供选答案 B 是对的。调查对象实际就是要调查现象的总体，调查单位就是调查总体中的每一个总体单位，根据总体和总体单位之间的关系可知供选答案 C 是对的。填报单位是上报统计资料的单位，在我国每个工业企业是最低一级的行政组织，负责上报调查结果，因此供选答案 E 也是正确的。

【案例 2-5】 关于成都私家车状况的调查

1. 概述

成都位于中国西部，是中国西南地区的政治、经济、文化中心和长江流域的重要城市，是我国西南地区综合实力的第一强市。目前， 成都市私家车拥有量(102 万辆)在全国排名第三，仅次于北京和广州。但成都是个内陆城市，在中国目前 600 多座大中型城市中，近几年的经济总量远没有发达地区和沿海重点城市那么高，比起北京及上海、广州等沿海城市来讲经济相对滞后(2002 年，各城市的人均 GDP 为：北京 27 545.54 元，上海 40 538.44 元，广州 41 654.27 元，成都 16 209.36 元)。但是从成都近两年的汽车销量走势来看，成都年均汽车销量增长为 19.55%，仅去年新上户汽车数量达 26 万辆，其中私家车就达 25 万辆，可见成都的私家车购买已经进入快速增长期。而据成都市本地有关机构的预测，2005 年成都市将销售整车 17 万辆，家庭累计拥有汽车 40 万辆；2010 年将销售汽车 30 万辆，家庭拥有汽车累计将达 100 万辆。

为了保证本次报告数据的真实性、可靠性，我们联系到了成都商报的博瑞咨询机构，并与他们取得了合作，在我们的坚持与努力下，商报看到了我们详尽的策划书、专业的调查问卷。所以，最后我们达成了共识，并拟定了正式协议。2004 年 3 月 20 日到 3 月 21 日在“2004 成都商报 阳光灿烂汽车活动月之赏花购车之旅大型试乘试驾活动”的现场，我们进行了关于成都私家车状况的市场调查活动。

2. 调查抽样框

采用抽样调查收集研究数据，样本选自参与“2004 成都商报 阳光灿烂汽车活动月之赏花购车之旅大型试乘试驾活动”的成都市民。其中，到场参与这次活动的有 58.3%是来自成都市区的市民，还有 40.3%是来自成都市郊，为了精确抽样框，特别在问卷设计过程中设置了过滤问卷，共涉及 8 题，以便提取较为精确的样本数据。

本样本的基本选取条件如下。

(1) 年龄范围：20～60 岁。

(2) 在成都市居住一年或一年以上。

(3) 准备在成都市市内购买私家车。

(4) 最近 2 年内有意向购买私家车。

3. 调查方法及使用软件

本次调查活动采用定点拦截式访问法，发出调查问卷 150 份，收回问卷 150 份。剔除异常值后，有效问卷为 139 份。全部问卷的数据经检查核实后编码，录入电脑，形成原始数据库，最后利用 SPSS11.0 统计软件进行数据分析。

4. 所调查的对象男女比例为：

性　别	数　量	百分比/%	有效百分比/%
男性	109	78.4	78.4
女性	30	21.6	21.6
合计	139	100.0	100.0

从性别比例来看，男女各占 78.4%和 21.6%。虽然女性购车的数量与日俱增，但有关资料显示购车的主要群体为男性，从此角度来看，基本不会出现因男女不均而导致总体代表性发生偏差，所以抽样也是基本合理的。

5. 文化程度比例为：

教育程度	数　量	百分比/%	有效百分比/%
初中以下	2	1.45	1.45
高中/中专	14	10.1	10.1
大专	61	44.2	44.2
大学本科	49	35.5	35.5
大学本科以上	12	8.7	8.7
合计	138	100.0	100.0

从文化程度比例可看出，所调查对象的文化程度集中在大专和大学本科这两个范围之内，其比例分别占总量的 44.2%和 35.5%，其余所占比例较小的是初、高中及大学本科以上。

分析：本案例详细介绍了调查目的、调查方法、资料处理等事项。

【案例 2-6】 南京某大学生社会实践调查报告

调查目的：大学生通过利用课余时间找份兼职工作打打工或在假期积极参与社会实践

已经成为了一股热潮。通过调查可以了解当代大学生对社会实践的看法以及透析大学生生活实践情况，从而分析大学生社会实践所存在的问题以及提出解决方法，使大学生能正确对待社会实践，在实践中见真知，在以后实践中能更好地接触社会、实践自己的专业技能，寻找发展的机会。

调查对象：这次调查选择了在读大学生 400 名，年级分别为大一到大四，每个年级学生 100 名。

调查内容：本次调查通过对大学生有否参加过暑期工、兼职或实习，最想参与何种社会实践，所参与的打工或实习是否与所学专业相符，能否体现实践与理论知识相结合以及在工作或实习中获得了什么等问题进行展开调查。

调查方法：通过派发问卷进行调查，发放问卷共 400 份。

调查结果：有 52%的同学认为如果要参加社会实践，最理想的就是到企事业单位进行实习交流，其次是打工或做兼职占 40%；而有 56%的同学做过兼职，20%打过暑期工，14%参与过实习，表示从未做过的仅占 10%；现在大学生兼职、打工，除了做家教(14%)、网络的管理(6%)外，越来越多的大学生在兼职或打工时从事派送传单、商品促销(22%)、校园销售(14%)、当餐厅服务员(8%)等简单、不需要特殊技能的工作，但却与所学专业知识相去甚远，76%的学生认为所实习或兼职的工作与自己专业不全相符或完全不符，仅 24%的人认为完全或基本相符。能够使大学里的理论知识应用到实践中去的只占 38%，在实习或工作中 66%的人满意自己的课外实践能力；12% 的学生认为兼职是为以后的求职做准备。在选择实习或打工目的是什么的时候，有 32 人选择“接触社会，积累工作经验”，占了总数的 64%，选择“赚取生活费”，占了 20%。从选项人数中显示，大学生兼职以赚钱和充实自己为主要目的。现在的大学生已经将打工看得很重了，钱虽然是一定因素，但是希望通过打工获取的经验对将来就业时有所帮助应该是更多学生考虑的问题。大学生在打工时间上的弹性还是很大的，这应该和他们宽松的学习环境有一定关系。56%的人会选择在假期实习或打工，30%会选择任何没有课的时间，12%会选择周末。有 60%的人认为在不影响学习的基础上赞成合理兼职或打工实习，36%的人很赞成兼职、打工，没有人反对。54%的人都提出学校除了提供就业指导以及专业课程外，还应该提供实习机会，22%的人觉得学校应该提供就业体验，至于选择素质拓展和职业生涯规划的各占 12%。

本 章 小 结

统计调查就是根据统计研究的预定目的、要求和任务，运用各种科学的调查方法，有目的、有计划、有组织地向调查对象搜集各种原始资料以及次级资料的工作过程。对一项统计调查的基本要求是：准确性、及时性、全面性和经济性。

统计调查按调查对象包括的范围划分为全面调查和非全面调查；按统计调查的组织形式划分为统计报表和专门调查；按调查登记的时间是否连续划分为经常性调查和一次性调查。

统计报表是按照国家统一规定的表格形式、统一规定的指标内容、统一规定的报送程序和报送时间，由填报单位自下而上逐级提供统计资料的一种统计调查方式，它由一系列表式及填表说明组成，主要包括：报表的主体、填报范围、指标解释、分类目录、填报单位、报送日期等。利用统计报表定期地取得全社会的国民经济与社会发展情况的基本统计资料，是国家取得调查资料的主要方法之一，它已形成一种制度即统计报表制度。

统计报表按报送周期长短，可分为日报、旬报、月报、季报、半年报和年报等。按报表方式不同，报表可以分为电讯和邮寄两种。报表可以分为基层报表和综合报表。按报表的内容和实施范围分，有国民经济基本统计报表、部门统计报表和地方统计报表。

普查是指根据统计研究的特定目的和任务而专门组织的一次性、大规模的全面调查，它主要用来收集某些不能够或不适宜用定期的全面调查报表收集的信息资料，一般用来调查属于一定时点的社会经济现象的总量。重点调查是一种非全面调查，它是在调查对象中，选择一部分重点单位作为样本进行调查，重点调查主要适用于那些反映主要情况或基本趋势的调查。典型调查也是一种非全面调查，它是从众多的调查研究对象中，有意识地选择若干个具有代表性的典型单位进行深入、周密、系统的调查研究。随机抽样是根据调查对象总体中的每个部分都有被同等选取为样本的可能，即每个个体调查对象都享有“机会均等”的原则，在调查过程中，被调查总体中的每一个个体都自然存在、自然出现，在不受调查者主观意图的影响下抽取样本的一种抽样方法。

在实际调查中，搜集数据的具体方法主要有以下几种：问卷调查、访问调查、观察法、实验法、文献研究法、网上调查。

数据搜集方案又称调查方案，它是指导整个调查过程的纲领性文件，其内容主要包括以下几个方面：确定调查目的；确定调查对象和调查单位；确定调查项目和调查表；确定调查时间；制定调查工作的组织实施计划。

复习思考题

一、名词解释

统计调查　经常性调查　调查方案　调查对象　普查　重点调查　典型调查　随机抽样调查　统计报表　次级资料　统计台账

二、填空题

1. 统计调查按组织形式的不同可分为_______和_______；按调查对象包括的范围不同可分为_______和_______；按调查登记的时间是否连续可分为_______和_______。

2. 一个完整的统计调查方案应包括的主要内容有_______、_______、_______、_______和_______。

3. 统计报表按其报送周期长短不同，分为_______、_______、_______、_______和_______等；按报送方式不同，分为_______和_______两种；按填报单位的不同，分为_______和_______。

4. 普查是_______。

5. 重点调查所调查的重点单位就是在总体全部单位中_______的单位，这些单位就数目来讲，可以不多，但就其标志值来讲，在总体的标志总量中却占有_______，它能够反映出调查对象的_______。

6. 随机抽样调查的特点是_______。

7. 属于全面调查的调查方式有_______和_______；属于非全面调查的调查方式主要有_______、_______和_______。

8. 典型调查的关键是_______。

9. 调查农民家庭生活情况，调查单位是_______。

10. 统计数据的计量尺度有四种，即_______、_______、_______、_______。

三、判断题

1. 典型调查、重点调查和抽样调查都属于非全面调查。（　　）
2. 重点调查中的重点单位是标志值较大的单位。（　　）
3. 调查单位和填报单位在任何情况下都不可能一致。（　　）
4. 统计的初级数据和次级数据均来源于统计调查。（　　）
5. 在进行普查时涉及的调查项目越多越好。（　　）
6. 普查和抽样调查的目的不同，前者为了了解总体，后者为了了解局部。（　　）
7. 进行普查时，规定标准时间的目的是为了按时完成调查工作。（　　）
8. 调查问卷是由问题和备选方案组成的文件。（　　）
9. 对无限总体的观察，必须采用抽样调查的方式获得数据。（　　）
10. 统计采集数据常用的调查工具是调查问卷和调查表。（　　）

四、单项选择题

1. 统计调查的基本任务是(　　)。

   A. 制订调查方案　　B. 制定调查计划

   C. 搜集统计资料　　D. 组织调查工作

2. 全面调查和非全面调查的划分依据是(　　)。

   A. 以取得的资料是否全面来划分的

   B. 以登记时间是否连续来划分的

   C. 以调查对象所包括的单位是否完全来划分的

   D. 以调查组织规模的大小来划分的

3. 统计调查按调查的组织形式划分，可分为(　　)。
A. 全面调查和非全面调查　　B. 统计报表和专门调查
C. 经常性调查和一次性调查　　D. 普查、重点调查、典型调查和抽样调查
4. 2000 年 7 月 1 日零点的全国人口普查是(　　)。
A. 一次性调查和非全面调查　　B. 经常性调查和非全面调查
C. 一次性调查和全面调查　　D. 经常性调查和全面调查
5. 要检查一批灯泡的合格率，应该采用(　　)。
A. 全面调查　　B. 重点调查　　C. 典型调查　　D. 抽样调查
6. 对全国货币发行量中占较大比重的几个大地区进行货币发行量调查，这种调查方式属于(　　)。
A. 重点调查　　B. 抽样调查　　C. 典型调查　　D. 普查
7. 下列不属于原始数据来源的是(　　)。
A. 行政记录　　B. 统计调查　　C. 统计年鉴　　D. 实验
8. 抽样调查和普查的根本区别是(　　)。
A. 作用不同　　B. 灵活程度不同
C. 选取样本的方法不同　　D. 精确度不同
9. 统计调查表中的调查项目就是(　　)。
A. 统计指标　　B. 统计数值　　C. 统计分组　　D. 统计标志
10. 下列商务活动中不适合采用抽样调查采集数据的有(　　)。
A. 了解某种商品的知悉率　　B. 对自来水提价的反应
C. 对居民支持申奥的态度　　D. 对一种新产品上市的推广方式

五、多项选择题

1. 属于非全面调查方式的有(　　)。
A. 普查　　B. 重点调查　　C. 典型调查　　D. 抽样调查
2. 调查时间是指(　　)。
A. 调查资料所属的时间　　B. 进行调查的时间
C. 调查工作的期限　　D. 调查时实际登记的时间
3. 普查是一种(　　)。
A. 专门组织的调查　　B. 一次性调查
C. 经常性调查　　D. 全面调查
E. 非全面调查
4. 下列适宜采用抽样调查的是(　　)。
A. 海水养殖鱼苗数量调查　　B. 工业品库存量调查
C. 全国耕地面积调查　　D. 居民消费基本情况调查

E. 农产品产量调查

5. 下列商务活动中可以通过实验法来测定其效果的有(　　)。

A. 员工培训方法的选择　　B. 商品包装　　C. 商品促销方式

D. 商品陈列布局　　E. 商品分类

六、问答题

1. 统计调查有哪些基本要求?
2. 统计调查方案包括哪些基本内容?
3. 调查问卷的基本结构包括哪些组成部分?调查问卷有哪些发放方式?
4. 问卷条款设计的原则是什么?
5. 抽样调查、重点调查和典型调查有哪些异同?
6. 如何理解随机抽样调查中的随机原则?
7. 试对本章案例 2-2 和案例 2-3 进行分析，指出这两份问卷设计中存在哪些优缺点。
8. 为了引导学生正确消费，学校拟对在校学生的生活消费进行一次调查。这项调查工作由学生会组织，并向有关学生征集调查方案。试为该项调查工作设计一个初步的调查方案并设计一份调查问卷。

第三章

统 计 整 理

学习目标：明确统计整理的概念、意义和内容；掌握统计分组的概念、原则、方法和作用，了解分组的类型；熟悉频数分布的概念、种类；熟悉变量数列的编制方法，注意组距数列中的一些基础知识；熟悉统计表的构成和制表、填表规则。

关键概念：统计分组(grouped statistics)　统计图(statistics chart)　统计表(statistics table)

第一节　统计整理概述

一、统计整理的意义

1. 统计整理的概念

统计整理就是对统计调查所搜集到的各项初始数据进行审核、分组、汇总，使之条理化、系统化，变成能反映现象总体特征的综合资料的工作过程。对已整理过的资料(包括历史资料)进行再加工也属于统计整理。

2. 统计整理的意义

(1) 通过统计调查可以取得第一手资料，但这种资料只能反映总体各单位的具体情况，是分散、零碎、表面的，要说明总体情况，揭示出总体的内在特征，还需要对这些资料进行加工整理，使之系统化，以便通过综合指标对总体做出概括性的说明。

(2) 统计整理是整个统计工作和研究过程的中间环节，起着承前启后的作用。统计整理是统计调查的继续，又是统计分析的基础。统计调查所搜集到的资料，只有通过科学的审核、分类、汇总等整理工作，才能使统计在认识社会的过程中，实现由个别到全体、由特殊到一般、由现象到本质、由感性到理性的转化，才能从整体上反映出事物的数量特征，否则统计调查所得到的资料再丰富、再完备，其作用也发挥不出来，统计调查将徒劳无益，统计分析也将无法进行。

(3) 统计整理还是积累历史资料的必要手段。统计研究中经常要用动态分析，这就需要有长期累积的历史资料，而根据积累资料的要求，对已有的统计资料进行筛选，以及按历史的口径对现有的统计资料重新调整、分类和汇总等，都必须通过统计整理工作来完成。

二、统计整理的内容

统计整理的全过程包括对统计资料的审核、分组、汇总和编制统计图表四个环节，需要按照一定的步骤进行。

(1) 对搜集到的资料进行全面审核，如发现问题，及时加以纠正，以确保统计资料准确无误。

(2) 根据研究目的和统计分析的需要，选择整理的标志，并进行划类分组。统计分组是统计整理的重要内容和统计分析的基础，只有正确的分组才能整理出有科学价值的综合指标，并借助这些指标来揭示现象的本质与规律。

(3) 在分组的基础上，将各项资料进行汇总，得出反映各组和总体数量特征的各种指标。

(4) 统计资料的显示，即通过编制统计表和绘制统计图，将整理出的资料简洁明了、系统有序地显示出来。

(5) 对统计数据分门别类地系统积累。

上述内容中，审核是统计整理的前提；分组是统计整理的基础；汇总是统计整理的中心；编制统计表则是统计整理的结果。各个环节紧密联系，缺一不可，共同构成统计整理的工作内容。

三、数据的预处理

1. 数据的审核

对调查资料进行审核是统计整理的第一步，也是保证统计汇总质量的重要手段，包括以下内容。

1) 审核资料的完整性和及时性

审核资料的完整性，主要检查被调查单位是否有遗漏，调查的内容是否齐全，应报资料的份数是否符合规定。审核资料的及时性，是看填报单位是否按时报送了有关资料，对不报、漏报或迟报的现象都要及时查清。

2) 审核资料的正确性

审核资料的正确性，是检查所填报的资料是否准确可靠，常用的审核方法有两种。

(1) 逻辑检查

首先，从理论上或常识上检查资料是否有悖常理、有无不切实际或不符合逻辑的地方。比如，一张调查表中，年龄是 9 岁，职业是教师，其中必有一个是错误的。又如，若在某劳动密集型行业的报表中，企业规模为大型，而职工人数则是 100 人，这其中也必有一错。其次，是检查各项目之间有无相互矛盾的地方。例如，企业的净产值大于同期总产值就是明显的逻辑错误。

(2) 计算检查

计算检查即检查各项指标的计算口径、计量单位是否符合规定，并通过各种计算方法来检查各指标间的数字是否相互衔接。

3) 历史资料的审核

在利用历史资料(或其他间接资料)时，应审核资料的可靠程度、指标含义、所属时间与空间范围、计算方法和分组条件与规定的要求是否一致。一般可以从调查资料的历史背景、调查者搜集资料的目的以及资料来源等，来判断资料的可靠程度，也可以从指标间的相互关系以及指标的变动趋势来检查它的正确性。对不能满足现在要求、缺漏或有疑问的资料，要进行有科学根据的推算、弥补和订正。

2. 资料审核后的订正

通过上述审核，如发现有缺报、缺份和缺项等情况，应及时催报、补报；如有不正确之处，则应分不同情况作如下处理。

(1) 对于可以肯定的一般错误，应及时代为更正，并通知原报单位。

(2) 对于可疑之数或无法代为更正的错误，应要求原单位复查更正。

(3) 如果所发现的差错在其他单位也可能发生时，应将错误情况通报所有单位，以免发生类似错误。

(4) 对于严重的错误，应发还重新填报，并查明发生错误的原因。若属于违法行为，则应依法严肃处理。

四、统计分组的含义

根据社会经济现象的特点和统计研究的目的要求，按照一个或几个标志，将统计总体划分为若干不同性质而又有联系的几个部分，称为统计分组。统计分组的对象是总体，统计分组的标志可以是品质标志，也可以是数量标志。统计分组同时具有两个方面的含义：对总体而言，是“分”，即将总体区分为性质相异的若干部分；对个体而言，是“合”，即将性质相同的个体组合起来。就作为分组标准的这一标志而言，同组的个体单位间都具有相同之处，不同组的个体单位则具有相异之处。经过统计分组后，统计总体内部就会形成“组内性质相同，组间性质相异”的各个组成部分，统计分组的实质是在统计总体内部进行的一种定性分类。

五、统计分组的类型

1. 按分组的作用或目的不同，分为类型分组、结构分组和分析分组

(1) 类型分组：将复杂的现象总体，划分为若干个不同性质的部分。

(2) 结构分组：在对总体分组的基础上计算出各组对总体的比重，以此来研究总体各

部分的结构。类型分组和结构分组往往紧密联系在一起。

(3) 分析分组：为研究现象之间依存关系而进行的统计分组。分析分组的分组标志称为原因标志，与原因标志相对应的标志称为结果标志。如影响某种商品消费需求的因素有：该商品的价格、消费者收入、相关商品的价格、消费者偏好以及消费者对该商品的预期等。原因标志不同，结果标志也会不同；同一原因标志由于分组的不同，结果标志也会不同。例如，工人的劳动生产率与产值之间、商品流通费用率与商品销售额之间的依存关系，都可以按分析分组法来研究它们之间的联系。

2. 按分组标志的多少，可分为简单分组、复合分组和并列分组

(1) 简单分组：对总体只按一个标志进行分组。例如人口可以分别按照性别、年龄、文化程度、职业等标志进行分组。

(2) 复合分组：对总体按两个或两个以上的标志进行重叠式分组，即在按某一标志分组的基础上再按另一标志进一步分组。例如，我们可以将某大学的学生先按性别进行分组，然后再按学制将已划分的男生和女生这两部分再进一步划分为专科生、本科生和研究生。

复合分组的优点是，从对同一现象的层层分组和分组标志的联系中，更深入全面地研究总体各个方面的内部结构，但是，采用复合分组时，组数会随着分组标志的增加而成倍增加，使每组包括的单位数相应减少，不利于分析问题。因此，不能滥用复合分组，尤其不宜采用过多的标志进行复合分组，也不宜对较小总体进行复合分组。

(3) 并列分组：同时用两个或两个以上的标志，分别从不同的角度，进行不重叠的多种分组。

3. 按分组标志的性质，分为品质标志分组和数量标志分组

(1) 品质标志分组：按品质标志进行的分组，即按事物的某种属性分组。如人口按性别、民族、文化程度进行分组，这种分组可以反映总体的构成和不同属性事物在总体中的地位和作用。

(2) 数量标志分组：按数量标志进行的分组。如某大学员工按照年龄、工龄、工资等进行分组，这种分组的目的在于通过事物在数量上的差异来反映事物在性质上的区别。

品质标志分组和数量标志分组是一对重要的统计分组，统计分组方法主要是围绕这两种分组来阐述的。

第二节 统计资料的汇总

统计资料的汇总，是统计整理阶段最主要的工作内容，也是统计整理工作最关键的环节。选择科学的汇总组织形式和完善的汇总技术方法，对提高汇总速度、保证汇总质量是至关重要的。

一、统计资料汇总的组织形式

统计汇总的资料量多，范围较广，而且因目的不同对汇总的资料也有不同的要求，所以应采取合适的组织形式，保证统计汇总工作的顺利进行。统计汇总的组织形式有四种，即逐级汇总、集中汇总、综合汇总和汇审汇编。

1. 逐级汇总

逐级汇总是按照一定的统计管理体制，由基层单位自下而上逐级将调查资料汇总的形式，我国现行统计报表一般采用这种汇总的组织形式。在逐级汇总过程中，基层单位的最初汇总，称为初级汇总或一级汇总；由基层向上一级直至最高级机关的汇总称为次级汇总或二级汇总。这种组织形式既可为各级领导机关提供所需的统计资料，也便于就地及时审查核对调查资料。但若汇总层次多，则发生差错的可能性大。

2. 集中汇总

集中汇总是将全部调查资料集中在一个机关或是集中在组织统计调查的最高一级机构进行汇总。对于重要性极高的调查，往往采用这种汇总方式。这种组织形式的优点是时效性高，特别是在推广使用电子计算机的条件下，更易于发挥集中汇总的优点。集中汇总的缺点在于原始资料若有差错不能及时更正，且汇总的资料不能及时满足各地区、各部门的需要。

3. 综合汇总

在实际工作中，可将逐级汇总与集中汇总两种形式结合使用就是综合汇总。即一方面对一些最基本的统计指标实行逐级汇总，另一方面又将全部原始资料实行集中汇总。例如我国 1982 年的第三次人口普查以及 1990 年的第四次人口普查就采取了两种组织形式相结合的方法进行汇总，这种方式既保证了统计资料的及时使用，又保证了对现象进行深入分析研究的需要。

4. 汇审汇编

为了提高资料整理的准确性和上报的及时性，我国许多部门对统计资料还采取了汇审汇编的办法，这是由所属单位的统计人员自带报表和有关资料集中到有关综合单位，分工协作，共同审核，进行汇总和编制综合报表的方法。这种方法有利于相互交流经验，提高统计人员的业务水平。

二、统计资料的汇总技术

统计资料的汇总技术可分为手工汇总、机械汇总和电子计算机汇总三种。

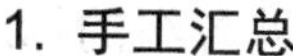

1. 手工汇总

手工汇总是以手工操作方式进行汇总，目前我国统计汇总工作还普遍使用这种汇总技术。常用的手工汇总方法有四种。

(1) 点线法也称划记法。这种方法是在汇总表上用点、线为记号来计算各组和总体的单位数。汇总时，先按事先分好的组制作空白汇总表，根据某一单位所属组别，就在该组的栏内点一个点或画一条线，最后计算出各组的点或线的数目，得出各组的总体单位数。目前，一般多采用画“正”字的办法来进行。划记法简便易行，缺点是只能汇总出各组的单位数和总体单位数，不能将各单位的标志值汇总为各组的标志总量。当总体单位数不太多时，适宜采用此方法。

(2) 过录法。就是将各单位调查资料过录到预先设计好的汇总表上，并计算出各组和总体单位数的合计数，然后将结果填在综合统计表上。采用这种方法时，预先设计的汇总表必须与综合表在内容、格式上一致。这种方法的优点是汇总得比较全面，既可汇总总体单位数，又可汇总标志值，但工作量大，在总体单位不多的情况下适用。

(3) 折叠法。就是将所有调查表或报表中需要汇总的项目或数值预先全部折在边上，一张一张地叠放在一起直接加总并将结果直接填入统计表。这种方法一般在报表汇总时使用，省时省力，适宜于对标志值的汇总，报表汇总中也常使用此法。其缺点是一旦出现差错，不易查明原因，需要从头返工。

(4) 卡片法。卡片法是将调查材料过录到特制的卡片上，将卡片按分组标志的组号分成若干组进行汇总计算。这种方法比上述三种手工汇总方法更为简便、准确，它是汇总大量调查资料的一种比较科学的方法。采用卡片法整理资料有三个程序：①编号。根据分组标志和分组顺序为每一组编号，并按编定的分组编号，在每一份调查表相应的项目下标注所属的组号。②摘录。将调查表上注明的组号和标志值摘录在卡片上，每一张卡片摘录一个单位的材料。设计和摘录卡片时应注意：第一，为了便于分组计数，编有组号的标志值都设在卡片的上边，未分组的标志值放在卡片的下边。第二，卡片上应有调查单位的编号，并放在卡片中间，以便于核对。第三，卡片应切去一角，以免在整理中卡片发生倒置。③分组计数。将卡片按组号分组，分别计算每一组的总体单位数和标志值总和。在汇总标志值时，可采用折叠法把分组汇总的结果分别填入统计表中，并计算出各行各栏的合计数。

2. 机械汇总

机械汇总是由自动化的专用机器代替手工操作进行统计资料的汇总，其基本步骤如下。

(1) 编数码。即对调查表上的标志编排数码，要考虑到最大标志值的数字位数，以便在专用的数码卡片上安排各个标志的相应位置和位数。

(2) 打孔和验孔。根据调查表上的资料，用打孔机在数码卡片上打孔，得到反映调查表内容的打孔数码卡片，然后，通过验孔进行检查，若发现错误立即更换。

(3) 分类计数。分类机将打孔数码卡片自动分组归类，得出各组单位数。

(4) 制表。分组的卡片按组的顺序排列，通过制表机汇总，自动计算各组的标志小计和总体各项合计数据并编制统计表。

显而易见，机械汇总的效率高且速度快，且可以避免和及时纠正分组归类和计算等方面的错误，提高了统计汇总的准确性和及时性。

3. 电子计算机汇总

电子计算机汇总是在 20 世纪中叶发展起来的进行统计资料汇总的方式，利用现代电子计算机技术进行统计资料汇总和计算工作，是统计汇总技术的新发展，也是统计资料整理工作现代化的方向。由于电子计算机具有运算速度快、信息量大、丢失资料少、精确度高的特点，因而适于集中进行大量统计资料的汇总和计算工作，它的应用将使统计人员从大量的数字计算中解脱出来，从而集中精力进行统计分析研究工作。电子计算机技术的广泛应用，必将推进我国统计信息自动化的进程。

运用电子计算机进行数据处理及汇总，包括对原始数据的加工、存储、合并、分类、逻辑检查、运算以及打印出汇总表样式或图形等。

电子计算机数据处理的全部过程大体上分为五个步骤。

(1) 选择计算机软件包或自编程序。电子计算机进行数据处理必须依赖于程序的指令才能运行。因此，选择计算机软件包或自编程序是一个重要的工作步骤，是按计算机语言对统计汇总工作进行全面系统的安排，电子计算机将按照它的规定来进行活动。目前，国家统计局在这方面已开发出一些通用的软件，可根据统计汇总工作的具体要求，选择适用的软件包来使用。

(2) 编码。这是根据程序规定把各种数字型信息、文字型信息、图像型信息转换成便于计算机识别和处理的另一种符号体系的过程。编码的质量不仅影响数据录入的速度和质量，而且还影响数据处理的最终结果。

(3) 数据录入。就是把经过编码后的数据和实际数字通过录入设备记载到存储介质上的工作。存储介质是指软磁盘、磁带、纸带、穿孔卡等记录数据和文件的载体，特别是电子计算机载体及一些新兴材料载体，存储的信息容量大、效率高，可以更有效地、更丰富地存储信息。

(4) 逻辑检查。也称“编辑审核”，就是按照事先规定的一套逻辑检查规则对输入电子计算机的原始数据进行分析、比较、筛选、甄别、整理等，将误差超过允许范围内的一些数据退回去，重新检查改正，把在允许范围以内的个别错误按编辑规则改正，决定逻辑检查效果的关键是制定的编辑规则是否合乎情理。

(5) 制表打印。当所有数据经过逻辑检查之后，如无任何问题，由电子计算机按照事先规定的汇总表式和汇总层次进行统计制表，并通过输出设备把结果打印出来，如出现问题，必须检查是否是自编程序及数据录入的错误，还是逻辑检查规则本身不合乎情理，直到所有问题得以解决，才能制表打印。

将电子计算机技术和数据传送通信系统联系起来，建立起电子计算机的网络系统，使统计信息传输网络化、自动化，这不仅是整个统计工作本身的重大变革，而且是信息时代的国民经济和社会发展对统计工作提出的客观要求。

第三节　统计数据分组与频数分布

一、统计数据分组的原则

(1) 穷尽原则：就是使总体中的每一个单位都应有组可归，或者说各分组的空间足以容纳总体所有的单位。例如，从业人员按文化程度分组，分为小学毕业、中学毕业(含中专)和大学毕业三组，那么，那些文盲或识字不多的以及大学以上的学历者则无组可归。如果将分组适当调整为文盲及识字不多、小学文化程度、中学文化程度、大学及大学以上文化程度，这样分组，就可以包括全部从业人员的各种不同层次的文化程度，符合了分组的穷尽原则。

(2) 互斥原则：就是在特定的分组标志下，总体中的任何一个单位只能归属于某一组，而不能同时或可能归属于几个组。例如，某商场把服装分为男装、女装、童装三类，这不符合互斥原则，因为童装也有男、女装之分，若先把服装分为成年与儿童两类，然后每类再分为男女两组，这就符合互斥原则了。

二、统计数据分组的步骤和方法

统计分组一般经过三个步骤，即分组标志的选择、分组界限的划分、选用分组体系。

(一)分组标志的选择

分组标志是统计分组的依据或标准，分组标志确定得恰当与否会直接影响统计分组的作用。为了正确选择分组标志，必须遵循以下几条原则。

1. 选择分组标志要符合统计研究的具体任务和目的

统计分组是为统计研究服务的，统计研究的目的任务不同，应采用各种与研究目的紧密联系的标志作为分组的标志，使得按标志分组后的资料符合研究要求。

例如，同是以工业部门为研究对象，当研究的目的是为了分析部门中各种规模的企业生产情况时，应该选择产品数量或生产能力作为分组标志；当研究目的在于确定工业内部比例及平衡关系时，应该以行业为分组标志，将工业部门划分为重工业与轻工业或冶金、电力、化工、机械、纺织、煤炭等工业行业。

2. 选择具有本质性的重要标志进行分组

社会经济现象纷繁复杂，研究某一问题可能涉及许多标志，科学的统计分组则应从中选择与统计研究的目的、与有关事物的性质或类型关系最密切的标志，即最主要或最本质的标志作为统计分组的依据。例如，根据统计调查资料，研究人民生活水平变动情况时，可供选择的分组标志有：家庭人口数、每户就业人数、每一就业者负担人数、家庭总收入、平均每人月生活费收入等，而其中最能反映人民生活水平变动的标志是平均每人月生活费收入，故应选择这一标志作为分组标志。

3. 要考虑到社会经济现象所处的具体历史条件

客观事物的特点和内部联系随着条件的变化而不同，因此选择分组标志时，要具体情况具体分析，根据事物的不同条件来选择分组标志。例如，同是划分企业规模，在劳动密集型的行业或地区，可采用职工人数作为分组标志；而在技术密集型的行业或地区，则应选择固定资产价值或生产能力作为分组标志。

(二)分组界限的划分

1. 按属性分组时，确定各组的界限有两种情况

(1) 组限是自然形成的或比较明显的。例如，人口按性别、文化程度、党派分组等。

(2) 由于存在属性之间的过渡形式，使分组界限难以确定。对这种比较复杂的属性分组，国家有关部门都制定有标准的分类目录，分组时可以依据分类目录来确定组限。例如，人口按职业分组、企业按行业分组、产品按经济用途分组等。

2. 按变量分组时，应注意以下两点

首先，分组时各组数量界限的确定必须能反映事物质的差别。例如，学生学习成绩分组，不能把 55 分和 65 分合为一组，因为这样的分组未区分及格与不及格的质的差别。

其次，应根据被研究的现象总体的数量特征，采用适当的分组形式，确定相宜的组距、组限和组数。

(1) 单项式分组与组距式分组

① 单项式分组，就是把每一个变量值依次作为一组的分组，形成单项式变量数列。单项式分组一般适用于离散型变量且变量变动范围不大的场合。如育龄妇女按其生育子女存活数分组，可分为 0 个、1 个、2 个、3 个、4 个、5 个 6 组。

② 组距式分组，就是将变量依次划分为几个区间，把一个区间内的所有变量值归为一组，形成组距式变量数列，区间的距离就是组距。对于连续型变量或者变动范围较大的离散型变量，适宜采用组距式分组。例如，反映居民居住水平情况按人均居住面积分组分为：4 平方米以下、4～6 平方米、6～8 平方米、8 平方米以上 4 组；再如了解某班学生成绩情况，按成绩进行组距式分组。

在按数量标志进行分组时，组数的多少和各组之间的界限，是一个需要仔细研究的问题。在本章第四节将作详细说明。

(2) 间断组距式分组和连续组距式分组

在组距式分组中，每组包含许多变量值，每一组变量值中，其最小值为下限，最大值为上限。组距是上下限之间的距离，相邻两组的界限称为组限。

① 间断组距式分组，是指凡是组限不相连的分组。例如，儿童按年龄分组分为未满1岁、1～2岁、3～4岁、5～9岁、10～14岁。

② 连续组距式分组，指凡是组限相连(或称相重叠)的分组，即以同一数值作为相邻两组的共同界限的分组。例如，工人按工时定额完成程度分组，分为90%～100%，100%～110%，110%～120%等组。

如果变量值只是在整数之间变动，例如企业数、职工数、机器设备台数等离散型变量，可采用间断组距式分组，也可采用连续组距式分组。如果变量值在一定范围内的表现既可以是整数，也可以是小数，如产值、身高、体重等连续型变量，只能采用连续组距式分组。

【例3-1】 多项选择题

对连续变量与离散变量，组限的划分在技术上有不同要求，如果对企业按工作人数分组，正确的方法应是(　　)。

A. 300人以下，300～500人　　B. 300人以下，300～500人(不含300)

C. 300人以下，301～500人　　D. 300人以下，310～500人

E. 299人以下，300～499人

参考答案：ACE

分析：“工人人数”是离散型变量，在进行分组时，组限的表示方法可以是重叠组限，也可以是不重叠组限。

【专栏3-1】 在进行连续组距式分组时应注意的问题

由于以同一个数值作为相邻两组共同的界限，为了遵循统计分组的穷尽和互斥原则，所以统计上规定，凡是总体某一个单位的变量值是相邻两组的界限值，这一个单位归入作为下限值的那一组内，即所谓“上限不在内”原则。例如，学生成绩分组，把70分的学生归入70-80分组内，把80分的学生归入80～90分组内。根据这一原则，离散型变量的分组，各组的上限也可以写为下一组的下限，这样处理既简明又便于计算。连续型变量的分组也可以仅列出左端的数值，即以各组的下限来表示，如上例学生成绩分组也可表示为50～，60～，70～，…。

③ 等距分组和不等距分组。变量分组包括等距分组和不等距分组。等距分组即标志值在各组保持相等的组距，各标志值的变动都限于相同的范围。在标志值变动比较均匀的情况下，可采用等距分组，例如，工人的年龄、工龄、工资的分组；零件尺寸的误差，加工时间的分组；单位面积产量、单位产品成本的分组等。等距分组有很多好处，它便于各组单位数和标志值的直接比较，也便于计算各项综合指标，例如标志值的平均数。当标志值变动很不均，如急剧地增长、下降，变动幅度很大时就应采用不等距分组。

【专栏 3-2】不等距分组

在不等距分组中，如果标志值是按一定比例发展变化的，则可以按等比的组距间隔来分组。以下是高炉按有效容积的不等距分组。

100 立方米以下，100～200 立方米，200～400 立方米，400～800 立方米，800～1600 立方米，1600 立方米以上，这里，组距间隔的公比为 2。

大家知道，大城市的百货商店营业额差别是很大的，比如年营业额从 50 万元至 5 亿元，可采取公比为 10 的不等距分组：

50 万～500 万元，500 万～5000 万元，5000 万～50 000 万元

若用等距分组，即使组距为 500 万元，也得分出 100 组来。

更多的情况是要根据事物性质变化的数量界限来确定组距。例如，对儿童年龄的分组，必须注意到儿童不同年龄生理变化的特点，分为以下各组：

1 岁以下，1～3 岁，4～6 岁，7～15 岁

总之，不等距分组的组距和组数应根据研究现象本身质量关系的分析来确定，从不相等的组距和组限来区分现象的类型和性质。

(三)选用分组体系

简单分组或复合分组只是概括现象某一侧面或某几个方面的内容，而不足以充分表明其全貌，为了从各个方面全方位地认识和分析某一社会经济现象或过程，需要采用多个分组标志进行多种分组的分组体系。对同一总体选择两个或两个以上的标志分别进行简单分组，这几个简单分组就形成了平行分组体系；复合分组本身就是多个标志结合起来分组，形成复合分组体系。在社会经济统计中，统计分组体系与统计指标体系相结合，形成了一个统计资料信息系统，共同反映现象各个方面的联系，应用十分广泛。分组体系的特点是两种或多种分组相互独立而不重叠，既可从不同的方面反映事物的多种结构，又不致使分组过于烦琐，故被广泛采用。

【例 3-2】 判断题

统计分组的关键是确定组限和组距。(　　)

参考答案：×

分析：统计分组的关键是选择分组标志和划分各组界限，分组标志作为现象总体划分为各个不同性质的组的标准或根据，选择的正确与否，关系到能否正确地反映总体的性质特征、实现统计研究的任务。

三、统计分组的应用

1. 划分社会现象的不同类型

社会经济现象千差万别，要了解各种社会经济现象的性质、特点及其相互关系，必须

根据某种标志把它们划分为性质不同的类型，以便揭示不同社会经济现象的质的差异。例如，国民经济按产业分组；农业分成农、林、牧、副、渔业各组；社会商品零售额按商品用途分组；企业按所有制分组等。

2. 揭示社会现象的内部结构

从数量上反映总体内部的结构是统计研究的重要任务，总体的内部结构可体现部分与整体的关系以及各部分之间的差别和相互联系，反映事物从量变到质变的过程，帮助人们掌握事物的特征，认识事物的性质。

【例 3-3】 我国若干年份出口商品构成的变化(见表 3-1)。

表 3-1　我国出口产品构成表

年　份	农副产品/%	农副产品加工品/%	工矿产品/%	合计/%
1950	57.5	33.2	9.3	100
1960	31.0	42.3	26.7	100
1970	36.7	37.7	25.6	100
1980	18.7	29.5	51.8	100
1985	17.5	26.9	55.6	100
1990	13.0	29.2	57.8	100
1995	7.3	26.2	66.5	100
2000	5.2	25.1	69.7	100

分析： 该表是我国出口商品的构成表，反映了我国经济发展水平和经济结构的变化，即随着时间推移，农副产品和农副产品加工品比重下降，工矿产品比重上升。

3. 分析社会现象之间的依存关系

社会经济现象之间广泛地存在着相互依存的关系，如农作物的耕作深度与收成率之间、合理密植与农产品产量之间、家庭的工资收入与生活费支出之间、工人技术级别与产品质量之间、工人劳动生产率与产品成本之间、市场商品价格与其需求量之间等，都在一定程度上存在相互依存的关系，所有这些依存关系，都可通过统计分组分析出影响因素与结果因素之间的变动规律。

【例 3-4】 商品销售额和流通费用率关系分析(见表 3-2)。

表 3-2 某地百货商店流通费水平

按商品销售额分组/万元	商店数/个	流通费用率/%
100 以下	25	11.2
100～500	70	10.6
500～1000	130	9.9
1000～3000	75	8.7
3000～5000	40	7.8
5000～10000	18	7.0
10000 以上	10	6.3

分析：从表中可以看出，商品销售额越多，流通费用越小，它们之间存在相反的依存关系。

第四节 次数分布数列

一、次数分布数列及其构成要素

1. 次数分布数列

在统计分组的基础上，将总体所有的单位按某一标志进行归类排列，并计算各组的单位数称为次数分布数列，或频数分布数列。

2. 次数分布数列的两个要素

(1) 组别：总体按某标志所分的组。例如某班 40 个同学根据统计学考试成绩按照 60 分以下、60～70 分、70～80 分、80～90 分、90～100 分，分为 5 组。

(2) 次数(频数)和频率：各组的单位数叫做次数，各组的单位数与总体单位总数之比叫做频率。如某班 40 个同学根据统计学考试成绩分组后，70～80 分共有 20 人，这 20 人就为次数。而 20 人占全班 40 人的 50%，这 50%就是频率。

频率具有如下两个性质。

① 各组频率都是界于 0 和 1 之间的一个分数，即

$$0<\frac{f_i}{\sum f_i}<1$$

② 各组频率之和等于 1，即

$$\sum\frac{f_i}{\sum f_i}=1$$

3. 频数分布数列的种类

(1) 品质频数分布数列：简称为品质数列，它是经过属性分组后形成的频数分布数列，其组别表现为一系列的概念或范畴。

(2) 变量频数分布数列：简称为变量数列，它是经过变量分组后形成的分布数列，其组别表现为不同的数值或数域。

① 单项数列：以一个变量值为一组编制的变量频数分布，见表 3-4。

② 组距数列：以表示一定变动范围的两个变量值构成的组所编制的变量频数分布，见表 3-5。

二、累计频数(或频率)

1. 累计频数(或频率)含义

累计频数(或频率)可以是向上累计频数(或频率)，也可以是向下累计频数(或频率)。

(1) 向上累计频数(或频率)分布，即先列出各组的上限，然后由标志值低的组向标志值高的组依次累计频数(或频率)。某组向上累计频数表明该组上限以下的各组单位数之和是多少，某组向上累计频率表明该组上限以下的各组单位数之和占总体单位数的比重。

(2) 向下累计频数(或频率)分布，即先列出各组的下限，然后由标志值高的组向标志值低的组依次累计频数(或频率)。某组向下累计频数表明该组下限以上的各组单位数之和是多少，某组向下累计频率表明该组下限以上的各组单位数之和占总体单位数的比重。

【例 3-5】以某城市 50 户居民某月购买消费品支出额的频数分布数列的资料为例，分别进行向上和向下累计，其结果如表 3-3 所示。

表 3-3 某市 50 户居民某月消费品支出累计表

居民月消费支出额分组上限/元	向上累计				居民月消费支出额分组下限/元	向下累计			
	频数	累计频数	频率/%	累计频率/%		频数	累计频数	频率/%	累计频率/%
900	5	5	10	10	800	5	50	10	100
1000	1	6	2	12	900	1	45	2	90
1100	8	14	16	28	1000	8	44	16	88
1200	11	25	22	50	1100	11	36	22	72
1300	11	36	22	72	1200	11	25	22	50
1400	7	43	14	85	1300	7	14	14	28
1500	4	47	8	94	1400	4	7	8	14
1600	2	49	4	98	1500	2	3	4	6
1700	1	50	2	100	1600	1	1	2	2
合 计	50	—	100	—	合 计	50	—	100	—

分析：居民月消费品支出额在1000元以下的有6人，占总数12%；月消费品支出额在1200元以下的有25人，占总数50%，以此类推。

居民月消费品支出额在1000元以上的有44人，占总数88%；月消费品支出额在1200元以上的有25人，占总数50%，以此类推。

累计频数(频率)分布具有如下两个特点。

① 第一组的累计频数(频率)等于第一组本身的频数(频率)。

② 最后一组累计频数等于总体单位数，最后一组的累计频率等于1。

2. 累计频数(或频率)分布图

累计频数(频率)分布图，分为向上累计频数(频率)分布图和向下累计频数(频率)分布图。不论是向上累计或向下累计，它们均以分组变量为横轴，以累计频数(频率)为纵轴。

在直角坐标系上将各组组距的上限与其相应的累计频数(频率)构成坐标点，依次用折线(或光滑曲线)相连，即是向上累计分布图；在直角坐标系上将各组组距下限与其相应累计频数(频率)构成坐标点，依次用折线(或光滑曲线)相连，即是向下累计分布图。

【例3-6】仍以例3-5的资料为例，可以绘出图3-1，从图中可以看出，居民月消费额支出在1100元以下的有14人，占28%；在1100元以上的有36人，占72%。居民月消费额支出在1400元以下的有43人，占85%；1400元以上的有7人，占14%等。

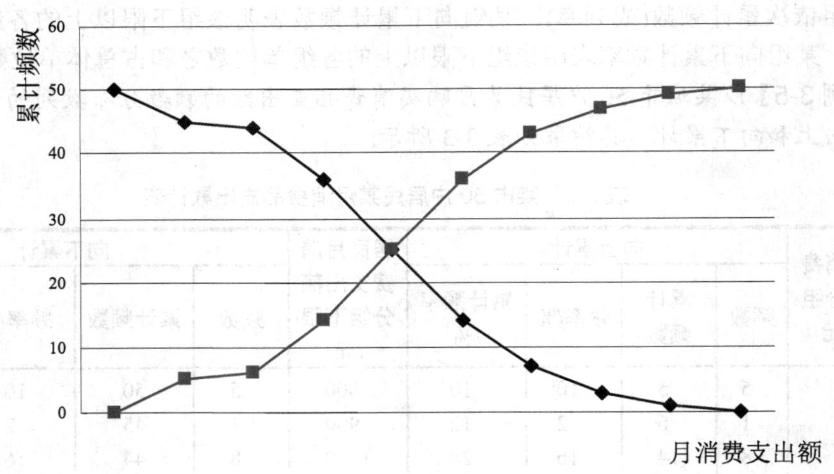

图3-1　居民消费支出额向上(向下)累计频数分布图

由此可见，累计频数和累计频率可以简要地反映总体各单位的分布特征。向上累计分布曲线呈上升状，向下累计分布曲线呈下降状。组的次数(或频率)较小，曲线显得平缓；组的次数(或频率)较密集，曲线显得较为陡峭。

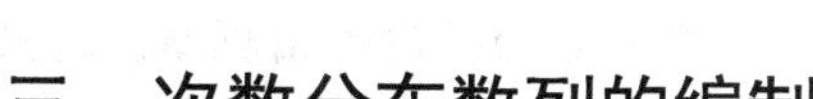

三、次数分布数列的编制

下面将通过具体的例题来说明次数分布数列的编制步骤及方法。

1. 根据变量的类型和变量值的多少确定是编制单项数列还是编制组距数列

2. 单项变量数列的编制方法

【例 3-7】已知某车间有 24 名工人，他们的日产量(件)分别是：20，23，20，24，23，21，22，25，26，20，21，21，22，22，23，22，22，24，25，21，22，21，24，23。要求根据以上资料编制变量数列。

分析：首先，将日产量按从小到大顺序排列为：20，20，20，21，21，21，21，21，22，22，22，22，22，22，23，23，23，23，24，24，24，25，25，26。

其次，将变量值分为若干组：一个变量为一组，重复者只取一个。则上述资料可分为：20，21，22，23，24，25，26，七个组。

第三，找出每组变量出现的次数。

第四，按变量值的大小顺序编制出单项数列(见表 3-4)。

表 3-4 工人日生产量分布

日产量/件	20	21	22	23	24	25	26
工人数/人	3	5	6	4	3	2	1

3. 组距式变量数列编制方法

【例 3-8】根据抽样调查，某月某市 50 户居民购买消费品支出资料如下(单位：元)：

940 980 1230 1100 1180 1580 1210 1460 1170 1080 1050 1100
1070 1370 1200 1630 1250 1360 1270 1420 1180 1030 970 1150 1410
1170 1230 1260 1380 1510 1010 960 985 1130 1140 1190 1260 1350
930 1420 1080 1010 1050 1250 1160 1320 1380 1310 1270 1250

解 一般来说按照下列步骤计算。

(1) 计算全距。全距是总体中最大的标志值与最小的标志值之差，用 R 表示，R=最大的标志值-最小的标志值=1630-940=690。

(2) 确定组数。

组数的多少直接取决于两个因素，一个是总体的全距，另一个是组距。在等距分组的条件下，组数等于全距除以组距。在组距既定的条件下，全距大则组数多，全距小则组数少；在全距既定的条件下，组距大则组数少，组距小则组数多。组数过少，不能很好地达到分组的基本要求；组数过多，分组过细，也无法起到化繁为简的作用，难以显示出总体分布的规律。

决定组数的多少，并无规则可言，必须凭借经验和所研究问题的性质作出判断。这里，我们介绍一种确定组数和组距的经验公式，这一公式是由美国学者斯特杰斯(Sturges)创立使用的，称为斯特杰斯经验公式，即 $n=1+3.322\lg N$，则有：$i=\dfrac{R}{n}=\dfrac{R}{1+3.322\lg N}$。公式中，$n$ 为组数；N 为总体单位数；i 为组距；R 为全距，即最大变量值 $X_{\max}$ 与最小变量值 $X_{\min}$ 之差。本题中组数计算如下：

$n=1+3.322\lg N$ =1+3.322lg50=1+5.6=6.6(组)(调整为 7 组)

(3) 计算组距。

在组距式分组中，组距是各组上下限之间的距离，即各组最大标志值和最小标志值之差。在许多版本的教科书中，笼统地使用如下公式来计算组距的大小，即：组距=上限−下限。事实上，这一公式只适用于计算连续组距式分组的组距大小，例如成绩分组中，60～70 分，70～80 分，其组距为 10 分(=70−60 或 80−70)；如果将这一公式套用于间断组距式，将会产生谬误，例如，商店规模按职工人数分组，分为 1～5 人，6～10 人，11～15 人等，套用上述公式，得出 5−1(或 10−6，或 15−11)=4，即组距为 4 人的结论，显然是错误的。对于间断式分组的组距大小的计算，必须采用如下公式：

组距=上组下限 − 本组下限

本题中，$i=\dfrac{R}{n}=\dfrac{R}{1+3.322\lg N}$=690/7=98.6(调整为 100)

调整组距必须满足 $i\times n\geqslant R$ 这一条件。

(4) 计算组限。本例是连续变量，并已确定编制等距变量数列，所以应采用重叠式组限。以 900 为第一组下限。

(5) 计算次数和频数。计算次数时，可以先编制一张次数整理表，通常用划记法登记归入各组单位数，得到次数整理表，并在次数整理表的基础上完成组距数列的编制，如表 3-5 所示。

(6) 计算组中值。

组中值为各组中点位置所对应的变量值。其计算公式为：

$$组中值=\frac{上组下限+本组下限}{2}(适用所有闭口组)$$

$$或=本组下限+\frac{本组组距}{2}(适用上开口组)$$

$$或=本组上限-\frac{本组组距}{2}(适用下开口组)$$

在计算平均指标或进行其他统计分析时，常以组中值来代表各组标志值的平均水平，当各组标志值均匀分布时，组中值代表各组标志值的水平，其代表性就高。因此，分组时应注意以下几点。

① 尽可能使组内各单位标志值分布均匀。

② 为避免产生过大的计算误差，在选取各组上、下限时，应尽可能使组中值恰为整数。

③ 当连续型变量按离散型变量表示时，组距数列的编制采取相邻组限不重叠的形式，组中值的确定应考虑到连续型变量自身的特点。

年龄就是比较典型的例子，它实质上是连续型变量，习惯上用整数表示。例如一群大学生分为17～19岁、20～22岁两组，则组距为3岁，组中值分别为18.5岁和21.5岁。因为第一组应包括19岁又不到20岁的大学生，上限应视为20岁，同样道理，第二组上限应视为23岁。

④ 开口组的组中值的确定。在编制组距式变量数列时，使用“××以上”或“××以下”这样不确定组距的组，称为开口组。

如反映某工业企业工人生产定额完成情况，按生产定额完成程度分组，分为90%以下，90%～100%，100%～110%，110%以上。开口组的组距是以相邻组的组距为本组的组距，如上例，90%以下的组，因相邻组的组距为10%=(100%−90%)，故第一组视为80%～90%，其组中值为(80%+90%)/2=85%，即85%；110%以上的组距以邻组的组距10%为本组组距，视为110%～120%，组中值为(110%+120%)/2=115%。本例中组中值见表3-5。

表3-5　某市50户居民某月购买消费品支出情况表

按户月消费品支出额分组/元	组中值(x_i)/元	频数(f_i)	频率($\frac{f_i}{\sum f_i}$)/%
1000以下	950	6	0.12
1000～1100	1050	8	0.16
1100～1200	1150	11	0.22
1200～1300	1250	11	0.22
1300～1400	1350	7	0.14
1400～1500	1450	4	0.08
1500以上	1550	3	0.06
合　计		50	1.00

分析：表3-5对上述资料采用等距分组，分为7组，组距为100。表中第1列是变量；第2列是组中值；第3列是各组出现的次数，即频数，各组频数之和等于总体单位数；第4列是频率，频率反映了各组频数的大小对总体所起作用的相对强度，它是各组频数与总体单位总和之比，计算公式如下

$$\text{频率}=\frac{f_i}{\sum f_i}$$

第五节 频数分布类型与数据显示

一、频数分布的类型

次数分配是统计分析的一种重要方法。由于社会经济现象性质不同，各种统计总体各有不同的次数分配，形成各种不同类型的分布特征。描述统计总体的分布特征，除了采用统计表的形式以外，还可采用直方图和曲线图进行描述，通过这些图形，可以明显地表明不同类型现象的分布特征。

各种不同性质的社会经济现象的次数分布类型，概括起来，根据曲线形状的特点，大致有三种：钟型分布、J 型分布和 U 型分布。

1. 钟型分布

钟型分布的特征是“两头小，中间大”，即靠近中间的变量值分布的次数多，靠近两边的变量值分布的次数少，其曲线图宛如一口古钟，如图 3-2 所示。

图 3-2 中，其分布特征是以标志变量中心为对称轴，左右两侧对称，两侧变量值分布的次数随着与中间变量值距离的增大而渐次减少，在统计学中，称这种分布为对称分布。而图 3-3 为非对称分布，它们各有不同方向的偏态，即左偏态分布和右偏态分布。在实际工作中，许多社会现象统计总体的分布都趋于对称分布中的正态分布。正态分布是描述统计中的一种主要分布，它在社会经济统计分析中具有重要的意义。

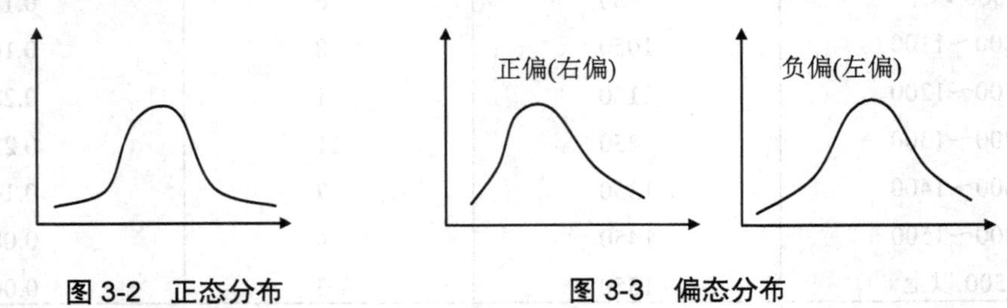

图 3-2 正态分布　　图 3-3 偏态分布

2. J 型分布

J 型分布有两种类型，一种是次数随着变量的增大而增多，如投资按利润率大小分布。另一种呈反 J 型分布，即次数随着变量增大而减少，如随着产品产量的增加，产品单位成本下降。J 型分布如图 3-4 所示。

3. U 型分布

U 型分布的形状与钟型分布相反，靠近中间的变量值分布次数少，靠近两端的变量值分布次数多，形成“两头大，中间小”的 U 型分布。如人口死亡率分布，人口总体中，幼儿和老人死亡率高，而中青年死亡率低，如图 3-5 所示。

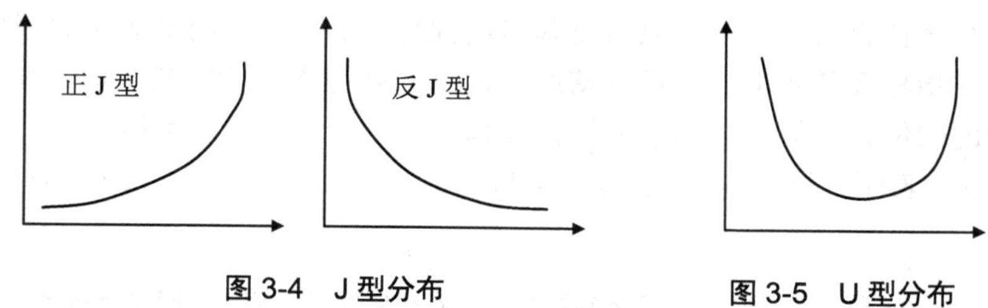

图 3-4 J 型分布

图 3-5 U 型分布

研究变量数列频数分布类型的作用如下。

(1) 可以利用各种类型的次数分布特征，以检验统计整理资料的准确性。

(2) 可利用次数分布类型特征，分析现象变化的原因，如果现象总体发生了异常变化，会产生通过整理而得到的分布类型与社会现象的分布特征不相符的情况。

二、统计表

(一)统计表的定义和结构

将经过统计调查所得来的数字资料，经过汇总整理后，得到一些系统化的统计资料，将这些数据按一定的顺序排列在表格上，这种表格就是统计表。

广义的统计表是以纵横线条交叉结合形成的表格，是表现统计资料的一种形式，它包括统计工作各个阶段中所使用的一切表格，如调查表、汇总表、时间数列表等。狭义的统计表专指分析表和容纳各种统计资料的表格，也就是通常所说的统计表，它清楚地、有条理地显示统计资料，直观地反映统计分布特征，是统计分析的一种重要工具。

统计表的结构，可以从形式和内容两个方面来认识。

1. 从形式上看，统计表是由纵横交叉的线条组成的一种表格

统计表由总标题、横行标题、纵栏标题和指标数值四个部分组成。此外，有些统计表在表下面还增列补充资料、注解、附记、资料来源、某些指标计算方法和说明、填表单位、填表人员以及填表日期等，如表 3-6 所示。

总标题是统计表的名称，它简要说明表的基本内容，并指明时间和范围。它置于统计表格的上端中部。

横行标题是横行的名称，它说明横行内容，一般写在表格的左方；纵栏标题是纵行的名称，用来表示统计指标的名称，一般放在表格的上方。横行标题和纵行标题共同说明填入表格中的统计数字所指的内容。

指标数值列在横行和纵栏的交叉处，统计表中任何一个数字的内容由横行标题和纵栏标题所限定，它是填写在统计表格的核心部分。

2. 从内容上来看，统计表是由主词栏和宾词栏两个部分组成

主词栏是统计表所要说明的总体及其组成部分，宾词栏是统计表用来说明总体数量特征的各个统计指标及其数值。在通常情况下，主词列在横行标题的位置，宾词中指标名称列在纵栏标题的位置，但有时为了编排合理和阅读方便，也可以互换位置。

此外，统计表还有补充资料、注解、资料来源、填表单位、填表人等附加内容，如表 3-6 所示。

表 3-6　2003 年江苏省苏南地区农村居民收入构成及变化分析表 ——→ 总标题

指标名称	苏南地区		
	绝对额/元	比重/%	2001—2003 年平均递增/%
全年人均纯收入	5825	100	7.5
一、工资性收入	3859	66.3	12.0
1. 在本地域劳动所得	2826	73.2	12.7
2. 外出从业得到收入	403	10.4	14.9
二、家庭经营纯收入	1601	27.5	-2.9
1. 第一产业纯收入	772	48.2	-12.9
2. 第二、三产业纯收入	829	51.8	12.6
三、财产和转移性纯收入	365	6.3	22.9

(资料来源：江苏统计信息网)

注解：① 表中在本地域劳动收入、外出从业得到收入为其分别占工资性收入的比重。

② 表中第一、二、三产业收入结构为其分别占家庭经营纯收入的比重。

(二)统计表的分类

1. 按主词的结构分类

统计表根据主词是否分组和分组的程度，分为简单表、分组表和复合表。

(1)　简单表：主词未经任何分组的统计表称为简单表。简单表一般可以用来比较各单位、地区、国家的社会经济现象和情况，或者说某些现象的发展情况，如表 3-7 所示。

表 3-7　江苏省 3 年地区生产总值

年　份	地区生产总值/亿元
2005	18 305.66
2006	21 645.08
2007	25 560.1

(资料来源：江苏统计年鉴)

(2) 分组表。表的主词只按一个标志进行分组形成的统计表，又称为简单分组表。利用简单分组表可以揭示不同类型现象的特征，说明现象的内部结构，分析现象的依存关系，如人口按男女性别分组。

(3) 复合表。表的主词按两个或两个以上标志进行层叠分组的统计表，又称为复合分组表。利用复合分组表，可以揭示出被研究对象因受多个因素的共同影响而产生的变化情况，复合分组表能更深刻、更详细地反映客观现象的特征及其规律性。表 3-8 就是复合表，表中国内生产总值分别按产业和国民经济行业这两个标志进行分组。

表 3-8　国内生产总值及其分组表

国内生产总值按产业和行业分组	国内生产总值/亿元	比重/%
第一产业		
第二产业		
工　业		
建筑业		
第三产业		
交通运输仓储邮电通信业		
批发零售贸易餐饮业		
合　　计		

注：第二标志进行分组的组别名称要后退一、二字。

2. 按宾词的结构分类

统计表按宾词设计不同分为宾词简单排列、分组平行排列和分组层叠排列。

(1) 宾词简单排列是指宾词不加任何分组，按一定顺序排列在统计表上，如表 3-8 所示。

(2) 宾词分组平行排列是指宾词栏中各分组标志彼此分开，平行排列，如表 3-9 所示。

表 3-9　各地区社会商品零售总额　　单位：亿元

按地区分组	按商品性质和用途分类		按城乡分组		按经济类型分组			
	社会消费品零售总额	农业生产资料销售额	城镇	乡村	国有	集体	个体	其他
北京								
天津								
…								

(3) 宾词分组层叠排列是指统计指标同时有层次地按两个或两个以上标志分组，各种分组层叠在一起，宾词的栏数等于各种分组的组数连乘积。例如农村劳动力按三次产业分为三组，按性别分为两组，则符合分组设计的宾词栏共有 6 栏(不包括总计栏)，如表 3-10 所示。

表 3-10　2003—2007 年农村劳动力的分布情况

年份	劳动力			三次产业								
	人数			第一产业			第二产业			第三产业		
	合计	男	女	合计	男	女	合计	男	女	合计	男	女
2003												
2004												
2005												
2006												
2007												
总计												

统计表的主词分组与宾词分组是有区别的：主词分组的结果使总体分成许多组成部分，它们是需要用统计指标(宾词)来描述和表现的；宾词分组的结果并不增加统计总体的组成部分，仅仅是比较详细地描述总体已有的各个组成部分。由此可见，主词分组具有独立的意义，而宾词分组从属于主词的要求，是为了描述主词的数量特征而设计的。

3. 按统计表反映内容不同分为空间数列表、时间数列表

(1) 空间数列表。反映在同一时间条件下不同空间范围内的某项或某几项统计数列的表格，常常用来说明在静态条件下某一或某些经济现象在不同空间内的数量分布，故又称静态表。如表 3-8，如果只反映某年的就是静态表。

(2) 时间数列表。反映在同一空间条件下不同时间阶段某项或某几项统计数列的表格，可以用来说明在空间范围不变条件下某一或某些社会经济现象在不同时间上的数量变动，故又称动态表，如表 3-7、表 3-10。

(三)统计表的设计

统计表的设计要求是：简练、明确、实用、美观，便于比较。

1. 统计表表式设计应注意的事项

(1) 在使用电子计算机的条件下，横向宽度要符合打印机的型号；在手工整理的条件下，统计表应设计成由纵横交叉线条组成的长方形表格，长与宽之间保持适当的比例。

(2) 线条的绘制。表的上下两端应以粗线绘制，表内纵横线以细线绘制，表格的左右两端一般不画线，采用“开口式”。

(3) 合计栏的设置。统计表各纵列须合计时，一般应将合计列在最后一行；各横行若须合计时，可将合计列在最前一栏或最后一栏。

(4) 栏数的编号。如果栏数较多，应当按顺序编号，习惯上主词栏部分分别编以“甲

乙丙丁……”等序号，宾词栏编以“(1)(2)(3) ……”序号。

2. 统计表内容设计应注意的事项

(1) 标题设计。无论是总标题，还是横栏、纵栏标题都应简明扼要，简练而又准确地表述出统计资料的内容及所属的时间和空间范围，栏、行的排列要表达统计资料的逻辑关系。

(2) 指标数值。表中数字应填写整齐，对准位数。当数字本身为 0 或因数字太小而忽略不计时，可填写为“0”；当缺某项数字资料时，可用符号“…”表示；不应有数字时用符号“—”表示；如有相同的数字应该全部重写，切忌写“同上”、“同左”等字样，如品质标志值的合计项目。

(3) 计量单位。统计表必须注明数字资料的计量单位。当全表只有一种计量单位时，可以把它写在表头的右上方，如果表中各栏的指标数值计量单位不同，可在横行标题后添一列计量单位。

(4) 注解与资料来源。为保证统计资料的科学性与严肃性，在统计表下，应注明资料来源，以便考察，必要时，在统计表下加注说明。

三、统计图

借助几何图形或具体事物的形象和符号表现社会经济现象数量关系的图形称为统计图。统计图是对统计资料的一种直观的表示形式，统计图与统计表等其他方法相比较，有其显著的特点：鲜明直观、形象生动、通俗易懂、具体明确，便于阅读和记忆，给人以醒目而深刻的印象。因此，统计图被广泛用于社会、经济生活中，发挥着重要的作用。随着计算机技术不断发展，电子计算机制图功能日益强大，使得统计图的制作更加方便和精确。

(一)柱形图

柱形图是用宽度相等的条形高度或长度的差异来显示统计指标数值多少或大小的一种图形，柱形图可以纵置也可以横置，横置时又称为条形图。柱形图简明、醒目，是一种常用的统计图形，它可以用来说明或比较同一指标在不同时间、地点、单位的发展变化情况。例如根据表 3-11 可以绘制图 3-6(图中的 1、2、3、4、5、6 分别表示商品广告、服务广告、金融广告、房地产广告、招生招聘广告、其他广告)。

表 3-11　某市居民关注不同类型广告人数分布

广告类型	人数/人	占总人数比例	频率/%
商品广告	112	0.560	56
服务广告	51	0.255	25.5
金融广告	9	0.045	4.5

续表

广告类型	人数/人	占总人数比例	频率/%
房地产广告	16	0.080	8
招生招聘广告	10	0.050	5
其他广告	2	0.010	1
合计	200	1.000	100

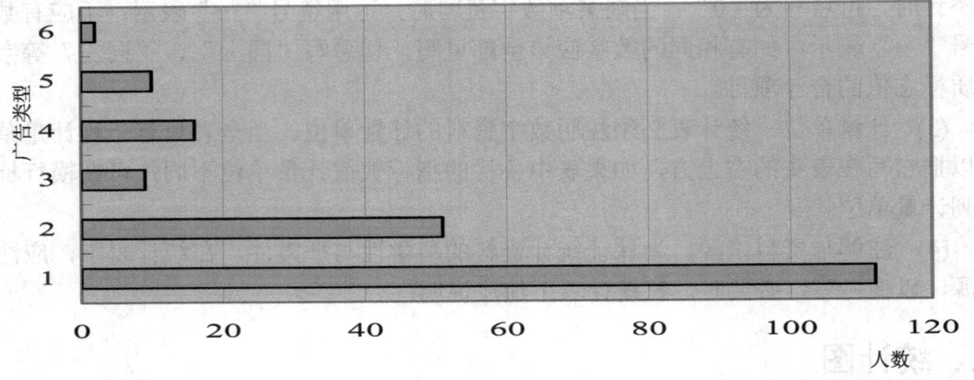

图 3-6　某市居民关注不同类型广告人数分布图

(二)圆形图

圆形图又称为饼图，是用圆形或圆内扇形的面积大小来显示统计资料的一种图形，它主要用于反映总体中的内部结构及其变化，对研究结构性问题十分有用。在绘制圆形图时，总体中各部分所占的百分比用圆内的各个扇形面积表示，这些扇形的中心角度是按各部分百分比占 360° 的相应比例确定的。如根据表 3-11，绘制出相应的圆形图如图 3-7 所示。

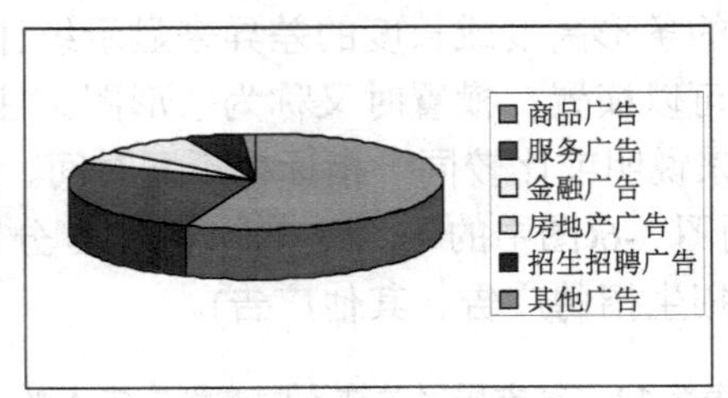

图 3-7　某市居民关注不同类型广告人数分布

(三)环形图

环形图与圆形图又有区别，环形图中间有一个空洞，总体中的每一部分数据用环中的

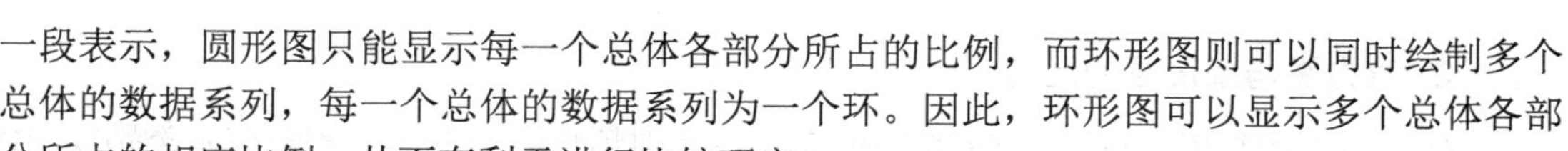

一段表示，圆形图只能显示每一个总体各部分所占的比例，而环形图则可以同时绘制多个总体的数据系列，每一个总体的数据系列为一个环。因此，环形图可以显示多个总体各部分所占的相应比例，从而有利于进行比较研究。

例如：在一项有关住房问题的研究中，调查人员在甲乙两个城市各抽样调查 300 户家庭，其中一个问题是："您对您家庭目前的住房状况是否满意？"备选答案有：

①非常不满意；②不满意；③一般；④满意；⑤非常满意。

调查结果如图 3-8 所示。

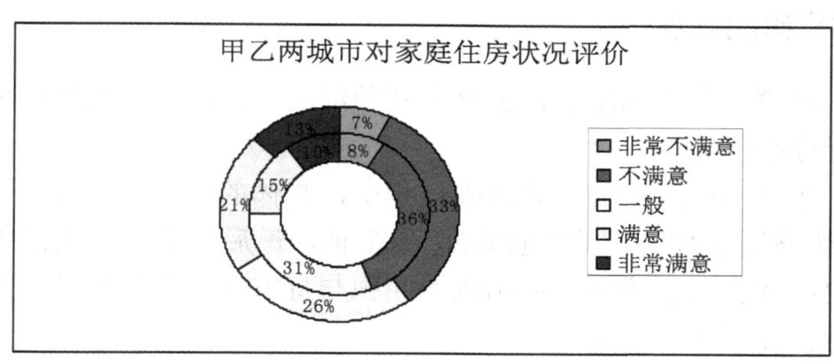

图 3-8　甲乙两个城市家庭对住房状况评价

(四)直方图

显示分组数据频数分布特征的图形有直方图、折线图和曲线图等，下面先介绍直方图。

1. 直方图概念

直方图是用矩形的宽度和高度来表示频数分布的图形。在平面直角坐标中，横轴表示数据分组，即各组组限，纵轴表示频数(一般标在左方)或频率(一般标在右方)，若没有频率的直方图只保留左侧的频数，这样各组组距的宽度与相应的频数的高度就绘制成一个个矩形，即直方图，见图 3-9。

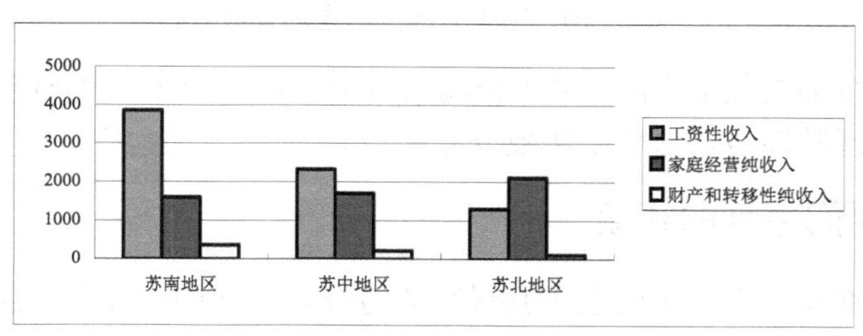

图 3-9　2003 年江苏省三大区域农民收入构成

(资料来源：江苏统计信息网)

2. 直方图与条形图的区别

(1) 条形图是用条形的长度(横置时)表示各类别频数的多少，其宽度(表示类别)是固定的；直方图是用面积表示各组频数的多少，矩形的高度表示每一组的频数密度，宽度则表示各组的组距，因此其高度与宽度均有意义。

(2) 此外，由于分组数据具有连续性，直方图的各矩形通常是连续排列，而条形图则是分开排列。

(五)折线图和曲线图

折线图可以在直方图的基础上，把直方图顶部的中点用直线连接而成，也可以用组中值与频数求坐标连接而成。

需要注意，折线图的两个终点要与横轴相交，具体的做法是将第一个矩形的顶部中点通过竖边中点(即该组频数一半的位置)连接到横轴，最后一个矩形顶部中点与其竖边中点连接到横轴，这样才会使折线图下所围成的面积与直方图的面积相等，从而使二者所表示的频数分布一致，如图 3-10 所示。

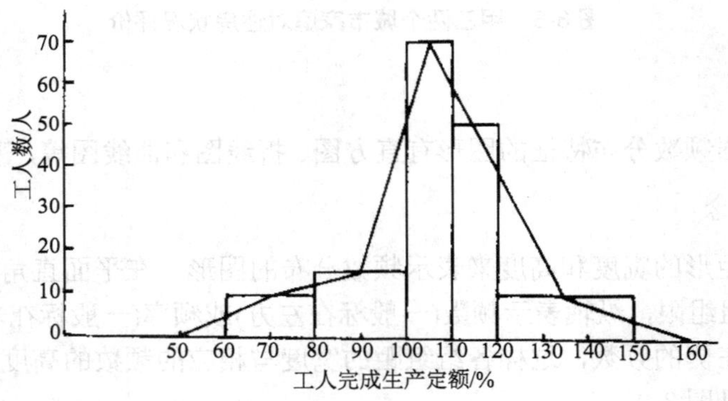

图 3-10 工人完成生产定额人数分布

当对数据所分的组数很多时，组距会越来越小，这时所绘制的折线图就会越来越光滑，逐渐形成一条平滑的曲线，这就是频数分布曲线。

(六)描述时间序列的线图

线图是在平面坐标上用折线表现数量变化特征和规律的统计图。线图主要用于显示时间序列数据，以反映事物发展变化的规律和趋势，如图 3-11 所示。

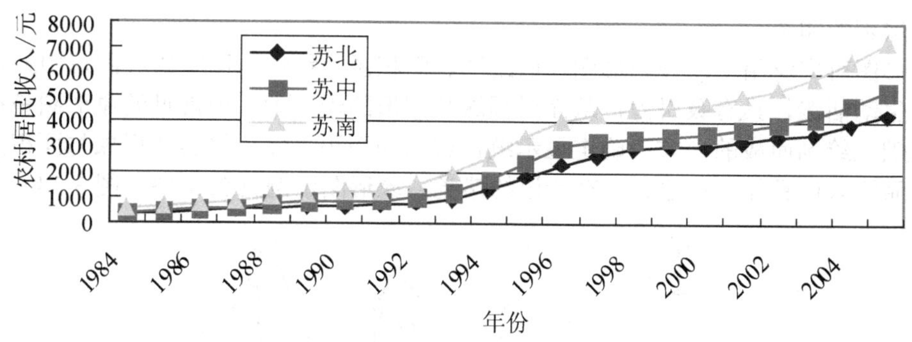

图 3-11 1984—2005 年江苏三大区域农村居民收入增长态势图

又如，1991—1998 年我国城乡居民家庭的人均收入情况如图 3-12 所示。

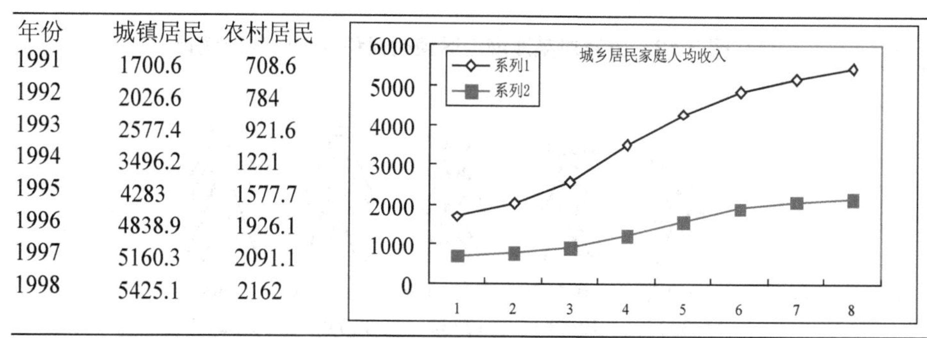

年份	城镇居民	农村居民
1991	1700.6	708.6
1992	2026.6	784
1993	2577.4	921.6
1994	3496.2	1221
1995	4283	1577.7
1996	4838.9	1926.1
1997	5160.3	2091.1
1998	5425.1	2162

图 3-12 我国城乡居民家庭的人均收入情况

从上图可以清楚地看出，城乡居民的家庭人均收入逐年提高，而且城镇居民的家庭人均收入高于农村，1993 年以后这种差距有扩大的趋势。

绘制线图时应注意以下几点。

(1) 时间一般绘在横轴，指标数据绘在纵轴。

(2) 图形的长宽比例要适当，一般为横轴略大于纵轴的长方形，其长宽比例大致为 10∶7，图形过扁或过于瘦高，不仅不美观，而且会给人造成视觉上的错觉，不便于对数据变化的理解。

(3) 一般情况下，纵轴数据下端应从 0 开始，以便于比较。数据与 0 之间的间距过大，可以采取折断的“//”符号将纵轴折断。

(七)象形图

象形图是以现象本身的高低、长短、大小、多少等来表示和比较指标数值大小的图形。象形图较其他各种图形更直观、形象、生动，使统计图示所表现的主题更为鲜明、突出，可给人深刻的印象。

象形图可广泛用于统计条形图、曲线图、面积图、统计地图等诸种图形中，使这些图示更为生动活泼，具有吸引力，从而增强这些图形的表现力。最常见的象形图是在几何图形的基础上绘制而成的，首先确定显示统计数据的面积，然后将实物形象与面积大小相结合，从而给人以具体、形象、生动活泼的感觉。象形图示例见图 3-13、图 3-14。

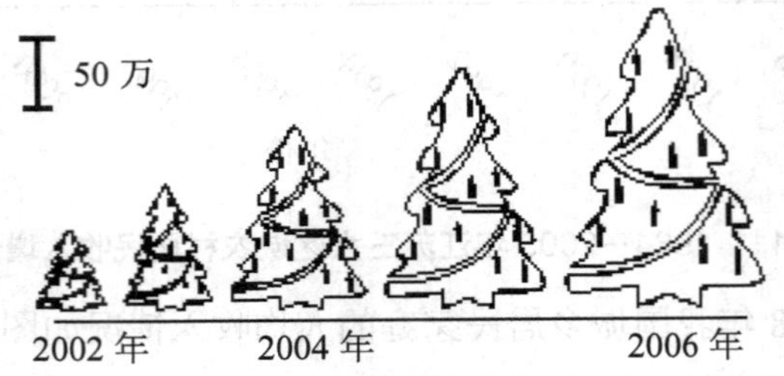

图 3-13 国家对某沙漠地区植树面积计划的象形统计

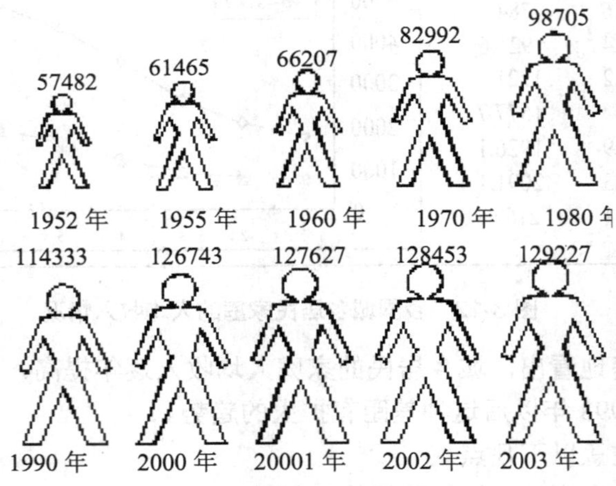

图 3-14 我国人口数量象形图

(八)统计地图

统计地图是以地图为底景，利用点、线、面或形象符号等标志来比较各区域某种指标值大小的图形。利用统计地图可以突出说明现象在区域上的分布，便于进行地区间的比较，反映现象所处的位置及现象分布的密集程度。绘制统计地图时，应先画一张简明的地图作为底本，然后根据统计资料在地图上的相应位置绘出点、线、面、象形物而形成图形。示例如图 3-15 所示。

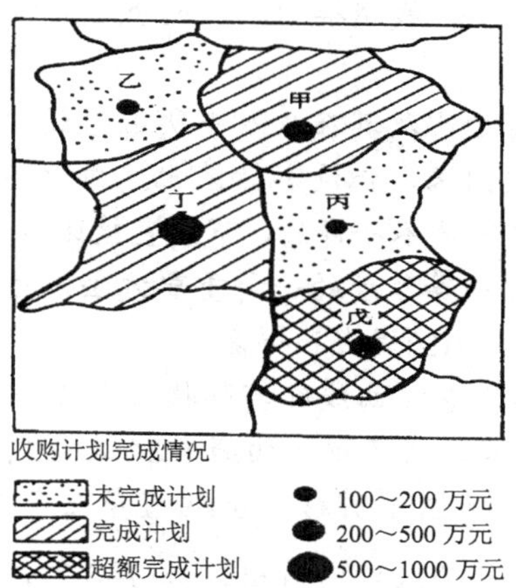

图 3-15　某收购站完成某种产品收购计划的地区分布情况

以上分别介绍了几种常用的统计图，运用时可以根据统计资料的性质和绘图目的进行恰当的选择，在一幅统计图中，也可以把各种图形有机地结合起来，使其丰富多彩，具有更强的感染力。

【专栏 3-3】　洛仑兹曲线和基尼系数

洛仑兹曲线是用来衡量社会收入分配平均程度的曲线，由德国统计学家洛仑兹(Lorenz，1905)提出而得名，当时主要用于衡量收入分配、地区差异、产业集中等诸多领域。洛仑兹曲线如图 3-16 所示。

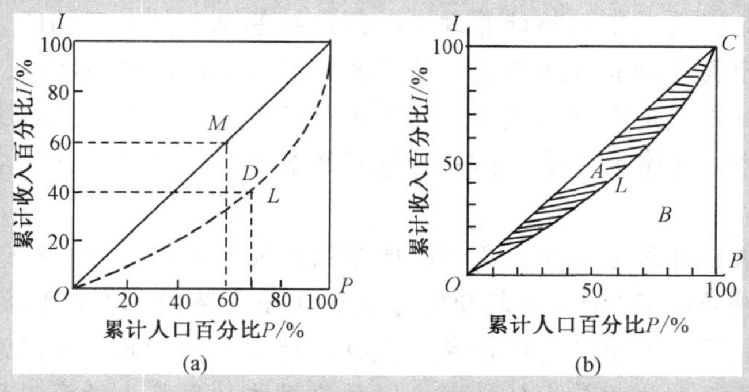

图 3-16　洛仑兹曲线图

在图 3-16 (a)中，横轴 *OP* 代表人口累计百分比，纵轴 *OI* 代表收入累计百分比，*OC* 是 45° 线，为收入分配绝对平等的洛仑兹曲线。在这条线上，每 20%的人口得到 20%的收入，表明收入分配绝对平等。*OPC* 曲线是收入绝对不平等曲线，*P* 点表示一人独占全部的收入，其余的人没有收入。实际反映收入分配状况的洛仑兹曲线介于 *DC* 和 *OPC* 之间，如曲线

OLC 为某一洛仑兹曲线，它与 OC 线越接近，收入分配越平等；弧度越大，与 OPC 线越接近，收入分配越不平等。

洛仑兹曲线是依据人口百分比及其在收入中所占份额的大小而变化的，可以直观地把收入分配是否平等的状况表现出来，但没有数值化。由于洛仑兹曲线在不同国家，在同一国家不同时期、不同发展阶段都是不一样的，不能直接比较，因此在实际中很少单独使用。

基尼系数是分析收入分配平等程度的一种重要方法，是根据洛仑兹曲线计算得出的，由意大利经济学家基尼(Gini，1912)提出而得名。

如图 3-16(b)所示，A 表示洛仑兹曲线即实际收入分配曲线 OLC 与绝对平等线 OC 之间的面积，即图中阴影部分；B 表示实际收入曲线 OLC 与绝对不平等曲线 OPC 之间的面积。基尼系数就是要计算弓形面积 A(图中阴影部分)占直角三角形 OPC 的面积比例。基尼系数用 G 表示，则：$G=\dfrac{A}{A+B}$。从公式可以看出，当 A=0 时，基尼系数 G 为 0，洛仑兹曲线与收入绝对平等线重合，表示收入分配完全平等；当 B=0 时，基尼系数 G 为 1，洛仑兹曲线与收入绝对不平等曲线重合，表示收入分配绝对不平等。显然基尼系数 G 可以在 0 到 1 之间取值，收入分配越趋向平等，洛仑兹曲线的弧度越小，基尼系数也越小；反之，收入分配越趋向不平等，洛仑兹曲线的弧度越大，基尼系数也越大。国际上通用的反映居民收入差距的基尼系数为：若低于 0.2 表示收入高度平等；0.2～0.3 表示比较平等；0.3～0.4 表示相对合理；0.4～0.5 表示收入差距偏大；0.6 以上表示收入差距悬殊。

基尼系数的优点是计算简单，用一个指标就可以反映总的收入差距状况，但不能反映个别阶层的收入差距及其变动状况。在我国研究收入分配是否平等问题时，人们常常借用基尼系数进行分析。由于基尼系数只是一个理论公式，而实际中基尼系数有多种不同的具体计算方法，因此，使用不同的计算方法，得出的基尼系数也不相同。有时分析同一时期的同一问题，由于具体计算方法不同，基尼系数的计算结果也不相同。所以，在使用基尼系数时，必须明确是使用哪种具体计算方法进行计算的，以避免基尼系数相互不一致的现象。在国际比较中，通常要求采用同一种基尼系数的计算方法，并要求消除不可比因素对基尼系数的影响。

计算基尼系数的计算方法有许多种，现介绍比较简单实用的一种：三角形面积法。

根据统计资料的易获取性，一般研究者没有条件获得第一手关于居民收入情况的资料，通常情况下都是利用公开出版的统计年鉴数据来计算。鉴于此，基尼系数较实用的计算方法是采用由三角形面积法推导出的公式，它是根据统计年鉴上的资料描述洛仑兹曲线几何图形分块求 A 的面积，然后求出基尼系数。三角形面积法是把全部人口按收入从小到大顺序排列，并分为 n 组(不需要按人比重等分)。设第 i 组的人口占总人口的比重为 P_i，收入占总收入的比重为 I_i (i=1，2，…，n)，记 $M_i=P_1+\cdots+P_i$，M_i 是第 1 组至第 i 组人口累积的比重，$Q_i=I_1+\cdots+I_i$，Q_i 是第 1 组至第 i 组收入的累积比重，基尼系数的计算公式为：

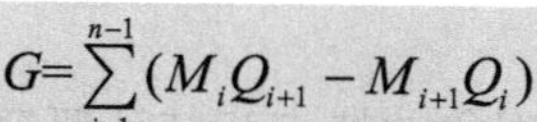

$$G=\sum_{i=1}^{n-1}(M_iQ_{i+1}-M_{i+1}Q_i)$$

尽管基尼系数存在一些缺陷，但由于它是反映收入分配差距大小的一个综合性指标，因而较受大家的欢迎，其计算方法也可以因资料不同而异。

【例 3-9】根据某年美国居民家庭收入分配资料，绘制洛仑兹曲线和计算基尼系数，见表 3-12。

表 3-12　某年美国居民家庭收入分配资料

年收入分组/千美元	家庭户数/%	占总收入的比例/%	家庭户数累计/%	收入累计/%
5 以下	13	2	13	2
5～10	17	7	30	9
10～15	16	10	46	19
15～20	14	12	60	31
20～25	12	14	72	45
25～35	16	23	88	68
35～50	8	17	96	85
50 以上	4	15	100	100
合计	100	100	—	—

利用三角法计算其基尼系数

$$G=\sum_{i=1}^{n-1}(M_iQ_i-M_{i+1}Q_i)=(0.13\times0.09-0.3\times0.02)+(0.3\times0.19-0.46\times0.09)+(0.46\times0.31-0.6\times0.19)$$
$$+(0.6\times0.45-0.72\times0.31)+(0.72\times0.68-0.88\times0.45)+(0.88\times0.85-0.96\times0.68)+(0.96\times1-1$$
$$\times0.85)=0.3955$$

计算结果表明该年美国居民收入分配相对合理。

(资料来源：吴可杰、邢西治，统计学原理，南京大学出版社，1999，并经编者整理；
陶应虎，南京农业大学博士论文，2008)

本 章 小 结

统计整理就是对统计调查所搜集到的各项初始数据进行审核、分组、汇总，使之条理化、系统化，变成能反映现象总体特征的综合资料的工作过程。统计整理的全过程包括对统计资料的审核、分组、汇总和编制统计图表四个环节。

资料审核主要注意三个方面，即完整性、及时性和正确性，其中准确性是重点。资料汇总主要有手工汇总、机械汇总和计算机汇总。统计汇总的组织形式有四种，即逐级汇总、集中汇总、综合汇总和汇审汇编。

统计分组就是根据社会经济现象的特点和统计研究的目的要求，按照一个或几个标志，将统计总体划分为若干不同性质而又有联系的几个部分。其作用主要是区分社会经济现象的类型，反映社会经济现象总体的内部结构，分析社会经济现象之间的依存关系。它按分组的作用或目的不同，分为类型分组、结构分组和分析分组；按分组标志的多少，可分为简单分组、复合分组和并列分组；按分组标志的性质，分为品质标志分组和数量标志分组。

统计分组必须遵循的原则：穷尽原则；互斥原则。

统计分组一般经过三个步骤：选择分组标志、分组界限的划分、选用分组体系。

次数分布数列就是在统计分组的基础上，将总体所有的单位按某一标志进行归类排列，并计算各组的单位数。次数分布数列的两个要素：组别及次数(频数)和频率。

次数分布数列的种类：品质数列和变量数列。变量数列又分为单项数列和组距数列。

单项数列是以一个变量值为一组编制的变量频数分布。组距数列是以表示一定变动范围的两个变量值构成的组所编制的变量频数分布。

组距式变量数列编制方法是：①计算全距；②确定组数；③计算组距；④计算组限；⑤计算次数和频数；⑥计算组中值。

变量数列可以编制成次数分布表和分布图，次数分布一般有钟型分布、U 型分布和 J 型分布三种类型。

统计表就是将经过统计调查所得来的数字资料，经过汇总整理后，得到一些系统化的统计资料，将这些数据按一定的顺序排列在表格上，它具有突出的优点，运用极其广泛。统计表由总标题、横标题、纵标题和统计数字等四个基本要素构成，还可以分为不同的类型。编制统计表必须注意规范要求，这是正确显示统计数据不可忽视的一个重要问题。

统计图就是借助几何图形或具体事物的形象和符号表现社会经济现象数量关系的图形，主要有柱形图、圆形图、环形图、直方图、折线图、描述时间序列的线图、象形图、统计地图等。象形图生动活泼，统计地图可以反映空间分布状况。

复习思考题

一、名词解释

统计整理　统计分组　分配数列　变量数列　单项式数列　组距式数列　频数　频率　品质数列　组中值　统计表

二、填空题

1. 统计资料整理既是________的深入，又是________的基础。
2. 统计分组的关键在于________。

3. 按品质标志分组所编制的变量数列叫________数列；按数量标志分组所编制的分配数列叫________数列，它又分为________、________两种。单项式数列仅适用于________变量，且变量值变化范围________的情况。

4. 变量数列是由________和相应的________组成，后者也就是________，如用比重表示，则称为________。

5. 将变量按区分组，区间内变量最大的可能值称作________，最小的可能值称作________，相邻区间的最大可能值(或最小可能值)的差即区间长度叫________，最大最小可能值之和的一半称________，这种以一定区间长度分组的变量数列称________。

6. 组距式变量数列中的各组组距可以相等，也可以不等，组距相等的叫________，组距不等的叫________。

7. 用组中值来代表组内变量值的一般水平有一个必要的前提，即________。

8. 根据组距、组数、全距之间的关系确定组距的公式是________。

9. ________变量既可编制成单项式变量数列，又可编制成组距式变量数列。

10. 缺少上、下限的开口组的组中值计算公式为________和________。

三、判断题

1. 变量数列就是按品质标志分组形成的分配数列。（　）
2. 连续型变量的分组，只能是组距式的。（　）
3. 离散型变量的分组，只能是单项式分组。（　）
4. 全距确定以后，组距和组数成正比。（　）
5. 组中值反映了各组标志值的一般水平。（　）
6. 按分组标志在性质上的差别，统计分组可以区分为简单分组和复合分组两种。（　）
7. 分配数列就是变量数列。（　）
8. 确定组限时，一般来说，最小组下限应高于最小的变量值，而最大组的上限应低于最大的变量值。（　）
9. 开口组的组中值计算通常用相邻组组中值代替。（　）
10. 两组相邻，都用同一个组限，如果变量值刚好等于组限，遵照惯例，应归入下限所在组。（　）

四、单项选择题

1. 统计分组的关键在于确定(　　)。

A. 组中值　　B. 变量

C. 组距和组数　　D. 分组标志和各组界限

2. 统计整理是(　　)。

A. 统计调查的前提　　B. 统计分析的继续

C. 统计分析的前提　　D. 统计研究的最终阶段

3. 下述分组中属于按品质标志分组的是(　　)。

A. 在校学生按性别分组　　B. 职工按工资水平分组

C. 人口按年龄分组　　D. 企业按职工人数分组

4. 品质数列和变量数列的区别在于(　　)。

A. 数列的性质　　B. 分组标志的性质

C. 数列组数　　D. 各组次数分布性质

5. 用各组上限和下限进行简单算术平均，其结果是(　　)。

A. 组距　　B. 组数　　C. 组限　　D. 组中值

6. 某乡农民人均收入最高为460元，最低为280元，据此分成6个组组成等距变量数列，则组距应为(　　)。

A. 77元　　B. 30元　　C. 47元　　D. 92元

7. 分配数列是(　　)。

A. 按数量标志分组形成的数列

B. 按品质标志分组形成的数列

C. 按数量标志或品质标志分组形成的数列

D. 按数量指标或质量指标分组形成的数列

8. 城市职工家庭人均收入的分组如下：500～600元，600～700元，700～800元，……若某家庭人均收入为700元，一般应归入(　　)。

A. 600～700元组　　B. 700～800元组

C. 500～600元组　　D. 另立一组

9. 统计表的形式应该是(　　)。

A. 上下不封顶，左右不开口　　B. 上下要封顶，左右要开口

C. 上下要封顶，左右不开口　　D. 上下不封顶，左右要开口

10. 对某市职工家庭收入资料编制成分配数列，一般应采用(　　)。

A. 组距数列　　B. 单项式数列

C. 品质数列　　D. 以上几种均可

五、多项选择题

1. 统计整理是对原始资料进行加工的过程，它存在的必要性在于调查所得到的原始资料(　　)。

A. 太多　　B. 分散　　C. 只能说明各单位的具体情况

D. 质量太差　　E. 需要加以补充

2. 统计分组的作用是( )。

A. 划分经济类型　　B. 说明总体水平

C. 研究现象结构　　D. 分析现象之间的依存关系

3. 经过统计分组后( )。

A. 各组间表现为异质性　　B. 各组间表现为同质性

C. 各组内表现为同质性　　D. 各组内表现为异质性

4. 人口按年龄分组以分析各年龄阶段的人口占总人口的比重属( )。

A. 结构分组　　B. 按品质标志分组

C. 分析分组　　D. 按数量标志分组

5. 企业按所有制形式分组，以反映不同经济类型的企业发展变化情况，属于( )。

A. 结构分组　　B. 按品质标志分组

C. 类型分组　　D. 按数量标志分组

6. 将职工家庭人均收入按50～80元、80～100元、100～150元、150元以上进行分组而编制的分配数列是( )。

A. 品质数列　　B. 单项式数列

C. 变量数列　　D. 开口式数列　　E. 组距数列

7. 对于离散型变量( )。

A. 可编制组距数列　　B. 可编制单项式数列

C. 只能编制单项式数列　　D. 只能编制组距数列

8. 统计资料汇总前审核的主要内容有( )。

A. 资料的完整性　　B. 资料的正确性

C. 资料的及时性　　D. 资料的广泛性

9. 统计资料的审核方法有( )。

A. 填表方式审核　　B. 抽样审核

C. 逻辑审核　　D. 计算审核

10. 资料汇总的方法主要有( )。

A. 划记法　　B. 折叠法　　C. 手工汇总法

D. 图形汇总法　　E. 电子计算机汇总

六、简答题

1. 什么是统计整理？包括哪些工作内容？
2. 什么是统计分组？它有哪些作用？
3. 如何进行科学的分组和分组标志的选择？
4. 什么是分配数列？它有哪几种？

5. 什么是变量数列？它由哪些要素构成？变量数列应如何编制？

6. 在编制组距式变量数列时，如何确定组数、组距和组限？

七、计算题

1. 某区 20 个商店从业人数资料如下：30，32，38，40，45，40，30，52，45，32，38，45，52，40，40，45，40，38，38，32。

要求：依据上述资料，编制单项式变量数列，并计算各组的比重(频率)以及累计频率。

2. 某工业公司所属 27 个企业，某年利润计划完成百分比的原始资料如下(%)：102，109，104，103，116，113，130，105，94，104，103，97，101，117，106，117，104，109，107，113，105，112，102，127，103，119，109。

要求：

(1) 以计划完成百分比为分组标志，作如下分组：100%以下，100%～110%，110%～120%，120%以上。编制分配数列，并计算每组的频率及累计频率。

(2) 指出这个数列中的变量是连续型还是离散型的，为什么？

(3) 指出这个数列中，两个开口组的组距和组中值是多少？并说明是怎样确定的。

3. 某班 40 名学生统计学考试成绩分别为：

66 89 88 84 86 87 75 73 72 68 75 82 97 58 81 54 79 76 95 76 71 60 90 65 76 72 76 85 89 92 64 57 83 81 78 77 72 61 70 81

学校规定：60 分以下为不及格，60～70 分为及格，70～80 分为中，80～90 分为良，90～100 分为优。要求：

(1) 将该班学生分为不及格、及格、中、良、优五组，编制一张次数分配表。

(2) 指出分组标志及类型；分组方法的类型；分析本班学生考试情况。

(3) 用统计图反映本班学生考试情况。

第四章

静态分析指标

学习目标：通过本章学习，理解各种静态分析指标在认识事物中的作用，了解静态指标的各种分类及其表现形式，掌握时期指标与时点指标的异同、相对指标的对比关系、权数在计算平均指标中的影响，了解标准差在标志变异指标中的地位，掌握相对指标、平均指标和标志变异指标的计算方法和应用原则，能够运用静态指标分析社会经济问题。

关键概念：总量指标(total index) 相对指标(relative index) 平均指标(average index) 标志变异指标(symbol variation index) 方差(variance) 众数(mode) 中位数(median)

统计分析是统计资料整理的继续和深化，就其时间状态而言，可分为静态分析和动态分析两大类。静态分析指标是指同一时间内同类现象的汇总和推算、相关现象之间的分析对比而形成的一系列指标。

第一节 总 量 指 标

一、总量指标的概念和作用

1. 总量指标的概念

总量指标是反映在一定时间、空间条件下社会经济现象的总体规模或水平的统计指标，其表现形式是有一定计量单位的绝对数。如一个国家或地区在某一时期的人口数、国土面积、人口密度等，如表 4-1 所示。

表 4-1 2005 年部分国家国土面积和人口

国 家	国土面积/万平方公里	2005 年中人口数/万人	1999 年人口密度/(人/平方公里)
中国	960	130 756	136
日本	37.8	12 777	351
韩国	9.9	4829	489
美国	937.3	29 641	32

(资料来源：2006 年中国统计年鉴)

2. 总量指标的作用

(1) 总量指标是对社会经济现象总体认识的起点。由于社会经济基本情况的数量首先表现为一定的总量，所以总量指标能反映国情、国力和企事业单位人、财、物的状况，如表 4-1 所示。

(2) 总量指标是国民经济宏观管理和企业经济核算的基础性指标，是实行目标管理的工具。因为编制计划、检查计划的执行情况以及检查生产任务的完成情况也是首先从总量上入手的。

(3) 总量指标是计算相对指标和平均指标的基础。总量指标准确与否，直接影响统计分析的准确性。

二、总量指标的分类

1. 总量指标按反映的内容不同可以分为总体单位总量和总体标志总量

总体单位总量是指一个总体中所包含的总体单位的总个数，表示总体本身规模的大小，如一个企业的职工人数、一个地区的企业数及学校总数等。总体标志总量是指总体中各单位某一数量标志值的总和，如以一个企业全体职工作为总体，工资为数量标志，该企业全部职工工资总额就是标志总量；再如一定范围内的工业总产值、销售总额也是标志总量。

2. 总量指标按反映的时间状态的不同分为时期指标和时点指标

时期指标是反映现象在一段时期内(旬、月、季、年)活动过程总结果的总量指标，如工业总产值、钢铁总产量、商品零售总额等。

时期指标具有如下特点：①可以连续计数；②各期数值可以累加；③数值大小与时期长短成正比；④只反映本期内的经济活动成果。

时点指标是反映现象在某一特定时刻(瞬间)状况的总量指标，如期末职工人数、人口数、商品库存量、牲畜存栏头数等。

时点指标具有如下特点：①只能间断计数；②各数值累加没有实际经济意义；③数值大小与时点间隔长短没有直接关系。

3. 总量指标按计量单位的不同可分为实物单位、价值单位、劳动量单位等计量单位

1) 实物单位

实物单位是根据事物的属性和特点而采用的计量单位，有自然单位、度量衡单位和标准实物单位等。

(1) 自然单位。就是按照现象的自然表现来计量其数量的计量单位，如人口按人、牲畜按头、汽车按辆计算等。

(2) 度量衡单位。即按照统一的度量衡制度的规定来计量事物数量的计量单位，如钢铁按吨、粮食按千克或吨、棉布按米、木材按立方米计算等。

(3) 标准实物单位。是指按照同一折算标准来度量现象数量的一种计量单位，其公式为：

$$标准实物量=实物量\times 折合系数$$

$$折合系数=\frac{产品的实际规格或含量}{标准品的规格或含量}$$

【例 4-1】某氮肥厂某时期生产三种氮肥，要求各种氮肥统计折合成含氮为 100%的标准氮肥，计算标准实物产量如表 4-2 所示。

表 4-2　例 4-1 的数据资料及其计算

产品名称	产量/吨	含氮量/%	折合系数	折合标准实物量/吨
甲	(1)	(2)	(3)	(4)= (1)×(3)
碳酸氢铵	4000	17	0.17	680
硫酸铵	5000	21	0.21	1050
尿素	3600	46.2	0.462	1663.2
合计	12600	—	—	3393.2

2) 价值单位

价值单位是用货币单位来计量社会财富或劳动成果的一种计量单位，如元、万元、亿元等。例如，2007 年我国国内生产总值为 246 619 亿元。

3) 劳动量单位

劳动量单位是用劳动时间(工日、工时等)表示的计量单位，也是一种复合单位，如工时、工日以及货物周转量用吨公里、旅客流量用人次等。

三、绝对数的统计方法

绝对数的统计方法有如下两种。

1. 直接计量法

直接计量法是指对研究对象进行直接计数、点数或测量后，将总量指标的数值计算出来的方法。这种方法要求对总体的所有单位都进行登记，并汇总出所需要的资料，如商品流转统计报表中的库存量、人口普查资料等。

2. 推算与估算法

(1) 因素推算法。它是以现象总量分解的各因素数量间的关系为依据，用已知因素的资料推算出尚未掌握资料的方法。如

社会总产出=社会劳动者×社会劳动生产率；商品销售额=销售量×销售价格

这一关系式中的某两项已知就可推算另一未知因素的数值。

(2) 比例关系推算法。它是以社会经济现象数量间的比例关系为依据，用已知项目指标的数据推算另一项目指标数据的方法。

如：已知某国某年的GDP为24 020亿元，并知第一产业占23.9%，第二产业占48.2%，则可推出第三产业占(100%-23.9%-48.2%)27.9%，其绝对额为(24 020×27.9%)6701.58亿元。

(3) 平衡关系推算法(利用平衡公式)。它是以社会经济现象数量间的平衡关系为依据，用已知项目指标的数据推算某一未知或缺漏项目指标数据的方法。例如企业利用商品购、销、存之间的平衡关系可以推算出销售量。公式为：本期销售量=期初库存+本期购进-期末库存。这一关系式中如果三项已知就可以平衡推算另一未知因素的数值。

(4) 内插值推算法。它是以社会经济现象数量间的变动速度为依据，用已知现象的某些数量推算另一中间数量的方法。

(5) 相关推算法。它是以现象间的因果关系为依据，用已知现象的数量，推算另一现象数量的方法。

(6) 投入产出推算法。它是以投入产出平衡原理为依据，用其他调查取得的资料推算未知资料的方法。

估算方法是指运用抽样推断的方法估算总量指标，具体内容在第七章介绍。

第二节 相 对 指 标

一、相对指标的意义

1. 相对指标的概念

相对指标也称相对数，是两个相互联系的有关指标对比计算的一种比值(或比率)，它反映现象总体的结构、比例、程度、发展速度等的对比关系，如产量计划完成程度、人口年龄构成、各部门之间的比例关系等都是相对指标。

2. 相对指标的作用

(1) 运用相对指标便于进行比较分析，揭示事物发生和发展的程度，以及它们之间的相互关系，如计划执行的好坏、发展速度的快慢、各种比例是否协调等。

(2) 相对指标可使一些不能直接对比的现象找到共同对比的基础。如工业总产值在不同地区或国家之间是无法进行直接对比分析的，但利用人均工业产值指标就可以对它们作出明确的评价。

二、相对指标的表现形式

相对指标有以下两种表现形式。

1. 无名数指标

无名数指标是一种抽象化的数值，多用倍数或系数、百分数和千分数等表示。

1) 倍数或系数

倍数或系数是将对比基数抽象为 1 而计算的相对数。当分子数值比分母数值大得多时，常用倍数表示，如我国“八五”时期平均国民生产总值为 37 408.0 亿元，是“六五”时期平均国民生产总值 6463.1 亿元的 5.79 倍。当分子的数值与分母数值差别不大时，常用系数表示，系数可以大于 1，亦可以小于 1，如固定资产磨损系数、标准实物量折算系数、变异系数、相关系数等。

2) 百分数或千分数

百分数(%)是将对比基数抽象为 100 而计算的相对指标，百分数是相对指标中最常用的表现形式，当对比的两个指标数值悬殊不大时适合用百分数。如某门课及格人数占全班总人数的 98%，某企业本月产量计划完成程度为 105%等。

百分点是百分数的另一种表述形式，它是百分数中以 1%为单位，即 1 个百分点等于 1%。它在两个百分数相减的情况下应用。如原来银行活期储蓄利率为 3.1%，现在下调一个百分点，说明现在银行活期储蓄利率为 2.1%。

千分数(‰)是将对比基数抽象为 1000 而计算的相对数，一般在两个数值对比中，如果分子比分母的数值小很多时，则用千分数表示。如我国 1997 年人口出生率为 16. 57‰，死亡率为 6.51‰，自然增长率为 10.06‰。

2. 有名数指标

有名数指标是一种有具体名称的数值，多表现为复名数。一般是将对比的分子指标数值与分母指标数值的计量单位同时使用，以双重计量单位表示。如人均粮食产量用“千克/人”，人均国民生产总值用“元/人”，人口密度用“人/平方公里”，产值利税率用“元/百元”表示。

三、相对指标的种类及其计算

相对指标分为计划完成程度相对指标、结构相对指标、比例相对指标、比较相对指标、强度相对指标和动态相对指标六类，前五类都属于静态相对指标。

(一)计划完成程度相对指标

1. 计划完成程度相对指标的意义

计划完成程度相对指标又称计划完成百分比，是某一时期某一社会经济现象的实际完成数与计划数之比，借以说明计划的完成程度。它是计划管理的特有指标，一般用百分数表示。其基本计算公式为

$$计划完成程度相对指标=\frac{实际完成数}{计划数}\times100\%$$

2. 计划完成程度相对指标的计算

计划完成程度相对指标的基数是计划任务数，由于基数的表现形式有绝对数、相对数和平均数三种，因而计划完成程度相对指标在计算方法上仍然以计划数为对比基础或标准，但形式有所不同。

(1) 计划数为总量指标。计划数为总量指标，计算计划完成程度指标的公式为

$$计划完成程度相对指标=\frac{实际总量}{计划总量}\times100\%$$

【例 4-2】 某公司 2000 年计划销售某种产品 30 万件，实际销售 32 万件，求该公司 2000 年销售计划完成相对数？

解 该公司 2000 年销售计划完成相对数为

32/30=106.7%

即，该公司 2000 年销售计划完成 106.7%，超额完成计划 6.7%。

【例 4-3】 某企业要求劳动生产率达到 5000 元/人，某种产品的计划单位成本为 100 元，该企业实际的劳动生产率达到 6000 元/人，某种产品的实际单位成本为 80 元，它们的计划完成程度指标如下：

劳动生产率计划完成相对数=6000÷5000=120%(正指标)

单位成本计划完成相对数=80÷100=80%(逆指标)

它一般适用于考核社会经济现象的规模或水平的计划完成程度。

(2) 计划数为相对指标。以这类指标检查计划完成情况，用于考核各种社会经济现象的降低率和提高率的计划完成程度。如产品成本降低率、劳动生产率提高率等。这时，计划完成程度相对指标，不能用实际提高率(或降低率)除以计划提高率(或降低率)求得，而是计算时包括原有基数(100%)在内，这样，才符合计划完成程度的基本公式。即

$$计划完成程度相对指标=\frac{实际完成数(\%)}{计划数(\%)}=\frac{100\%+实际提高率(或-实际降低率)}{100\%+计划提高率(或-计划降低率)}$$

【例 4-4】 某企业产值计划比上年增长 10%，实际执行结果比上年增长 15%，问计划执行情况如何？

分析：产值计划完成程度为 $\frac{100\%+15\%}{100\%+10\%}=104.5\%$，即超额完成计划 4.5%。

(3) 计划数为平均指标。计划数为平均指标，计算计划完成程度相对指标的公式为

$$计划完成程度相对指标=\frac{实际平均水平}{计划平均水平}\times100\%$$

3. 长期计划执行情况检查

在分析国民经济发展的长期计划(五年、十年)时，由于计划任务的要求和制订方法的

不同，有两种不同的检查方法，即水平法和累计法。

(1) 水平法。在长期计划中，对某些在各年度之间有明显递增或递减的现象，一般只规定计划期最后一年应达到的水平。例如各种产品的产量计划，各部门的产值计划等。水平法就是用末年实际水平与计划规定水平对比，以检查全期计划是否完成，其计算公式为

$$全年计划完成程度=\frac{计划末年实际达到的水平}{计划规定的末年水平}\times 100\%$$

按水平法计算长期计划提前完成时间的方法是：以计划期内一年(只要连续 12 个月，不论是否为同一日历年度)达到计划规定的最末一年水平为标准，若连续累计 12 个月，实际完成数达到计划规定最末一年的水平，就算完成计划，剩余的时间即为提前完成计划的时间。

【例 4-5】 某种产品按五年计划规定，最后一年产量应达 200 万吨，计划执行情况如表 4-3 所示。

表 4-3　例 4-5 中的计划执行情况　　单位：万吨

时间	第一年	第二年	第三年		第四年				第五年				5年合计
			上半年	下半年	一季度	二季度	三季度	四季度	一季度	二季度	三季度	四季度	
产量	110	122	66	74	37	40	40	49	53	58	65	72	786

求：① 计算该产品计划完成程度。

② 计算提前完成计划的时间。

解　① 根据上述公式，就是将第五年实际产量与第五年计划产量相比，即产量计划完成程度=(53+58+65+72)÷200=124%

② 从第四年第三季度至第五年第二季度产量之和：(40+49+53+58)万吨=200 万吨

提前完成计划时间=60−54(提前完成计划的整数月份)=6 个月

(2) 累计法。计划指标若按计划期内各年的总和规定任务，如基本建设投资额、造林面积、新增生产能力等，要求用累计法计算计划完成程度。它的计算方法是将计划期内实际完成的累计数与计划规定的累计数进行比较，所得的比率，就是计划完成程度相对指标。其计算公式为

$$计划完成程度=\frac{计划期间实际累计完成数}{计划规定的累计完成数}\times 100\%$$

【例 4-6】 某市某五年计划规定整个计划期间基建投资总额达到 500 亿元，实际执行情况如表 4-4 所示。

试计算该市五年基建投资额计划完成相对数和提前完成时间。

解　① 计划完成相对数=525÷500=105%

表 4-4 例 4-6 中的计划执行情况 单位：亿元

时间	第一年	第二年	第三年	第四年	第五年				5年合计
					一季度	二季度	三季度	四季度	
投资额	140	135	70	80	0	20	55	25	525

② 从第一年的第一季度起至第五年的第三季度投资额之和为 500 亿元，则：提前完成计划时间=60−57(提前完成计划的整数月)=3 个月

【例 4-7】 某公司 2007 年计划完成商品销售额 1500 万元，1～9 月止累计完成 1125 万元。则：

1～9 月计划执行进度=(1125÷1500)×100%=75%

通过计算可以看出，该企业生产时间过 75%，完成计划任务也过 75%。

(二)结构相对指标

1. 结构相对指标的含义与计算

结构相对指标，又称结构相对数，它是总体各部分数值与总体数值之比，它反映总体内部构成情况，表明总体中各部分所占比重大小，所以，又称比重相对数。其计算公式为

$$结构相对指标=\frac{总体中某一部分值}{总体全部数值}\times 100\%$$

结构相对指标一般用百分数或倍数表示，其分子分母可以是总体单位数，也可以是总体标志数值，各部分所占比重之和必须等于 100%或 1。结构相对数分子属分母的一部分，即分子分母是一种从属关系，所以分子分母不能互换。

【例 4-8】 某企业有职工 1000 人，其中男职工 700 人， 女职工 300 人，则结构相对数如下：

男职工占全部职工的比重(%)=700÷1000=70%

女职工占全体职工的比重(%)=300÷1000=30%

2. 结构相对指标的作用

结构相对指标的主要作用有以下几个方面。

(1) 可以说明在一定时间、地点、条件下总体结构的特征。如表 4-5 中，1978 年国内生产总值构成中，第一产业、第二产业、第三产业所占的比重分别为 27.9%、47.9%、24.2%；而到 2006 年，上述比重则分别为 11.7%、48.9%、39.4%。

(2) 不同时期的结构相对指标，可以反映事物内部构成的变化过程和发展趋势。如表 4-5 所示，第一产业占国民生产总值的比重不断下降，从 1978 年的 27.9%降到 2006 年

的 11.7%；第三产业比重不断上升，从 1978 年的 24.2%上升到 2006 年的 39.4%。

表 4-5 国内生产总值的构成

单位：%

年 份	国内生产总值	第一产业	第二产业	第三产业
1978	100.0	27.9	47.9	24.2
1988	100.0	25.5	43.8	30.7
1998	100.0	17.3	46.2	36.5
2001	100.0	14.4	45.1	40.5
2002	100.0	13.7	44.8	41.5
2003	100.0	12.8	46.0	41.2
2004	100.0	13.4	46.2	40.4
2005	100.0	12.5	47.5	40.0
2006	100.0	11.7	48.9	39.4

(资料来源：http://www.stats.gov.cn/tjsj/ndsj/laodong/2006/html/01-03.htm)

(3) 结构相对指标可以反映总体的质量和利用程度。如入学率可以从文化教育方面表明人口的质量；产品的合格率、优质品率等可以表明企业的工作质量；出勤率、设备利用率可以表明企业人、财、物的利用状况。

(4) 利用结构相对数，有助于分清主次，确定工作重点。如表 4-6 所示，应重点抓好 A 类物资的管理，其次要注意 B 类物资的处理，就可以控制资金的 96%，收到较好的经济效果。

表 4-6 三类物资及其占资金、品种的比重

单位：%

类 别	占资金的比重	占品种的比重
A	82	21
B	14	29
C	4	50

(三)比例相对指标

比例相对指标是同一总体中各组成部分之间数量的对比指标。它可以反映总体各组成部分之间数量联系程度和比例关系，有助于我们认识客观事物是否符合按比例协调发展的要求。参照有关标准，可以判断比例关系是否合理，其计算公式为

$$比例相对指标=\frac{总体中某一部分数值}{总体中另一部分数值}$$

比例相对指标一般以总体中数值小的那一部分作为比较的基数，抽象为 1 或 100，将其他部分作为比数，用百分数、几比几、或连比的形式表示。如 1∶m∶n。

【例 4-9】 2000 年我国第五次人口普查结果表明，总人口为 12.66 亿，男性为 65 355 万人，占总人口的 51.63%；女性为 61 228 万人，占总人口的 48.37%。性别比(以女性为 100)，男性对女性的比例为 106.74。

(四)比较相对指标

1. 比较相对指标的含义与计算

比较相对指标是同类指标在相同时期内不同空间对比求得的相对指标。它可以反映国家与国家、部门与部门、地区与地区、单位与单位、组与组之间同类现象的对比关系，其计算公式为

$$比较相对指标=\frac{甲空间某指标数值}{乙空间同类指标数值}$$

比较相对指标既可以用百分数表示，也可以用倍数表示。用来对比的指标既可以是总量指标，也可以是相对指标或平均指标，但要注意对比的两个同类指标数值必须具有可比性，即指标含义、口径、计算方法、计量单位、所属时间等应一致；比较相对数比较的基数不固定，可以根据不同的研究目的而定。在许多单位作比较时，应以主要观察单位的指标数值作为对比基数，以反映与其他单位的差距。

【例 4-10】 两个类型相同的工业企业，甲企业全员劳动生产率为 17 000 元/人年，乙企业全员劳动生产率为 20 000 元/人年，则两个企业全员劳动生产率的比较相对数为

$$17\,000÷20\,000=85\%$$

2. 比较相对指标的作用

(1) 可以用来比较不同国家和地区的社会经济情况。

(2) 可以用来比较同类现象在不同单位(地区、部门)之间的差异程度。

(五)强度相对指标

1. 强度相对指标的意义与计算

强度相对指标又称强度相对数或密度相对数。它是指两个性质不同但有一定联系的总量指标之比，用来表明现象的强度、密度和普遍程度，以表示不同现象之间依存性比例关系的综合指标，如表 4-1 中的第三栏人口密度。其计算公式为

$$强度相对数=\frac{某一总量指标数值}{另一有联系而性质不同的总量指标数值}$$

【例 4-11】 我国土地面积为 960 万平方公里，2006 年年底人口总数为 131 448 万人，则我国 2006 年年末人口密度=131 448÷960=137(人/平方公里)。

2. 强度相对指标的表现形式

(1) 无名数表示的强度相对指标。无名数表示的强度相对指标是指对比的分子、分母

指标的计量单位相同，对比的结果用抽象化的无名数，即倍数、百分数或千分数表示。如人口出生率、人口死亡率、人口自然增长率、伤亡事故率用千分数表示，利税率、商品流通费率用百分数表示等。

(2) 有名数表示的强度相对指标。有名数表示的强度相对指标指相对比的分子、分母指标的计量单位不同，对比的结果保留原分子、分母的计量单位，一般用双重计量单位表示。如人口密度用“人/平方公里”表示，人均粮食产量用“千克/人”表示，商业网密度用“人/个”表示等。有些强度相对指标用单名数表示，如百元产值占用的流动资金用元表示。

强度相对指标与其他相对指标比较有以下特点：大多数强度相对指标都是用有名数表示；有些强度相对指标对比时分子、分母可以互换，因此有正指标和逆指标两种形式，正指标是指强度相对指标数值大小与所研究现象的发展程度或密度成正比例；反之，逆指标是指其数值大小与所研究现象的发展程度或密度成反比例；指标带有平均的形式，但不是平均指标。如人均国民生产总值、人均粮食产量、人均钢产量等都是强度相对数，而不是平均数。

(六)动态相对指标

动态相对指标是不同时间的两个总量指标之比，用来反映现象在不同时间的发展变化情况。动态相对指标又称为发展速度，其计算公式为

$$动态相对指标=\frac{报告期水平}{基期水平}\times 100\%$$

报告期是指统计所主要研究和说明的时期，亦称计算期；基期是指作为对比的基础时期。根据统计研究的任务和需要，基期可以是前期、上年同期或者是某个具有历史意义的时期。

动态相对指标将在第五章时间数列中详细阐述。

【例 4-12】 2006 年我国国内生产总值为 210 871.0 亿元，1996 年为 71 176.6 亿元，如果选 2006 年作基期，则 2006 年的国内生产总值与 1996 年对比，得出动态相对数为 296.3%，说明在 1996 年的基础上 2006 年国内生产总值的发展速度。

六种相对指标的比较，见表 4-7。

表 4-7　六种相对指标的比较表

不同时期比较	同一时期比较				
	不同现象比较	同类现象比较			
动态相对数	强度相对数	不同总体比较 比较相对数	同一总体比较		
			部分与部分比较	部分与总体比较	实际与计划比较
			比例相对数	结构相对数	计划完成相对数

四、相对指标的应用

1. 保持对比指标数值的可比性

相对指标既然是两个有联系的指标对比，就要求这两个指标在内容、范围、计算方法、时间长短以及有关规定的口径上协调一致，相互适应。

2. 相对指标和总量指标结合运用

相对指标不能反映现象间绝对量的差别，在事物的比较过程中，有时候会出现总量指标较大、相对指标较小，或总量指标较小、相对指标较大的现象，所以在这类情况下，一定要把相对指标和绝对指标结合起来应用，否则就不能真正反映事物的本质特征。例如，曾经有报道说某小学 2/3 的学生得了流行感冒，引起相关部门的高度重视，但是经过调查了解发现该校位于一个小山村，只有 3 个学生。

3. 根据需要将各种相对指标结合运用

各种相对指标只能从某一侧面或某一方面反映事物数量之间的对比关系，要想全面地观察和分析事物，就需要把多种相对指标综合运用，构建一个指标体系。例如，要想了解工业企业的经营管理情况，我们可以把劳动生产率、市场销售率、资金利润率、流通费用率、计划完成程度等指标结合起来，形成一个反映企业经营管理水平的指标体系，这样就可以对企业的经营管理活动作出全面、科学的评价。

【例 4-13】 多项选择题

经调查得知某地区 2008 年人口自然增长率为 15‰；这一指标属于(　　)。

A. 总量指标　　B. 相对指标　　C. 质量指标　　D. 数量指标　　E. 强度相对指标

参考答案：BCE

分析：人口自然增长率是新增人口数与全部人口数对比的结果，这是两个有联系的总量指标的对比，因此属于相对指标，而且是强度相对指标；相对指标反映了现象发展的相对水平或工作质量，因此这个指标也是质量指标。

第三节　平 均 指 标

一、平均指标的概念和作用

1. 平均指标的概念

平均指标又称平均数，它是总体各单位某一数量标志在一定时间、地点条件下所达到的一般水平。如平均工资、平均收入、平均成本、平均价格等。

2. 平均指标的作用

(1) 消除总体数量差异使其具有可比性。如评价两个同类商业企业营业员的劳动效率，就不能用销售总额比较，因为销售总额受营业员人数多少的影响，而平均指标人均销售额，就可以客观评价两个企业的工作成效。

(2) 反映现象总体的发展变化趋势。如利用历年我国职工年平均工资，说明职工年平均工资的变动趋势。

(3) 分析现象之间的依存关系。如对某县各乡粮食亩产量的多少进行分组，然后把每组的粮食产量和生产成本分别加总，计算出平均每单位农产品的成本，可以分析该县亩产量与单位成本之间的依存关系。

(4) 平均指标是统计推断的基础。如某地区居民收入抽样调查中，利用样本居民的平均收入，推断整个地区居民的平均收入。

二、平均指标的种类及其计算

根据平均指标的确定方法和依据的资料不同，社会经济统计中的平均指标有算术平均数、调和平均数、几何平均数、众数、中位数等。

(一)算术平均数

1. 算术平均数的概念及其基本形式

算术平均数是总体标志总量与总体单位总数之比。如职工的平均工资是职工的工资总额与职工总人数之比，农作物平均产量是总收获量与播种面积之比等。算术平均数的计算特点正是符合客观现象的这种数量对比关系，因而是社会经济统计中最常用的一种平均指标，其基本计算公式为

$$\text{算术平均数}=\frac{\text{总体标志总量}}{\text{总体单位总数}}$$

实际工作中，算术平均数的计算，由于掌握的资料不同，繁简程度不同，可分为简单算术平均数和加权算术平均数。

1) 简单算术平均数

总体单位数少，而且直接掌握了各单位标志值资料的情况下，可直接将各单位的标志值相加求出标志总量，再除以总体单位数求出平均数。这种计算方法一般称为简单算术平均法，主要运用于未分组的资料。

【例 4-14】 某生产班组有 10 名工人，每人的日产量分别为：15、17、18、20、22、25、27、28、29、30 件。则

$$\text{工人平均日产量}=\frac{15+17+18+20+22+25+27+28+29+30}{10}=23.1\,(\text{件})$$

本例计算过程用公式表示为

$$\overline{x}=\frac{x_1+x_2+\cdots+x_n}{n}=\frac{\sum x}{n}$$

式中，$\overline{x}$——算术平均数；

$\sum$——总和符号；

x——总体各单位标志值；

n——总体单位数。

2) 加权算术平均数

实际工作中总体单位数往往是很多的，某些标志值也是重复出现，这就需要将统计资料整理成变量分布数列，或编成分布数列，即已知各组标志值及相应的单位数或频率的条件下，计算算术平均数，需采用加权算术平均数的方法。

(1) 由单项数列计算加权算术平均数。在直接掌握各组标志值和各组单位数的条件下，计算加权算术平均数须先将各组的标志值乘以各该组的单位数求出每组的标志总量，再将各组的标志总量相加，求出总体标志总量，最后用总体标志总量除以总体单位总数，得出加权算术平均数。

【例 4-15】 某车间 80 名工人的月奖金分配情况资料如表 4-8 所示。

表 4-8 例 4-15 中的工人资金分配资料

等 级	奖金额 *x*/元	工人数 *f*/人	各组工人月奖金额 *xf*/元
一级	120	8	960
二级	100	42	4200
三级	90	30	2700
合 计	—	80	7860

平均奖金额=7860÷80=98.25(元)

上述计算过程用公式表示为

$$\overline{x}=\frac{x_1f_1+x_2f_2+\cdots+x_nf_n}{f_1+f_2+\cdots+f_n}=\frac{\sum xf}{\sum f}$$

式中，$\overline{x}$——总体加权算术平均数；

x——总体各单位标志值；

f——总体中各组变量值出现的次数。

(2) 由组距数列计算加权算术平均数。方法与单项数列资料基本相同，只不过在计算平均指标之前，先计算出各组的组中值(x)。

用组中值代替各组标志值具有一定的假定性，即假定标志值在各组内的分布是均匀的，因此，这样计算出来的平均数只能是一个近似值。

【例 4-16】某商场食品部工人日销售情况见表 4-9，求出日销售额的加权算术平均数。

表 4-9　某商场食品部工人日销售资料

按日销售额分组/元	职工人数 f/人	组中值 x/元	各组销售额 xf/元
2000～2500	2	2250	4500
2500～3000	7	2750	19 250
3000～3500	7	3250	22 750
合　计	16	—	46 500

解

$$\bar{x}=\frac{\sum xf}{\sum f}=\frac{46\,500}{16}=2906.25$$

【例 4-17】某公司所属 15 个商店某月商品销售额计划完成程度如表 4-10 所示，求出计划完成程度的加权算术平均数。

表 4-10　商品销售计划完成程度检查表

按计划完成程度分组/%	组中值 x/%	商店数/个	计划销售额 f/万元	实际销售额 xf/万元
90 以下	85	1	100	85
90～100	95	2	150	142.5
100～110	105	5	200	210
110～120	115	4	250	287.5
120 以上	125	3	300	375
合　计	—	15	1000	1100

解

$$\bar{x}=\frac{\sum xf}{\sum f}=\frac{1100}{1000}=110\%$$

如用商店数作权数，则

$$\bar{x}=\frac{\sum xf}{\sum f}=\frac{0.85\times1+0.95\times2+1.05\times5+1.15\times4+1.25\times3}{1+2+5+4+3}=1.09$$

2. 算术平均数的数学性质

(1)　算术平均数与总体单位数的乘积等于各单位标志值的总和。

简单算术平均数：$n\cdot\bar{x}_A=\sum x$

加权算术平均数：$\sum f\cdot\bar{x}_A=\sum xf$

(2)　各个变量值与算术平均数的离差之和等于零。

简单算术平均数：$\sum(x-\bar{x}_A)=0$

$$\sum(x-\overline{x}_{A})=\sum x-n\overline{x}=\sum x-\sum x=0$$

加权算术平均数：$\sum(x-\overline{x}_{A})f=0$

$$\sum(x-\overline{x}_{A})f=\sum xf-\sum\overline{x}_{A}f=\sum xf-\overline{x}_{A}\sum f=\sum xf-\sum xf=0$$

(3) 各个变量值与算术平均数的离差平方和为最小值。

简单算术平均数：$\sum(x-\overline{x}_{A})^2=$最小值

设x_0为任意数，$C=\overline{x}_{A}-x_0, x_0=\overline{x}_{A}-C$，以$x_0$为中心的离差平方和为

$$\sum(x-x_0)^2=\sum[x-(\overline{x}_{A}-C)]^2=\sum[(x-\overline{x}_{A})+C]^2$$

$$=\sum(x-\overline{x}_{A})^2+2C\sum(x-\overline{x}_{A})+nC^2=\sum(x-\overline{x}_{A})^2+nC^2$$

因为$nC^2\geqslant 0$，所以$\sum(x-x_0)^2\geqslant\sum(x-\overline{x}_{A})^2$，$\sum(x-\overline{x}_{A})^2$为最小值。

(4) 对各单位标志值加或减一个任意数A，则算术平均数也要增加或减少该数A。

简单算术平均数：

因为$\dfrac{\sum(x\pm A)}{n}=\dfrac{\sum x}{n}\pm\dfrac{nA}{n}=\overline{x}_{A}\pm A$，所以$\overline{x}_{A}=\dfrac{\sum(x\pm A)}{n}\mp A$。

加权算术平均数：

$$\overline{x}_{A}=\frac{\sum(x\pm A)f}{\sum f}\mp A$$

(5) 对各单位标志值乘以或除以一个任意数A，则算术平均数也要乘以或除以该数A。

简单算平均数：

$$\overline{x}_{A}=\frac{\sum Ax}{n}\div A,\quad \overline{x}_{A}=\frac{\sum\left(\frac{x}{A}\right)}{n}\times A$$

加权算术平均数：

$$\overline{x}_{A}=\frac{\sum Axf}{\sum f}\div A,\quad \overline{x}_{A}=\frac{\sum\left(\frac{x}{A}\right)f}{\sum f}\times A$$

(二)调和平均数

调和平均数是一种独立的平均指标，它是各个标志值倒数的算术平均数的倒数，所以，也称倒数平均数。它的计算形式有两种：简单调和平均数和加权调和平均数。

1. 简单调和平均数

简单调和平均数是在资料未分组的条件下，各标志值倒数的算术平均数的倒数。

【例4-18】 某市场3种苹果的价格分别为每斤2元、1.8元和1.5元，若各买1元的，求其平均价格。

解

$$平均价格=\frac{3}{\frac{1}{2}+\frac{1}{1.8}+\frac{1}{1.5}}=1.73(元/斤)$$

上述计算过程用公式表示为

$$\bar{x}=\frac{n}{\frac{1}{x_1}+\frac{1}{x_2}+\cdots+\frac{1}{x_n}}=\frac{n}{\sum\frac{1}{x}}$$

式中，x——各标志值;

n——标志值的项数;

$\sum$——总和符号。

2. 加权调和平均数

加权调和平均数是各变量值倒数的加权算术平均数的倒数。

【例 4-19】 某市场 3 种苹果的价格分别为每斤 2 元、1.8 元和 1.5 元，若分别购买 5 元、5.4 元和 4.5 元的，求其平均价格。

解

$$平均价格=\frac{5+5.4+4.5}{\frac{5}{2}+\frac{5.4}{1.8}+\frac{4.5}{1.5}}=1.75(元/斤)$$

上述计算过程用公式表示为

$$\bar{x}=\frac{m_1+m_2+\cdots+m_n}{\frac{m_1}{x_1}+\frac{m_2}{x_2}+\cdots+\frac{m_n}{x_n}}=\frac{\sum m}{\sum\frac{m}{x}}$$

式中，m—— 调和平均数的权数;

x——各标志值;

$\sum$——总和符号。

3. 调和平均数的应用

在实践中，加权调和平均数比简单调和平均数应用广泛，主要应用于标志值表现为比值的平均数。标志值的比值可以是相对数，也可以是平均数。

下面通过实例来说明加权算术平均数和加权调和平均数两种方法的应用。

(1) 由相对数作为标志值计算平均数时，调和平均数的应用。

【例 4-20】 某饭店分一部、二部、三部，2008 年计划收入分别为 300 万元、260 万元、240 万元，计划完成程度分别为 102%、107%、109%，求平均计划完成程度。

解 根据掌握的资料，平均计划完成程度应采用以计划收入为权数的加权算术平均法来计算，见表 4-11。

表 4-11 某饭店计划完成资料及计算表

部门资料	计划完成 x/ %	计划收入 f/万元	实际收入 xf/万元
一部	102	300	306.0
二部	107	260	278.2
三部	109	240	261.6
合计	-	800	845.8

平均计划完成程度为

$$\bar{x}=\frac{\sum xf}{\sum f}=\frac{845.8}{800}=105.73\%$$

【例 4-21】 如果掌握的资料是实际数，而不是计划数，就不能用加权算术平均数公式计算，应以实际收入为权数的加权调和平均数公式计算，见表 4-12。

表 4-12 某饭店实际完成资料及计算表

部门资料	计划完成数 x/%	实际完成数 m/万元	计划收入 m/x/万元
一部	102	306.0	300
二部	107	278.2	260
三部	109	261.6	240
合计	—	845.8	800

解

$$\bar{x}=\frac{\sum m}{\sum \frac{m}{x}}=\frac{845.8}{800}=105.73\%$$

(2) 由平均数作为变量值计算平均数时，调和平均数的应用。

【例 4-22】 2007 年某工业部门相关指标数值，分别采用加权调和平均数法和加权算术平均数法计算平均生产工人劳动生产率。资料见表 4-13。

表 4-13 2007 年某工业部门有关资料

按劳动生产分组/(万元/人)	工业增加值/万元
2～4	746 060.78
4～6	593 670.91
6～8	1 151 155.53
8～10	1 147 773.57
合　计	3 638 660.79

解　首先，编制表 4-14。

表 4-14　2007 年平均生产工人劳动生产率计算表

按劳动生产分组 /(万元/人)	组中值 x /(万元/人)	工业增加值 m/万元	生产工人数 mx/人
2～4	3	746 060.78	248 687
4～6	5	593 670.91	118 734
6～8	7	1 151 155.53	164 451
8～10	9	1 147 773.57	127 530
合　计	—	3 638 660.79	659 402

其次，将表中数值代入公式，可得平均生产工人劳动生产率为

$$\bar{x}=\frac{\sum m}{\sum \frac{m}{x}}=\frac{3\ 638\ 660.79}{659\ 402}=5.52(\text{万元/人})$$

(三)几何平均数

几何平均数是 n 个单位的标志值连乘积的 n 次方根。它是一种具有特殊用途的平均数，适用于计算标志值的连乘积等于总比率或总速度的社会经济现象的平均比率或平均速度。

1. 几何平均数的种类

几何平均数是用 n 个变量相乘开 n 次方的算术根来计算的平均数，可分为两种。

(1)　简单几何平均数，适合于未分组数列资料：

$$\bar{X}_{\mathrm{G}}=\sqrt[n]{X_1X_2\cdots X_n}=\sqrt[n]{\prod X_i}$$

计算几何平均数，一般需要开高次方。一种方法是利用对数求解，即

$$\lg\bar{X}_{\mathrm{G}}=\frac{1}{n}(\lg X_1+\lg X_2+\cdots+\lg X_n)=\frac{\sum\lg X_i}{n}$$

$$\bar{X}_{\mathrm{G}}=\mathrm{anti}\left(\frac{\sum\lg X_i}{n}\right)$$

第二种方法是利用计算器直接开高次方求解。

(2)　加权几何平均数，适合于分组数据资料：

$$\bar{X}_{\mathrm{G}}=\sqrt[(f_1+f_2+\cdots+f_n)]{X_1^{f_1}X_2^{f_2}\cdots X_n^{f_n}}=\sqrt[\sum f_i]{\prod X_i^{f_i}}$$

这个公式两边取对数，则为

$$\lg\bar{X}_{\mathrm{G}}=\frac{f_1\lg X_1+f_2\lg X_2+\cdots+f_n\lg X_n}{f_1+f_2+\cdots+f_n}=\frac{\sum f_i\lg X_i}{\sum f_i}$$

【例 4-23】 某企业生产某种产品要经过三道工序，第一道工序的产品合格率是 92%，第二道工序的产品合格率是 95%，第三道工序的产品合格率是 90%，要求计算该产品三道工序的平均合格率。

分析：显然对这样的问题不能用算术平均的方法来计算，因为假如该产品投入 100 只，经过第一道工序后仅有 92 只进入第二道工序(100×92%=92 只)，类推可知，最后成品的合格率只有 92%×95%×90%=78.66%，如将各工序的产品合格率视为变量 x(各单位标志值)，最后成品的合格率即为标志总量，它是变量 x 的连乘积。故要计算三道工序的产品平均合格率，只能用几何平均数的公式计算，即

$$\bar{X}_{G}=\sqrt[n]{\prod X_i}=\sqrt[3]{92\%\times95\%\times90\%}=92.31\%$$

【例 4-24】假定某地储蓄年利率为(按复利计算): 5%持续 1.5 年，3%持续 2.5 年，2.2%持续 1 年。试求此 5 年内该地平均储蓄年利率。

分析：计算平均年利率，必须先将各年的年利率加上 100%，换算为各年的本利率，用加权几何平均数计算平均年本利率，再减 100%得平均年利率。

解 该地平均储蓄年本利率

$$G=\sqrt[1.5+2.5+1]{1.05^{1.5}\times1.03^{2.5}\times1.022^{1}}\times100\%$$

$$=\sqrt[5]{1.183935}\times100\%=103.43\%$$

即 5 年内该地平均储蓄年利率为 3.43%。

2. 几何平均数的特点

其特点如下。

(1) 适合于反映特定现象的平均水平，即现象的总标志值不是各单位标志值的综合，而是各单位标志值的连乘积。

(2) 如果数列中有一个标志值等于零或负值，就无法计算几何平均数。

(3) 几何平均数受极端变量值的影响，较算术平均数和调和平均数小。

(四)众数与中位数

算术平均数和调和平均数，都是根据统计总体中的全部标志值计算，一般称为数值平均数。数值平均数最易受极大值或极小值的影响，从而减弱了平均指标在总体中的代表性。众数和中位数则是另一种类型的平均指标，它们是根据其在总体中所处的位置或地位确定的，所以不受数列中极端值的影响，一般称为位置平均数。在某些特殊情况下或为了某种专门需要，用位置平均数反映社会经济现象的一般水平比数值平均数更能说明问题。

1. 众数

众数是现象总体中出现次数最多的标志值，即最普遍、最常出现的数值。利用众数可以简单地说明总体中某个标志值分布的集中趋势，反映现象的一般水平。例如，某班有 70%

的学生某门课成绩都为 80 分，它就是众数，用 80 分来代表某班学生该门课成绩的一般水平。

(1) 由单项数列确定众数。由单项数列确定众数比较简单，可直接从数列中确定次数最多的那个组(众数所在组)的标志值为众数，即次数最多组的标志值是众数。

【例 4-25】 8 个学生的年龄分别为 20、18、18、18、18、19、19、19 岁，其中 18 岁出现的次数最多，用它代表 8 个人年龄的一般水平，18 岁就是众数。

(2) 由组距数列确定众数。由组距数列确定众数，应先确定次数最多一组为众数所在组，然后由公式计算众数的近似值。

首先，找出出现次数最多的组，这个组就是众数组。

其次，根据下面公式计算众数值。

下限公式：$M_0 = L + \frac{\varDelta_1}{\varDelta_1 + \varDelta_2} \times d$

上限公式：$M_0 = U - \frac{\varDelta_1}{\varDelta_1 + \varDelta_2} \times d$

以上两式中，M_0 表示众数值；$\varDelta_1$ 表示众数组的次数与其前一组的次数之差；$\varDelta_2$ 表示众数组的次数与其后一组的次数之差；d 表示众数所在组的组距；L 表示众数所在组的下限；U 表示众数所在组的上限。

【例 4-26】 农民家庭按年人均纯收入分组资料如表 4-15 所示，求年人均纯收入的众数。

表 4-15　例 4-26 中农民家庭年人均纯收入分组资料

年人均纯收入/元	农民家庭数/户
1000～1200	240
1200～1400	480
1400～1600	1050
1600～1800	600
1800～2000	270
2000～2200	210
2200～2400	120
2400～2600	30
合计	3000

解 ① 确定众数组。1400～1600 组次数最多，该组即为众数组。

② 将上述有关数据代入下限公式

$$M_0 = 1400 + \frac{1050 - 480}{(1050 - 480) + (1050 - 600)} \times 200$$

$$=1400+111.8=1511.8(元)$$

或代入上限公式

$$M_0 = 1600 - \frac{1050-600}{(1050-480)+(1050-600)} \times 200$$

$$=1600-88.2=1511.8(元)$$

如果众数组前一组的次数与众数组后一组的次数相等，则众数组组中值即为众数的值。

(3) 众数的特点。

其特点如下。

① 众数是一种位置平均数，它不受各单位标志值的影响。

② 当分布数列没有明显的集中趋势而趋向均匀分布时，则无众数可言。

③ 有的分布数列有多个分散的集中趋势，就应重新分组，求得一个有明显的集中趋势的分布数列，然后再确定众数。

2. 中位数

将研究总体中各单位的标志值依其大小顺序排列，位于中间位置的标志值就是中位数，即中位数是居各标志值中心的数值，在这个数值之上和之下各有 50%的单位数。中位数一般用 M_e 表示，它不受标志值中极端数值的影响，可以从另一个侧面反映次数分布的集中趋势而代表现象的一般水平。例如，某校 4 个学生和 1 个教师的年龄分别为 18、19、20、21、60 岁，若用算术平均法，则平均年龄为 27.6 岁(138/5)，这个平均数显然不能代表 5 个人年龄的一般水平；若用中位数 20 岁来代表 5 个人年龄的一般水平比用算术平均数 27.6 岁更具有代表性。

在实际工作中，一般用年龄中位数来判断人口总体年龄构成的类型，并根据不同时期的年龄中位数观察其变化趋势。1952 年、1964 年、1982 年及 1990 年人口普查资料，我国人口年龄中位数分别为：22.7、20.2、22.9、25.3 岁这些数字反映了我国人口年龄结构水平，并据此可判别我国人口总体是属于中年型的。又如在研究社会居民收入水平时，用居民收入的中位数比用平均收入更能代表居民的收入水平。

根据中位数的性质，确定中位数的关键在于找出总体各单位中间项的位置点。中间项的位置点，即是中位数所在的位置，其标志值为中位数。但有时掌握的是未分组资料，有时掌握的是分组资料，由于资料不同确定中间项的方法也有所不同，现分述如下。

1) 由未分组资料确定中位数

在标志值未分组的情况下，确定中位数的方法是：先把各单位的标志值按大小顺序排列，然后用公式 $\frac{n+1}{2}$ (n 为单位数)来确定中位数的位置，该位置上的标志值即为中位数。

如果研究总体的单位数是奇数，则居于中间位置的标志值就是中位数。例如，有 7 位销售人员销售某种产品的日销售量为：200、220、230、250、260、280、300 件，则中位

数的项数=$\frac{7+1}{2}=4$，表示数列的第 4 项，即日销售量 250 件为中位数。

若标志值的项数是偶数，则居于中间位置的两个标志值的算术平均数是中位数。例如，有 6 位销售人员销售某种产品的日销售量为：200、220、230、250、260、280 件，则中位数的项数=$\frac{6+1}{2}=3.5$，表示中位数是第 3、4 两项的算术平均数，即中位数为$\frac{230+250}{2}=240$(件)。

2) 由分组资料确定中位数

由分组资料确定中位数的基本步骤为：首先，确定中位数位置，为保证中位数所在位置前后两部分次数相等，一般按公式$\frac{\sum f}{2}$确定中位数的位置。其次，用累计次数的方法找出中位数所在组。由标志值最低组向高逐组累计次数(即向上累计)，或由标志值最高组向低逐组累计次数(即向下累计)均可。最后，根据中位数所在组的标志值确定中位数。由于所掌握的资料有单项数列和组距数列之别，确定中位数的方法也有所不同。

(1) 由单项数列确定中位数。

【例 4-27】 某车间 120 名工人日加工零件如表 4-16 所示，确定其中位数。

表 4-16　例 4-27 中的工人日加工零件资料

按日加工零件分组/件	人数/人次	次数累计	
		向上累计	向下累计
12	20	20	120
13	30	50	100
14	25	75	70
15	15	90	45
16	20	110	30
17	10	120	10
合　计	120	—	—

$$中位数位置=\frac{\sum f}{2}=\frac{120}{2}=60(人)$$

即中位数应在 60 人的位置上，它所对应的标志值就是中位数，通过向上或向下累计次数可知，中位数均在第三组，该组的标志值 14 为中位数。

(2) 由组距数列确定中位数。

【例 4-28】 以某班学生统计学考试成绩资料为例(见表 4-17)，来说明由组距数列确定中位数的方法。

表 4-17　例 4-28 中的学生统计学考试成绩资料

按成绩分组/分	学生人数		次数累计/人	
	绝对数/人	比重/%	向上累计	向下累计
60 以下	2	5.0	2	40
60～70	6	15.0	8	38
70～80	10	25.0	18	32
80～90	19	47.5	37	22
90 以上	3	7.5	40	3
合　计	40	100.0	—	—

$$中位数位置=\frac{\sum f}{2}=\frac{40}{2}=20(人)$$

即中位数在第 20 人的位置上，由向上或向下累计次数可知，中位数均在第四组(80～90 分)内。由组距数列计算中位数，是以次数组内均匀分布为假定条件的，由此出发，可采用中位数所在组次数与其以上各组或以下各组累计次数之间的关系确定一个比例，计算中位数的插入值以求得中位数的近似值。其过程如下。

第四组共 19 人，从第三组到中位数相差 2 人[20− (10+6+2)]，则 2 人在 19 人中所占的比例为 2/19，用这个比例折算的组距单位为 1.05 分($10\times\frac{2}{19}$)，因而中位数的具体数值为 80+1.05=81.05 分。或用中位数所对应的次数与中位数所在组以上各组累计次数之差 17(20−3)占中位数所在组次数的比例$\frac{17}{19}$，折算的组距单位 8.95($10\times\frac{17}{19}$)，确定的中位数仍为 81.05 分(90−8.95)。

以上计算过程用公式表示如下。

下限公式：$M_e=L+\dfrac{\dfrac{\sum f}{2}+S_{m-1}}{f_m}\times d$

式中，M_e表示中位数；L 表示中位数所在组的下限；$\sum f$ 表示总次数；S_{m-1} 表示中位数所在组以下各组的累计次数；d 表示中位数所在组的组距；f_m 表示中位数所在组的次数。

将上例资料直接代入公式，即为

$$M_e=80+\frac{\frac{40}{2}-(10+6+2)}{19}\times 10=81.05(分)$$

或

$$M_e=80+\frac{\frac{100}{2}-(25+15+5)}{47.5}\times 10=81.05(\text{分})$$

上限公式：$M_e=U-\frac{\frac{\sum f}{2}-S_{m+1}}{f_m}\times d$

式中，U 代表中位数所在组的上限；S_{m+1} 代表中位数所在组以上各组的累计次数；其余符号不变。

将上例资料直接代入公式，即为

$$M_e=90-\frac{\frac{40}{2}-3}{19}\times 10=81.05(\text{分})\text{，或 } M_e=90-\frac{\frac{100}{2}-7.5}{47.5}\times 10=81.05(\text{分})$$

【专栏 4-1】 中位数的特点

(1) 中位数是一种位置平均数。

(2) 有些离散型整数变量的单项式数列，当分布偏态时，可能找不到合适的标志值使其上下两边的频数相等。

以上 5 种平均数都是反映总体一般水平的统计指标。各种平均数都有自己的含义、特点，并适用于研究社会经济现象的不同问题，但从数量关系上来说彼此之间存在着数量上的相互联系。根据同一资料计算的算术平均数、几何平均数和调和平均数的关系为：$\overline{X}_A \geqslant \overline{X}_G \geqslant \overline{X}_H$①，说明算术平均数、中位数和众数的关系与标志值的分布有关。在次数分布完全对称的情况下，$\overline{X}_A=M_e=M_0$。在非对称的情况下，当数列中多数标志值右偏时，$\overline{X}_A>M_e>M_0$；当数列中多数标志值左偏时，$\overline{X}_A<M_e<M_0$。在偏斜适度的情况下，三种平均数的近似数量关系为：算术平均数与众数的距离，等于算术平均数与中位数距离的三倍。用公式表示为

$$M_0=\overline{X}_A-3(\overline{X}_A-M_e)$$

【例 4-29】 已知工人制造零件所需时间的中位数为 3.686，众数为 3.5，且分布偏斜适度，试计算算术平均数为多少，并判断其分布形态。

解 $\bar{x}=\frac{3M_e-M_0}{2}=\frac{3\times 3.686-3.5}{2}=3.779$，由于 $\overline{X}_A>M_e>M_0$，分布呈右偏态，说明

---

① 证明：

因为 $(\sqrt{x_1}-\sqrt{x_2})^2=x_1+x_2-2\sqrt{x_1x_2}\geqslant 0$，因此 $\frac{x_1+x_2}{2}\geqslant\sqrt{x_1x_2}\Rightarrow\bar{X}_A\geqslant\bar{X}_G$

因为 $\frac{x_1+x_2}{2}\geqslant\sqrt{x_1x_2}=\frac{x_1\cdot x_2}{\sqrt{x_1x_2}}\Rightarrow\sqrt{x_1\cdot x_2}\geqslant\frac{2x_1\cdot x_2}{x_1+x_2}=\frac{2}{1/x_1+1/x_2}\Rightarrow\bar{X}_G\geqslant\bar{X}_H$

所以 $\bar{X}_A\geqslant\bar{X}_G\geqslant\bar{X}_H$

工人制造零件所需的平均时间偏向右侧，多数工人制造零件所需时间少于算术平均数。

【专栏 4-2】 四分位数

中位数是将全部变量值分为两个相等部分，它也称二分位数。同样，可以通过三个数值，将全部变量值分割成为四个相等部分，这三个分割的数值就是四分位数，分别以 Q_1、Q_2、Q_3 代表第 1 个、第 2 个、第 3 个四分位数，第 2 个四分位数即中位数。由未分组或单项数列求四分位数，首先要求出它们所在的位置点，然后根据位置点确定四分位数。

由未分组确定四分位数的公式：

Q_1 所在位置点 $=\dfrac{n+1}{4}$；Q_2 所在位置点 $=\dfrac{2(n+1)}{4}=\dfrac{n+1}{2}$；$Q_3$ 所在位置点 $=\dfrac{3(n+1)}{4}$

由单项数列确定四分位数的公式：

Q_1 所在位置点 $=\dfrac{\sum f}{4}$；Q_2 所在位置点 $=\dfrac{2\sum f}{4}$；Q_3 所在位置点 $=\dfrac{3\sum f}{4}$

以表 4-16 所示单项数列为例，采用向上累计确定位次：

Q_1 位次=120/4=30，得 Q_1=13；Q_2 位次=120/2=60，Q_2=14；Q_3 位次=3×120/4=90，Q_3=15

说明该车间 1/4 工人日加工零件在 13 件以下，1/4 工人日加工零件在 13～14 件之间，1/4 工人日加工零件在 14～15 件之间，1/4 工人日加工零件在 15 件以上。

若由组距数列求四分位数，Q_2 的计算方法即为中位数的计算方法；至于第 1、3 分位数则可分别采用以下公式进行计算：

$$Q_1=L_1+\frac{\frac{\sum f}{4}-F_{m_1-1}}{f_1}\times d；\quad Q_3=L_3+\frac{\frac{3\sum f}{4}-F_{m_3-1}}{f_3}\times d$$

式中，L_1、L_3 分别代表第 1 和第 3 个四分位数所在组下限；$\sum f$ 代表总次数；F_{m_1-1}、F_{m_3-1} 分别代表第 1、3 四分位数所在组的以下各组的累计次数；f_1、f_3 分别代表第 1、3 四分位数所在组内的频数；d 为组距。

以表 4-17 所示组距数列为例，采用向上累计确定位次：

$$Q_1=70+\frac{\frac{40}{4}-8}{19}\times 10=72；\quad Q_3=80+\frac{\frac{3\times 40}{4}-18}{19}\times 10=86$$

【专栏 4-3】 偏度和峰度

偏度和峰度用来描述数据分布的形状是否对称、偏斜的程度以及分布的扁平程度等。

(1) 偏度及其测定

偏度是对分布偏斜方向及程度的测定。偏态的相对数是偏态的绝对数与其标准差之比，称为偏态系数，用 SK 表示。它排除了不同变量数列标准差各异的影响，便于偏态的对比。

其公式为

$$SK=\frac{\overline{X}-M_0}{\sigma}$$

偏态系数取值范围是−3～+3，通常又在−1～+1之间。正系数表示正偏或称右偏，即在曲线右端留有较长的尾巴；负系数表示负偏或称左偏，即在曲线左端留有较长的尾巴。

(2) 峰度及其测定

峰度是分布集中趋势高峰的形状，在化到同一方差时，若分布的形状比正态分布更瘦更高，则称为尖峰分布；若比正态分布更矮更胖，则称为平峰分布。

峰度系数：$\alpha_4=\frac{\sum(X_i-\overline{X})^4 f_i}{(\sum f_i)\sigma^4}$

由于正态分布的峰度系数为3，当$\alpha_4>3$时为尖峰分布，当$\alpha_4<3$时为扁平分布。

三、应用平均指标的基本原则

1. 平均指标必须用于同质总体

因为现象的各个单位只有具有相同的性质才能合成一个总体，也只有在同一总体中才能计算或应用平均指标。

2. 用组平均数补充说明总平均数

总平均数反映现象的总体特征，往往掩盖现象内部的差异，而分组基础上的组平均数则可进一步揭示现象内部的差异。如，甲、乙两个纺织公司的生产情况见表4-18。

表4-18 企业生产情况

分 类	甲公司				乙公司			
	工人数/人	比重/%	产量/吨	平均产量/吨	工人数/人	比重/%	产量/吨	平均产量/吨
老职工	2940	70	5880	2.00	1380	30	3036	2.20
新职工	1260	30	1512	1.2	3220	70	4508	1.40
合 计	4200	100	7392	1.76	4600	100	7544	1.64

从表中总平均数来看，总平均产量甲公司高于乙公司，但从组平均数来看，各组平均产量乙公司高于甲公司。出现总平均数与组平均数不一致的现象，原因是由于新、老职工的生产水平不同，老职工生产水平高于新职工，而甲公司老职工所占比重高于乙公司，使甲公司总平均产量高于乙公司。但从实际生产水平来看，不论新、老职工其平均产量乙公司均高于甲公司，说明乙公司的生产水平比甲公司高。总平均数不仅把两类职工的不同生产水平加以平均，而且，还把这两类职工在人数分布上的差别也掩盖了，所以要用组平均

数补充说明总平均数。

3. 用分布数列补充说明平均指标

因为平均指标掩盖了总体各单位标志值间的差异，也掩盖了总体内部各单位的分布情况，所以只有用分布数列补充说明总平均数，才能更深入地揭示现象的本质。如例 4-17，商店总平均计划完成程度为 110%，这说明商店的商品销售计划完成得比较好，超计划 10%完成任务，如果结合分布数列观察，有 3 个商店没有完成计划，有 12 个商店超额 5%以上完成了计划。这样的分析便于研究后进商店的问题，总结推广先进商店的经验。

4. 平均分析与具体分析相结合

只有这样才能全面认识现象，得出正确的结论。

第四节　标志变异指标

一、标志变异指标的概念和作用

1. 标志变异指标的概念

平均指标反映了同质总体的一般水平，但与此同时，它却将总体中各单位客观存在的差异抽象化了，因此，为了反映现象的全貌，还有必要测定各单位标志值的变异程度。标志变异指标是反映总体各单位标志值变动程度或变异程度的综合指标，标志变异指标又称标志变动度，是测定标志变动的程度，用以反映现象内部数量变化情况的指标。

2. 标志变异指标的作用

(1) 是衡量平均指标代表性的尺度。如，有两个小组的统计学考试成绩，第一组的 5 个人的成绩分别为 60、70、75、80、90 分；第二组的 5 个人的成绩分别为 20、80、75、100、100。两个小组的平均成绩都是 75 分，但两组变量值的差异程度却明显不同。第一组的最高分和最低分相差 30 分，第二组却相差 80 分，可见第一组的平均成绩 75 分代表性较高，而第二组的平均成绩 75 分代表性较低。

(2) 可以用来研究现象的稳定性和均衡性。例如，检查生产计划执行情况时，除了计算平均完成计划程度外，还要用变异指标分析计划执行过程中的均衡性和节奏性，检查是否存在前松后紧和突击现象。

(3) 可以揭示总体变量分布的离中趋势。平均指标揭示了总体变量分布的集中趋势，成为研究总体分布的重要特征值，而标志变异指标则从另一侧面揭示了以平均数为中心，各标志值偏离中心的程度。一般来说，标志变异指标值越大，说明总体各标志值平均来说离中心点越远，亦即偏离平均数的程度越大，反之则相反。

【例 4-30】判断题

变异指标和平均指标从不同侧面反映了总体的特征，因而变异指标的数值越大则平均指标的代表性越高，反之平均指标的代表性越低。(　　)

参考答案：×

分析：变异指标是通过各标志值与算术平均数的离差之和除以项数得到的，很明显在项数一定的情况下，离差之和越小，所得比值越小。比值越小说明总体各单位标志值对平均数的离散程度越小，分布越集中，同时说明平均数的代表性越高。因此，此题是错误的。

二、标志变异指标的种类及其计算

测定标志变动度的主要指标有以下几种。

1. 全距

1)　全距的意义

全距是总体各单位标志的最大值和最小值之差。若将研究总体中各个单位按某一数量标志值的大小顺序排列起来，则最大值与最小值分别处于数列的两极，所以全距也称极差，说明标志值的变动范围和幅度，通常用 R 表示。其计算公式为：全距=最大标志值−最小标志值，即

$$R=\max(x)-\min(x)$$

式中，R 代表全距；$\max(x)$表示最大变量值；$\min(x)$表示最小变量值。

【例 4-31】 某车间甲乙两个生产小组工人的日产量资料分别如下。甲：20、22、23、25、25、26、26、26、28、29；乙：11、15、18、22、25、29、30、31、34、35。分别求甲组、乙组的全距。

解　甲组的全距为 29−20=9(件)；乙组的全距为 35−11=24(件)

由计算可知：这两组工人的平均日产量都是 25 件，但两组工人的日产量高低差异不同，乙组工人日产量的差异较大，这说明甲组平均日产量代表性较高。

全距计算方便、意义明确，但易受极端值的影响，说明的是两个极端值之间的差异。

2)　全距的特点

全距的优点在于计算简便，容易理解，它是粗略地测定标志变动度的简单方法。全距越大，平均数代表性越低；全距越小，平均数代表性越高。若只要求观察、控制标志值变动范围，则全距是比较适用的指标，如全距常用于工业产品质量的检查和控制。在正常生产条件下，产品质量性能指标(如强度、硬度、浓度、长度等)的差距总是在一定范围内波动，如有不正常情况时，差距就会超出一定范围。这样，利用全距有助于及时发现问题，以便采取措施，保证产品质量。在编制组距数列时，全距还是确定组数、组距的重要依据，但全距易受极端值影响，带有较大的偶然性，它对于在两个极端值间标志值的分布情况，或标志值在中心点周围的集中情况，都没有提供任何说明，测定结果往往不能充分反映现

象实际离散程度，因而在应用方面有一定局限性。

2. 平均差

1) 平均差的意义

平均差是总体中各单位标志值与平均数离差的绝对值的算术平均数，通常用A.D.表示。平均差是反映总体各单位标志值对其平均数的平均离差量。平均差越大，表明标志变异程度越大；反之则表明标志变异程度越小。

平均差将总体中所有单位标志值的差异情况包括进来，弥补了用全距测定标志变动度时易受极端数值影响的缺点，比较全面、客观地反映了标志值的离散程度。但由于它采用绝对值的离差形式加以数学假定，在运用上有较大的局限性。

2) 平均差的计算

计算平均离差，一般可分为三个步骤：首先求各标志值与算术平均数的离差，即$x-\bar{x}$；其次求离差的绝对值，即$|x-\bar{x}|$；最后将离差绝对值的总和($\sum|x-\bar{x}|$或$\sum|x-\bar{x}|f$)除以项数(n)或总次数($\sum f$)，即为平均差。

由于掌握的资料不同，平均差的计算分为简单平均差与加权平均差两种。

(1) 简单平均差。用未分组资料计算的平均差叫简单平均差，其计算公式为

$$\text{A.D.}=\left(\sum|x-\bar{x}|\right)/n$$

式中，A.D.代表平均差，x代表标志值；$\bar{x}$代表算术平均数；n代表总体单位数。

【例4-32】 根据表4-19中甲、乙培训班学员年龄的资料，计算简单平均差。

表4-19　简单平均差计算表

甲班			乙班		
年龄/岁 (x)	离差 ($x-\bar{x}$)	离差绝对值 ($\lvert x-\bar{x}\rvert$)	年龄/岁 (x)	离差 ($x-\bar{x}$)	离差绝对值 ($\lvert x-\bar{x}\rvert$)
19	−19	19	30	−8	8
23	−15	15	37	−1	1
29	−9	9	38	0	0
35	−3	3	38	0	0
36	−2	2	38	0	0
37	−1	1	39	1	1
44	6	6	39	1	1
48	10	10	40	2	2
49	11	11	40	2	2
60	22	22	41	3	3
合计 380	0	98	合计 380	0	18

解　已知，$n=10$

甲班学员年龄平均$(\bar{x})=\dfrac{\sum x}{n}=\dfrac{380}{10}=38$(岁)

乙班学员年龄平均$(\bar{x})=\dfrac{\sum x}{n}=\dfrac{380}{10}=38$(岁)

甲班学员年龄平均差：

$$\text{A.D.}=\frac{\sum|x-\bar{x}|}{n}=\frac{98}{10}=9.8\text{(岁)}$$

乙班学员年龄平均差：

$$\text{A.D.}=\frac{\sum|x-\bar{x}|}{n}=\frac{18}{10}=1.8\text{(岁)}$$

可见，甲班学员年龄的平均差是9.8岁，乙班学员年龄的平均差是1.8岁，甲班学员年龄的平均差明显大于乙班学员年龄平均差，说明乙班学员平均年龄的代表性要大于甲班学员平均年龄的代表性。

简单平均差能综合反映总体各单位标志值的差异程度，平均差越大，平均数代表性越小；平均差越小，平均数代表性越大。

(2)　加权平均差。用分组资料计算的平均差叫加权平均差，其计算公式为

$$\text{A.D.}=\frac{\sum|x-\bar{x}|\cdot f}{\sum f}$$

式中，f代表各组的次数。

已分组资料有单项数列和组距数列两种，单项数列资料直接利用加权公式计算平均差，组距数列资料先计算出各组的组中值作为各组标志值的代表值，再利用加权公式计算平均差。

【例4-33】　以某企业某车间工人日产量资料为例，见表4-20，试计算加权平均差。

表4-20　加权平均差计算表

按日产量分组/件	组中值	工人数	xf	$x-\bar{x}$	$\|x-\bar{x}\|$	$\|x-\bar{x}\|f$
	x	f				
30以下	25	5	125	−17	17	85
30～40	35	35	1225	−7	7	245
40～50	45	45	2025	3	3	135
50～60	55	15	825	13	13	195
合　计	—	100	4200	—	—	660

解　由表 4-20 求得

$$\bar{x}=\frac{\sum xf}{\sum f}=\frac{4200}{100}=42\,(件)$$

$$\text{A. D.}=\frac{\sum |x-\bar{x}|f}{\sum f}=\frac{660}{100}=6.6\,(件)$$

3)　平均差系数

平均差是标志值与平均数绝对离差的平均指标，可以反映研究总体的离散程度，但由于它是平均指标，有不同的计量单位，代表着不同的实物量，其数值的大小，还要受总体单位标志值本身水平高低的影响。不同的研究总体，若性质不同，计量单位不同，或性质、计量单位相同，而其算术平均数不同，它们的离散趋势平均数都是不可比的。因此，还应计算平均差与相应的平均数的相对数，这种离散趋势相对数指标称平均差系数，一般用 $V_{\text{A.D.}}$ 表示。其计算公式为

$$V_{\text{A.D.}}=\frac{\text{A.D.}}{\bar{x}}\times 100\%$$

平均差系数消除了不同总体在计量单位、平均水平上的不可比因素，补充了平均差的不足，可广泛应用于对比分析。平均差系数越小，平均数的代表性就越高，平均差系数越大，则平均数的代表性就越低。例如，某年级一班统计学考试平均成绩为 78.75 分，平均差 8.375 分，则平均差系数为

$$V_{\text{A.D.}}=\frac{\text{A.D.}}{\bar{x}}\times 100\%=\frac{8.375}{78.75}\times 100\%=10.63\%$$

若二班统计学考试平均成绩为 71 分，平均差为 7.9 分，其平均差系数为 11.13%，这样虽然一班成绩的平均差大于二班，但一班成绩的平均差系数却小于二班，说明一班平均成绩的代表性高于二班。

3. 标准差

1)　标准差的意义与计算

标准差是测定标志变异程度的主要指标，它是总体各单位标志值与平均数离差平方和的算术平均数的平方根，反映了各标志值对平均指标的平均标准离差。标准差被称为标志变异指标的准绳，理由是它更符合数学的运算要求和人为有意识地加大离差面突出标志变动程度。

计算标准差，一般可分为四个步骤：先求出各单位标志值对算术平均数的离差；其次把各个离差加以平方；再计算离差平方和的算术平均数；最后把离差平方和的算术平均数开方，即为标准差。由于掌握的资料不同，标准差的计算方法也分为两种。

(1)　简单标准差。在资料未分组的情况下，由于各标志值出现的次数相同，计算标准差需采用简单平均方法，其计算公式为

$$\sigma=\sqrt{\frac{\sum(x-\bar{x})^2}{n}}$$

式中，σ代表标准差；$\sum(x-\bar{x})^2$ 代表离差平方和；n 代表总体单位数。

标准差越大，说明标志变异程度越大，则平均数的代表性越低；标准差越小，说明标志变异程度越小，则平均数的代表性越高。

(2) 加权标准差。在资料分组的情况下，由于各组标志值出现的次数不同，计算标准差需采用加权平均的方法。其计算公式为

$$\sigma=\sqrt{\frac{\sum(x-\bar{x})^2\cdot f}{\sum f}}$$

式中，f为各组次数，$\sum f$ 为总次数。

如果资料是按单项式进行分组，即用单项数列资料计算标准差，直接用加权公式计算。

【例 4-34】 根据某车间 200 名工人按日产量分组资料(见表 4-21)，试计算标准差。

表 4-21　标准差计算表

日产量	工人数	组中值	离差	离差平方	离差平方×次数
	f	x	$x-\bar{x}$	$(x-\bar{x})^2$	$(x-\bar{x})^2xf$
20～30	10	25	−17	289	2890
30～40	70	35	−7	49	3430
40～50	90	45	3	9	810
50～60	30	55	13	169	5070
合计	200	—	—	—	12 200

解　标准差$\sigma=\sqrt{\frac{12\,200}{200}}=7.81$

2)　标准差系数

标准差和平均差一样，是反映标志变动度的绝对指标。它的数值大小，不但与离散程度有关，而且随标志值本身大小而异。在对平均水平不同的两个变量数列进行比较时，不能用标准差的大小说明平均数的代表性高低，而对计量单位不同的变量数列，更无法用标准差的大小直接对比平均数的代表性高低。需要将标准差与相应的平均数对比，计算标准差系数，才能进行比较，其计算公式为

$$V_\sigma=\frac{\sigma}{\bar{x}}\times100\%$$

式中，V_σ代表标准差系数(或称离散系数)。

【例 4-35】 甲、乙两个农场粮食平均亩产分别为 300 千克和 400 千克；标准差分别

为 7.5 千克和 9 千克。问：哪个农场的平均亩产的代表性较大？

解　甲农场的标准差系数 $V_\sigma=\frac{\sigma}{\bar{x}}\times100\%=7.5/300\times100\%=2.5\%$，乙农场的标准差系数 $V_\sigma=\frac{\sigma}{\bar{x}}\times100\%=9/400\times100\%=2.25\%$，乙农场的标准差系数较小，说明乙农场的平均亩产更具有代表性。

【例 4-36】 某车间某小组有 6 个工人，分别带了 1 个徒工，其日产量(件)数列如下。

甲组(6 个工人组)：　62　65　70　73　80　82

乙组(6 个徒工组)：　8　13　17　19　22　24

请问根据以上资料求出哪一组日产量平均值更有代表性？

解　甲组平均数为：$\bar{x}=\frac{\sum x}{n}=\frac{432}{6}=72$(件)

乙组平均数为：$\bar{x}=\frac{\sum x}{n}=\frac{103}{6}=17.17$(件)

甲组标准差为：$\sigma=\sqrt{\frac{\sum\left(x-\bar{x}\right)^2}{n}}=7.97$(件)

乙组标准差为：$\sigma=\sqrt{\frac{\sum\left(x-\bar{x}\right)^2}{n}}=5.91$(件)

$$V_{\sigma甲}=\frac{\sigma_甲}{\bar{x}_甲}\times100\%=\frac{7.97}{72}\times100\%=11.07\%$$

$$V_{\sigma乙}=\frac{\sigma_乙}{\bar{x}_乙}\times100\%=\frac{5.91}{17.17}\times100\%=30.23\%$$

因为甲组日产量标准差系数小于乙组，甲组日产量平均数比乙组稳定，代表性高。

【例 4-37】 两种不同水稻品种，分别在 5 个田块上试种，其产量如表 4-22 所示。

表 4-22　例 4-37 中的水稻试种资料

甲品种		乙品种	
田块面积/亩	产量/千克	田块面积/亩	产量/千克
1.2	600	1.5	840
1.1	495	1.4	770
1.0	445	1.2	540
0.9	540	1.0	520
0.8	420	0.9	450

要求：

① 分别计算两品种的单位面积产量。

② 计算两品种亩产量的标准差和标准差系数。

③ 假定生产条件相同，确定哪一品种具有较大稳定性，宜于推广。

解 ① 首先编制表4-23，则 $\overline{x}_{甲}=\frac{\sum xf}{\sum f}=\frac{2500}{5}=500$(千克)；$\overline{x}_{乙}=\frac{3120}{6}=520$ 千克

表4-23　水稻产量的标准差计算表

甲品种					乙品种				
x	f	xf	$x-\overline{x}$	$(x-\overline{x})^2 f$	x	f	xf	$x-\overline{x}$	$(x-\overline{x})^2 f$
500	1.2	600	0	0	560	1.5	840	40	2400
450	1.1	495	−50	2750	550	1.4	770	30	1260
445	1.0	445	−55	3025	520	1.0	520	0	0
600	0.9	540	100	9000	450	1.2	540	−70	5880
525	0.8	420	25	500	500	0.9	450	−20	360
合计	5.0	2500	0	15275	合计	6.0	3120	0	9900

注：$x=\frac{产量}{面积}=\frac{xf}{f}$

② $\sigma_{甲}=\sqrt{\frac{\sum(x-\overline{x})^2 f}{\sum f}}=\sqrt{\frac{15\,275}{5}}=55.3$(千克)；$V_{甲}=\frac{\sigma_{甲}}{\overline{x}_{甲}}=\frac{55.3}{500}\times100\%=11.06\%$

$\sigma_{乙}=\sqrt{\frac{9900}{6}}=40.6$(千克)；$V_{乙}=\frac{40.6}{520}\times100\%=7.8\%$

③ 因 $V_{乙}<V_{甲}$，故乙品种具有较大稳定性，宜于推广。

【例4-38】 某车间有甲、乙两个生产组，甲组平均每个工人的日产量为36件，标准差为9.6件；乙组工人日产量资料如表4-24所示。

表4-24　例4-38中的乙组工人日产量资料

日产量/件	工人数/人
15	15
25	38
35	34
45	13

要求：①计算乙组平均每个工人的日产量和标准差。

② 比较甲、乙两生产小组哪个组的日产量更有代表性。

解 $\bar{x}=\dfrac{\sum xf}{\sum f}=\dfrac{15\times15+25\times18+35\times34+45\times13}{100}=29.50$ (件)

$$\sigma=\sqrt{\frac{\sum(x-\bar{x})^2 f}{\sum f}}=8.986\text{ (件)}$$

$$V_{甲}=\frac{\sigma}{\bar{x}}=\frac{9.6}{36}=0.267$$

$$V_{乙}=\frac{\sigma}{\bar{x}}=\frac{8.986}{29.5}=0.305$$

因为 0.305>0.267，故甲组工人的平均日产量更有代表性。

3) 是非标志标准差的意义与计算

现在按是否具有某种属性，可将全部总体单位分为两组。例如，全部产品可按是否合格分为合格品组和不合格品组；全班学生按统计学考试成绩是否及格，可分为及格组和不及格组；全部人口可按性别区分为男、女两组；将全部耕地面积划分为稳产高产田和非稳产高产田两组；将学生划分为文科和非文科两组等。这种用“是”、“否”或“有”、“无”来表示的标志称为是非标志或交替标志。

是非标志是品质标志，为了解决是非标志的平均数和标准差的度量问题，有必要将品质标志数量化。一般的，用 1 表示数列中具有某种性质的单位标志值，即单位的标志为“是”的标志值；以 0 表示数列中不具有某种性质的单位的标志值，即单位的标志为“非”的标志值，这样就把“是”与“非”这类品质标志量化为“1”和“0”的标志值。数列中的全部总体单位数是确定的，可以用 N 表示全部总体单位数，用 N_1 表示具有某种性质标志表现的单位数，用 N_0 表示不具有某种性质标志表现的单位数，则 $N=N_1+N_0$，$N_0=N-N_1$。这两部分单位数(N_1 和 N_0)分别占全部总体单位数(N)的比重叫成数，可分别用 p 和 q 表示。即

标志值为 1 的单位数占全部单位数的比重(成数) $p=\dfrac{N_1}{N}$

标志值为 0 的单位数占全部单位数的比重(成数) $q=\dfrac{N_0}{N}$

显然，$p+q=\dfrac{N_1}{N}+\dfrac{N_0}{N}=1$，所以，$q=1-p$。

成数反映数列中单位数“是”与“非”的构成，并且代表该种性质或属性反复出现的程度，即频率。

根据以上条件，可得到是非标志的分布数列如表 4-25 所示。

是非标志的平均数($\bar{x}$)$=\dfrac{\sum xf}{\sum f}=\sum x\dfrac{f}{\sum f}=1\times p+0\times q=p$

即是非标志的平均数为总体中标志值为 1 的单位数的成数。

表 4-25　是非标志的分布数列

品质标志	标志值 *x*	频率($f/\sum f$)
是	1	p
非	0	q
合　计	—	1

是非标志的标准差(σ)

$$\sigma=\sqrt{\frac{\sum(x-\bar{x}_A)^2 f}{\sum f}}=\sqrt{\frac{(1-p)^2\times N_1+(0-p)^2\times N_0}{N_1+N_0}}$$

$$=\sqrt{(1-p)^2\times\frac{N_1}{N}+p^2\times\frac{N_0}{N}}=\sqrt{(1-p)^2\times p+p^2\times q}=\sqrt{(1-p)^2\times p+p^2\times(1-p)}$$

$$=\sqrt{p(1-p)(1-p+p)}=\sqrt{p(1-p)}$$

即是非标志的标准差是总体中标志值为 1 的单位数的成数和标志值为 0 的单位数的成数的乘积之平方根。

【例 4-39】 一批灯泡共 1000 只，其中合格品 980 只，不合格品 20 只，求这批灯泡的标准差。

解　编制是非标志及其分布如表 4-26 所示。

表 4-26　例 4-39 中的是非标志及其分布

是非标志	标志值 *x*	灯 泡 数	
		绝对数 *f*	频率($f/\sum f$)
合格品	1	980	0.98
不合格品	0	20	0.02
合　计	—	1000	1

$$\bar{x}=1\times p+0\times q=p=0.98;\quad \sigma=\sqrt{p(1-p)}=\sqrt{0.98\times0.02}=0.14$$

计算结果表明，该批灯泡的合格率为 98%，其标准差为 0.14。

【专栏 4-4】 总方差和组方差

方差(σ^2)是分布数列中各单位标志值与其平均数之间离差的平方和的算术平均数，其计量单位与算术平均数相同。它反映数列中各单位标志值的平均差异程度。由于同一资料按总体各单位标志值计算的方差和按组距数列计算的方差，其结果不同，因而，有必要计算总方差和组方差。

(1)　总方差。总方差是总体各单位标志值与其总平均数离差平方和的算术平均数，它

反映总体各单位标志值的差异程度。其计算公式为:

$$\sigma^2=\frac{\sum(x-\overline{x}_{\mathrm{A}})^2}{n}$$

式中，σ^2代表总方差；$\overline{x}_{\mathrm{A}}$代表总平均数。

(2) 组方差。将例4-28中8名学生的统计学考试成绩分组，编制成组距数列，则总方差包括组间方差和组内方差。

① 组间方差。组间方差是各组平均数与其总平均数离差平方和的算术平均数，它反映组与组之间的差异程度。其计算公式为

$$\sigma^2=\frac{\sum(\overline{x}_i-\overline{x}_{\mathrm{A}})^2 f}{\sum f}$$

式中，σ^2代表组间方差；$\overline{x}_i$代表第i组的平均数；f代表各组的次数；$\overline{x}_{\mathrm{A}}$代表总平均数。

② 组内方差。组内方差是各组中各单位标志值与组平均数离差平方和的算术平均数，它反映各组内标志值的差异程度。其计算公式为

$$\sigma_i^2=\frac{\sum(x_i-\overline{x}_i)^2}{n_i}$$

式中，σ_i^2代表第i组的组内方差；x_i代表第i组的标志值；$\overline{x}_i$代表第i组的平均数；n_i代表第i组的单位数。

本章小结

静态分析指标是指同一时间内同类现象的汇总和推算、相关现象之间的分析对比而形成的一系列指标。主要包括总量指标、相对指标、平均指标和标志变异指标。

总量指标是反映在一定时间、空间条件下社会经济现象的总体规模或水平的统计指标，其表现形式是有一定计量单位的绝对数。它是对社会经济现象总体认识的起点，是国民经济宏观管理和企业经济核算的基础性指标，是计算相对指标和平均指标的基础。总量指标准确与否，直接影响统计分析的准确性，总量指标按反映的内容、时间状态、计量单位的不同分为多种类型。

时期指标是反映现象在一段时期内(旬、月、季、年)活动过程总结果的总量指标，其大小与时间的长短有直接关系，各时期数值可以相加，资料搜集通过经常性调查取得。时点指标是反映现象在某一特定时刻(瞬间)状况的总量指标，其大小与现象过程长短无直接关系，各指标数值直接相加无意义，资料搜集通过一次性调查取得。

相对指标是两个相互联系的有关指标对比计算的一种比值(或比率)，它反映现象总体的结构、比例、程度、发展速度等的对比关系。相对指标的一般表现形式为无名数，有时也表现为有名数。

计划完成相对数可用于计划完成程度的计算和计划执行进度的检查，也可用于年度计划和长期计划的检查。结构相对数以统计分组为基础，各部分相加之和为 1(或 100%)。比例相对数用于同一总体各部分之间的比较，可以与结构相对数配合使用，比较相对数用于同类现象不同空间的比较。前四种相对数均为同类现象中不同指标数值的对比，强度相对数则不同，它是两个有联系的不同类现象之间的对比。这些相对指标的应用原则是，始终注意相对指标的可比性，相对指标和总量指标结合运用。

平均指标是总体各单位某一数量标志在一定时间、地点条件下所达到的一般水平，它可以消除总体数量差异使其具有可比性，反映现象总体的发展变化趋势，是统计推断的基础。平均指标按计算方法不同，可分为算术平均数、调和平均数、众数和中位数等几种，前两种为数值平均数，后两种为位置平均数。

算术平均数有简单算术平均数和加权算术平均数之分，后者中的权数为变量数列中各组的次数。调和平均数有简单调和平均数和加权调和平均数之分，其权数为变量数列中各组的标志总量，通常把加权调和平均数看作是加权算术平均数的变形。众数是总体中出现次数最多的变量值，中位数是在顺序排列的变量数列中，居于中间位置的变量值。各种平均指标的应用原则是，在同质总体中计算和应用平均数；用组平均数补充说明总平均数；用分布数列补充说明总平均数；将平均分析与具体分析相结合。

标志变异指标是反映总体各单位标志值变动程度或变异程度的综合指标。标志变异指标又称标志变动度，是测定标志变动程度，用以反映现象内部的数量变化情况的指标。它和平均指标相联系，是衡量平均指标代表性的尺度，可用于研究现象的稳定性和均衡性，也可以揭示总体变量分布的离中趋势。变异指标一般有极差、平均差、标准差和离散系数等几种，其中前三种有与平均指标相同的计量单位，后一种是以百分数表示的相对指标。标准差是总体各单位标志值与平均数离差平方和的算术平均数的平方根，它反映各标志值对平均指标的平均标准离差。

交替标志的标准差是用“是”、“非”或“有”、“无”表现的品质标志的标准差，其计算原理与一般的标准差相同，但计算形式有所区别。交替标志的平均数就是交替标志中具有某种属性的单位数在总体中所占的比重，其标准差就是具有某种属性的单位数在总体中所占比重和不具有这种属性的单位数在总体中所占比重乘积的平方根，它在抽样推断中有重要作用。

复习思考题

一、名词解释

总量指标　总体单位总量　总体标志总量　时期指标　时点指标　相对指标　结构相对指标　比例相对指标　强度相对指标　动态相对指标　平均指标　算术平均数　加权平

均数 权数 调和平均数 计划完成程度相对指标 几何平均数 标志变动度 标志变异指标 全距 平均差 标准差 标准差系数

二、填空题

1. 总量指标的表现形式是________，它是计算________和________的基础。

2. 总量指标按其反映总体的内容不同，可分为________和________，按反映的时间状况不同可分为________和________。

3. 相对指标就是应用________的方法，按照统计研究的目的，将两个相互联系的指标数值加以比较计算的一种________。

4. 两个数字对比，分子数值与分母数值相差不大时常用________表示；当分子数值比分母数值________时用千分数表示。

5. 某银行的存款余额计划较上年提高 10%，实际提高 12%，则存款余额计划完成程度为________。

6. 通常将用作比较基础的时期称为________，而把调查研究的时期称为________。

7. 计算和运用相对指标的首要原则是________原则。

8. 结构相对指标的基本特点是________。

9. 在各相对指标中，其子项和母项可以互换的是________，不可互换的是________、________。

10. 强度相对指标的数值大小，如果和现象的发展程度或密度成比例，称为________指标，反之则称为________指标。

11. 常用的平均指标有________、________、________、________和________，其中________和________又称位置平均数。

12. 常用的算术平均数有________和________。

13. 算术平均数的基本形式是________。

14. 变量值出现的次数多少对平均指标数值的大小具有________的作用，因此次数又称做________。

15. 根据组距式数列计算加权算术平均数，应先确定各组的________，再以代表各组的________进行计算。

16. 权数对算术平均数的影响作用，不取决于权数________的大小，而取决于权数在________比重的大小。

17. 调和平均数是各标志值________的算术平均数的________，故又称________平均数。

18. 标志变异指标主要有________、________、________、________。

19. 标准差被称为标志变异指标的准绳的理由是：(1)________；(2)________。

20. 标志变异指标越大，说明平均数代表性越________，反之，则平均数代表性越

________。

21. 比较两个不同水平变量数列的总体标志变异程度必须使用________。

22. 全距的计算公式是________，全距也称________。

23. 平均差是用________方法解决了各标志值与其算术平均数的________计算的，它________数学演算的要求。

24. 标准差是用________的方法解决了各离差之和等于零的问题。标准差也称________。

25. 设某生产小组中 6 名工人的工资分别是 600、700、800、900、900、1000 元，这个数列中________是众数，________是中位数。

三、判断题

1. 总量指标是最基本的综合指标，也是最基本的统计指标。（　　）
2. 用劳动单位表示的总量指标，称为劳动量指标，一般不宜直接相加。（　　）
3. 人均教育事业经费是一个平均指标。（　　）
4. 某公司的产品销售额今年与上年相比增加了 10 万元，这是总量指标。（　　）
5. 某城市的工业产值今年与上年相比增加了 10%，这是比例相对指标。（　　）
6. 要对问题的实质作出正确的判断，必须把相对指标与总量指标结合应用。（　　）
7. 职工人数、设备台数、人口出生数是时点指标，商品库存量、工资总额、产品产量是时期指标。（　　）
8. 本年计划规定可比产品单位成本降低 2%，实际降低了 4%，则超额完成计划 50%。（　　）
9. 平均指标反映了总体的集中趋势，而标志变异指标则反映了总体的离散趋势。（　　）
10. 算术平均数是计算平均指标的基本形式。（　　）
11. 几何平均数主要用于发展速度的平均。（　　）
12. 测定标志变动度，最主要的指标是平均差。（　　）
13. 如果甲组标志值的标准差系数小于乙组标志值的标准差系数，则说明甲组平均数的代表性比乙组大。（　　）
14. 全距是标志变异指标，也是总量指标。（　　）
15. 标准差系数也属于相对指标。（　　）
16. 总量指标按其反映的时间状况不同可分为时期指标和时点指标两类。（　　）
17. 将两种计量单位结合在一起以乘积表示某一事物数量的一种计量单位称双重单位。（　　）
18. 标准差系数的重要特点就是不受标志值平均水平高低的影响。（　　）

19. 对同一经济现象求其标准差和平均差，平均差总小于标准差。 ( )

20. 甲、乙两班统计课的平均成绩分别为80分和85分，两班学生成绩的标准差均为3分，则甲、乙两班的成绩分布情况是甲班比乙班均匀。 ( )

四、单项选择题

1. 工人的工资以“元”为计量单位，则这种计量单位是( )。
   A. 自然单位　B. 标准实物单位　C. 价值单位　D. 劳动单位

2. 时期指标和时点指标的共同点是( )。
   A. 都可以采取连续计数
   B. 都受时间长短影响
   C. 都可以通过经常性调查取得
   D. 都是反映现象规模或总水平的综合指标

3. 我国1993年高等学校在校学生人数为253.6万人，毕业生人数为57.1万人，则( )。
   A. 两者都是时点指标　B. 两者都是时期指标
   C. 前者是时期指标，后者是时点指标　D. 前者是时点指标，后者是时期指标

4. 某村去年年末生猪存栏头数为3万头，较年初多1000头，这两个总量指标( )。
   A. 都是时点指标　B. 都是时期指标
   C. 前者是时点指标，后者是时期指标　D. 前者是时期指标，后者是时点指标

5. 以10为对比基数计算出的相对数的表示方法为( )。
   A. 百分数　B. 成数　C. 倍数　D. 系数

6. 时期指标可用( )表示。
   A. 绝对数形式　B. 相对数形式　C. 平均数形式　D. 指数形式

7. 在相对指标中，计算结果必定小于100%的是( )。
   A. 比较相对指标　B. 比例相对指标
   C. 结构相对指标　D. 强度相对指标

8. 1993年我国国民收入总额中积累和消费之比为1.584：1，该指标是( )。
   A. 结构相对指标　B. 比例相对指标
   C. 比较相对指标　D. 强度相对指标

9. (甲)每万人中拥有15个公共饮食企业；(乙)1989年某地区总人口中职工占85.5%。其中的强度相对指标是( )。
   A. (甲)　B. (乙)　C. (甲)和(乙)　D. 都不是

10. 在下列几种相对指标中，必须在分组基础上方可计算的是( )。
    A. 强度相对指标　B. 比较相对指标
    C. 结构相对指标　D. 计划完成指标

11. 生产某种产品，产量计划比上期增长10%，实际完成产量比计划任务下降10%，则实际产量与上期相比(　　)。

A. 持平　B. 增长1%　C. 下降1%　D. 增长20%

12. 某企业计划产值比上期增长 6%，实际增长 8%，则本期产值计划完成百分比是(　　)。

A. 7.5%　B. 133.3%　C. 101.9%　D. 98.1%

13. 粮食产量和全国人口数对比是(　　)。

A. 平均指标　B. 比例相对指标

C. 比较相对指标　D. 强度相对指标

14. 平均指标反映了(　　)。

A. 总体各单位在不同数量标志上的一般水平

B. 总体单位不同标志值的一般水平

C. 总体各单位在某一数量标志上的一般水平

D. 总体某单位在某一标志上的一般水平

15. 计算平均指标的基本要求是：所要计算平均指标的总体单位必须是(　　)。

A. 大量的　B. 同质的　C. 差异的　D. 少量的

16. 加权算术平均数的大小(　　)。

A. 受各组标志值大小的影响，与各组次数无关

B. 受各组次数多少的影响，与各组标志值无关

C. 既受各组标志值的影响，又受各组次数影响

D. 既与各组标志值大小无关，也与各组次数无关

17. 属于平均指标的是(　　)。

A. 某县平均每亩粮食产量　B. 全员劳动生产率

C. 某县平均每人占有耕田　D. 某县平均每户小轿车数量

18. 计算平均指标最常用的方法和基本形式是(　　)。

A. 中位数　B. 算术平均数　C. 众数　D. 调和平均数

19. 已知某种蔬菜在三个集市上的销售额和销售量资料，计算该种蔬菜的平均售价，应采用(　　)。

A. 加权算术平均数公式　B. 简单算术平均数公式

C. 加权调和平均数公式　D. 简单调和平均数公式

20. 假如各个标志值的频数都减少一半，那么其平均数(　　)。

A. 增加　B. 减少　C. 不变　D. 为零

21. 最容易受极端变量值影响的平均指标是(　　)。

A. 众数　B. 几何平均数　C. 中位数　D. 算术平均数

22. 在平均指标中，被称为位置平均数的是(　　)。

A. 中位数和算术平均数　　B. 调和平均数和众数
C. 算术平均数和众数　　D. 中位数和众数

23. 标志变异指标反映了(　　)。
A. 总体各单位标志值的差异程度　　B. 总体各单位标志值的集中趋势
C. 总体分布的所有特征　　D. 总体各指标值的分散程度

24. 在衡量标志值变异程度的各种变异指标中，最重要也是最常用的是(　　)。
A. 全距　　B. 标准差　　C. 平均差　　D. 标准差系数

25. 在各标志变异指标中，最易受极端变量值影响的是(　　)。
A. 平均差　　B. 全距　　C. 标准差　　D. 标准差系数

五、多项选择题

1. 下列指标中属于总量指标的有(　　)。
A. 年末总人数　　B. 全年死亡人数
C. 商品库存量　　D. 单位产品成本

2. 下列指标中属于时点指标的有(　　)。
A. 年末人口数　　B. 某银行月末存款余额
C. 某商店一月底商品库存量　　D. 人口出生率

3. 下列指标中属于时期指标的有(　　)。
A. 月末职工人数　　B. 全年货物周转量
C. 全年出生人数　　D. 设备总数

4. 一般情况下，分子分母不能互换的相对指标有(　　)。
A. 比较相对指标　　B. 结构相对指标
C. 计划完成程度相对指标　　D. 动态相对指标

5. 比例相对指标是(　　)。
A. 反映同一总体内部结构情况
B. 反映同一总体中各组成部分之间的比例关系
C. 子项和母项可以互换
D. 是无名数

6. 下列指标属于强度相对指标的有(　　)。
A. 人口自然增长率　　B. 每1万人中有20名大学生
C. 流动资金周转次数　　D. 甲地区人口密度是乙地区的2倍

7. 下列指标中属于比较相对指标的有(　　)。
A. 甲地区的总人口较乙地区多20万
B. 甲厂产值是乙厂的2倍
C. 某地每万人中有科技人员150人

D. 甲地平均粮食亩产量是乙地的140%

8. 下列指标中属于比例相对指标的有(　　)。

A. 某厂技术工和熟练工的比例是4∶5

B. 某年高考录取和报考比是1∶2

C. 甲地人均收入是乙地的3倍

D. 储蓄存款和非储蓄存款之比

9. 相对指标的表现形式有(　　)。

A. 系数、倍数　　B. 倒数、成数

C. 名数、成数　　D. 百分数、千分数

10. 当相对数的分子、分母相差很大时，通常采用(　　)表示。

A. 系数　　B. 千分数　　C. 倍数　　D. 百分数

11. 加权算术平均数受到(　　)等因素的影响。

A. 标志值大小　　B. 标志值与标志值次数的比例

C. 标志值的次数　　D. 各标志值的次数

12. 下列指标中属于平均指标的有(　　)。

A. 粮食平均亩产　　B. 平均每个家庭拥有小轿车数量

C. 全员劳动生产率　　D. 单位产品成本

E. 某工厂生产工人的劳动生产率

13. 下列情况中应采用简单算术平均数计算的有(　　)。

A. 已知工资余额及工人数，求平均工资

B. 已知3名同学的身高分别为1.6m、1.65m、1.7m，求平均身高

C. 已知三个车间产量计划完成程度和三个车间的实际产量，求平均计划完成程度

D. 已知粮食总产量和人口数，求平均每人占有粮食的数量

14. 标准差(　　)。

A. 也称极差

B. 也称均方差

C. 是各标志值与算术平均数离差平方的平方根

D. 表明各标志值与其算术平均数离差的一般水平

E. 是标志变异指标中最重要的指标

15. 标志变异指标反映(　　)。

A. 变量的集中趋势　　B. 总体各单位标志值的差异程度

C. 变量的离散趋势　　D. 某一数量标志的一般水平

六、简答题

1. 什么是总量指标?它在统计中有什么作用?

2. 总量指标可以作哪些分类？其中，时期指标和时点指标各有什么特点？

3. 总量指标的计量单位有哪几种？
4. 什么是相对指标？其作用是什么？
5. 常用的几种相对指标的含义和计算方法是怎样的？
6. 什么是平均指标？它有什么特点和作用？
7. 常用的平均指标有哪几种？
8. 标志变异指标有哪些种类，其中最常用的是什么指标？为什么？
9. 为什么说众数和中位数是位置平均数？这两者之间有何异同？
10. 平均指标有哪些应用原则，如何正确理解？
11. 什么是标志变异指标？有什么作用？
12. 测定标志变动度的指标有哪些？如何计算？

七、计算题(答题时写出计算公式和主要计算过程，计算结果保留小数)

1. 某公司 2001 年、2002 年的产量情况如表 4-27 所示。

表 4-27　某公司 2001 年、2002 年产量情况

单位：吨

产品种类	2001 年实际产量	2002 年产量	
		计　划	实　际
甲	35 070	36 000	42 480
乙	15 540	17 500	19 775
丙	7448	8350	8016

计算各产品的产量动态相对数及 2002 年计划完成相对数。

2. 某生产车间 40 名工人日加工零件数(件)如下：

30　26　42　41　36　44　40　37　43　35　37　25　45　29　43　31　36　49　34　47 33　43　38　42　32　25　30　46　29　34　38　46　43　39　35　40　48　33　27　28

要求：

(1)　根据以上资料分成如下几组：25～30，30～35，35～40，40～45，45～50，计算出各组的频数和频率，整理编制次数分布表。

(2)　根据整理表计算工人生产该零件的平均日产量。

3. 某地区销售某种商品的价格和销售量资料如表 4-28 所示。

表 4-28　某地区商品价格与销售量资料

商品规格	销售价格/元	各组商品销售量占总销售量的比重/%
甲	20～30	20
乙	30～40	50
丙	40～50	30

根据资料计算三种规格商品的平均销售价格。

4. 某企业 2003 年某月份按工人劳动生产率高低分组的有关资料如表 4-29 所示。

表 4-29　某企业 2003 年某月份工人劳动生产率分组资料

按工人劳动生产率分组/(件/人)	生产班组	生产工人数/人
50～60	3	150
60～70	5	100
70～80	8	70
80～90	2	30
90 以上	2	50

试计算该企业工人平均劳动生产率。

5. 已知某企业资料如表 4-30 所示。

表 4-30　某企业计划完成及产值资料

按计划完成百分比分组 /%	实际产值/万元
80～90	68
90～100	57
100～110	126
110～120	184

试计算该企业平均计划完成百分比。

6. 某厂三个车间一季度生产情况如表 4-31 所示。

表 4-31　某厂三个车间一季度生产情况

车　间	计划完成百分比/%	实际产量/件	单位产品成本/(元/件)
第一车间	90	198	15
第二车间	105	315	10
第三车间	110	220	8

根据以上资料计算:

(1) 一季度三个车间产量平均计划完成百分比。

(2) 一季度三个车间平均单位产品成本。

7. 甲、乙两个生产小组，甲组平均每个工人的日产量为 36 件，标准差为 9.6 件；乙组工人日产量资料如表 4-32 所示。

表 4-32　计算题 7 中乙组工人日产量资料

日产量/件	工人数/人
10～20	18
20～30	39
30～40	31
40～50	12

试计算乙组平均每个工人的日产量，并比较甲、乙两生产小组哪个组的平均每个工人日产量更有代表性。

8. 甲、乙两农贸市场某农产品价格及成交量、成交额的资料如表 4-33 所示。

表 4-33　两农贸市场中农产品价格及成交量、成交额的资料

品　种	价格/(元/公斤)	甲市场成交额/万元	乙市场成交额/万元
甲	1.2	1.2	2
乙	1.4	2.8	1
丙	1.5	1.5	1
合　计	—	5.5	4

试问该农产品哪一个市场的平均价格比较高?为什么?

9. 甲、乙两个生产小组，甲组平均每个工人的日产量为 36 件，标准差为 9.6 件；乙组工人日产量资料如表 4-34 所示。

表 4-34　计算题 9 中乙组工人日产量资料

日产量/件	组中值 x	工人数 f/人	xf	日产量/件	组中值 x	工人数 f/人	xf
10～20	15	18	270	30～40	35	31	1085
20～30	25	39	975	40～50	45	12	540
合　计	—	—	—	合计	120	100	2870

试计算乙组平均每个工人的日产量，并比较甲、乙两生产小组哪个组的平均每个工人日产量更有代表性。

第五章

时间数列分析

学习目标：时间数列是对经济现象进行动态分析的主要方法。通过本章学习应掌握以时间数列为基础分析经济现象发展变化特点及其规律的方法，了解时间数列的一般概念、种类及编制的原则，掌握并能够运用时间数列的各种分析指标，掌握长期趋势分析、季节性变动的常用分析方法。

关键概念：时间数列(time series)　动态分析指标(index of dynamic analysis)　长期趋势分析(trend analysis)　季节性变动(seasonal fluctuation)

第一节　时间数列概述

一、时间数列的概念和作用

经济现象总是随着时间的推移而变化，因此，统计分析不仅要从静态角度分析现象的数量特征，而且要对社会现象的数量方面在不同时间上表现出来的各个具体数值作对比分析，在统计学上，这种分析方法常称作时间数列分析。时间数列又称时间序列或动态序列，是将反映某个社会经济现象在各个时期或时点上的指标数值按时间顺序排列起来所形成的一种统计序列，是研究现象发展变化的趋势和规律以及对未来状态进行科学预测的重要依据。动态数列由两个基本要素构成：一是现象所属的时间；二是在各时间上的统计指标数值，即动态数列中的现象发展水平。

研究动态数列具有重要的作用，其应用始于 19 世纪 80 年代统计学家对西方国家经济周期波动的研究，这种分析技术经过不断的发展和完善，逐步形成今天统计学中一个有广泛应用价值的分支系列。时间序列分析的作用大致可以归纳为以下三个方面。

第一，描述社会经济现象的发展状况和结果；第二，研究社会经济现象的发展速度、发展趋势，探索现象发展变化的规律，并据以进行统计预测；第三，利用不同的但有互相联系的数列进行对比分析或相关分析，以分析现象之间发展变化的相互依存关系。

二、时间数列的种类

在社会经济统计中，根据分析的要求，从不同角度可以有不同的分类，但大体上一般对时间数列可作如下两种分类。

1. 按指标的形式不同分类

按指标的形式不同，时间数列可分为绝对数时间数列、相对数时间数列和平均数动态数列。其中，绝对数时间序列是基本数列，后两种是由绝对数时间数列派生而来。如表 5-1 所示。

表 5-1　我国 2002—2006 年国民收入与人口数

年　份	2002	2003	2004	2005	2006
①国内生产总值 GDP(当年价，亿元)	120 332.7	135 822.8	159 878.3	183 867.9	210 871.0
②年末人口数/万人	128 453	129 227	129 988	130 756	131 448
③第三产业 GDP 所占比重/%	41.5	41.2	40.4	40.0	39.4
④人均 GDP/(元/人)	9368	10 510	12 299	14 062	16 042

(资料来源：中国统计年鉴(2007 年))

1)　绝对数时间数列

绝对数时间数列是将同一总量指标在不同时间上的数值按时间先后顺序排列而形成的数列，它主要反映某现象在不同时间上的规模、水平等指标特征，如各年度的国内生产总值、全国的人口总数等。绝对数时间数列按其反映的现象性质不同，又可以分为时期数列和时点数列两种。

(1)　时期数列，是指数列中每一个指标值都反映现象在一段时间内发展过程的总量，即是由时期指标所构成的数列。如表 5-1 中的数列①反映我国 2002—2006 年按当年价格计算的国内生产总值，这是与一个时期相联系的数列，属于时期数列指标。时期数列指标通常是通过连续不断的统计而获得，数值的大小与所属的时期长短有直接的联系，并且，时期数列中各个指标的数值是可以相加的，具有一定的经济意义。

(2)　时点数列，是指数列中每一个指标值都反映现象在某一时点上达到的水平，即是由时点指标所构成的数列。如表 5-1 中，数列②反映我国 2002—2006 年年末人口数，这是与一个具体时点相联系的数列，属于时点数列指标。时点数列指标通常是通过一定时点登记一次性获得，数值大小与时间间隔长短没有关系，并且，时点数列中各个指标的数值是不可以相加的，相加也不具有实际的经济意义。

2)　相对数时间数列

相对数时间数列是指把一系列同类的相对指标按时间先后顺序排列起来而形成的动态数列，它反映的是现象对比关系的发展变化情况，说明社会经济现象的比例关系、结构、速度的发展变化过程。如表 5-1 中，数列③反映我国 2002—2006 年第三产业 GDP 所占比重，这是相对指标按时间顺序排列，因而属于相对数时间数列。在相对数时间数列中，各个指标数值是不能相加的。

3) 平均数动态数列

平均数动态数列是指把一系列同类的平均指标按时间先后顺序排列起来而形成的动态数列，它反映社会经济现象一般水平的发展趋势。如表 5-1 中，数列④反映我国 2002—2006 年人均国内生产总值的变化过程，这是一个平均数列指标。在平均数列指标中，各个指标值一般也是不能相加的，相加没有实际意义。

【例 5-1】 指出下列数列中哪些属于时期数列。(　　)

A. 某商店各月末的商品库存量　　B. 某商店各月的商品销售额

C. 某地区历年的人口出生数　　D. 某企业历年的工伤死亡人数

E. 某企业各年年底在册职工人数

参考答案：BCD

分析：商品库存量和职工人数是时点指标，因为其指标数值不是连续统计的结果，各时点的指标数值也不可加，因此由它们构成的数列是时点数列。而商品销售额、人口出生数和工伤死亡人数都是时期指标，因为其指标数值都是连续统计的结果，并具有可加性，因此由它们构成的数列是时期数列，所以答案是 BCD。

【专栏 5-1】 我国是如何统计 GDP 的

我国国内生产总值(GDP)基本上是按国际通行的核算原则，对各种类型资料来源进行加工计算得出的。主要资料来源包括三部分：第一部分是统计资料，包括国家统计局系统的统计资料，如农业、工业、建筑业、批发零售贸易餐饮业、固定资产投资、劳动报酬、价格、住户收支统计资料，国务院有关部门的统计资料，如交通运输、货物和服务进出口、国际收支统计资料；第二部分是行政管理资料，包括财政决算资料、工商管理资料等；第三部分是会计决算资料，包括银行、保险、航空运输、铁路运输、邮电通信系统的会计决算资料等。统计资料在越来越多的领域采用抽样调查方法和为避免中间层次干扰的超级汇总法，基本计算方法采用国际通用的现价和不变价计算方法。

在 GDP 统计中，不同时期发布的同一年的国内生产总值数据往往不一样，这是因为国内生产总值核算数据有个不断向客观性、准确性调整的过程。首先是初步估计过程，某年的国内生产总值，先是在次年的年初，依据统计快报进行初步估计，统计快报比较及时，但范围不全，准确性不是很强。初步估计数一般于次年 2 月 28 日发表在《中国统计公报》上。其次，是在次年第二季度，利用统计年报数据对国内生产总值数据重新进行核实。年报比快报统计范围全，准确度也高，采用这类资料计算得到的国内生产总值数据是初步核实数，一般在第二年的《中国统计年鉴》上公布。至此，工作还未结束，因为国内生产总值核算除了大量统计资料外，还要用诸如财政决算资料、会计决算资料等大量其他资料，这些资料一般来得比较晚，大约在第二年 10 月左右得到，所以在第二年年底的时候，根据这些资料再做一次核实，称最终核实，最终核实数在隔一年的《中国统计年鉴》上发布。三次数据发布后，如果发现新的更准确的资料来源，或者基本概念、计算方法发生变化，为了保持历史数据的准确性和可比性，还需要对历史数据进行调整。我国在 1995 年利用第一次第三产业普查资料对国内生产总值历史数据进行过一次重大调整。

(资料来源：国家统计局网站，http://www.stats.gov.cn/tjzs/)

2. 按指标变量的性质和数列形态不同分类

按指标变量的性质和数列形态不同，时间数列可以分为随机性时间数列和非随机性时间数列。非随机性时间数列又可分为：平稳性时间数列、趋势性时间数列和季节性时间数列三种。

1) 随机性时间数列

随机性时间序列，是指由随机变量组成的时间序列，各期数值的差异纯粹是偶然的随机因素影响的结果，其变动没有规则，如在某一段时间内，通过某一路口的汽车的数量，这是无规则的随机时间序列，因为通过该路口的汽车大多数之间是没有关系的，很多汽车只是偶然经过这里。

2) 非随机性时间数列

(1) 平稳性时间数列，是指由确定性的变量所构成的时间数列，其特点是影响数列各期数值的因素是确定的，且各期数值总是保持在一定的水平上，相差不大。如开学后某学校每天中午学生餐厅内就餐的人数，这是一个平稳的时间序列，因为学校学生人数大致相对固定，每天中午学生的就餐人数不会变化很大，通常是比较平稳的。

(2) 趋势性时间数列，是指各期数值逐期增加或逐期减少，呈现一定的发展变化趋势的时间数列。如果逐期增加(减少)量大致相等，称为线性趋势的时间数列；如果逐期增加(减少)量是变化的，则称非线性变化趋势数列。

(3) 季节性时间数列，是指各时期的数值在一年内随着季节的变化而呈周期性波动的时间数列。如按月统计每月到达某站的旅客人数，每年 2 月份春节期间，旅客人数大大高于其他月份数量，且这种现象每年都会出现一次，称为旅客高峰，这就是季节性时间数列。时间数列的季节性现象在自然界或人们的经济活动中是相当普遍的，无论是气候还是商业性活动往往会受到季节性因素的影响。

三、时间数列的编制原则

编制时间数列的目的是通过某一系列指标的对比，反映社会经济现象的发展过程及其规律性。一般来说，时间数列是指在一个较长的时间内发生的数据，因此，保证时间数列中各期指标数值的可比性是一个重要的问题。编制动态时间数列必须遵循相关的原则，具体包括如下四个方面。

1. 时间跨度应该统一

在时期数列中，由于各期指标数值的大小与时期的长短有直接关系，一般情况下，时期越长，指标数值越大，反之就越小，因此，各个指标所属的时期长短应当前后统一，而时期长短不一，往往就很难直接比较。但这个原则也不能绝对化，有时为了研究的特殊目的，也可将时期不等的指标编成时期数列。

在时点数列中，各指标数值仅表明的是一定时点上的状态，所以不存在时期长短应该统一的问题，两时点间隔长短，对数值的大小没有直接的影响，但为了更有利于对比，时点间隔最好能保持一致，编制时间间隔相等的时点数列。

2. 总体范围一致

在编制时间数列时，每一时期指标数值的地域、隶属关系等范围应该保持一致，如果总体范围有了变动，则必须对不同时期的指标数值作相应地调整，然后进行对比。如研究某省人口发展情况，必须注意该省的行政区划有无变动，如果有变动，必须做出调整后才能进行动态分析。

3. 指标的经济内容应该相同

对于同一个经济指标，它所包含的内容应该是一致的，指标的内容和含义不同，不能混合编制一个动态数列。如在研究某地区工业产值时，各时期的指标数值是否都包含或部分数据包含外资工业产值，如果不同时期指标所包含的内容不完全相同，则不可以混合起来编制一个动态数列进行比较分析。

4. 计算口径应该统一

计算口径主要是指计算方法和计量单位等。如在研究某企业劳动生产率的增长情况时，如果各期指标计算方法不同，有的按产品的实物量计算，有的按价值量计算，或者，有的按生产工人计算，有的按全部职工来计算，则各时期指标值显然没有可比性，从而，动态数列分析方法不能正确说明该企业劳动生产率的变动情况。

【专栏 5-2】 百分数与百分点

百分数是用一百做分母的分数，在数学中用“%”来表示，在文章中一般都写作百分之多少。百分数与倍数不同，它既可以表示数量的增加，也可以表示数量的减少。运用百分数时，也要注意概念的精确，如“比过去增长 20%”，即过去为 100，现在是 120；“比过去降低 20%”，即过去是 100，现在是 80；“降低到原来的 20%”，即原来是 100，现在是 20。运用百分数时，还要注意有些数最多只能达到 100%，如产品合格率，种子发芽率等；有些百分数只能小于 100%，如粮食出粉率等；有些百分数却可以超过 100%，如产品产量计划完成情况等。

"占"、"超"、"为"、"增"的用法，"占计划百分之几"指完成计划的百分之几；"超计划的百分之几"，就应该扣除原来的基数(-100%)；"为去年的百分之几"就是等于或相当于去年的百分之几；"比去年增长百分之几"也应扣掉原有的基数(-100%)。

百分点是指不同时期以百分数形式表示的相对指标(如速度、指数、构成等)的变动幅度。例如：我国国内生产总值中，第一产业占的比重由1992年的21.8%下降到1993年的18.2%，我们可以说，国内生产总值中，第一产业占的比重，1993年比1992年下降3.6个百分点(18.2-21.8=-3.6)；但不能说下降3.6%。

(资料来源：国家统计局，http://www.stats.gov.cn/tjzs/)

第二节　动态数列分析指标

动态数列分析指标主要测量社会经济现象发展水平和速度，包括两大类，一是水平指标，包括发展水平、平均发展水平、增长量与平均增长量，主要反映社会经济现象发展变化和增减变化的规模与水平的绝对指标；二是速度指标，包括发展速度与增长速度、平均发展速度与平均增长速度，主要反映社会经济现象变化快慢的相对程度。

一、时间数列水平分析指标

1. 发展水平

动态数列中，各项具体指标的数值称为发展水平，它反映社会经济现象在各个时期或时点上所达到的规模或实际水平，是计算其他动态分析指标的基础。发展水平一般是总量指标，也可以是相对数指标和平均数指标。

在动态数列中，根据发展水平所处的位置，我们可以加以区分，其中，第一个指标数值称为最初水平，最后一个指标数值称为最末水平，其余各指标数值称为中间水平。在对两个时间的发展水平作动态对比时，作为对比基础时期的水平称为基期水平，作为研究时期的指标水平称为报告期水平。在表5-1中，数列①反映2002—2006年国内生产总值指标，2002年的指标数值为最初水平，2006年为最末水平，其余年份相应数值为中间水平；如果用2006年的国内生产总值与2005年对比，则2005年的指标数值表示基期水平，2006年则为报告期水平。

2. 平均发展水平

平均发展水平是指将不同时期的发展水平加以平均而得的平均数，也称序时平均数或动态平均数。它说明了现象在一定时期内发展的一般水平，可以消除现象在短时间内波动的影响，便于广泛进行不同时间和不同地区的比较。构成时间数列的指标形式不同，平均数的计算方法也不尽相同。

1)　由绝对数时间数列计算的平均数

绝对数时间序列有时期数列和时点数列之分，时期数列的序时平均数可采用算术平均数，计算公式为

$$\bar{\alpha}=\frac{\sum \alpha_i}{n} \quad (i=1,\ 2,\ 3,\ \cdots,\ n) \tag{5-1}$$

式中，$\bar{\alpha}$ 表示序时平均数；α_i 表示各期发展水平；n 表示数列项数。

对时点数列计算序时平均数，如果是间隔相等且完整的连续资料(在社会经济统计中通常是按日连续登记的资料)，也可按上述式(5-1)计算序时平均数；如果是间隔相等的不连续的时点资料，则需要先计算各相邻两期发展水平的平均数，再对这些平均数用简单算术平均，求序时平均数。这种方法又称为首尾折半法，计算公式为

$$\begin{aligned}\bar{\alpha}&=\left(\frac{\alpha_1+\alpha_2}{2}+\frac{\alpha_2+\alpha_3}{2}+\cdots+\frac{\alpha_{n-1}+\alpha_n}{2}\right)/(n-1)\\&=\frac{\frac{\alpha_1}{2}+\alpha_2+\cdots+\alpha_{n-1}+\frac{\alpha_n}{2}}{n-1}\end{aligned} \tag{5-2}$$

【例 5-2】 某经济开发区 2006 年上半年各月初居民人数资料如表 5-2 所示，求上半年各月的平均人数。

表 5-2　某经济开发区 2006 年上半年各月初居民人数

时间(月/日)	1/1	2/1	3/1	4/1	5/1	6/1	7/1
人数/百人	1360	1396	1418	1594	1672	1800	1912

解　根据式(5-2)，上半年各月的平均人数为

$$\begin{aligned}\bar{\alpha}&=(1/2\times1360+1396+1418+1594+1672+1800+1/2\times1912)/(7-1)\\&=1586(\text{百人})\end{aligned}$$

如果时点数列是时间间隔不相等的不连续资料，则要用时间间隔为权数的加权算术平均法计算序时平均数。这种方法又称为加权序时平均法，计算公式为

$$\bar{\alpha}=\frac{\frac{\alpha_1+\alpha_2}{2}\times f_1+\frac{\alpha_2+\alpha_3}{2}\times f_2+\cdots+\frac{\alpha_{n-1}+\alpha_f}{2}\times f_{n-1}}{f_1+f_2+\cdots+f_{n-1}} \tag{5-3}$$

【例 5-3】 某工厂某年库存钢材登记资料如表 5-3 所示，求该厂某年各月钢材平均库存量。

表 5-3　某工厂某年库存钢材数

日期(月/日)	1/1	3/1	7/1	10/1	12/31
钢材库存量/吨	1396	1418	1596	1672	1800

解　根据式(5-3)，该厂某年各月钢材库存量为

$$\bar{a}=(\frac{1396+1418}{2}\times 2+\frac{1418+1596}{2}\times 4+\frac{1596+1672}{2}\times 3+\frac{1672+1800}{2}\times 3)/(2+4+3+3)$$

$=1579.3$(吨)

2)　由相对数时间数列或平均数时间数列计算的平均数

相对数或平均数是动态数列的派生数列，即其中各项指标是由两个总量指标对比计算出来的，因此，在计算相对数或平均数的时间数列时，只要分别计算出分子数列和分母数列的序时平均数，然后加以对比，即可求得。计算公式为

$$\bar{c}=\frac{\bar{a}}{\bar{b}} \tag{5-4}$$

其中，$\bar{c}$ 表示相对数或平均数时间数列的序时平均数；$\bar{a}$ 表示分子数列的序时平均数；$\bar{b}$ 表示分母数列的序时平均数。这里需要注意的是，在计算分子项与分母项序时平均数时，应根据数据的特点选择适当的平均方法。

【例 5-4】 某企业某年计划产值和产值计划完成程度的资料如表 5-4 所示，求平均计划完成程度。

表 5-4　某企业某年计划产值和产值计划完成程度

时间	一季度	二季度	三季度	四季度
计划产值 b/万元	860	887	875	898
计划完成 c/%	130	135	138	125

解　计划完成程度=实际产值/计划产值，即根据式(5-4)可得

$$\bar{c}=\frac{\bar{a}}{\bar{b}}=\frac{\overline{bc}}{\bar{b}}=\frac{\sum bc/n}{\sum b/n}=\frac{\sum bc}{\sum b}$$

$$=\frac{860\times 130\%+887\times 135\%+875\times 138\%+898\times 125\%}{860+887+875+898}$$

$$=132\%$$

【例 5-5】 某企业某年下半年各月劳动生产率资料如表 5-5 所示，又已知 12 月末的工人数为 910 人，试计算下半年平均月劳动生产率。

表 5-5　某企业某年下半年各月劳动生产率

时间	7 月	8 月	9 月	10 月	11 月	12 月
总产值 a/万元	706.1	737.1	761.4	838.3	901.0	1082.4
月初工人数 b/人	790	810	810	830	850	880
劳动生产率 c /(元/人)	8830	9100	9290	9980	10420	12 090

解　根据式(5-4)，该厂下半年平均月劳动生产率为

$$\bar{c}=\frac{\bar{a}}{\bar{b}}=\frac{\dfrac{706.1+737.1+761.4+838.3+901.0+1082.4}{6}}{\dfrac{\dfrac{790}{2}+810+810+830+850+880+\dfrac{910}{2}}{7-1}}$$

$$=1.0(\text{万元})$$

3. 增长量

增长量是指总量指标报告期与基期水平之差，表明该指标在一定时期内增加或减少的绝对数量。按基期选择的不同，增长量可以分为逐期增长量和累计增长量。逐期增长量是指各期指标与上一期水平之差，表明一段时间内逐期增减变动的绝对数量；累计增长量也称为稳定基增长量，是指各期水平与某一固定基期水平之差，表明在较长一段时期内累计增减的绝对数值。增长量指标用公式可以表示为

$$\text{增长量}=\text{报告期水平}-\text{基期水平} \tag{5-5}$$

增长量用符号也可表示如下。

逐期增长量：y_1-y_0，y_2-y_1，y_3-y_2，…，y_n-y_{n-1}

累计增长量：y_1-y_0，y_2-y_0，y_3-y_0，…，y_n-y_0

可以看出，累计增长量等于相应各期逐期增长量之和，相邻两累计增长量之差等于相应的逐期增长量。在实际工作中，有时为了消除受季节性变动影响的社会经济指标，还可以计算年距增长量，它表示报告期水平与上年同期水平之差，用公式表示为

$$\text{年距增长量}=\text{报告期发展水平}-\text{上年同期发展水平}$$

4. 平均增长量

平均增长量是指时间数列中逐期增长量的序时平均数，它表明社会经济现象在一定时段内平均每期的增长量，其计算公式为

$$\text{平均增长量}=\frac{\text{逐期增长量之和}}{\text{逐期增长量个数}}=\frac{\text{累计增长量}}{\text{数列项数}-1}=\frac{y_n-y_0}{n-1} \tag{5-6}$$

其中，n 表示时间序列的项数。这里，按照该方法计算的平均增长量又称水平法平均增长量，它只与期末水平(y_n)和期初水平(y_0)有关，而与中间各期水平无关。

【例 5-6】 我国 2002—2006 年水泥产量如表 5-6 所示，求我国这段时期内水泥的年平均增长量。

表 5-6　2002—2006 年我国水泥产量

年份		2002	2003	2004	2005	2006
水泥产量/万吨		72 500	86 208.11	96 681.99	106 884.79	123 676.48
增长量/万吨	逐期	—	13 708.11	10 473.88	10 202.8	16 791.69
	累计	—	13 708.11	24 181.99	34 384.79	51 176.48

(资料来源：中国统计年鉴(2007 年))

解 根据式(5-6)，水泥的年平均增长量为

水泥的年平均增长量=(13 708.11+10 473.88+10 202.8+16 791.69)/(5−1)

=51 176.48/4

=12 794.12(万吨)

二、动态数列速度分析指标

1. 发展速度

发展速度是表明社会经济现象发展程度的相对指标，也是最为基本的速度分析指标。它是以相对数形式表示的两个不同时期发展水平的比值，表明报告期水平已经发展到基期水平的几分之几或几倍，计算公式为

发展速度=报告期水平/基期水平

由于基期的选择不同，发展速度可以分为定基发展速度与环比发展速度。定基发展速度是指以报告期水平与某一固定时期水平计算的发展速度，表明这种现象在较长时期内总的发展程度，因此，有时也称为“总速度”；环比发展速度是指以报告期水平与前一时期水平之比计算的发展速度，表明这种现象的逐期发展程度，如果计算的时期为一年，这个指标又称为“年速度”。这两种发展速度可以用公式表示如下。

定基发展速度：$\dfrac{\alpha_1}{\alpha_0}，\dfrac{\alpha_2}{\alpha_0}，\cdots，\dfrac{\alpha_n}{\alpha_0}$ (5-7)

环比发展速度：$\dfrac{\alpha_1}{\alpha_0}，\dfrac{\alpha_2}{\alpha_1}，\cdots，\dfrac{\alpha_n}{\alpha_{n-1}}$ (5-8)

由上述公式可知，定基发展速度与环比发展速度虽有区别，但二者也存在着一定的相互依存关系。其中，定基发展速度等于相应时期内各环比发展速度的连乘积，而两个相邻时期的定基发展速度的比率等于相应时期的环比发展速度。

与年距发展水平指标相似，在实际工作中，对于按月(季)编制的时间序列，可以计算年距发展速度指标。该指标可以消除季节性变动的影响，表明本期比上年同期相对发展的速度，计算公式为

$$年距发展速度=\frac{报告期发展水平}{上年同期发展水平}$$

【例 5-7】 某地区 2007 年第一季度钢产量为 300 万吨，2006 年第一季度钢产量为 240 万吨，求年距发展速度。

解 年距发展速度$=\dfrac{300}{240}=125\%$

这说明，2007 年第一季度钢产量已达到上年同期水平的 125%。

2. 增长速度

增长速度是增长量与基期水平的比率，它反映了现象在一定时间内增长变化的相对程度，通常用百分比或倍数来表示。其计算公式为

$$增长速度=\frac{增长量}{基期发展水平}$$

增长速度与发展速度既有区别又有联系，两者的区别在于概念不同，增长速度表示社会经济现象报告期比基期增长的程度，而发展速度则表示报告期与基期相比发展到了什么程度；两者的联系是，增长速度=发展速度-1。

根据所采用的基期不同，增长速度也有定基增长速度和环比增长速度之分。定基增长速度是累计增长量与某一固定时期水平之比的相对数，它表示社会经济现象在较长时期内的增长程度；环比增长速度是逐期增长量与前一期发展水平之比的相对数，它表示社会经济现象逐期的增长程度。这里需要注意的问题是，定基增长速度与环比增长速度不能像定基发展速度与环比发展速度那样相互推算，因为定基增长速度不等于相应时期的环比增长速度的连乘积，而两个相邻时期的定基增长速度比率也不等于相应时期的环比增长速度。定基增长速度与环比增长速度的计算公式为

$$定基增长速度=定基发展速度-1 \tag{5-9}$$

$$环比增长速度=环比发展速度-1 \tag{5-10}$$

在实际工作中，有时还会计算年距增长速度，用于说明年距增长量与上年同期发展水平对比达到的相对增长程度，计算公式为

$$年距增长速度=\frac{年距增长量}{上年同期发展水平}=年距发展速度-1$$

【例 5-8】 如表 5-7 所示，以 2002—2006 年我国水泥产量为例，试比较定基发展水平、环比发展水平与定基增长速度、环比增长速度(结果填入表格中)。

表 5-7　2002—2006 年我国水泥产量及发展速度与增长速度

年份		2002	2003	2004	2005	2006
水泥产量/万吨		72 500	86 208.11	96 681.99	106 884.79	123 676.48
发展速度/%	定基	100	118.9	133.4	147.4	170.6
	环比	—	118.9	112.1	110.6	115.7
增长速度/%	定基	—	18.9	33.4	47.4	70.6
	环比	—	18.9	12.1	10.6	15.7

(资料来源：中国统计年鉴(2007 年))

3. 平均发展速度

1) 几何平均法

平均发展速度是各期环比发展速度的平均数，也称序时平均数，反映社会现象在一段时期内逐年平均发展变化的程度。由于社会经济现象在各个时期所处的条件及影响因素不同，因此，各个时期的发展速度是有差异的，而平均发展速度通过对各个时期发展速度的平均，消除了差异，便于不同时期对社会经济现象的发展变化情况进行对比。在实际工作中，计算平均发展速度的常用方法主要有几何平均法和方程法。

几何平均法又称水平法，其原理是：一定时期内现象发展的总速度等于各期环比发展速度的连乘积。即从最初水平α_0出发，以几何平均法计算的平均发展速度，代替环比发展速度，可以保证在最后一年达到规定的α_n水平。用公式表示为

$$\bar{b}=\sqrt[n]{\frac{y_n}{y_0}}=\sqrt[n]{\frac{y_1}{y_0}\times\frac{y_2}{y_1}\times\cdots\times\frac{y_n}{y_{n-1}}} \tag{5-11}$$

其中，$\bar{b}$表示平均发展速度。根据式(5-11)，在计算平均发展速度时，可以根据逐期发展速度或根据数据的最末水平与最初水平，即通过计算总发展速度来计算平均发展速度，具体可以根据资料所掌握的情况而定。

【例 5-9】根据表 5-7 所示的我国 2002—2006 年水泥产量，计算该时期我国水泥产量的平均发展速度。

解 根据发展水平的最末水平与最初水平计算。

$$\bar{b}=\sqrt[4]{\frac{y_n}{y_0}}=\sqrt[4]{\frac{123\,676.48}{72\,500}}=114.28\%$$

若根据各期环比发展速度计算平均发展速度，则

$$\begin{aligned}\bar{b}&=\sqrt[n]{\frac{y_n}{y_0}}=\sqrt[4]{\frac{y_1}{y_0}\times\frac{y_2}{y_1}\times\frac{y_3}{y_2}\times\frac{y_4}{y_3}}\\&=\sqrt[4]{118.9\%\times112.1\%\times110.6\%\times115.7\%}\\&=114.28\%\end{aligned}$$

2) 方程法

方程法又称为累计法，其原理是：各期发展水平等于数列初始水平与各期环比发展速度的连乘积。在实践中，如果长期计划按累计法制定，则要求用方程法计算平均发展速度，可以保证计划内各期发展水平的累计达到计划规定的总数，即从最初水平α_0出发，各期按方程法计算的平均发展速度发展，则计算的各期发展水平累计总和，应与实际所具有的各期发展水平的累计总和相等。方程法的计算公式可以表示如下。

各期发展水平表示为

$$y_i=y_0\times b_1\times b_2\times\cdots\times b_i(i=1，2，3，\cdots，n)$$

其中，b_i表示各期的环比发展速度。因此，各期发展水平之和可写成

$$y_0(b_1+b_1b_2+\cdots+b_1b_2\times\cdots\times b_n)=y_1+y_2+\cdots+y_n$$

假定数列的平均发展速度为$\bar{b}$，并以平均发展速度代替各期的环比发展速度，则得

$$\begin{cases}y_0(\bar{b}+\bar{b}^2+\cdots+\bar{b}^n)=\sum y\\ \bar{b}+\bar{b}^2+\cdots+\bar{b}^n=\sum y/y_0\end{cases} \tag{5-12}$$

解此方程，所得正根即为要计算的平均发展速度$\bar{b}$，解上述高次方程比较复杂，实际工作中，可通过试算或查事先编制的《平均增长速度查对表》而获得。

【例 5-10】 判断题

某产品产量在一段时期内发展变化的速度，平均来说是增长的，因此该产品产量的环比增长速度也是年年上升的。(　　)

参考答案：×

分析：平均发展速度是根据各期的环比发展速度计算求得的，它掩盖了各期环比发展速度的差异。而各期的环比增长速度是由逐期增长量与报告期的前一期水平对比再减去 1 或 100%得到的，当逐期增长量为正时，环比增长速度是上升的，当逐期增长量为负时，环比增长速度是下降的。因此，此题的判断是错的。

【专栏 5-3】 如何计算与应用平均速度指标？

根据统计研究目的选择计算方法。计算平均发展速度的方法有几何平均法和方程法，这两种方法在具体运用上各有其特点和局限性。几何平均法侧重于考察现象最末期的发展水平，当目的在于考察最末一年的发展水平而不关心各期水平总和时，可采用水平法；而方程法侧重于考察现象的整个发展过程，当目的在于考察各期发展水平总和而不关心最末一年水平时，可采用方程法。由于两种方法的原理不同，计算结果会略有差异。

要注意社会经济现象的特点。几何平均法是计算平均发展速度的常用方法，但其计算过程只考虑现象的最末水平与最初水平，而忽略了中间各期水平的影响。如果经济现象随着时间的发展比较稳定地逐年上升或下降，可采用水平法计算；但如果最末水平与最初水平过高或过低，或者中间各期水平波动很大，这时会影响平均发展速度的代表性，而使其失去意义。

应采取分段平均速度来补充说明总平均速度，这在分析较长的历史时期内、中间各期水平波动较大时尤为重要，因为只根据一个总的平均速度只能笼统概括地反映其在很长时期内逐年平均发展或增长的程度，而用具体的环比发展速度或分段的平均速度来补充总的平均发展速度进行分析，这样才能对现象的发展变化过程得出正确而完整的认识。

平均速度指标要与其他指标结合应用。平均速度指标是一个总括性指标，其计算过程中舍弃了现象随时间变化的大量信息，因此，在运用平均速度指标时，应与发展水平、增长量、环比速度、定基速度等各项基本指标结合应用，起到分析研究和补充说明的作用，以全面、完整地反映社会经济现象。

4. 平均增长速度

平均增长速度是各期环比增长速度的序时平均数，它表明现象在一定时期内逐期平均增长变化的程度。一般来说，平均增长速度既不能根据各期的环比增长速度也不能根据一定时期的总增长速度来求得，而是根据增长速度与发展速度之间的关系来计算，即

$$平均增长速度=平均发展速度-1 \tag{5-13}$$

平均发展速度大于 1，平均增长速度就为正值，表示在一个较长时期内逐期平均递增的程度，这个指标也称作“平均递增速率”或“平均递增率”；反之，平均增长速度为负，这个指标称作“平均递减速度”或“平均递减速率”。

【案例 5-1】 统计应用：平均增长率的计算

某市轨道交通总公司(以下简称轨道公司)是该市轻轨的建设业主，是一家国有独资企业，为实现公司经营利益的最大化，轨道公司将轻轨共 13 个车站的灯箱广告 10 年期的经营代理权进行了公开招标，并将招标代理工作委托该市的大正公司进行。在发出的招标文件中，要求投标人以下列两个条件进行报价。

1. 首年度经营代理权上交费用____________元。

2. 年递增率为________%。

评标时，以上述两个条件，10 年内向轨道公司上交费用最高者为第一名，现在投标人投标文件中，出现了以下两个报价。

A 公司的报价为：首年度经营代理权上交费用为 460 万元，年递增率为 11%。

B 公司的报价为：首年度经营代理权上交费用为 500 万元，年平均递增率为 10%。

在评标及招投标处理过程中，对投标人在投标报价文件中使用的“年递增率”和“年平均递增率”二词的含义出现了争议：一种意见认为，“年递增率”和“年平均递增率”的含义是一致的，没有实质性差别；第二种意见认为，“年递增率”和“年平均递增率”的含义是不一致的，有实质性的差别。

A 公司的报价，首年度 460 万元，年递增率为 11%，共计 10 年，可以计算出上交费用合计为 7692.12 万元的固定得数；而按照 B 公司的报价，首年度 500 万元，年平均递增率 10%，可以计算出上交费用合计为多种得数(如每年递增率相同，均为 10%，则年平均递增率也为 10%，此时可得固定得数 7968.71 万元；如每年递增率不等，而年递增率平均为 10%，则可计算出多个得数)。这令轨道交通公司感到困惑，在统计学中，“年递增率”与“年平均递增率”是否为规范的学术名词？含义是否有区别呢？B 公司报价为何有多种得数？为此，轨道交通公司向有关专家进行了咨询。

专家认为，在统计学中，“年递增率”和“年平均递增率”本质上应该是一样的，问题的关键是付款方式的约定，如果付款方式是每年付款，二者几乎没有差别。按上述公式计算，各年后 A、B 两公司的应付金额为：

	每年应付金额/万元	
	A 公司(首年度付 460 万元，年递增 11%)	B 公司(首年度付 500 万元，年递增 10%)
1	460	500
2	510.6	550
3	566.77	605
4	629.11	665.5
5	698.31	732.05
6	775.13	805.26
7	860.39	885.78
8	955.03	974.36
9	1060.09	1071.79
10	1176.7	1178.97
合计	7692.12	7968.71

如果付款方式不是每年付款，二者就会有很大的区别。二者的区别是：年递增率是在前一个基数的基础上每年递增同一个常数，这在计算上是没有歧义的，因此，得数是唯一的；而年平均递增率是根据环比值按几何平均法计算的，该方法计算的年平均递增率与中间年份的数值通常没有直接关系，这在计算上就有一定的歧义，因此，得数可能是不固定的。如标书付款方式没有事先约定，不是按每年付款，中标者就有可能在首年度付 500 万元之后，其他年份不付款，最后一年付出较大的金额 1178.97 万元，同样可以得到相同的年平均递增率 $\sqrt[9]{\frac{1178.97}{500}}-1=10\%$，这是引起争议的主要原因。因此，专家建议：如果在合同中明确规定在首付的基础上，每年都按递增率来支付，这样无论是“年递增率”还是“年平均递增率”，计算结果都是一样的，如果在合同中不明确规定付款方式，则按“年平均递增率”计算将来可能会引起歧义。

(资料来源：贾俊平编著，统计学(第二版)，清华大学出版社，2006 年 7 月)

第三节　长期趋势的测定与预测

一、时间数列的构成与动态模式

社会经济现象的发展变化是多种因素影响的综合结果，由于各种因素的作用方向和影响强弱不同，使具体的时间数列呈现出不同的变动形态，统计分析的任务就是要正确地确定时间数列性质，对时间数列的各种因素加以分解和测定，以便对未来的状况做出判断和预测。

1. 构成时间数列的 4 种影响因素

构成时间数列的各种影响因素，按它们的性质和作用，大致可以归纳为 4 种，分别为长期趋势、季节性变动、循环变动和不规则变动。

1) 长期趋势(T)

长期趋势是指时间数列各个时期受普遍和长期起作用的基本因素影响所表现出来的变动趋势，它表现为持续向上或向下的变动趋势，是对未来状况进行判断和预测的主要依据。如随着人们收入水平的增长，从长期来看，食品性支出在生活总支出中的比重呈持续下降趋势。

2) 季节性变动(S)

季节性变动是指由于自然季节变换和社会习俗等因素的影响而发生的周期性波动，如铁路、航空等客运量一般在春秋旅游旺季呈现高峰客运。季节性变动的周期一般在一年之内，但有时人们把周期小于一年的表现形式与季节变动相似的因素也归入到季节变动范围。

3) 循环变动(C)

循环变动是指社会经济发展中的一种近乎规律性的盛衰交替变动，循环变动的周期成因复杂，循环的幅度很不规则，周期在一年以上，长短不一。如西方国家所存在的周期不等的周期性经济波动，经历危机、萧条、复苏、繁荣的过程，称为商业循环，即为典型的循环变动。循环变动的表现形式与季节变动有相似的地方，其关键区别在于周期长度不同，周期长度小于一年的归入季节变动范围内，长度大于一年的归入循环变动范围。

4) 不规则变动(I)

不规则变动是指除上述三种变动外，还存在无规律性的随机变动，也称剩余变动或随机变动。不规则变动大多是由随机因素引起，如政策变动、战争、重大自然灾害等。

2. 动态数列的经典模式

动态数列的上述 4 种变动按一定的方式组合，成为一种模式，称为动态数列的经典模式，按对 4 种变动因素相互关系的不同假设，可以分为加法模式和乘法模式。

当 4 种变动因素呈现出相互独立的关系时，动态数列的总变动 Y 体现为各种因素的总和，表现为

$$Y=T+S+C+I \tag{5-14}$$

此为加法模型，其中 Y、T 均为总量绝对指标，S、C、I 是季节变动、循环变动与不规则变动对长期趋势所产生的偏差，可以为正值或是负值，同样为绝对数指标。

当 4 种变动因素呈现出相互影响的关系时，动态数列变动 Y 体现为各种因素的乘积，表现为

$$Y=T\times S\times C\times I \tag{5-15}$$

此为乘法模型，其中 Y、T 为总量绝对指标；而 S、C、I 则是比率或称为指数，用百分数表示，即为在原数列基础上上升或下降的百分比。

这两种模式中是形式上的不同，对乘法模式取对数，即成为加法模式：

$$\lg Y=\lg T+\lg S+\lg C+\lg I$$

若假设变动因素是相互交错影响的复杂关系，时间数列也可表示为一种混合型的模型，即乘加模型

$$Y=T\times S+C\times I$$

式中，Y、T、C 均为总量绝对指标；S、I 则是比率，表示在原数列基础上上升或下降的百分比。

动态数列分析一般采用乘法模型，把受各个因素影响的变动分别测定出来，为决策提供依据。有时 4 种变动也并非俱在，但长期趋势和季节性变动的测定则是常见的分析。

长期趋势就是某种现象在一个相当长的时期内持续向上或向下发展变动的趋势。测定长期趋势的主要目的是：首先，在于把握现象的趋势变化；其次，从数量方面来研究现象发展的规律性，探求合适的趋势线，为统计预测及决策提供依据；最后，通过测定长期趋势，可以消除原有动态数列中的长期趋势影响，以便更好地显示和测定季节变动。

二、长期趋势的测定

长期趋势测定是对原来的动态数列进行统计处理，一般称为动态数列修匀，即通过长期趋势测定，使修匀后的时间序列能排除其他因素的影响，如季节性变动、不规则变动等，以显示出现象变动的基本趋势。测定和预测长期趋势的方法大致可以分为修匀法和数学模型法两大类。本节结合举例来说明两种方法的应用。

【例 5-11】 现有某地区 2004—2007 年工业总产值数据，如表 5-8 所示，试分析其长期趋势。

表 5-8　2004—2007 年某地区工业总产值

年　月	工业总产值/千万元	年　月	工业总产值/千万元	年　月	工业总产值/千万元	年　月	工业总产值/千万元
2004.1	477.9	2005.1	518.0	2006.1	645.7	2007.1	681.9
2	397.2	2	460.9	2	562.4	2	567.6
3	507.3	3	568.7	3	695.7	3	737.7
4	512.2	4	570.5	4	712.0	4	739.6
5	527.0	5	590.0	5	723.1	5	759.6
6	545.0	6	604.8	6	743.2	6	794.8
7	494.7	7	564.9	7	678.0	7	719.0
8	502.5	8	575.9	8	676.0	8	734.8
9	536.5	9	613.9	9	703.2	9	776.2

续表

年　月	工业总产值/千万元	年　月	工业总产值/千万元	年　月	工业总产值/千万元	年　月	工业总产值/千万元
10	533.5	10	614.0	10	685.3	10	782.5
11	553.6	11	646.7	11	703.3	11	816.5
12	543.9	12	655.3	12	722.4	12	847.4

1. 长期趋势的修匀法

1)　画线法

画线法是拟合趋势线最简单的一种经验判断法，它是依据观察和经验，在时间数列的实际资料曲线图上直接画出趋势直线或曲线。其方法是，首先根据时间序列的散点图把各点连接起来，形成一条折线图，然后根据折线图观察其变化趋势，并画出大致的趋势线。

画线法比较简单、灵活，应用普遍，如对股票、期货交易行情，根据趋势线描述大致价格走势。但画线法也有明显的缺陷，具有一定的随意性，容易受到分析者的主观影响，对同一时间数列可以测出多条趋势线。根据表 5-8，我们可得出如图 5-1 所示的一条趋势线。

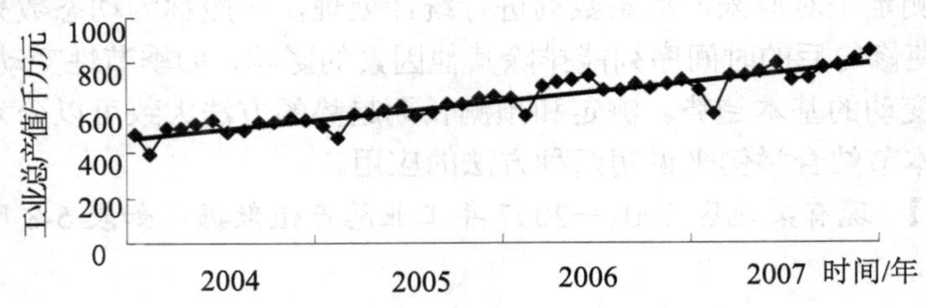

图 5-1　画线法求长期趋势

2)　时距扩大法

时距扩大法是一种测定直线趋势的简单方法，当原始状态数列中各指标数值上下波动，使现象变化规律表现不明显时，可采用这一方法。主要做法是，通过扩大数列时间间隔，对原始资料加以整理，把时间数列中各期指标值按较长的时间跨度(或间隔)加以归并，计算指标总量或求序时平均数，以形成一个新的、简化的时间序列，从而消除原数列中季节变动和各种偶然因素的影响，显示长期趋势。

时距扩大法计算总量适用于时期数列而不适用于时点数列，序时平均法则适用于这两种时间数列，这时将全部资料分成若干段，计算各段的序时平均数，形成新的简化了的时间数列。根据表 5-8，运用时距法可得表 5-9 及图 5-2。

表 5-9 2004—2007 年某地区工业总产值

年 份	工业总产值/千万元	序时平均数/千万元
2004	6131.3	510.9417
2005	6983.6	581.9667
2006	8250.3	687.525
2007	8957.6	746.4667

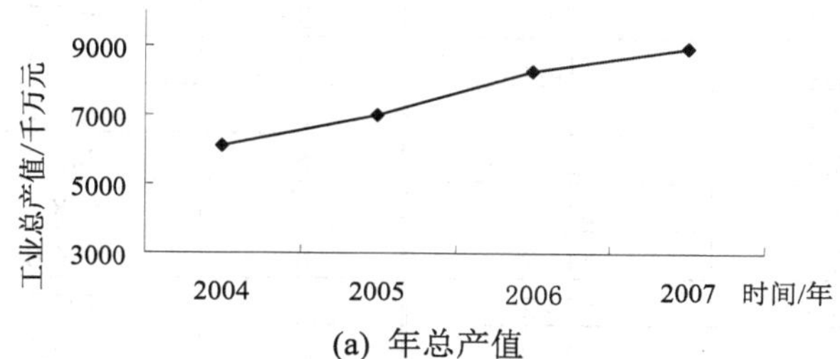

(a) 年总产值

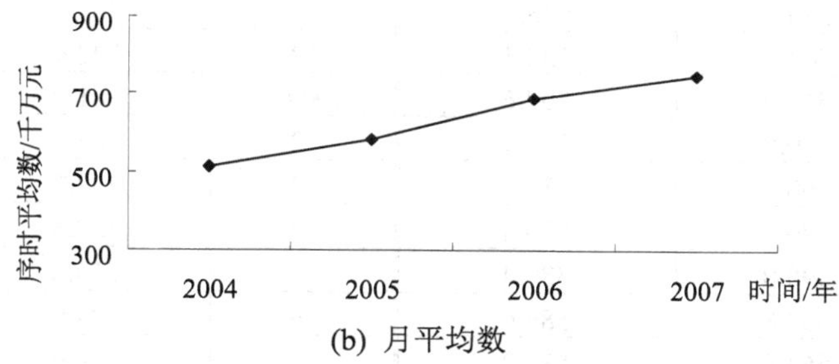

(b) 月平均数

图 5-2 时距扩大法

时距扩大法简便易行，但应用时应注意两个问题，一是同一数列前后时间间隔应当一致，以便于比较；二是时间间隔的长短应根据具体现象的性质和特点而定，以能显示现象的变化趋势。由于时距的选择和对原数列的分段不同，可能会产生不同的结果。

3) 移动平均法

移动平均法是对原有动态数列进行修匀，来测定其长期趋势的一种较为常用的方法，它是采用逐项递推移动的方法，分别计算一系列移动的序时平均数形成一个新的派生的序时平均数动态数列来替代原有的动态数列，在这个新的动态数列中，短期的偶然因素引起的变动被削弱，从而呈现出明显的长期趋势。移动平均的计算方法有简单移动平均与加权移动平均两种，以三期简单移动平均为例，计算公式为

$$M_t = \frac{1}{n}(y_{t-1} + y_t + y_{t+1}) \tag{5-16}$$

其中，n 表示移动平均的期数，这里等于 3；t 表示每个移动平均数中项的时期数；M_t 表示第 t 期的移动平均数。

根据表 5-8 的数据及式(5-16)，采用三期移动平均，可得表 5-10。从图 5-3 可以看出，移动平均法对原动态数列有较好的修匀效果。

表 5-10　移动平均法求长期趋势

单位：千万元

年　月	工业总产值	三月移动平均	年　月	工业总产值	三月移动平均
2004.1	477.9	—	2006.1	645.7	621.1
2	397.2	460.8	2	562.4	634.6
3	507.3	472.2	3	695.7	656.7
4	512.2	515.5	4	712.0	710.3
5	527.0	528.1	5	723.1	726.1
6	545.0	522.213	6	743.2	714.8
7	494.7	514.1	7	678.0	699.1
8	502.5	511.2	8	676.0	685.7
9	536.5	524.2	9	703.2	688.1
10	533.5	541.2	10	685.3	697.2
11	553.6	543.7	11	703.3	703.7
12	543.9	538.5	12	722.4	702.5
2005.1	518.0	507.6	2007.1	681.9	657.3
2	460.9	515.9	2	567.6	662.4
3	568.7	533.4	3	737.7	681.6
4	570.5	576.4	4	739.6	745.6
5	590.0	588.4	5	759.6	764.7
6	604.8	586.6	6	794.8	757.8
7	564.9	581.9	7	719.0	749.5
8	575.9	584.9	8	734.8	743.3
9	613.9	601.3	9	776.2	764.5
10	614.0	624.9	10	782.5	791.7
11	646.7	638.7	11	816.5	815.7
12	655.3	649.2	12	847.4	

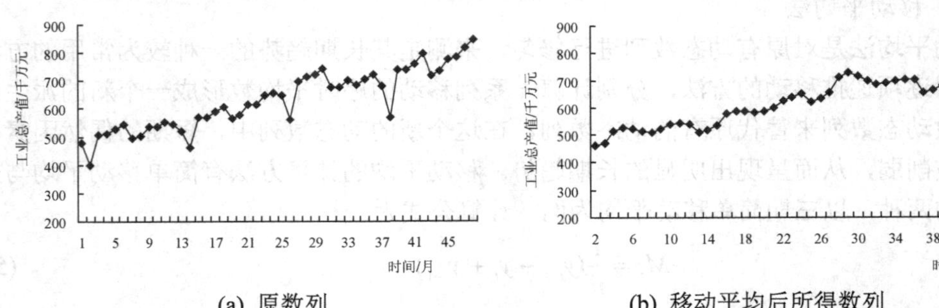

(a) 原数列　　(b) 移动平均后所得数列

图 5-3　移动平均法趋势线配合图

【专栏 5-4】 应用移动平均法分析长期趋势时，应注意的问题

第一，用移动平均法对原动态数列修匀时，修匀程度的大小与原动态数列移动平均的项数多少有关。移动平均期又称为移动步长，一般常用的有三项或五项移动平均期，一般修匀的项数越多，效果越好，即趋势线越为平滑。

第二，移动平均法所取项的多少，应视资料的特点而定。原有动态数列如有循环周期，则移动平均的项数以循环周期的长度为准。事实证明，当移动平均的时期等于周期长度或其整数倍时，它就能把周期的波动完全抹掉，如当数列资料为季资料时，可采用 4 项移动平均，这样可消除季节变动的影响，能较为准确地揭示现象发展的长期趋势；如时间数列不具有周期性，则应考虑时间数列的波动大小，当时间数列的波动大时，移动步长应取得大一些，以有效消除时间数列的波动，反之，则取得小一些。

第三，移动平均法采用奇数项比较简单，一次即得趋势值。如表 5-10 所示，3 项移动的第一个移动平均数是 460.8(千万元)，即可对正第 2 期的原值，第二个移动平均数为 472.2(千万元)，对正第 3 期的原值。采用偶数项移动平均时，由于偶数项移动平均数都是在两项中间位置，所以需要对第一次移动的平均值再进行一次二项移动平均(移动步长为 2，又称为移正平均)，才能得出移正值动态数列，以显示出现象的变动趋势。由于偶数项移动平均比较复杂，因此，一般以奇数项为长度。

第四，移动平均后的数列比原数列项数要少。移动时采用的项数越多，虽能更好的修匀，但所得趋势值的项数就越少。移动平均后的数列的项数与原有动态数列的项数关系为：趋势值项数=原数列项数−移动平均项数+1。如上例中，原数列 48 项，采取 3 项移动平均所得趋势值的项数应为：48−3+1=46 项。理论上，移动步长越大，时间数列的趋势越明显，但同时损失资料也就越多，因此，关于移动平均步长的选择问题，应综合考虑时间数列的周期性、波动大小及资料的损失情况等。

移动平均法的优点是较充分地利用了原始数列的各项数据，使简化的新数列既能明显地显示其长期趋势，又比较贴近原数列而保持其真实性，但所得的新数列项数较原数列要少，两端有缺项，不能进行外推预测。

2. 数学模型法

数学模型法是对时间数列进行经验判断，在确定其性质和特点的基础上，通过构造一个数学方程式(趋势方程)来描述时间数列的长期趋势的模型法。数学模型法依据的是最小平方原理，即原有数列的实际数值与趋势线的估计数值的离差平方之和为最小(具体建模及估计方法可参见第九章线性回归分析的相关内容)。

长期趋势的类型有很多，既有直线型也有曲线型，在模拟趋势线时，重要的是通过观察，首先构建正确的数学方程形式，然后，对未知参数进行求解。在具体应用中，现主要通过统计软件计算机模拟获得。常用的经济统计软件有 Eviews、Stata 等。

以表 5-8 为例，根据图 5-3，可以看出，某地区 2004—2007 年的工业总产值呈现直线上升趋势，因此，可以建立线性方程，即估计方程为

$$\hat{y} = \alpha + bt \tag{5-17}$$

其中，a 表示截距项，b 为直线的斜率，两者均为常数；t 表示时间。

上式中，a、b 为未知参数。把表 5-8 中的数据输入 Eviews 统计软件，进行最小二乘估计(OLS)，可直接得出该地区工业总产值趋势方程的输出结果。未知参数 a、b 的估计值分别为 460.1、7.0069，即估计方程为

$$\hat{y} = 460.1 + 7.0069t$$

将 48 个月的时间编号代入趋势方程，便可求得 2004—2007 年各月的趋势值，将这些值描绘在图上便形成一条上升的趋势线。可以证明，这是一条与数列原值的离差平方和最小的趋势线，因此，这条模拟直线是与原值最接近的趋势线。

此外，数学模型法的优点是不仅可以运用趋势方程计算各期指标的理论值，比较贴近地拟合原时间数列，而且可以进行外推预测。如要预测 2008 年 1 月份可能的工业总产值，将时间 t=49 代入，可得

$$\hat{y} = 460.1 + 7.0069 \times 49 = 803.44(\text{亿元})$$

社会经济发展变化的长期趋势除表现为不同的持续上升或下降的直线之外，还表现为多种曲线，需要用曲线方程模拟，常用的有指数曲线方程($\hat{y}=\alpha b^t$)、二次曲线方程($\hat{y}=\alpha+bt+ct^2$)等。对这些曲线方程的估计，均可首先转化为线性形式，然后通过 Eviews 等经济统计软件进行估计，模拟动态数列趋势方程。

【专栏 5-5】 Eviews 经济统计软件介绍

Eviews 是 Econometrics Views 的缩写，通常称为计量经济学软件包。它的本意是对社会经济关系与经济活动的数量规律，采用计量经济学方法与技术进行观察。正是由于 Eviews 等计量经济学软件包的出现，使计量经济学取得了长足的进步，发展成为一门较为实用与严谨的经济学科。Eviews 是美国 QMS 公司研制的在 Windows 下专门从事数据分析、回归析和预测的工具，使用该软件可以迅速地从数据中寻找出统计关系，并用得到的关系去测数据的未来值。Eviews 主要用于经济学领域，应用范围包括：经济统计数据分析与评数据整理、金融分析、宏观经济预测、仿真、销售预测和成本分析等。

views 处理的基本数据对象是时间序列，每个序列有一个名称，只要提及序列的名称对序列中所有的观察值进行操作。Eviews 允许用户以简便的可视化的方式从键盘或中输入数据，根据已有的序列生成新的序列，在屏幕上显示序列或在打印机上打列，对序列之间存在的关系进行统计分析。

第四节　季节性变动的测定与预测

季节性变动是社会经济生活中的普遍现象，季节性变动测定的目的：一是分解时间序列，以测定季节变动成分和反映现象的基本变化规律与趋势性；二是调整季节因素，即从原数列中剔除季节因素的影响，以便更清楚地呈现长期趋势，进而建立适当的预测模型，对现象进行预测。

测定季节变动的方法通常是计算各月的季节指数，从其是否考虑受长期趋势的影响来分主要有两种：一是不考虑长期趋势的影响，直接根据原始的动态数列来计算，常用的方法是按月平均法；二是根据剔除长期趋势影响后的数列资料来计算。为了准确地计算季节变动，一般须用 3 年或更多年份的资料作为基本数据，以较好地消除偶然因素的影响。

一、按月平均法

按月平均法也称按季平均法，若是月资料就是按月平均，若是季度资料则按季平均。其计算的步骤是：①先将各年同月(或季度)数据按年排列；②计算各年同月(或同季)的平均数及总平均数；③将各月(或各季度)的平均数除以总的月(或季度)平均数，即得到各月(或各季度)的季节指数。季节指数计算公式为

$$季节指数=\frac{各月平均数}{全期总的月平均数}\times 100\% \tag{5-18}$$

以例 5-11 中，2004—2007 年某地区工业总产值时序资料为例，季节指数计算结果如表 5-11。

表 5-11　某地区 2004—2007 工业总产值季节指数计算表(按月平均法)

月　份	2004 年/千万元	2005 年/千万元	2006 年/千万元	2007 年/千万元	四年合计/千万元	同月平均数/千万元	季节指数/%
1	477.9	518.0	645.7	681.9	2323.5	580.9	92.0
2	397.2	460.9	562.4	567.6	1988.1	497.0	78.7
3	507.3	568.7	695.7	737.7	2509.4	627.4	99.3
4	512.2	570.5	712.0	739.6	2534.3	633.6	100.3
5	527.0	590.0	723.1	759.6	2599.7	649.9	102.9
6	545.0	604.8	743.2	794.8	2687.8	672.0	106.4
7	494.7	564.9	678.0	719.0	2456.6	614.2	97.2
8	502.5	575.9	676.0	734.8	2489.2	622.3	98.5
9	536.5	613.9	703.2	776.2	2629.8	657.5	104.1
10	533.5	614.0	685.3	782.5	2615.3	653.8	103.5

续表

月份	2004年/千万元	2005年/千万元	2006年/千万元	2007年/千万元	四年合计/千万元	同月平均数/千万元	季节指数/%
11	553.6	646.7	703.3	816.5	2720.1	680.0	107.6
12	543.9	655.3	722.4	847.4	2769.0	692.3	109.6
全年	6131.3	6983.6	8250.3	8957.6	30 322.8	631.7	100.0

根据表5-11所得的季节指数画一条曲线图(见图5-4)，可直观地观察季节变动的规律。从表5-11和图5-4可以看出，某地区工业总产值明显地受到季节变动的影响，2月份由于节假日多，实际工作日少，季节指数只有78.7%；7、8月份由于受到高温气候的影响，季节指数也比较低，其余多数月份季节指数均在100%以上；纵观12个月的季节指数，其特点是上半年偏低，下半年偏高，特别是到11、12月份几乎达到110%，这表明按月平均法计算的季节指数，包含着呈直线上升的长期趋势的影响。

根据季节变动资料也可进行某些经济预测，如，已知2008年7月份某地区工业总产值为700(千万元)，预测12月份的工业总产值是多少。

由表5-11的季节指数，可得

12月份某地区工业总产值=700/97.2×109.6=789.3(千万元)

二、长期趋势剔除法

长期趋势剔除法是先从时间数列中剔除长期趋势，获得一系列无趋势的指数值，然后按上述的按月(季)平均法对其计算季节指数(式5-18)。剔除趋势的方法可以采用移动平均法或趋势方程找出趋势值，对于移动平均法前面已经介绍，不再赘述，这里重点说明采用趋势方程的方法剔除长期趋势。

如果现已经知道了时间数列趋势值，一般来说，对于各因素乘积形式的现象，应采用原数列除以长期趋势的方法剔除长期趋势，对于各因素属于和的形式的现象，应用原数列减去长期趋势的方法剔除长期趋势，如式(5-14)、式(5-15)所示。以例5-11中某地区2004—2007年工业总产值为例，本例中采用乘法模型，剔除长期趋势后的工业总产值季节指数的计算过程见表5-12。

表5-12　某地区2004—2007年工业总产值季节指数计算表(剔除长期趋势平均法)

月份	2004年/千万元	2005年/千万元	2006年/千万元	2007年/千万元	四年合计/千万元	同月平均数/千万元	校正系数	季节指数%
1	102.3	94.0	101.6	94.8	392.7	98.180 95	1.000 072	98.18801
2	83.8	82.6	87.6	78.1	332.1	83.0132	1.000 072	83.019 18
3	105.4	100.6	107.1	100.6	413.8	103.4497	1.000 072	103.4572
4	104.9	99.7	108.5	99.9	413.0	103.254	1.000 072	103.2614

续表

月份	2004年/千万元	2005年/千万元	2006年/千万元	2007年/千万元	四年合计/千万元	同月平均数/千万元	校正系数	季节指数%
5	106.4	101.9	109.0	101.6	418.9	104.7369	1.000 072	104.7444
6	108.5	103.2	110.9	105.4	427.9	106.9838	1.000 072	106.9915
7	97.2	95.2	100.1	94.4	386.9	96.729 89	1.000 072	96.736 85
8	97.4	95.9	98.8	95.6	387.7	96.927 66	1.000 072	96.93463
9	102.5	101.1	101.7	100.1	405.5	101.3661	1.000 072	101.3734
10	100.6	100.0	98.1	100.0	398.7	99.682 83	1.000 072	99.69001
11	103.1	104.1	99.7	103.4	410.3	102.5732	1.000 072	102.5806
12	99.9	104.3	101.4	106.4	412.1	103.0154	1.000 072	103.0229
全年	1212.1	1182.5	1224.6	1180.4	4799.7	1199.914	1.000 072	1200

在剔除原时间序列的长期趋势时，使用了原时间序列中的数值 y_t 除以趋势方程中对应的拟合数值 $\hat{y}_t$，而且有 $\sum_{t=1}^{n}\hat{y}_t=\sum_{t=1}^{n}y_t$，所以计算出来的同月平均数本身就具有季节指数的特征。本例中由于同月平均数的全年合计为 1199.914%，小于 1200%，则还应该对其进行校正，校正系数为

$$校正系数=\frac{1200}{1199.914}=1.000072$$

用此校正系数，乘以各同月平均数，可得到表 5-12 中校正后的各季节指数，全年合计数为 1200%。

将表 5-12 中的季节指数(按长期趋势剔除法)与用按月平均法计算的季节指数(如表 5-11)描绘成曲线图，如图 5-4 所示，可以看出，剔除长期趋势后的季节指数上半年与下半年明显较为平衡。

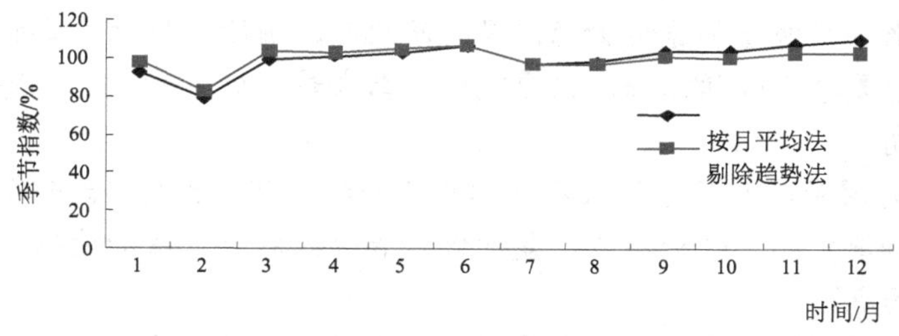

图 5-4　趋势剔除前后季节指数比较

对时间数列的季节变动加以测定，不仅可以掌握社会经济现象季节变动的规律，而且在组织生产、交通运输、市场供应和安排居民生活等方面可以减少盲目性，并提高了月度

资料预测结果的准确性。

【案例 5-2】 1961—2006 年以来国际糖价的季节性波动

从经济学角度，国际糖价取决于国际糖产品的供给与需求，在全球供需过剩或供需基本平衡的条件下，国际贸易的流入和流出决定了全球价格的波动空间。在国际糖产品市场上，北半球是全球最主要的进口地区，与之相反的是，南半球的泰国、印度及巴西是主要的出口国。从 1961—2006 年以来的国际糖价的走势来看，全球糖价具有明显的季节性波动特征，全球 8—10 月份是消费淡季，价格走底，12 月份前后是消费旺季，价格走高。1961—2006 年这 46 年间国际糖价走高的月份出现频率如图 5-5 所示。

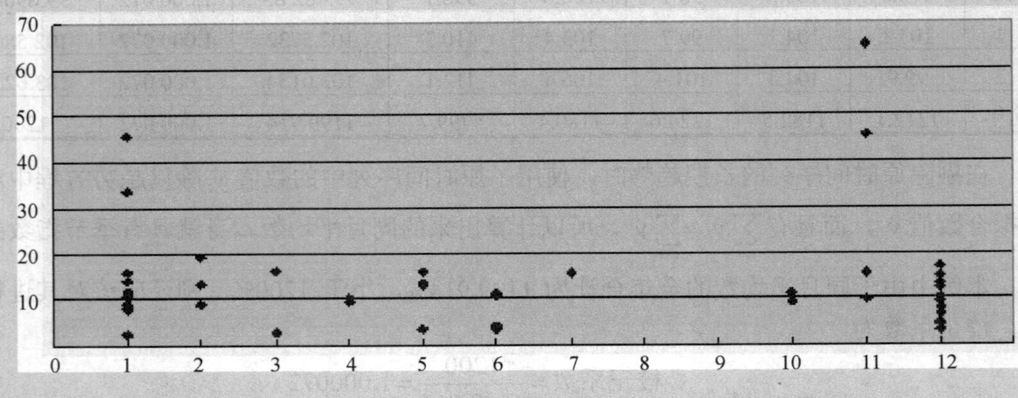

图 5-5 1961—2006 年每年糖价最高点出现月份频率图

图 5-5 显示，国际糖价每年出现最高点的月份多集中在 12 月前后，即 11、12、1 月份 3 个月，共出现 27 次，占总样本数的 59%；其次是 5、6 两个月份，共 9 次。上述 5 个月出现高点的概率占总样本数的 78%。通过对全球食糖供应和消费的季节性因素进行分析可总结上述现象产生的原因如下。

(1) 每年 11、12、1 月是全球食糖消费的旺季，西方的圣诞节和东方的春节等各种重要传统节日的来临交替着加速对食糖消费。而此时，国际市场最重要的食糖供应商巴西中南部，却面临着夏季来临的休榨，供应减少和需求最旺的不对称，使得食糖价格往往在此期间创年度新高。

(2) 5、6 月间是南北半球供求不对称的又一段时期，巴西中南部刚刚开榨，北半球市场供应也因前期消费面临余糖不多，夏季饮料和冷饮的消费增加使糖产品产生需求压力，导致糖价出现高点。

正是上述等季节性原因导致的全球供需出现的间歇性矛盾才使得糖价在某些特定时刻出现差异。对应上述高点出现的时间，全年中出现低点的时间正好与供需状况相左，1961—2006 年这 46 年间国际糖价走低的月份出现频率如图 5-6。

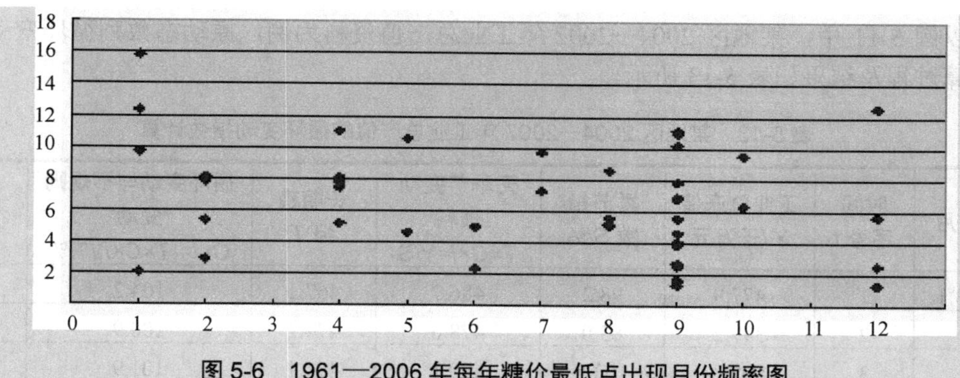

图 5-6 1961—2006 年每年糖价最低点出现月份频率图

图 5-6 显示，首先，全球最低点出现的月份频率最高的是 9 月，共 16 次，占总样本数量的 35%。以 9 月为核心，8～10 月间出现最低点的频率为 22 次，占总样本数量的 48%。造成这种现象的原因仍然如前所述，每年巴西中南部 5 月开榨，但供应最高峰则出现在 7、8 两个月，这时，全球糖产品是需求淡季，因此，全球贸易在 9 月前后出现过剩。

其次，4 月份国际糖价出现最低点的频率为 6 次，出现的次数仅次于 9 月，这时泰国、印度是出口比较繁忙的时期，而全球糖产品的需求是淡季，整个国际市场的供需状况，决定了当时的国际糖产品价格。

(资料来源：中国糖网，http://www.cnsugar.cn，2007 年 3 月)

第五节 循环变动和不规则变动的测定

一、循环变动分析

测定循环变动最常用的方法是基于乘法模型的剩余法，这是指从时间数列中依次剔除长期趋势和季节性变动因素之后，其剩余部分即为循环变动和不规则变动，再通过移动平均法来剔除不规则变动，最后剩余即为循环变动。具体步骤如下。

(1) 根据时间数列资料计算季节指数 S，并用原数列除以 S，求得一列无季节变动资料。

$$\text{无季节变动资料}=\frac{T\times S\times C\times I}{S}=T\times C\times I \tag{5-19}$$

(2) 计算长期趋势 T(即趋势值 $\hat{y}$)，这里长期趋势值是根据模型法模拟的方程估算而获得。以无季节变动资料除以 T，以消除长期趋势，便得到循环变动与不规则变动资料。

$$\text{循环变动与不规则变动资料}=\frac{T\times C\times I}{T}=C\times I \tag{5-20}$$

(3) 对循环变动与不规则变动资料进行移动平均(如采用 3 个月移动平均等)，消除不规则变动，剩余结果便是循环变动指数。

以例 5-11 中，某地区 2004—2007 年工业总产值资料为例，原动态数列循环变动指数的计算过程及结果如表 5-13 所示。

表 5-13　某地区 2004—2007 年工业总产值的循环变动指数计算

年　月	时间序号 t	工业总产值 Y/千万元	季节指数 S/%	无季节变动资料 $T\times C\times I=Y/S$	长期趋势 T	循环变动与不规则变动 $C\times I=(T\times C\times I)/T$/%	循环变动 C/%
2003.1	1	477.9	98.2	486.7	467.1	104.2	—
2	2	397.2	83.0	478.6	474.1	100.9	102.3
3	3	507.3	103.5	490.1	481.1	101.9	101.5
4	4	512.2	103.3	495.8	488.1	101.6	101.7
5	5	527.0	104.7	503.3	495.1	101.7	101.6
6	6	545.0	106.9	509.3	502.1	101.4	101.2
7	7	494.7	96.7	511.6	509.1	100.5	100.8
8	8	502.5	96.9	518.6	516.1	100.5	100.7
9	9	536.5	101.4	529.1	523.2	101.2	100.8
10	10	533.5	99.7	535.1	530.2	101.0	100.8
11	11	553.6	102.6	539.6	537.2	100.4	99.4
12	12	543.9	103.0	528.1	544.2	97.0	97.6
…	…	…	…	…	…	…	…

说明：趋势值 T 根据模拟方程 $\hat{y}=460.1+7.0069t$ 估算。

将计算得到的循环变动指数 C 绘制成曲线图，可以看出某地区 2004—2007 年工业总产值经历了由下降到上升，再下降、再上升的过程，即存在着两个不完全的短周期循环，如图 5-7 所示。

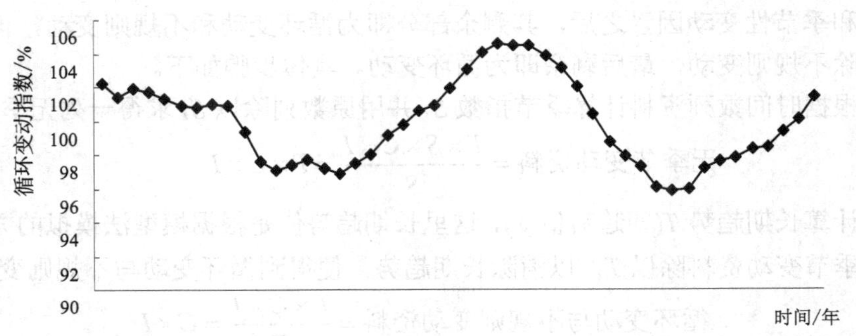

图 5-7　某地区 2004—2007 年工业总产值循环变动指数

循环变动也是一种规律性变动，有其深刻的社会原因，并对社会经济的发展产生不良影响。对时间数列中的循环变动加以测定，分析其形成的机制，对于加强和改善宏观调控、缓解周期波动的影响、保持经济的健康发展有重要的意义。

二、不规则变动的测定

不规则变动也可采用上述剩余法测定，即根据乘法模型，利用已经计算得到的循环变动与不规则变动资料($C×I$)，除以循环变动指数 C 即可：

$$\text{不规则变动}I=\frac{C\times I}{C} \tag{5-21}$$

根据例 5-11，某地区 2004—2007 年工业总产值资料，不规则变动的计算过程及其结果如表 5-14 所示。

表 5-14　某地区 2004—2007 年工业总产值不规则变动计算表

年　月	时间序号 t	循环变动与不规则变动 $C×I=(T×C×I)/T$/%	循环变动 C/%	不规则变动 $I=C×I/C$/%
2004.1	1	104.2	—	—
2	2	100.9	102.3	98.6
3	3	102.9	101.5	100.4
4	4	101.6	101.7	99.9
5	5	101.7	101.6	100.1
6	6	101.4	101.2	100.2
7	7	100.5	100.8	99.7
8	8	100.5	100.7	99.8
9	9	101.2	100.8	100.3
10	10	101.0	100.8	100.1
11	11	100.4	99.5	100.9
12	12	97.0	97.6	99.4
…	…	…	…	…

将表 5-14 不规则变动指数绘成曲线，如图 5.8 所示，可以看出这是一条围绕着 100%作小幅波动的曲线，这表明某地区 2004—2007 年工业总产值的发展变化比较有规律，随机的、偶然性因素的影响是微小的。不规则变动是由偶然因素引起的，因此，在对时间数列进行统计分析时，还应着力揭示其发展变化的规律，并进一步分析各种深层次的原因。

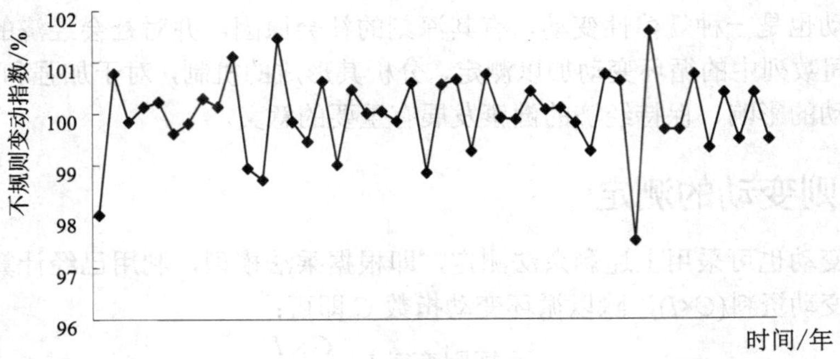

图 5-8 某地区 2004—2007 年工业总产值不规则变动指数

本章小结

时间数列又称时间序列或动态序列，是将反映某个社会经济现象的指标数值按时间的顺序排列起来所形成的一种统计序列。按指标的形式不同，时间数列可分为绝对数时间数列、相对数时间数列和平均数时间数列。动态分析指标主要测量社会经济现象发展水平和速度，包括两大类，一是水平指标，包括发展水平、平均发展水平、增长量与平均增长量；二是速度指标，包括发展速度与增长速度、平均发展速度与平均增长速度。

社会经济现象的发展变化是多种因素影响的综合结果，按时间数列构成因素的性质和作用，大致可归纳为 4 种因素，分别为长期趋势、季节性变动、循环变动和不规则变动。根据变动因素相互关系的不同假设，动态数列的变动模式可分为加法模式和乘法模式。

测定和预测长期趋势的方法大致可以分为修匀法和数学模型法两大类，其中，修匀法包括画线法、时距扩大法和移动平均法；季节性变动的测定方法包括按月平均法和长期趋势剔除法；循环变动和不规则变动的测定方法最常用的是采用基于乘法模型的剩余法。

复习思考题

一、名词解释

动态数列 发展水平 序时平均数 逐期增长量 累计增长量 发展速度 增长速度 环比发展速度 定基发展速度 水平法 累计法 长期趋势 季节性变动 循环变动 不规则变动

二、填空题

1. 动态数列有两个要素，一是________，二是________。

2. 平均发展速度是________的平均数，也是一种________。

3. 时间数列是把________在________的指标数值按时间顺序排列所形成的数列。

4. 平均发展速度的计算方法有________和________两种。

5. 各个发展水平反映现象在各________或________上所达到的规模或实际水平。

6. 发展速度由于采用的基期不同，分为________发展速度和________发展速度。二者的数量关系是________。

7. 当长期趋势、季节性变动、循环变动和不规则变动 4 种影响因素呈现相互独立关系时，动态数列分析采用________模型；而当 4 种变动因素呈现相互影响关系时，动态数列分析采用________模型，以把各因素影响的变动分别测定出来，为决策提供依据。

8. 社会经济现象的发展变化是多种因素影响的综合结果，各种影响因素按它们的性质和作用，大致可以归纳为________、________、________、________4 种因素。

9. 某校在校生 2005 年比 2004 年增加 5%，2006 年比 2005 年增加 10%，2007 年比 2006 年增加 1.5%，则这 3 年共增加在校生________%，年平均增长率是________%。

10. 某厂生产某种产品，4 月份产量 950 件，废品率为 0.53%，5 月份产量 1200 件，废品率为 0.5%，6 月份产量 1500 件，废品率为 0.4%，则第二季度平均废品率为________%。

三、判断题

1. 时间数列中各个指标数值是不能相加的。（　）
2. 时期数列是最基本的时间数列。（　）
3. 保证时间数列中各个指标数值的可比性是编制时间数列的基本原则。（　）
4. 环比增长速度的连乘积等于定基增长速度。（　）
5. 一定阶段内，各期发展水平之和与最初水平之比，实际上就是各定基发展速度之和。（　）
6. 报告期比基期翻一番，即增加一倍，翻两番也就是增加两倍。（　）
7. 总体的同质性是计算平均数和平均速度都应遵守的原则之一。（　）
8. 若各期的增长量相等，则各期的增长速度也相等。（　）
9. 如果季节指数等于 100%，则说明没有季节性变动。（　）
10. 根据最小平方法建立直线方程后，可以精确地外推任意一年的趋势值。（　）

四、单项选择题

1. 时间序列中，各个指标数值可以相加的是(　　)。

A. 时点数列　　B. 平均数动态数列

C. 时期数列　　D. 相对数动态数列

2. 若环比增长速度为 2%、4%、6%、8%。则定基增长速度为(　　)。

A. 2%×4%×6%×8%　　B. 2%×4%×6%×8%-1

C. 102%×104%×106%×108%　　D. 102%×104%×106%×108%-1

3. 根据时期数列，计算平均发展水平用(　　)。

A. 首尾折半法　　B. 简单算术平均法

C. 倒数平均法　　D. 加权算术平均法

4. 增长1%的绝对值是(　　)。

A. 本期水平的1%　　B. 前期水平除以100

C. 本期累计增长量的1%　　D. 本期的逐期增长量除以100

5. 以1995年为基期，2007年为报告期，计算工业总产量的平均发展速度时，需要(　　)。

A. 开12次方　　B. 开13次方

C. 开11次方　　D. 开14次方

6. 将我国五次人口普查所获得的人口数量资料，按时间先后顺序排列起来，就形成一个(　　)。

A. 时期数列　　B. 平均数时间数列

C. 时点数列　　D. 相对数时间数列

7. 将我国五次人口普查所获得的男性人口占总人口的比例资料，按时间先后顺序排列起来，就形成一个(　　)。

A. 时期数列　　B. 平均数时间数列

C. 时点数列　　D. 相对数时间数列

8. 平均发展速度是(　　)。

A. 各环比发展速度的算术平均数　　B. 各环比发展速度的几何平均数

C. 各环比发展速度的调和平均数　　D. 各环比发展速度的连乘积减1

9. 某地区农业总产值在两年之内翻了一番，则平均增长速度为(　　)%。

A. 100　　B. 41.4　　C. 200　　D. 141.4

10. 某地区2007年工业总产值是2005年的1.21倍，则该地区1988—1990年工业总产值的年均增长速度为(　　)。

A. 1.1%　　B. 10%　　C. 10.5%　　D. 11%

11. 某工厂2006年的产值比上一年增长20%，已知增长1%的绝对值为1万元，则2006年的产值为(　　)万元。

A. 100　　B. 20　　C. 120　　D. 150

12. 按长度不同的各时期的资料计算平均发展水平应该用(　　)。

A. 简单平均法　　B. 加权平均法

C. 几何平均法　　D. 调和平均法

13. 动态数列的两发展水平之差称作(　　)。

A. 增长量　　B. 发展水平　　C. 发展速度　　D. 增长速度

14. 按季平均法测定季节比率时，各季的季节比率之和应等于(　　)。

A. 100%　　B. 120%　　C. 400%　　D. 1200%

15. 根据绝对数时期数列计算序时平均数应采用(　　)。

A. 几何平均法　　B. 加权算术平均法

C. 简单算术平均法　　D. 首末折半法

五、多项选择题

1. 动态数列按指标形式不同可分为(　　)。

A. 时期数列　　B. 时点数列　　C. 绝对数数列

D. 相对数数列　　E. 平均数数列

2. 下列各数列属于时点数列的是(　　)。

A. 某商店各月末库存额　　B. 某工厂各月初职工人数

C. 全国历年钢产量　　D. 全国各年人口自然增长率

E. 某储蓄所各月末存款余额

3. 在时间数列中发展水平包括(　　)。

A. 最初水平　　B. 中间水平　　C. 最末水平

D. 相对水平　　E. 平均水平

4. 在动态分析中以对比关系反映发展变化的指标是(　　)。

A. 发展速度　　B. 增长速度　　C. 平均发展速度

D. 平均增长速度　　E. 增长量

5. 序时平均数包括(　　)。

A. 平均发展水平　　B. 平均增减量

C. 平均发展速度　　D. 平均增长速度

6. 构成动态数列的基本要素是(　　)。

A. 现象所属时间

B. 总量指标

C. 现象在各个时期所达到的水平

D. 指标值的差异

7. 时间数列中的第一个指标数值称为(　　)。

A. 最初水平　　B. 发展水平　　C. 中间水平

D. 基期水平　　E. 报告期水平

8. 平均增长量等于(　　)。

A. 逐期增长量之和除以逐期增长量项数

B. 累计增长量除以时间序列项数

C. 累计增长量除以时间序列项数减 1

D. 逐期增长量的算术平均数

9. 增长速度( )。

A. 是增长量与基期水平之比 B. 等于发展速度减 1

C. 包括定基增长速度和环比增长速度 D. 可用倍数表示

10. 平均增长速度( )。

A. 等于发展速度减 1 B. 是各环比增长速度的几何平均数

C. 是各环比增长速度的序时平均数 D. 等于平均发展速度减 1

六、简答题

1. 什么是时间数列，它包括哪些构成要素？
2. 时间数列有哪些种类，其构成原则是什么？
3. 常用的动态分析指标有哪些，它们各有什么经济意义？
4. 什么是发展速度和增长速度？发展速度与增长速度的关系如何？
5. 构成时间数列的因素有哪些？如何测定长期趋势、季节性变动、循环变动及不规则变动？

七、计算题

1. 某建筑工地水泥库存量资料如下:

日期(月/日)	1/1	2/1	3/1	4/1	6/1	7/1	10/1	11/1	次年 1/1
水泥库存量/吨	8.14	7.83	7.25	8.28	10.12	9.76	9.82	10.04	9.56

要求：计算该工地各季度及全年的月平均水泥库存量。

2. 某企业 2001—2006 年职工人数和工程技术人员数如下，试计算 2001—2006 年工程技术人员占全部职工人数的平均比重。

年份	2001	2002	2003	2004	2005	2006
年末职工人数/人	1000	1020	1083	1120	1218	1425
年末工程技术人员数/人	50	50	52	60	78	82

3. 某企业 2007 年第一季度职工人数及产值资料如下:

月份	1	2	3	4
产值/百元	4000	4200	4500	—
月初人数/人	60	64	68	67

要求：(1) 编制第一季度各月劳动生产率的动态数列。

(2) 计算第一季度的月平均劳动生产率。

(3) 计算第一季度的劳动生产率。

4. 某企业 2001—2006 年间某产品产量资料如下表所示。

年　份	2001	2002	2003	2004	2005	2006
产量/万件	500	550	604	664	700	735
逐期增长量/万件	—					
累计增长量/万件	—					
环比发展速度/%	—					
定基增长速度/%	0					
增长 1%的绝对值/万件	—					

要求：(1)将表中空格数据填齐；(2)计算 2001—2006 年间该企业的平均产量、年平均增长量和年平均增长速度。

5. 已知某工厂 2002 年比 2001 年增长 20%，2003 年比 2002 年增长 50%，2004 年比 2003 年增长 25%，2005 年比 2001 年增长 110%，2006 年比 2005 年增长 30%，试根据以上资料编制 2002—2006 年的环比增长速度数列和定基增长速度数列，并求平均发展速度。

6. 某产品专卖店 2004—2006 年各季节销售额资料如下表所示。

单位：万元

年　份	一 季 度	二 季 度	三 季 度	四 季 度
2004	51	75	87	54
2005	65	67	82	62
2006	76	77	89	73

要求：(1) 采用按季平均法计算季节指数。

(2) 计算 2006 年无季节变动情况下的销售额。

7. 某煤矿某月份每日原煤产量如下。

单位：万吨

日　期	原煤产量	日　期	原煤产量
1	2010	8	2130
2	2025	9	2152
3	2042	10	2103
4	1910	11	2080
5	1960	12	2193
6	2101	13	2204
7	2050	14	2230

续表

日　期	原煤产量	日　期	原煤产量
15	1965	23	2382
16	1900	24	2282
17	2280	25	2390
18	2300	26	2450
19	2342	27	2424
20	2338	28	2468
21	2361	29	2500
22	2345	30	2504

要求：(1) 用移动平均法(五项移动平均)求上表资料的长期趋势并作图。

(2) 判断该趋势接近于哪一类型，并且最小平方法拟合适当的曲线。

(3) 预测该部门下个月1日的原煤产量。

第六章

统 计 指 数

学习目标：本章主要阐述统计指数的理论与方法。通过本章学习，要求了解统计指数的基本概念、统计指数的编制原理；熟练运用综合指数和平均数指数的编制方法；熟练掌握指数体系在因素分析中的应用；了解常用的价格指数的编制方法。

关键概念：统计指数(index number)　综合指数(aggregative index number)　平均数指数(average index number)　因素分析(factor analysis)

第一节　统计指数概述

一、指数的概念

指数的概念产生于18世纪后半期，当时由于金银大量流入欧洲，引起欧洲物价飞涨，客观上产生了反映物价变动程度的要求，这就是物价指数的根源。对于一种商品，用现有的价格与原来的价格对比以反映价格变动的程度，这就是我们现在所说的个体价格指数，这样，把计算反映价格变动的相对数称为指数。随着时间的推移，指数的应用推广到各个方面，指数的概念也得到很大的扩展，凡是反映动态的各种相对数都可称为指数。

【专栏6-1】　指数的产生与早期探索

指数的编制是从物价的变动中产生的，1675年英国经济学家伏亨(Rice Vaughan)在其所著《铸货币及其货币铸造论》一书中，为了测定当时劳资双方对于货币交换的比例，采用谷物、家畜、鱼类、布帛与皮革等样品，以1352年为基期，将1650年的价格与之作比较，这是价格指数的首创。1707年英国主教佛里特伍德(Bishop Fleetwood)为了计算货币交换价值将1440—1480年间五英镑所购物品(包括谷物、家畜、鱼类、布帛与皮革等)的数量加以比较，以研究数百年间这些物品价格的变动，这实际上就是统计学中的个体指数比较问题，具有划时代的意义。

在指数的编制过程中，总指数的编制比单项个体指数的编制要复杂得多，因为同时反映多种商品价格的变动，人们很容易从不同的角度去理解，从而使用不同的计算方法。1738年法国学者杜托(Dutor)在其《从政治上考虑财政和商业》一书中，就路易十四(1638—1715年)与路易十二(1462—1515年)时代的价格，从总数上加以比较，即把两期价格单纯地加在一起，来对商品的价格变动加以综合说明，这是简单综合法的初端。

18 世纪，大量金银由美洲输入，欧洲物价飞涨。为了研究货币购买力对价格的影响，1764 年，意大利贵族卡里(Giovanni Rinaldo Carli)在其所著《铸币金属的价值与比例》中，用 1750 年的粮食、葡萄酒和植物油三类沿海经济品的价格与 1500 年前同样的三种商品的价格对比，再把计算出来的百分数(即分类指数)相加除以 3，这就是简单算术平均指数法。

1863 年英国经济学家杰文斯(W. S. Jevons)在一篇《金价的暴跌》的论文中，提出了计算价格指数的简单几何平均法。为了证实这种方法的优越性，他编制了一种英国价格指数，并且通过对价格指数的分析研究而概况出金价跌落是由于 1849 年起黄金产量增加的缘故。

现在物价指数的编制已运用到我们生活的各个方面，统计指数的编制方法也日趋完善(如帕氏与拉氏指数的编制方法)，有些指数如消费品价格指数、生活费用价格指数，同人们的日常生活休戚相关，有些指数如生产资料价格指数、股票价格指数等，直接影响了人们的投资活动，成为社会经济的“晴雨表”。

(资料来源：李洁明、祁新娥，统计学原理，复旦大学出版社，2003 年 10 月)

指数的含义有广义和狭义之分。广义指数是指一切说明社会经济现象数量变动或差异程度的相对数，如动态相对数、比较相对数、计划完成相对数等。大英百科全书对指数所下的定义是：“指数是用来测定一个变量对于一个特定的变量值大小的相对数。”这也是广义指数的概念。狭义的指数是指一种特殊的相对数，即专指反映不能直接相加和对比的复杂社会经济现象综合变动程度的相对数，如零售物价指数，是说明全部零售商品价格总变动的数；工业产品产量指数，是说明一定范围内全部工业产品实物量总变动的相对数。

统计理论主要探讨复杂现象总体的综合变动状况和对比关系，即狭义指数，因此，在本章中，讨论的指数主要是指狭义指数。一般来说，狭义指数有如下特点。

(1) 综合性。狭义指数不是反映一种事物的变动，而是综合多种事物构成的总体的变动，所以它是一种综合性的指数。如股票价格指数是综合反映所有上市公司股票交易的价格，而不是某一上市公司股票价格的变动。

(2) 平均性。由于各个个体的变动是参差不齐的，狭义指数所反映的总体的变动只能是一种平均意义上的变动，即表示各个个体变动的一般程度。如上海证券交易所综合指数当天与昨天相比，股票指数上涨了 1.2%，表示平均来说上海证券交易所挂牌交易的上市公司平均股票价格今天比昨天上涨了 1.2%，而实际上，有的公司上涨了 10%，也有的上市公司下跌了 10%。

(3) 代表性。指数是研究现象每个项目变动的综合反映，但并不表示指数包含所有项目，而是以代表性项目计算的。如消费品价格指数，全社会的消费品数以千万计，不可能在计算消费品价格指数时，把所有项目列入范围。因此，指数是以代表性身份出现的数值。

【专栏 6-2】 专家解析：为何物价指数与人们日常生活感受有较大出入

2006 年 5 月份以来，北京街头 1.6 元/公里的出租车逐渐消失，不仅出租车价格，瓜果

蔬菜价格也至少涨了三四成，一些超市的苹果涨幅超过100%，为此一些低收入家庭开始改吃西红柿，人们对一些物价上涨反应强烈。而国家统计局刚公布的2006年上半年CPI增长1.3%，涨幅比去年同期回落1个百分点，当前居民消费价格总水平变动相当温和。

国家统计局公布的CPI与居民的直观感受显然有不小距离。国家统计局城市司副司长孟庆欣在接受新华社记者专访时解释说，统计部门发布的主要是宏观数据，与个体感受存在差异。不要说普通人，就是经济学家的感受也不一样，对此既不能说人们的直观感受"不对"，也不能说统计数据"错了"。

CPI不仅有个体感受差异，也有地区和消费层次的差异。国家统计局公布的CPI反映的是全国的整体情况，不是北京或某个省份的CPI，也不是只反映某一特殊领域的CPI，国家统计局公布的CPI是对全国各地、各类商品和服务价格的整体情况的数据描述，与某个地方某个人具体的微观感受不一样是正常的。CPI是从区域、消费种类来说，都是平均值，例如，对于北京、上海这些大城市的中高收入居民，成品油涨价确实较大幅度地增加了消费支出，对于大部分中低收入的市民来说，选择的交通工具还是公共交通，公共交通价格的涨幅并没有那么大，因此，成品油价格上涨虽在CPI中有体现，但对CPI的整体影响有限。

此外，CPI的高低，反映的是价格相对水平的变化情况，与消费品价格本身的高低是不同的概念。比如40万元一辆的汽车，其价格指数的变化，改变不了其价位高的事实。特别是，消费者普遍有"看涨不看跌"的心理，孟庆欣举例说，近期猪肉价格下跌，养猪农民都受不了了，相反水果蔬菜涨幅超过了30%，然而居民很少议论猪肉价格下跌幅度有多大，却会对苹果涨价格外留心。

(资料来源：新浪网，http://www.sina.com.cn 2006-7-21)

二、统计指数的种类

从不同的角度出发，统计指数主要可分为以下几种类型。

1. 个体指数和总体指数

按研究对象的范围不同，可以分为个体指数和总体指数。个体指数是反映一个项目或变量变动的相对数，如一种商品的价格或销售量的相对变动水平；总体指数是反映多个项目或变量综合变动的相对数，如多种商品的价格或销售量的综合变动水平。

在计算统计指标时，可以同时使用分组方法，即对包含的多项事物进行分类或分组，按每个类或组计算统计指数，从而在个体指数和总指数之间又产生了一个类指数。如社会商品零售价格指数为总指数，而社会商品中食品类、衣着类等分类也可计算小类指数，因此，类指数实质上也是总指数，因为它包含了不能直接相加的多种事物，只是类指数比总指数包含的范围小而已。

2. 数量指标指数和质量指标指数

按研究反映的内容不同，可以分为数量指数和质量指数。数量指标指数是反映事物数量及总体规模变动水平的指数，如工业产品产量指数、商品销售量指数、职工人数指数等；质量指标指数是反映事物质量及总体内涵数量变动水平的指数，如价格指数、工资水平指数、单位成本指数、劳动生产率指数等。

3. 动态指数和静态指数

按指数反映的时期不同，可以分为动态指数和静态指数。动态指数又称为时间指数，是指由两个不同时期的经济量对比形成的指数，反映现象在时间上的变化过程和程度，是出现最早、适用最多的指数；静态指数是指由同一时间条件下不同单位或不同地区之间同一经济变量的不同数值的对比，或同一单位、同一地区计划指标与实际指标对比所形成的指数。

4. 简单指数和加权指数

按指数计算的方法及特点不同，可以分为简单指数和加权指数。简单指数是指当由个体指数计算总指数时，用个体指数简单平均的方法以求得总指数，这是把计入指数的各个项目的重要性视为等同；加权指数是指用个体指数加权平均的方法以求得的总指数，这是对计入指数的项目依据其重要程度赋予不同的权数，然后进行计算，目前统计中应用最为广泛的就是加权指数。

5. 综合指数、平均数指数和平均指标指数

按照指数的表现形式不同，可以分为综合指数、平均数指数和平均指标指数。综合指数是通过两个有联系的综合总量指标的对比计算的总指数；平均数指数是指个体指数的平均数，一般是用加权平均法而得出的总指数；平均指标指数是指用两个不同时期的同一经济内容的平均值对比而形成的指数。这三类指数之间既有区别，又有密切联系，各适用于说明不同的问题。

6. 定基指数和环比指数

按照在一个指数数列中所采用的基期不同，指数可以分为定基指数和环比指数。指数通常是连续编制的，形成在时间上前后衔接的指数数列，在此数列中，每个指数都会有一个基期与报告期，凡是在一个指数数列中各个指数都是以某一固定时期作为基期，称为定基指数；另一种即所谓变动基期，最常用的是各期指数都是以上一个时期为基期，这种指数称为环比指数。如产品产量定基指数一般形式可表示为$\frac{\sum p_n q_i}{\sum p_n q_0}$ $(i=1，2，\cdots，n)$；产品产量环比指数表示为$\frac{\sum p_n q_i}{\sum p_n q_{i-1}}$ $(i=1，2，\cdots，n)$。

在本章中，主要以各种数量指标指数和质量指标指数为例，着重介绍综合指数、平均数指数的编制方法及其在统计分析中的应用。

三、统计指数的作用

统计指数的作用如下。

(1) 综合反映现象总体的变动方向和变动程度。在社会经济现象中，一些组成现象总体的个别事物不能直接相加或不能直接对比，通过编制统计指数可使它们过渡到可以相加或可以对比，从而综合反映现象总体的变动方向和变动程度。

(2) 分析现象总体变动中的各个因素的影响方向和影响程度。许多社会经济现象都是复杂的现象，其变动受到多种因素的影响，通过编制各种因素指数，采用因素分析的方法，可以分析各因素影响的方向和影响程度。如分别编制销售量指数和价格指数，可以分析它们的共同作用对产品销售额的影响方向和影响程度。

(3) 分析研究社会经济现象在长时间内的发展变化趋势。利用连续编制的动态指数数列，可以进行长时间的发展趋势分析和比较分析，这种方法特别适合于对比分析有联系而性质又不同的动态数列之间的变动关系，因为用指数的变动进行比较，可解决不同性质数列之间不能对比的困难。

(4) 对社会经济现象进行综合评价和测定。许多经济现象都可以运用统计指数进行综合评定，以便对某种经济现象的水平做出综合的数量判断，如用综合经济指数法去评价一个地区或单位经济效益的高低，用平均指数法去评价和测定技术进步的程度及其对经济增长的作用。

【专栏 6-3】 分层编制物价指数与“个性化”统计

众所周知，随着经济社会的快速发展，人们的收入水平和收入差距逐渐拉大，经济上处于不同层次的居民在消费能力、消费水平、消费偏好、消费结构和消费质量等方面表现出了明显的差异。面对这种实际情况，仅仅编制一个物价总指数显然已经不能准确地反映不同收入阶层所面临的实际价格水平，也不能及时反映物价波动对不同阶层特别是中低收入群体的生活所带来的影响。因此根据不同收入水平分层编制物价指数，实行“个性化”统计，将成为统计部门的一项十分有必要、有价值的工作。

例如，香港政府统计署按照分层的概念编制了甲、乙、丙、综合四类消费物价指数，来反映香港物价水平的通胀或紧缩对不同阶层的影响，并把这些物价指数作为制定相关政策的法律依据，但作为我国制定社会保障线的参考依据之一，现行统计的综合物价指数显然无法准确、客观地说明中低收入阶层实际上所要面对的涨价压力，由此确定出来的最低保障标准显然缺乏合适的精度。由此可见，如果我们的统计工作能参考香港等地的有益经验，分层编制“个性化”的物价指数，这无疑有助于确定不同阶层工资收入的实际购买力，有助于最低生活保障标准的确定。据悉，为了应对连续三年的物价上涨给居民生活带来的压力，北京、上海、浙江等地已经着手进行困难群体生活物价指数的编制工作，以逐步完善 CPI 的计算体系，这为政府在扶持弱势群体方面提供了准确的参考依据，真正发挥了物价指数这张市场“晴雨表”的应有价值。

(资料来源：国家统计局，http://www.stats.gov.cn/tjzs/)

第二节　综合指数

总指数的计算形式有两种：综合指数和平均数指数。综合指数是总指数的基本形式，它是由两个总量指标对比形成的指数(即两个时期的总量指标)，当一个总量指标可以分解为两个或两个以上的因素指标时，将其中一个或一个以上的因素指标固定下来，仅观察其中一个因素指标的变动程度，这样的总指数就被称为综合指数。

编制综合指数的关键，是根据客观现象的内在联系，寻找同度量因素，而后再把它固定不变，通过计算相应指标来反映我们所要研究总体某种现象的变化情况。同度量因素是指把不能直接相加的指标过渡为可以相加的指标，在指数的计算中起着同度量和权数的作用。例如，在计算社会商品零售价格指数时，由于已知商品单价不能直接相加而无法计算，则用商品销售量作为同度量因素，把商品单价过渡为销售额，就可以相加了。同度量因素归纳起来主要解决以下两个问题：①用什么因素为同度量因素是合理的？②把同度量因素固定在哪个时期是恰当的？

综合指数是在某一事物及其现象数量特征的总量变动的背景下，来研究因素综合变动的统计方法和过程，其特点是：第一，原则上指数的分子与分母所包含的研究对象(如某商品)范围必须一致；第二，它所反映的现象变动程度是指所综合的资料的范围内(如某地区或全国)该现象的变动程度；第三，它可以按范围逐步扩大，将分子与分母分别进行综合以编制出更大范围的指数；第四，它所需要的资料是全面资料，不存在抽样问题，因此，在拥有较多全面资料的情况下，可利用综合指数来编制。

综合指数有两种，分别为数量指标综合指数和质量指标综合指数，两种综合指数在计算形式上基本原理相同，但在处理方式上既有联系也有区别。

【例 6-1】 判断题

在综合指数中，要求其同度量因素必须是同一时期的。(　　)

参考答案：√

分析：在综合指数中，无论是数量指标综合指数还是质量指标综合指数，都要求其作为同度量因素指标不变，即同一时期的。例如，数量指标综合指数通常以基期质量指标为同度量因素；质量指标综合指数通常以报告期数量指标为同度量因素。因为，只有将作业同度量因素的指标固定在同一时期，才能考察另一个指标的变动情况。

一、数量指标综合指数

数量指标综合指数表现为商品的销售量指数、商品产量指数、播种面积指数等。以表 6-1 中的数据资料为依据，我们来说明数量指标综合指数的编制方法。

表 6-1　某商场三种商品销售资料

商品名称	计量单位	销售量		价格/元		销售额/元			
		q_0	q_1	p_0	p_1	p_0q_0	p_0q_1	p_1q_0	p_1q_1
甲	匹	1000	1150	100	100	100 000	115 000	100 000	115 000
乙	吨	2000	2200	50	55	100 000	110 000	110 000	121 000
丙	件	3000	3150	20	25	60 000	63 000	75 000	78 750
合　计	—	—	—	—	—	260 000	288 000	285 000	314 750

为测定三种商品销售量的总变动，要以商品价格为同度量因素，否则商品的销售量不可直接相加。因此，通过商品价格转化为商品的销售额，计算时期或为基期价格，或为报告期价格，因而可得两种不同的计算公式。

(1) 以基期价格为同度量因素，这是为了说明在基期价格不变的情况下，销售量的综合变动程度。用公式表示如下：

$$K_q=\frac{\sum p_0q_1}{\sum p_0q_0}=\frac{1150\times100+2200\times50+3150\times20}{1000\times100+2000\times50+3000\times20}=\frac{288\,000}{260\,000}=110.77\% \tag{6-1}$$

$$\sum p_0q_1-\sum p_0q_0=288\,000-260\,000=28\,000(\text{元}) \tag{6-2}$$

式(6-1)显示了相对数表示的销售额变动程度，而式(6-2)是用绝对数表示的销售额的变动程度。计算结果表明，某商场三种商品以基期价格为同度量因素，销售量平均上升了 10.77%(指数习惯用百分数表示)，而由于销售量的上升使销售额增加了 2.8 万元。

(2) 以报告期价格为同度量因素，这是表示在报告期价格不变的情况下，销售量的综合变动程度。用公式表示如下：

$$K_q=\frac{\sum p_1q_1}{\sum p_1q_0}=\frac{1150\times100+2200\times55+3150\times25}{1000\times100+2000\times55+3000\times25}=\frac{314\,750}{285\,000}=110.44\% \tag{6-3}$$

$$\sum p_1q_1-\sum p_1q_0=314\,750-285\,000=29\,750(\text{元}) \tag{6-4}$$

计算结果表明，某商场三种商品以报告期价格为同度量因素，销售量平均上升了 10.44%，由于销售量的上升而使销售额增加了 2.975 万元。因此，可以看出，以报告期价格或基期价格计算的综合指数明显存在差异。

二、质量指标综合指数

质量指标综合指数表现为商品价格指数、产品成本指数、亩产量指数等。现以表 6-1 中某商场三种商品的销售资料为例，来说明质量指标指数的编制方法。

与数量指标指数分析相同，为测定三种商品价格的总变动，要以商品销售量为同度量因素，否则商品的价格不可直接相加。因此，通过商品销售量转化为商品的销售额，计算时期或为基期价格，或为报告期价格，因而可得两种不同的计算公式。

(1) 以基期的销售量为同度量因素，这是说明在基期的销售量不变的情况下，三种商品的价格综合变动程度。用公式表示如下：

$$Kq=\frac{\sum p_1q_0}{\sum p_0q_0}=\frac{1000\times100+2000\times55+3000\times25}{1000\times100+2000\times50+3000\times20}=\frac{285\,000}{260\,000}=109.62\% \tag{6-5}$$

$$\sum p_1q_0-\sum p_0q_0=285\,000-260\,000=25\,000(\text{元}) \tag{6-6}$$

计算结果表明，以基期销售量为同度量因素，某商场三种商品价格平均上升了 9.62%，分子分母的差额表明，在维持原有销售量的情况下，按照报告期的价格(物价上涨)需要多支出 25 000 元。

(2) 以报告期的销售量为同度量因素，这说明在报告期的销售量不变的情况下，三种商品的价格综合变动程度。用公式表示如下：

$$Kq=\frac{\sum p_1q_1}{\sum p_0q_1}=\frac{1150\times100+2200\times55+3150\times25}{1150\times100+2200\times50+3150\times20}=\frac{314\,750}{288\,000}=109.29\% \tag{6-7}$$

$$\sum p_1q_1-\sum p_0q_1=314\,750-288\,000=26\,750(\text{元}) \tag{6-8}$$

计算结果表明，以报告期销售量为同度量因素，某商场三种商品的价格平均上升了 9.29%，而分子分母的差额表明，在维持报告期销售量的情况下，按照报告期的价格(物价上涨)需要多支出 26 750 元。

从统计学角度来看，考虑到共变影响(指销售量与价格同时变动的影响)，数量指标指数一般以基期的质量指标(价格)加权，而质量指标指数一般以报告期的数量指标(销售量)加权；但从实际工作来看，基期资料比较容易获得，基期的实际资料在我国也是比较现成的，所以，在国内外，有时不仅编制数量指标指数用基期的质量指标作同度量因素，在编制质量指标指数时，也更多地采用基期数量指标作同度量因素。

三、拉氏与帕氏指数

上述数量指标与质量指标综合指数，实际上也可以用拉氏与帕氏指数来说明。

1. 拉氏指数

拉氏指数是1964年德国学者拉斯贝尔斯(Laspeyres)提出的一种指数计算方法，最初拉氏指数是就价格指数计算的，这个指数是将权数因素固定在基期的综合指数，所以也称基期加权综合指数，该方法后来被推广到各种质量指标指数和数量指标指数。拉氏指数一般用 L 表示，拉氏数量指数与拉氏质量指数的计算公式为

$$L_q = \frac{\sum p_0 q_1}{\sum p_0 q_0},\quad L_p = \frac{\sum p_1 q_0}{\sum p_0 q_0}$$

式中，L_q 表示拉氏数量指数；L_p 表示拉氏质量指数；p_0、p_1 分别表示一组项目基期和报告期的质量数值；q_0、q_1 分别表示一组项目基期和报告期的数量数值。

拉氏指数的经济意义是：拉氏数量与质量指数表明，以基期为权数，综合多种商品的数量或质量指标报告期比基期的增长程度；而分子与分母的差额表明，由于数量指标或质量指标的增长，使总额指标增长的绝对额。

2. 帕氏指数

帕氏指数是1974年德国学者帕煦(Paashe)所提出的一种指数计算方法，这个指数是将权数因素固定在报告期的综合指数，所以也称报告期加权综合指数。帕氏指数一般用 P 表示，包括帕氏数量指数与帕氏质量指数，计算公式为

$$P_q = \frac{\sum p_1 q_1}{\sum p_1 q_0},\quad P_p = \frac{\sum p_1 q_1}{\sum p_0 q_1}$$

式中，P_q、P_p 分别表示帕氏数量指数与帕氏质量指数。

帕氏指数的经济意义是：帕氏数量与质量指数表明，以报告期为权数，综合多种商品的数量或质量指标报告期比基期的增长程度；而分子与分母的差额表明，由于数量指标或质量指标的增长，使总额指标增长的绝对额。

3. 拉氏指数与帕氏指数的比较

从数量与质量指标综合指数的计算可以看出，采用不同时期的权数所得计算结果是有一定差异的，但从实际应用的角度来看，一般计算数量指数时大多采用拉氏指数，而计算质量指数时大多采用帕氏指数。拉氏指数与帕氏指数存在明显的差异，二者比较如下。

(1) 拉氏指数与帕氏指数的同度量因素水平和计算结果不同，它们具有不完全相同的经济分析意义。

拉氏指数由于以基期变量值为权数，因此可以消除权数变动对指数的影响，从而使不

同时期的指数具有可比性。如拉氏数量指数，是假定价格不变的条件下，报告期相对基期数量的综合变动，仅反映了数量的变动水平。帕氏指数以报告期变量值为权数，不能消除权数变动对指数的影响，因而不同时期的指数缺乏可比性，但帕氏指数可以同时反映出价格和消费结构的变化，具有比较明确的经济意义。下面以价格指数为例说明。

从分子与分母的差额来看，帕氏价格指数表示为

$$\sum p_1q_1-\sum p_0q_1=\sum(p_1-p_0)\times q_1$$

这表明报告期实际销售的商品由于价格变化而增减了多少销售额，因而较之拉氏价格指数具有更强烈的现实意义。

另一方面，从拉氏价格指数来看，其分子分母差额可以表示为

$$\sum p_1q_0-\sum p_0q_0=\sum(p_1-p_0)\times q_0$$

这表明消费者为了维持基期的消费水平或购买同基期一样多的商品，由于价格的变化将会增减多少实际开支，这也是很有现实意义的。在现实应用中，价格指数虽常用帕氏指数，但拉氏指数也有一定的应用，其实也并无绝对的优劣判别标准，关键在于运用综合指数的分析目的。

(2) 拉氏指数与帕氏指数之间的数量差异有一定的规律性。

根据帕氏数量指数的分子分母，经过变形转换可得

$$\sum p_1q_1=\sum(p_1-p_0+p_0)\times q_1=\sum(p_1-p_0)q_1+\sum p_0q_1 \tag{6-9}$$

$$\sum p_1q_0=\sum(p_1-p_0+p_0)\times q_0=\sum(p_1-p_0)q_0+\sum p_0q_0 \tag{6-10}$$

因此，由式(6-9)、式(6-10)可得，帕氏数量指数的分子与分母的差额为

$$\begin{aligned}\sum p_1q_1-\sum p_1q_0&=(\sum p_0q_1-\sum p_0q_0)+\left\{\sum(p_1-p_0)q_1-\sum(p_1-p_0)q_0\right\}\\&=(\sum p_0q_1-\sum p_0q_0)+\sum(p_1-p_0)(q_1-q_0)\end{aligned}$$

由上式可知，帕氏数量指数的分子与分母的差额等于拉氏数量指数的分子与分母差额与$\sum(p_1-p_0)(q_1-q_0)$之和，这个因素就是指销售量与价格同时变动的影响，也称共变影响额。因此，帕氏数量指数不仅反映了销售量的变动，而且反映了销售量与价格同时变动的影响。

数量指数应该只反映销售量的变动，不应该同时反映价格因素的变动，因此，拉氏数量指数要比帕氏数量指数更准确一些。反之，人们编制质量指数要求反映数量与价格的共变影响，因此，帕氏质量指数要比拉氏质量指数更准确一些(读者可以自己证明，帕氏质量指数分子与分母的差额等于拉氏质量指数分子、分母的差额与共变影响额之和)。进一步，在编制综合指数时，数量指标应该用基期为同度量因素，而质量指标要用报告期为同度量因素。因此，拉氏数量指数、帕氏质量指数在实际生活中应用较多，而拉氏质量指数及帕氏数量指数应用较少。

式(6-9)、式(6-10)也说明帕氏指数的分子分母差额比拉氏指数要大，此外，从比值上来看，在现实生活中，依据相同的资料计算的拉氏指数一般大于帕氏指数，这从数量指标指

数与质量指标指数的计算举例中(表 6-1)也可以看出。

(3) 综合指数编制中由于是以不同方式引入同度量因素(权数)，这使得各种指数每变动(增加或减少)1%所引起的销售额增减变动的绝对数不完全相同。帕氏指数的同度量因素是以报告期水平计算，帕氏价格指数和数量指数的分母分别是$\sum p_0q_1$和$\sum p_1q_0$，而拉氏价格和数量指数的分母都是$\sum p_0q_0$，因此，针对不同的分母来计算每 1%的绝对变动额，其结果自然不同。由此可见，综合指数的绝对分析是受指数形式限制的，而指数分析的重点还是相对变动，而不是绝对影响。

总之，基期加权综合指数与报告期加权综合指数由于出发点不同，计算结果也不尽相同，因此，在实际应用中，必须依据统计研究的目的任务选择适当时期的水平作为权数(同度量因素)，一般采用拉氏数量指数和帕氏质量指数。

【专栏 6-4】 其他形式的综合指数

19 世纪后期，特别是帕氏指数产生之后，从同一资料出发，分别采用拉氏和帕氏指数公式来计算同类指数，会得到不同的结果。为了消除“偏误”，人们不断提出了新的指数计算公式，影响较大的主要有以下几种。

(1) 马歇尔-艾奇沃斯指数(马艾指数)

这是于 1887 年由英国经济学家马歇尔(Alfred Marshall)提出，被英国统计学家艾奇沃斯(Edgewcrth)所推广的指数公式。该公式所采用的同度量因素是拉氏指数和帕氏指数的平均值，其形式如下。

数量指标指数：$$I_{Mq}=\frac{\sum q_1(p_1+p_0)/2}{\sum q_0(p_1+p_0)/2}=\frac{\sum p_0q_1+\sum p_1q_1}{\sum p_0q_0+\sum p_1q_0}$$

质量指标指数：$$I_{Mp}=\frac{\sum p_1(q_1+q_0)/2}{\sum p_0(q_1+q_0)/2}=\frac{\sum p_1q_0+\sum p_1q_1}{\sum p_0q_0+\sum p_0q_1}$$

马艾指数公式的分子是拉氏指数和帕氏指数的分子之和，其分母则是拉氏和帕氏指数的分母之和，因此，马艾指数是拉氏指数和帕氏指数的折中办法，结果也位于拉氏和帕氏指数计算的结果中间，虽避免了拉氏与帕氏指数不等的问题，但经济意义却不明确。在计算地区间指数时，马艾指数得到了较为广泛的应用。

(2) 费氏指数(理想指数)

1911 年美国统计学家费雪(Fisher)提出的交叉公式，采用的是几何平均综合法，即拉氏与帕氏公式的几何平均。

数量指标指数：$$I_{Fq}=\sqrt{\frac{\sum p_0q_1}{\sum p_0q_0}\times\frac{\sum p_1q_1}{\sum p_1q_0}}$$

质量指标指数：$$I_{Fp}=\sqrt{\frac{\sum p_1q_0}{\sum p_0q_0}\times\frac{\sum p_1q_1}{\sum p_0q_1}}$$

费氏指数同样是对拉氏指数与帕氏指数的折中，但同样缺乏明确的经济意义。费氏指数计算得到的结果比较适中，能够调和不同权数引起的偏差，在处理静态数据计算中，较好地实现了因素互换的要求，在进行国际间比较时，费氏指数得到了广泛应用。

(3) 杨格指数

杨格指数是因英国经济学家杨格(Young)提出而命名，这是固定加权指数的公式。它是采用固定加权综合法，即所加入的同度量因素既不固定在基期，也不固定在报告期，而是固定在一个特定的时间上。这实际上也是折中办法，以避免拉氏指数与帕氏指数公式所产生的偏误，但同样其经济意义也不明确，其计算公式为如下。

数量指标指数： $$I_{Yq}=\frac{\sum p_n q_1}{\sum p_n q_0}$$

质量指标指数： $$I_{Yp}=\frac{\sum p_1 q_n}{\sum p_0 q_n}$$

式中，p_n和q_n分别表示正常年份的数量与价格水平。一般来说，固定权数p_n和q_n一经选取，可以连续使用若干时期，但使用权数的时期每隔一段时间必须加以调整，因为随着时间的推移，旧的权数可能背离客观实际，如不及时调整，会使指数产生偏误。通常以5年调整一次权数为宜。

总之，任何一种指数都有其特点，必须注意根据具体研究对象的特点和条件来选择指数公式加以分析。

第三节　平均数指数

综合指数是编制总指数的基本形式，它正确地反映了被研究现象总体动态变化的客观实际内容，但在实际工作中，有时由于受到统计资料的限制，不能直接利用综合指数公式编制总指数，这时，可改变计算公式的形式，采用平均数指数公式。平均数指数是以个体指数为基础，采取加权平均法而获得的总指数。

平均数指数是个体指数的加权平均数，常用的基本形式有两种，一是加权算术平均数；二是加权调和平均数。在每种平均数指数中，由于使用的权数不同，可再分为综合指数变形权数和固定权数的平均数指数两种。一般来说，平均数指数的方法既可用于全面的调查资料，也可用于非全面的抽样调查或重点调查数据，在现实中，对一个资料计算总指数时，是直接用综合指数还是用加权平均数来计算，主要根据所掌握的资料而定。

一、加权算术平均数指数

(1) 用综合指数变形权数计算的加权算术平均数指数。这个指数是用基期的p_0q_0为权数加权计算，是综合指数的有关变形，用公式可以表示为如下。

加权算术平均数数量指数：$K_q = \dfrac{\sum \dfrac{q_1}{q_0} p_0 q_0}{\sum p_0 q_0} = \dfrac{\sum p_0 q_1}{\sum p_0 q_0}$ = 拉氏数量指数 (6-11)

加权算术平均数价格指数：$K_p = \dfrac{\sum \dfrac{p_1}{p_0} p_0 q_0}{\sum p_0 q_0} = \dfrac{\sum p_1 q_0}{\sum p_0 q_0}$ = 拉氏价格指数 (6-12)

可见，在 p_0q_0 这个特定权数下，加权算术平均数可以变成综合指数，反之，如果使用了 p_0q_0 以外的任何其他权数加权，加权算术平均数指数就不会等于综合指数，而这实际上就是平均数指数独立存在的意义所在。

(2) 固定加权算术平均数指数。在广泛使用的加权算术平均数指数中，所使用的权数有时是固定的权数 W，而这个固定权数是经过调整计算的不变权数，它不是 p_0q_0，而是常用比重数表示，两者的口径与范围不同。用公式表示如下。

固定权数数量指数：$K_q = \dfrac{\sum \dfrac{q_1}{q_0} W}{\sum W}$ (6-13)

固定权数价格指数：$K_p = \dfrac{\sum \dfrac{p_1}{p_0} W}{\sum W}$ (6-14)

二、加权调和平均数指数

(1) 用综合指数变形权数计算的加权调和平均数指数。这个指数是用报告期的 p_1q_1 为权数加权计算，是综合指数的有关变形，称为帕氏综合指数。假设个体数量指数为 $k_q=q_1/q_0$，个体价格指数为 $k_p=p_1/p_0$，则用公式可以表示如下。

加权调和平均数数量指数：

$K_q = \dfrac{\sum p_1 q_1}{\sum \dfrac{p_1 q_1}{k_q}} = \dfrac{\sum p_1 q_1}{\sum \dfrac{p_1 q_1}{\dfrac{q_1}{q_0}}} = \dfrac{\sum p_1 q_1}{\sum p_1 q_0}$ = 帕氏数量指数 (6-15)

加权调和平均数价格指数：

$K_p = \dfrac{\sum p_1 q_1}{\sum \dfrac{p_1 q_1}{k_p}} = \dfrac{\sum p_1 q_1}{\sum \dfrac{p_1 q_1}{\dfrac{p_1}{p_0}}} = \dfrac{\sum p_1 q_1}{\sum p_0 q_1}$ = 帕氏价格指数 (6-16)

这里，可以看出，只有用 p_1q_1 这个特定权数加权时，加权调和平均数才可变成综合指数；反之，用 p_1q_1 这个以外其他任何权数加权时，这种变形是不存在的。

(2) 固定权数加权调和平均数指数。如果把权数 p_1q_1 改为固定权数 W，则加权调和平均数指数可以写成如下形式：

$$加权调和平均数指数=\frac{\sum W}{\sum \frac{W}{k}} \tag{6-17}$$

这个公式应用较少，在日常生活中，使用较多的是其他几个平均数指数。

【例 6-2】 根据表 6-1 所示某商场三种商品销售数据资料，求该商场的加权算术平均数数量指数和加权调和平均数价格指数。

解 ① 加权算术平均数数量指数计算过程与结果如表 6-2 所示。

表 6-2 加权算术平均数数量指数计算表

商品名称	计量单位	销 售 量		基期价格	个体数量	p_0q_0	$p_0q_0\frac{q_1}{q_0}$
		q_0	q_1	p_0	指数 q_1/q_0		
甲	匹	1000	1150	100	100	100 000	115 000
乙	吨	2000	2200	50	55	100 000	110 000
丙	件	3000	3150	20	25	60 000	3 000
合 计	—	—	—	—	—	260 000	288 000

$$因此，加权算术平均数数量指数=\frac{\sum p_0q_0\frac{q_1}{q_0}}{\sum p_0q_0}=\frac{288\,000}{260\,000}=110.77\%$$

这个结果与第二节中的拉氏数量综合指数完全相同。用加权算术平均法求数量指数的条件是：掌握每种物品的个体数量指数，同时还有各物品的基期价值资料。在这种计算中，不需要知道各物品的数量和其他资料，不用计算假定价值量。

② 加权调和平均数价格指数计算过程与结果如表 6-3 所示。

表 6-3 加权调和平均数价格指数计算表

产品名称	个体价格指数 $k_p=p_1/p_0$	p_1q_1	$\frac{p_1q_1}{k_p}$
甲	1	11.5	11.5
乙	1.1	12.1	11.0
丙	1.25	7.875	6.3
合 计	—	31.475	28.8

因此，加权调和平均数价格指数$=\dfrac{\sum p_1q_1}{\sum \dfrac{p_1q_1}{k_p}}=\dfrac{31.475}{28.8}=109.29\%$

这个结果与第二节中的帕氏价格综合指数完全相同。用加权调和平均法求价格指数的条件是：掌握每个物品的个体价格指数和报告期的各物品价值资料，不需要知道各物品的数量，不用计算综合指数中的假定销售额。

【例 6-3】 在我国的统计实践中，有些指数是用固定权数加权平均数法编制的，如商业统计中的零售物价总指数，所用权数是经过调整的基期销售额，用百分比 W 来表示。现假定存在如下数据资料，如表 6-4 所示，求固定权数零售物价平均数指数。

表 6-4　我国某年商品零售物价指数计算表

商品类别	类指数 K/%	固定权数 W/%	KW
粮食类	100.0	23	2300
食品类	104.0	35	3640
衣着类	99.0	26	2574
日用杂品类	101.2	10	1012
燃料类	99.5	6	597
合　计	—	100	10 123

解　根据表 6-3 相关资料，可得

固定权数零售物价平均数指数$=\dfrac{\sum KW}{\sum W}=\dfrac{10123\%}{100}=101.23\%$

第四节　指数体系与因素分析

一、指数体系的基本概念

指数工作实践及理论的一个重要发展是由编制单独的指数体系发展到研究指数之间的关系。通常，三个或三个以上有联系的经济指数之间如能构成一定的数量对等关系，我们就可以在统计上把这种经济上有联系、在数量上保持一定关系的三个或三个以上的指数称为指数体系。

指数体系的概念有狭义与广义的两种理解，广义的指数体系是指由若干个在经济意义上互相联系的指数所构成的整体，而狭义上的指数体系则是指进一步要求指数之间具有数量上的对等关系，本节中主要是指狭义的指数体系。如某种商品的销售额等于它的销售量

乘以单价，则存在三个相应的指数：销售额指数$\dfrac{p_1q_1}{p_0q_0}$、销售量指数$\dfrac{q_1}{q_0}$、单位价格指数$\dfrac{p_1}{p_0}$，而且，$\dfrac{p_1q_1}{p_0q_0}=\dfrac{p_1}{p_0}\times\dfrac{q_1}{q_0}$，因此，这三个指数可以算是指数体系。

指数体系的研究是从总指数分析开始的，在分析总指数变动时，一般总是要固定一个因素以观察另一个因素的变动程度。如计算价格总指数时，是固定销售量这个因素，以观察价格因素的变动；计算数量总指数时，是固定价格这个因素，以观察销售量因素的变动。因此，这里问题是，能不能用这两个总指数来测定销售额的变动程度？这就是因素分析法的基本思想，实际上，指数体系就是因素分析法的基本依据。

二、因素分析法

复杂现象的状况和变动，往往受两个或两个以上因素的影响，指数的因素分析法就是指依据指数体系，分析各影响因素的变动对现象总变动的影响方向和影响程度。在因素分析法中，指数体系的数量指标指数一般用基期指标作为同度量因素，而质量指标指数要用报告期指标作为同度量因素，这是因为，只有这样才能保证指数体系之间的数量对等关系。同时，数量指标指数采用基期的办法，也避免了使用报告期作为同度量因素时带来的共变影响。

1. 两因素综合指数因素分析

根据同一资料计算的数量指标指数和质量指标指数之间存在的一定的联系，指数体系之间的对等关系可以用公式表示如下。

假定：

$$总量动态指数=\frac{\sum p_1q_1}{\sum p_0q_0}$$

$$数量指标指数=\frac{\sum p_0q_1}{\sum p_0q_0}$$

$$质量指标指数=\frac{\sum p_1q_1}{\sum p_0q_1}$$

因此，总量动态指数=数量指标指数×质量指标指数，即

$$\frac{\sum p_1q_1}{\sum p_0q_0}=\frac{\sum p_0q_1}{\sum p_0q_0}\times\frac{\sum p_1q_1}{\sum p_0q_1} \tag{6-18}$$

$$\sum p_1q_1-\sum p_0q_0=(\sum p_0q_1-\sum p_0q_0)+(\sum p_1q_1-\sum p_0q_1) \tag{6-19}$$

需要说明的是，这里，两因素分析方法是严格地遵循了从基期p_0q_0开始，先数量指标后质量指标的替代顺序。

【例 6-4】 假定某商场有如下三种商品，其销售量与价格基本资料、综合指数的计算过程与结果如表 6-5 所示。要求：根据上述资料，对销售额指数的变动进行因素分析。

表 6-5　某商场商品销售量综合指数计算表

商品名称	计量单位	销售量		价格		p_0q_0	p_1q_1	p_0q_1	p_1q_0
		q_0	q_1	p_0	p_1				
甲	件	480	600	25	25	12 000	15 000	15 000	12 000
乙	千克	500	600	40	36	20 000	21 600	24 000	18 000
丙	米	200	180	50	70	10 000	12 600	9 000	14 000
合计	—	—	—	—	—	42 000	49 200	48 000	44 000

解　根据题意，可得

$$销售额总动态指数=\frac{\sum p_1q_1}{\sum p_0q_0}=\frac{49\,200}{42\,000}=117.14\%$$

$$销售量综合指数=\frac{\sum p_0q_1}{\sum p_0q_0}=\frac{48\,000}{42\,000}=114.29\%$$

$$销售价格综合指数=\frac{\sum p_1q_1}{\sum p_0q_1}=\frac{49\,200}{48\,000}=102.5\%$$

$$相对数分析：\frac{\sum p_1q_1}{\sum p_0q_0}=117.14\%=114.29\%\times102.5\%$$

$$绝对数分析：\sum p_1q_1-\sum p_0q_0=49\,200-48\,000=(48\,000-42\,000)+(49\,200-48\,000)$$

$$=6000+1200=7200(元)$$

分析数字表明，销售额上升 17.14%，增加了 7200 元，这是因为两个因素的影响：一是销售数量上升了 14.29%，影响了销售额 6000 元；二是销售价格上升 2.5%，这影响了销售额 1200 元，两者共同作用，使销售额上升 7200 元。

以上因素分析方法是常用的指数体系分析法，在这种分析方法中，要从相对数和绝对数两方面分析两个因素的变化方向(上升或下降)及变动程度(变动的数量大小)。

2. 多因素综合指数因素分析

多因素指数体系分析法是在两个因素分析法的基础上，由表及里地对所研究的现象作进一步的深入分析，以测定有关因素在不同时间上的变动程度。在多因素的指数分析中，采用权数的原则和两因素方法相同，如原材料费用总额指数，用公式可以表示如下。

原材料费用总额指数=生产量指数×单位产品原材料消耗量指数×单位原材料价格指数

$$相对数表示：\frac{\sum q_1m_1p_1}{\sum q_0m_0p_0}=\frac{\sum q_1m_0p_0}{\sum q_0m_0p_0}\times\frac{\sum q_1m_1p_0}{\sum q_1m_0p_0}\times\frac{\sum q_1m_1p_1}{\sum q_1m_1p_0}$$

$$绝对数表示：\sum q_1m_1p_1-\sum q_0m_0p_0=(\sum q_1m_0p_0-\sum q_0m_0p_0)$$

$$+(\sum q_1m_1p_0-\sum q_1m_0p_0)+(\sum q_1m_1p_1-\sum q_1m_1p_0)$$

式中，q 表示产品生产量，m 表示单位产品原材料消耗量，p 表示原材料价格。这里，多因素分析方法也是严格地遵循了从 $q_0m_0p_0$ 开始，先数量指标后质量指标的替代顺序，与前面的两因素分析法类似。

【例 6-5】 某企业三种产品的生产量、单位产品原材料消耗量、单位原材料价格及原材料费用总额资料如表 6-6 所示，要求：根据上述资料，对原材料费用总额指数的变动进行因素分析。

解 ① 原材料费用总额变动指数$=\dfrac{\sum q_1m_1p_1}{\sum q_0m_0p_0}=\dfrac{76\,160}{64\,800}=117.53\%$

原材料费用实际变动额$=\sum q_1m_1p_1-\sum q_0m_0p_0$

$=76\,160-64\,800=11\,360$(元)

因此，由于报告期较基期原材料费用支出增长 17.53%，使原材料费用多支出 11 360 元。

② 生产量指数$=\dfrac{\sum q_1m_0p_0}{\sum q_0m_0p_0}=\dfrac{80\,000}{64\,800}=123.46\%$

生产量变动对原材料费用影响的绝对额$=\sum q_1m_0p_1-\sum q_0m_0p_0$

$=80\,000-64\,800=15\,200$(元)

因此，由于报告期较基期产量增长了 23.46%，多支出原材料费用总额 15 200 元。

③ 原材料单耗指数$=\dfrac{\sum q_1m_1p_0}{\sum q_1m_0p_0}=\dfrac{80\,800}{80\,000}=101\%$

原材料单耗变动对原材料费用影响的绝对额$=\sum q_1m_1p_0-\sum q_1m_0p_0$

$=80\,800-80\,000=800$(元)

因此，由于报告期较基期单位产品原材料消耗量增长了 1%，使原材料费用总额多支出了 800 元。

④ 原材料单价指数$=\dfrac{\sum q_1m_1p_1}{\sum q_1m_1p_0}=\dfrac{76\,160}{80\,800}=94.26\%$

原材料单价变动对原材料费用影响的绝对额$=\sum q_1m_1p_1-\sum q_1m_1p_0$

$=76\,160-80\,800=-4640$(元)

因此，由于报告期较基期原材料单价降低了 5.74%，节约原材料费用 4640 元。

综上所述，四个指数之间的关系如下。

相对数形式：117.53%=123.46%×101%×94.26%

绝对数形式：76 160−64 800=15 200+800−4640=11 360(元)

分析数字表明，某企业原材料费用总额报告期比基期支出上升 17.53%，增长了 11 360 元。这是由于生产量增加使费用支出上升 23.46%，增加支出 15 200 元；原材料单耗增加使费用上升 1%，使原材料费用总额增长 800 元；原材料单价下降了 5.74%，使费用减少 4640 元。三者共同作用，使原材料费用总额上升 11 360 元。

表 6-6 某企业原材料费用总额指数变动的多因素分析计算表

原材料种类	产品种类	生产量		产品原材料消耗量		原材料价格/元		原材料费用总额/元					
		q_0	q_1	m_0	m_1	p_0	p_1	$q_0m_0p_0$	$q_1m_0p_0$	$q_1m_1p_0$	$q_1m_1p_1$	$q_0m_0p_1$	$q_0m_1p_1$
甲/千克	A/件	600	800	0.5	0.4	20	21	6000	8000	6400	6720	6300	5040
乙/米	B/套	400	400	1.0	0.9	15	14	6000	6000	5400	5040	5600	5040
丙/米	C/套	800	1000	2.2	2.3	30	28	52 800	66 000	69 000	64 400	49 280	51 520
合　计	—	—	—	—	—	—	—	64 800	80 000	80 800	76 160	61 180	61 600

3. 平均指标指数的因素分析

任何两个不同时期的同一经济内容的平均指标对比都可以形成一个平均指标指数，平均指标指数主要用于分析平均指标的变动及其影响因素。平均指标一般有两个影响因素：一是总体内部各部分(组)的水平，二是总体的结构，即各部分在总体中的比重。平均指标变动的因素分析就是从数量上分析总体各部分水平与总体结构这两个因素变动对总体平均指标变动的影响。

平均指标变动的因素分析是一种重要的统计分析方法，对经济管理与研究有重要的意义。总体各部分的水平，主要取决于各部分内部的状况，反映了各部分内部各种因素的作用；而总体结构则是一种与总体全局有关的因素，总体结构状况决定着总体的一些基本特征。经济管理与研究的一项重要任务就是优化结构，使结构合理化，而平均指标的因素分析，为这方面的深入研究提供了重要依据。

为分析各组水平(x)与总体单位结构值 $f/\sum f$ 的变动对平均指标 $\bar{x}$ 产生的影响，可通过举例来说明。

【例 6-6】某企业老工人与新工人的工资水平及报告期与基期的结构变动资料如表 6-7 所示，要求，根据上述资料，对各组工资水平及结构的变动进行因素分析。

表 6-7　某企业职工工资变动的因素分析计算表

工人组别	工人数		周平均工资/元		工资总额/元			
	基期	报告期	基期	报告期	基期	报告期	假定	假定
	f_0	f_1	x_0	x_1	x_0f_0	x_1f_1	x_0f_1	x_1f_0
老工人	700	660	80	86	56 000	56 760	52 800	60 200
新工人	300	740	50	55	15 000	40 700	37 000	16 500
合　计	1000	1400	71	69.6	71 000	97 460	89 800	76 700

解　①　可变构成指数：指根据报告期和基期总体平均指标的实际水平对比来计算，包括了总体各部分(组)水平和总体结构两个因素变动的综合影响，它全面反映了总体平均水平的实际变动状况。

由题意可知：

基期平均工资：$\bar{x}_0=\dfrac{\sum x_0f_0}{\sum f_0}=\dfrac{71\,000}{1000}=71\,(\text{元})$

报告期平均工资：$\bar{x}_1=\dfrac{\sum x_1f_1}{\sum f_1}=\dfrac{97\,460}{1400}=69.6\,(\text{元})$

因此，可变构成指数，这里是平均工资指数如下。

相对数：$\dfrac{\bar{x}_1}{\bar{x}_0}=\dfrac{\dfrac{\sum x_1 f_1}{\sum f_1}}{\dfrac{\sum x_0 f_0}{\sum f_0}}=\dfrac{69.6}{71}=98\%$

绝对数：$\bar{x}_1-\bar{x}_0=\dfrac{\sum x_1 f_1}{\sum f_1}-\dfrac{\sum x_0 f_0}{\sum f_0}=69.6-71=-1.4$(元)

可变构成指数表明，总的平均工资下降了 2%，在绝对值上减少 1.4 元。

② 固定构成指数：这是将总体构成(即各部分比重)固定在报告期计算的总平均指标指数，消除了结构变动的影响。

固定构成的工资指数如下。

相对数：$\dfrac{\sum x_1 f_1}{\sum f_1}\div\dfrac{\sum x_0 f_1}{\sum f_1}=\dfrac{974\,600}{1400}\div\dfrac{974\,600}{1400}=\dfrac{69.6}{64.1}=108.6\%$

绝对数：$\dfrac{\sum x_1 f_1}{\sum f_1}-\dfrac{\sum x_0 f_1}{\sum f_1}=69.6-64.1=5.5$(元)

固定构成指数表明：即使排除了工人结构变动的影响，报告期总的工资水平比基期提高 8.6%，在绝对值上增加 5.5 元。

③ 结构影响指数：指将各部分(组)水平固定在基期条件下计算的总平均指标指数，用以反映结构变动对总体平均指标变动的影响。

相对数：$\dfrac{\sum x_0 f_1}{\sum f_1}\div\dfrac{\sum x_0 f_0}{\sum f_0}=\dfrac{89\,800}{1400}\div\dfrac{71\,000}{1400}=\dfrac{64.1}{71.0}=90.3\%$

绝对数：$\dfrac{\sum x_0 f_1}{\sum f_1}-\dfrac{\sum x_0 f_0}{\sum f_0}=64.1-71.0=-6.9$(元)

结构影响指数表明：假使工资水平仍和基期一样没有变动，那么由于工人结构变动的影响，将使总的平均工资降低 9.7%，在绝对值上减少 6.9 元。

④ 指数体系。

相对数的变动关系：98%=108.6%×90.3%

绝对数的变动关系：−1.4=5.5−6.9

例 6-6 说明，某企业新老工人虽然工资水平都有所提高，但由于各组工人数的比重发生变化，工资水平较低的新工人比重从 30%提高到 52.9%(740/1400=0.5286)，而工资水平较高的老工人则从 70%降低到 47.1%(660/1400=0.4714)，因而，总的平均工资水平降低 2%，绝对值减少 1.4 元。通过因素分析可知，工资水平变化的影响使总的平均工资增加 5.5 元，结构变动的影响使总的平均工资减少 6.9 元，两者合计总的平均工资减少了 1.4 元。

需要注意的是，在计算固定构成及结构影响指数时，一般把结构指标固定在报告期，而水平指标固定在基期，以防止同度量因素本身的变动所带来的影响。

第五节　常用经济指数

在社会经济生活中常用的指数是指价格指数，我国目前编制的价格指数主要有商品零售价格指数、居民消费价格指数、股票价格指数、工业品出厂价格指数等。本节中，我们主要对一些常用的价格指数进行介绍，以说明我国物价指数的编制方法。

一、商品零售物价指数

零售物价指数是测定市场零售商品价格变动程度和趋势的相对数，对于分析市场商品供需和国民经济运行情况具有重要作用，是政府研究和制定价格政策、分配政策，加强市场管理和调控的工具。零售物价指数按研究的范围不同，可分为全国零售物价指数、各省市地区零售物价指数；由于城乡二元结构，城乡差异巨大，我国零售物价指数无论是全国的还是各地区的，还可以按农村和城市分别编制零售物价指数，以反映各地区城乡不同经济条件下的零售物价变动情况。

由于社会零售商品数以千计，且价格处于经济的变动中，难以取得全面资料按综合指数的公式计算，实际工作中，只能采取抽样方式，选择代表性商品，对这些代表性商品的单项指数加权平均，计算各类商品零售物价指数和全部商品的零售物价指数。因此编制零售物价指数必须解决商品分类、代表性商品的选择、商品的价格及权数的确定等问题。

1. 商品的分类和代表性商品的选择

我国现行的零售物价指数包括各种经济类型的工业、商业、餐饮业和其他行业的零售商品及农民对非农业居民出售商品的价格。按国家统计局的规定，全部商品分为食品、饮料烟酒、服装鞋帽、纺织品、中西药品、化妆品、书报杂志、文化用品、日用品、家用电器、首饰、燃料、建筑装潢材料、机电产品 14 大类，每个大类又分为若干中类，中类再分小类，每个小类又包括若干商品组合。如食品这一大类可分为粮食、油脂、肉禽蛋、水产品、鲜菜、干菜、鲜果、干果、其他食品和餐饮食品等 10 个中类；而粮食这一中类，又分为细粮和粗粮两个小类；细粮这一小类中包括面粉、大米、糯米、挂面四个商品组合。计算零售物价指数时，代表性商品是从商品组合中选出的。

计算零售物价指数的代表性商品一般选择中等质量、在当地销售量大、生产和销售前景好、价格趋势有代表性的商品。在具体实践中，各地区可根据国家统计局规定调查的商品目录和地区的实际情况进行选择。由于生产的不断发展，商品品种规格不断变化，有时对代表性商品需要进行适当的调整。

2. 商品价格的调查与计算

对代表性商品的价格，可根据各地商品销售额的比重及农贸市场商品成交额的大小，

选择那些经营品种比较齐全、商品销售额(成交额)大的中心市场作为价格调查点，派人员定点定时直接登记调查。逐一追踪商品的零售价格，每个大中城市确定3～5个调查点，小城市和县城确定1～2个调查点进行调查，一般性商品每月调查2～3次；对与居民生活密切相关、价格变动比较频繁的商品，至少每天调查一次；国家控制价格的一些主要商品或者价格变动相对稳定的商品，通常按月或季调查一次。

计算价格指数所用的商品价格，是根据调查取得的资料按月、季和年计算的平均价格，即对同一时间、同一商品各个调查点的价格用简单算术平均方法求得各种商品统一时点的平均价格；对同种商品月内不同时点的平均价格加以平均，求得各种商品月平均价格，对12个月的月平均价格加以平均，便是各种商品的年平均价格。

3. 计算公式和权数

零售价格的类指数和总指数都是采用加权算术平均数公式：

$$\text{类指数：}\ \bar{k}_p = \sum k_p w / \sum w \qquad (6\text{-}20)$$

式中，$k_p = \dfrac{p_1}{p_0}$ 表示商品个体指数；$w=p_0q_0$ 表示代表性商品的零售额；$\sum w$ 为小类商品零售总额。

除季节性强的鲜菜、鲜果每月计算一次权数，其余商品的权数每年计算一次，或三年计算一次，也用固定权数。

零售物价指数计算的程序是先计算小类商品，再中类、大类，最后由各大类商品零售物价指数加权计算得到城市或乡村零售物价总指数，每层权数都是同一层中各类商品零售额所占比重，用百分数表示，其和为100。全省(区)包括城市和乡村总的零售物价总指数，是在城市和乡村单项商品零售物价指数的基础上，根据城乡商品零售资料，确定每一种商品城乡间的比重，加权计算出各个省(区)单项零售价格指数，然后，按加权算术平均公式由小类到总指数分层汇总计算。现举例说明。

【例6-7】 假定某地区的商品零售价格基础资料如表6-8所示，要求计算该地区的商品零售价格指数。

解　某地区商品零售物价指数计算过程及结果如表6-8、表6-9所示。

表6-8　某地区商品零售物价指数计算单(1)

商品	规格等级	计量单位	代码	平均价格		权数/%	以基数为100	
				基期	报告期		指数	指数×权数
甲	乙	丙	丁	(1)	(2)	(3)	(4)=(2)/(1)	(5)=(4)×(3)
食品类						100		129.16
1.粮食中类						14	151.58	21.22
(1)细粮小类						96	151.7	145.63

续表

商品	规格等级	计量单位	代码	平均价格		权数/%	以基数为 100	
				基期	报告期		指数	指数×权数
甲	乙	丙	丁	(1)	(2)	(3)	(4)=(2)/(1)	(5)=(4)×(3)
	二等粳米	kg		1.81	2.8	80	154.5	123.6
	灿米	kg		1.56	2.2	20	140.5	28.1
(2)粗粮小类						4	148.96	5.59
	赤豆	kg		3.23	5.0	60	155.0	93.0
	绿豆	kg		4.36	6.1	40	139.9	55.96
2.油脂中类						4	175.9	7.03
3.肉禽蛋中类						25	146.9	36.72
4.水产品中类						15	118.32	17.74
5.蔬菜中类						10	62.75	6.23
…								
10.饮食中类						19	122.4	23.25

表 6-9　某地区零售商品物价总指数计算单(2)

商　品	规格等级	计量单位	代码	权数/%	以基数为 100	
					指数	指数×权数
甲	乙	丙	丁	(3)	(4)	(5)=(4)×(3)
总指数				100		123.3
1.食品类				25	129.16	32.29
2.饮料烟酒类				15	106.53	15.95
3.服装鞋帽类				10	118.41	11.84
4.纺织品类				3	120.7	3.62
…						
14.机电产品类				5	96.58	4.83

零售商品物价总指数计算步骤如下。

① 计算各代表性商品的个体零售物价指数，如二等粳米的个体零售物价指数为

$$k_p = \frac{p_1}{p_0} = \frac{2.80}{1.81} = 154.50\%$$

② 各个体指数加权得到各小类指数，如细粮的小类指数为

$$\overline{k}_p = \sum k_p w / \sum w = 154.5\% \times 0.8 + 140.5\% \times 0.2 = 151.7\%$$

③ 各小类指数乘相应的权数，加总计算得到各中类指数，如粮食中类指数为

$$\bar{k}_p = \sum k_p w / \sum w = 151.70\% \times 0.96 + 148.96\% \times 0.04 = 151.58\%$$

④ 各中类指数乘相应的权数，加权计算得到各大类指数，如食品大类指数为

$$\bar{k}_p = \sum k_p w / \sum w = 151.58\% \times 0.14 + 175.90\% \times 0.04 + 146.90\% \times 0.25 + 118.32\% \times 0.15 + \cdots + 122.4\% \times 0.19 = 129.16\%$$

⑤ 各大类指数乘相应的权数，加权计算得到总指数。如表 6-9 所示，某地区各大类指数加权后，得到该地区商品零售价格总指数为 123.30%。

【例 6-8】 多项选择题

全社会零售商品价格指数属于(　　)。

A. 个体指数　　B. 总指数　　C. 数量指标指数

D. 质量指标指数　　E. 平均指标指数

参考答案：BD

分析：全社会零售商品价格指数是综合反映全部社会零售商品价格变动的相对数，商品价格属于质量指标，因此，社会商品零售价格指数是总指数中的质量指标指数。

二、居民消费价格指数(CPI)

即消费者物价指数(Consumer Price Index，CPI)，是反映与居民生活有关的产品及劳务价格统计出来的物价变动指标，通常作为观察通货膨胀水平的重要指标。

1. 居民消费价格指数的编制

居民消费价格指数是反映一定时期内城乡居民所购买的生活消费品价格和服务项目价格的变动趋势和程度的一种相对数。通过这一指数，可以观察消费价格的变动水平及对消费者货币支出的影响，也可用以分析生活消费品和服务项目价格的变动对职工货币工资的影响，作为研究职工生活和制定工资政策的依据。目前，居民消费价格指数是反映通货膨胀的重要指标。

大多数国家都编制居民消费价格指数(CPI)，反映城乡居民购买并用于消费的消费品及服务价格水平的变动情况，并用它来反映通货膨胀程度。从 2001 年起，我国采用国际通用做法，逐月编制并公布以 2000 年价格水平为基期的居民消费价格定基指数，作为反映我国通货膨胀(或紧缩)程度的主要指标。我国是国家统计局城调总队负责全国居民消费价格指数的编制及相关工作，并组织、指导和管理各省区市的消费价格调查统计工作。

我国编制价格指数的商品和服务项目，是根据全国城乡近 11 万户居民家庭消费支出构成资料和有关规定确定的，目前共包括食品、烟酒及用品、衣着、家庭设备用品及服务、医疗保健及个人用品、交通和通信、娱乐教育文化用品及服务、居住八大类，在每大类中又分为若干中类，每中类中又分为若干小类，每小类中又分为若干具体商品及服务，共有

251 个基本分类，约 700 个代表品种。居民消费价格指数就是在对全国 550 个样本市县近 3 万个采价点进行价格调查的基础上，根据国际规范的流程和公式计算出来的。

居民消费价格指数的编制与零售商品价格指数相似，采用抽样方法定人员定地点调查登记代表性商品和服务项目的价格，在计算平均价格的单项个体指数的基础上，按加权算术平均数指数公式，从小类、中类到大类层层加权计算，最后对大类指数加权平均计算居民消费价格总指数。一般来说，居民消费价格指数计算的权数是根据城乡居民家庭的消费支出构成来确定。

【例 6-9】假定我国某年居民消费品基础资料如表 6-10 所示，要求根据固定加权算术平均数指数，编制居民消费价格指数。

表 6-10　某年我国消费价格指数和权数基本资料

消费品种类	类指数 k/%	固定权数 w/%	kw
食品类	150	55	8250
衣着类	120	25	3000
日用品类	140	10	1400
文化娱乐用品类	110	4	440
医药类	104	2	208
书报杂志类	102	1	102
燃料类	120	3	360
合计	—	100	13 760

解　居民消费价格指数为

$$I_P=\frac{\sum kw}{\sum w}=\frac{13\,760}{100}=137.6\%$$

【专栏 6-5】 为什么商品房不纳入 CPI 统计

出于国民经济核算的需要。根据世界各国统计机构所采用的“国际惯例”，93SNA(联合国统计委员会推荐的世界各国统计机构遵循的一般性原则)第十章资本账户的资本形成总额中指出：住宅按新的或现存的有形固定资产来处置。为此，CPI 的统计口径必须与国民经济核算体系中的类相一致。而根据国民经济核算分类，商品房购买属于投资范畴，CPI 关注的是消费，因此，CPI 只能反映与居民即期消费密切相关的消费品及服务项目的价格变动，不必要也不可能反映房地产和股票等资产类价格的变动，且如果将商品房价格变动纳入 CPI 的统计中，我国的 CPI 与世界其他各国的 CPI 就不可比。同时，一个既能反映资产价格变动，又能反映消费品价格变动的指数，这样的指数即使编制出来，也因其含义不清晰而无法为国民经济核算使用。

出于测量通货膨胀的需要。测量通货膨胀的指标不止一个，但世界各国大多使用 CPI 来测量。经济工作者一般认为，商品和服务普遍的、持续的上涨就发生了通货膨胀。注意，这里指的是商品和服务，而不是资产。假设我们把商品房价格变动作为消费品价格变动纳入到 CPI 的统计中，2007 上半年我国房地产价格涨幅为 5.9%，而 CPI 的涨幅为 3.2%，把两者合成在一起的指数还会更高，那么反映的是我国国民经济进入了中度通货膨胀状态。同样，如果把股票价格变动纳入 CPI 的统计范围，那么我国上半年 CPI 的涨幅会有 100% 以上。

此外，事实上 CPI 已经反映了居住消费价格的变动。不将商品房(资产)价格变动纳入 CPI 统计范畴，不代表 CPI 不反映居住类(消费)价格的变化情况。CPI 中居住类价格的变化是通过四个类别来反映的：①建房和装修材料，主要是砖瓦灰砂石、水泥、化工原料等。②租房，主要是公房及私房房租的变化。③自有住房，主要是房屋贷款利率、物业费的变化情况。这里需指出的是，目前一些国家就是通过住房贷款利率变化来反映自有住房的价格变化(理论依据是：自有住房不管是贷款支付的还是自有储蓄支付的都是以购房资金形式存在的，即你自己的住宅是以货币形式存在的，而购房资金的价格就是贷款利率，因此房屋贷款利率的变化也就反映了自有住房的价格变化)。④水、电、燃料的价格变化。

(资料来源：国家统计局，http://www.stats.gov.cn/tjzs/)

2. 居民消费价格指数的应用

居民消费价格指数除了能反映城乡居民所购买的生活消费品价格和服务项目价格的变动趋势和程度外，还具有以下几个方面的作用。

(1) 用于反映通货膨胀状况。通货膨胀的严重程度是用通货膨胀率来反映的，它说明了一定时期内商品价格持续上升的幅度。通货膨胀率也可用居民消费价格指数来表示，即

$$\text{通货膨胀率}=\frac{\text{报告期居民消费价格指数}-\text{基期居民消费价格指数}}{\text{基期居民消费价格指数}}\times 100\%$$

如果通货膨胀率大于 0，则说明存在通货膨胀，反之，则说明通货紧缩。

(2) 用于反映货币购买力变动。货币购买力是指单位货币能够购买到的消费品和服务的数量。居民消费品价格指数的倒数即为货币购买力指数，即货币购买力变动与消费品价格变动成反比例关系，居民消费价格指数上涨货币购买力下降，反之，则上升。

$$\text{货币购买力指数}=\frac{1}{\text{居民消费价格指数}}\times 100\%$$

(3) 用于反映消费品和服务项目的价格变动对职工实际工资的影响。居民消费价格指数的提高意味着实际工资的下降，居民消费价格指数的下降则意味着实际工资的提高，因此利用居民消费价格指数可以将名义工资转化为实际工资。具体做法是

$$\text{职工实际工资指数}=\frac{\text{职工平均工资指数}}{\text{居民消费价格指数}}\times 100\%$$

(4) 用于其他经济时间序列的缩减因子。通过缩减经济序列可以消除价格变动的影响，其方法是将序列除以价格指数。如果将居民消费价格指数对工资、个人消费支出、零售额以及投资额等进行调整后，这些经济时间序列值就不再受通货膨胀因素的影响。

【例 6-10】 我国 2001—2006 年以现行价格计算的国内生产总值及各年的居民消费价格指数资料如表 6-11 所示，要求，计算消除价格因素影响后的实际国内生产总值。

解 我国实际国内生产总值计算结果如表 6-11 中的第 4 栏所示。

表 6-11 我国 2001—2006 年国内生产总值及居民消费价格指数资料

年 份	居民消费价格指数(2000 年为 100)	国内生产总值/亿元(现行价)	国内生产总值/亿元(以 2000 年不变价计算)
(1)	(2)	(3)	(4)=(3)/(2)
2001	100.7	109 655.2	108 892.9
2002	99.9	120 332.7	120 459.9
2003	101.1	135 822.8	134 354.1
2004	105.0	159 878.3	152 213.2
2005	106.9	183 867.9	171 957.4
2006	108.5	210 871.0	194 296.9

(资料来源：中国统计年鉴(2007 年))

【案例 6-1】 2007 年我国相关价格指数的变动

2007 年我国居民消费价格指数(CPI)比上年上涨 4.8%；商品零售价格上涨 3.8%；固定资产投资价格上涨 3.9%；工业品出厂价格上涨 3.1%，其中生产资料价格上涨 3.2%，生活资料价格上涨 2.8%；原材料、燃料、动力购进价格上涨 4.4%；农产品生产价格上涨 18.5%；70 个大中城市房屋销售价格上涨 7.6%，其中，新建商品住宅价格上涨 8.2%，二手住宅价格上涨 7.4%，房屋租赁价格上涨 2.6%。2003—2007 年，以上年为 100，我国居民消费价格指数(CPI)变动如图 6-1 所示。

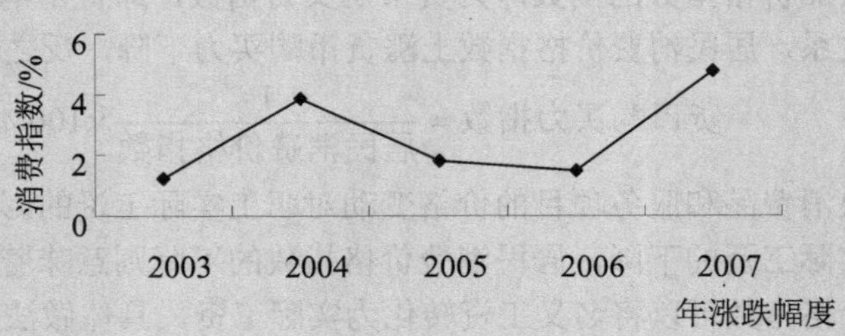

图 6-1 2003—2007 年居民消费价格指数

从价格指数分类别来看，食品类价格比上年上涨 12.3%，烟酒及用品价格比上年上涨

1.7%，衣着类价格下跌 0.6%，家庭设备用品及服务价格上涨 1.9%，医疗保健及个人用品价格上涨 2.1%，交通和通信价格下跌 0.9%，娱乐教育文化用品及服务价格下跌 1.0%，居住价格上涨 4.5%。

在食品类价格指数中，粮食价格指数比上年上涨 6.3%，而油脂价格指数比上年上涨 26.7%。

分析：2003—2007 年以来，我国居民消费价格指数(CPI)呈上涨趋势，但幅度并不大，说明这段时间我国物价上涨还是比较温和的，但也有部分物价指数上涨较快，如食品类价格比上年上涨了 12.3%，这也反映了 CPI 指数具有平均的特点。

(资料来源：国家统计局，《2007 年国民经济和社会发展统计公报》)

三、股票价格指数

股票价格指数是由证券交易所或金融服务机构编制的表明股票价格在各个时期变动程度的相对数，简称股价指数，其单位一般用“点”来表示，即将基期指数作为 100，每上升或下降一个单位称为 1 点。股票指数是报告期与基期股价比较的一个相对指标，因此，可以用来衡量在一个较长时期内股价的变动程度。目前世界上较有影响的股价指数有：美国的道琼斯股票价格指数、标准普尔股票价格指数，英国的伦敦金融时报指数，德国的法兰克福 DAX 指数，法国的巴黎 CAC 指数，瑞士的苏黎世 SMI 指数，日本的日经指数，香港的恒生指数等。我国目前编制的股票价格指数有：上证指数和深证成分指数。

1. 股票价格指数的编制

股价指数的编制方法主要有算术平均数和加权综合数两种，由于上市股票种类繁多，一般人们常常从上市股票中抽取若干种富有代表性的样本股票，计算其价格平均数或综合指数，用以表示整个市场的股票价格总趋势及涨跌幅度。计算股价平均数或综合指数时经常考虑以下几点。

(1) 样本股票必须具有典型性、普通性。为此在选择样本时，应综合考虑其行业分布、市场影响力、股票等级、适当数量等。

(2) 计算方法应具有高度的适应性，能对不断变化的股市行情做出相应的调整或修正，使股票指数或平均数有较好的敏感性。

(3) 要有科学的计算依据和手段。计算依据的口径必须统一，一般均以收盘价为计算依据，但随着计算频率的增加，有的以每小时价格甚至更短的时间价格计算。

(4) 基期应有较好的均衡性和代表性。

基于以上原则，股票价格指数的计算方法很多，但一般以发行量(或成交量)为权数进行加权综合，多数是以报告期发行量为权数。实际上这是一个帕氏价格指数，计算公式为

$$k_p = \frac{\sum p_1 q_1}{\sum p_0 q_1}$$

式中：k_p 表示股票价格指数，以“点”表示，p_1、p_0 分别表示样本股票交易日价格和股票基准日价格，q_1 表示股票交易日发行量或成交量。

【例 6-11】 假设现有四种股票的价格和发行量资料如表 6-12 所示，试计算股票价格指数。

表 6-12　某股市四种股票交易情况

股票名称	股价/元		报告期发行量 q_1/万股
	基期 p_0	报告期 p_1	
甲	4.8	8.3	5200
乙	7.4	10.5	12 000
丙	10	14	3000
丁	2.1	2.4	18 000

解　根据题意，可得

$$k_p=\frac{\sum p_1q_1}{\sum p_0q_1}=\frac{8.3\times5200+10.5\times12\,000+14\times3000+2.4\times18\,000}{4.8\times5200+7.4\times12\,000+10\times3000+2.1\times18\,000}$$

$$=\frac{254\,360}{181\,560}=140.1\%$$

计算结果表明，该股市四种股票报告期价格水平较基期上涨了 40.1%。

2. 股票价格指数举例

1)　道琼斯股票价格指数

这是美国最早的股票价格指数，由美国的查尔斯·道于 1884 年创立。道琼斯股票价格指数选择了 65 家大公司，编制公布这三组股票的组平均指数，以及由组平均指数加权而得的道琼斯股票价格指数，该指数目前以 1928 年 10 月 1 日为基期(100%)。

三组股价指数分别是：第一，道氏工业股价指数，这是根据美国 30 家著名工商业公司的股票编制而成，它被用来代表全国的生产情况；第二，道氏运输业股价指数，这是根据 20 种运输业股票编制的，用来代表全国的运输业未来的业务；第三，道氏公用事业股价指数，这是由美国 15 家最大的公用事业公司股票编制的，被用来代表公用事业的兴衰。

2)　香港恒生指数

恒生指数，由香港恒生银行全资附属的恒生指数服务有限公司编制，是以香港股票市场中的 33 家上市股票为成份股样本，以其发行量为权数的加权平均股价指数，是反映香港股市价格趋势最有影响的一种股价指数。该指数于 1969 年 11 月 24 日首次公开发布，基期为 1964 年 7 月 31 日，基期指数定为 100。恒生指数的成份股具有广泛的市场代表性，其总市值占香港联合交易所市场资本额总和的 90%左右。为了进一步反映市场中各类股票的价格走势，恒生指数于 1985 年开始公布四个分类指数，把 33 种成份股分别纳入工商业、

金融、地产和公共事业四个分类指数中。恒生指数成份股的选取原则如下。

第一，按股票市值大小选择，必须属于占联交所所有上市普通股份总市值 90%的排榜股票之列(市值指过去 12 个月的平均值)。

第二，按成交额大小选择，必须属于占联交所上市所有普通股份成交额 90%的排榜股票之列(成交额乃指过去 24 个月的成交总额)。

第三，必须在联交所上市满 24 个月以上。

根据以上标准初选出合格股票后，再按以下准则最终选定样本股：①公司市值及成交额之排名；②四个分类指数在恒生指数内各占的比重需大体反映市场情况；③公司在香港有庞大业务；④公司的财政状况。

恒生指数计算公式是：

现时指数 =(现时成份股的总市值)/(上日收市时成份股的总市值)×上日收市指数

3) 上证指数

上证指数是由上海证券交易所于 1991 年 7 月 15 日开始编制的股票价格综合指数，目前，上证指数已发展成为包括综合股价指数、A 股指数、B 股指数、分类指数等股价指数系列。上证综合指数是以 1990 年 12 月 9 日为基期(100%)，1991 年 7 月 15 日的第一个上证指数为 133.14 点(133.14%)。上证指数是一个帕氏公式计算的以报告期发行股数为权数的加权综合股价指数，计算公式为

$$报告期指数=\frac{报告期采样股的市场总值}{基期采样股的市价总值}\times 100$$

$$市价总值=\sum(市价\times 发行股数)$$

其中，基期采样股的市价总值也称除数。

上证指数在计算时，如遇到上市股票增资扩股或新增(剔除)时，还须进行相应的修正，对计算公式进行相应的调整。上证综合指数的样本量为在上海证券交易所挂牌上市的全部上市公司，因此，基本反映了上海证券交易所挂牌上市公司的股票价格趋势，目前，是国内外普遍采用的反映上海股市总体走势的基本统计指标。

【案例 6-2】 上证系列指数介绍

作为国内外普遍采用的衡量中国证券市场表现的权威统计指标，由上海证券交易所编制并发布的上证指数系列是一个包括上证 180 指数、上证 50 指数、上证综合指数、A 股指数、B 股指数、分类指数、债券指数、基金指数等的指数系列，其中，最早编制的为上证综合指数。2002 年 6 月，上海证券交易所对原上证 30 指数进行了调整并更名为上证成份指数(简称上证 180 指数)。上证成份指数的编制方案，是结合中国证券市场的发展现状，借鉴国际经验，在原上证 30 指数编制方案的基础上作进一步完善后形成的，目的在于通过科学客观的方法挑选出最具代表性的样本股票，建立一个反映上海证券市场的概貌和运行状况、能够作为投资评价尺度及金融衍生产品基础的基准指数；上证 50 指数是根据科学客

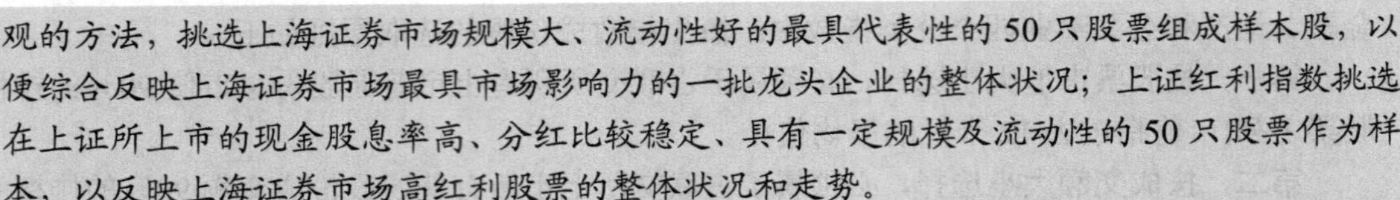

观的方法，挑选上海证券市场规模大、流动性好的最具代表性的50只股票组成样本股，以便综合反映上海证券市场最具市场影响力的一批龙头企业的整体状况；上证红利指数挑选在上证所上市的现金股息率高、分红比较稳定、具有一定规模及流动性的50只股票作为样本，以反映上海证券市场高红利股票的整体状况和走势。

上证指数系列从总体上和各个不同侧面反映了上海证券交易所上市证券品种价格的变动情况，可以反映不同行业的景气状况及其价格整体变动状况，从而给投资者提供不同的投资组合分析参照系。为保证指数编制的科学性和指数运作的规范性，上海证券交易所成立了国内首个指数专家委员会，就指数编制方法、样本股选择等提供咨询意见。

上证指数是一个不断发展的指数系列，截至2008年7月29日，上海证券交易所股价指数系列共包括4类24个指数，如表6-13所示。

表6-13　上证指数系列表

指数名称	基准日期	基准点数	成份股数量	成份股总股本数/亿股
样本指数类				
上证180	2002-06-28	3299.06	180	12067.6
上证50	2003-12-31	1000	50	10 228.58
红利指数	2004-12-31	1000	50	1770.24
180金融	2002-06-28	1000	18	5928.05
治理指数	2007-06-29	1000	231	10 582.88
中型综指	2007-12-28	1000	461	1668.24
上证180全收益	2002-06-28	3299.06	180	—
上证50全收益	2003-12-31	1000	50	—
上证红利全收益	2004-12-31	100	50	—
180金融全收益	2002-06-28	1000	18	—
治理指数全收益	2007-06-29	1000	231	—
中型综指全收益	2007-12-28	1000	461	—
综合指数类				
上证指数	1990-12-19	100	896	15 093.42
新综指	2005-12-30	1000	824	14 772.47
分类指数类				
A股指数	1990-12-19	100	803	14 973.33

续表

指数名称	基准日期	基准点数	成份股数量	成份股总股本数/亿股
B 股指数	1992-02-21	100	53	120.09
工业指数	1993-04-30	1358.78	567	6270.35
商业指数	1993-04-30	1358.78	55	196.43
地产指数	1993-04-30	1358.78	31	176.53
公用指数	1993-04-30	1358.78	94	1736.67
综合指数	1993-04-30	1358.78	141	6713.45
其他指数类				
基金指数	2000-05-08	1000	14	428
国债指数	2002-12-31	100	33	15 381.85
企债指数	2002-12-31	100	44	—

(资料来源：上海证券交易所网站，http://www.sse.com.cn)

本 章 小 结

统计指数是用来分析社会经济现象数量变动的对比性指标，狭义的相对数是一种特殊的相对数，即用来说明不能直接相加的复杂社会经济现象综合变动程度的相对数。指数从不同的角度有不同的分类，在本章中，主要以各种数量指标指数和质量指标指数为例，着重介绍综合指数、平均数指数的编制方法及其在统计分析中的应用。

综合指数是总指数的基本形式，它是由两个总量指标对比形成的指数，其关键是寻找同度量因素和固定在不同的时期。拉氏指数是将同度量因素固定在基期水平，而帕氏指数是把同度量因素固定在报告期。通常情况下，数量指标指数以价格为同度量因素，按拉氏公式计算，而质量指标指数以销售量为同度量因素，按帕氏公式计算。

平均数指数是个体指数的加权平均数，常用的基本形式有两种，一是加权算术平均数，二是加权调和平均数。在每种平均数指数中，由于使用的权数不同，可再分为综合指数变形权数和固定权数的平均数指数两种。通常情况下，算术平均数指数用基期总值来加权，而调和平均数指数用报告期总值来加权。

指数体系是指经济上有联系，在数量上保持一定关系的三个或三个以上的指数。因素分析的基本思想是，通过分析总量指数变动中各因素的影响方向和程度，可以对总量指数进行分解，从相对数与绝对数两个方面进行测定。通常情况下，指数体系中数量指标指数一般用基期指标作为同度量因素，而质量指标指数要用报告期指标作为同度量因素。

本章还介绍了几种常用的经济指数，主要是商品零售物价指数、居民消费价格指数及股票价格指数的编制方法。

复习思考题

一、名词解释

统计指数　个体指数　总指数　数量指标指数　质量指标指数　同度量因素　共变影响　综合指数　平均数指数　平均指标指数　指数体系　因素分析　拉氏指数　帕氏指数　居民消费价格指数　股票价格指数

二、填空题

1. 统计指数，从广义上讲，是说明社会现象数量对比关系的________；从狭义上讲，专指说明________的相对数。

2. 统计指数按其所反映的对象范围不同分为________和________；按其所反映的内容不同，分为________和________。

3. 同度量因素在指数的计算中起着________和________作用。

4. 在编制数量指标指数时，一般采用________作为同度量因素；而在编制质量指标指数时，一般则采用________作为同度量因素。

5. ________是将权数一般固定在报告期的综合指数，所以也称报告期加权综合指数；________是将权数一般固定在基期的综合指数，所以也称基期加权综合指数。

6. 某工厂 2007 年比 2006 年工资水平提高了 10%，职工人数增加了 3%，则工资总额增加了________%。

7. 价格上涨以后，同样多的人民币少购买商品 8%，则价格上涨了________%。

8. 粮食总产量增长 3%，播种面积减少 0.5%，则亩产量上升________%。

9. 报告期与基期相比，总成本增加 5 万元，由于产量变动使总成本增加 5.2 万元，则单位成本变化使总成本减少________万元。

10. ________是测定市场零售商品价格变动程度和趋势的相对数；________是反映一定时期内城乡居民所购买的生活消费品和服务项目价格的变动程度的一种相对数。

三、判断题

1. 数量指标综合指数的同度量因素质量指标一般固定在基期水平上，质量指标综合指数的同度量因素数量指标一般固定在报告期水平上。　(　　)

2. 在由三个指数构成的指数体系中，两个因素指数的同度量因素指标是不同的。　(　　)

3. 在编制总指数时，经常采用非全面统计资料仅是为了节约人力、物力和财力。（　　）

4. 如果物价上涨16%，则用同样多的货币能买到原来商品数量的84%。（　　）

5. 某企业2007年比2006年产量增长了15%，单位成本降低了1%，2007年总成本为120万元，则2006年总成本为105.40万元。（　　）

6. 若生活费用价格指数为120%，则报告期1元人民币只等于基期的0.80元。（　　）

7. 统计指数的本质是对简单相对数的平均。（　　）

8. 在编制综合指数时，虽然将同度量因素加以固定，但是同度量因素仍起权数作用。（　　）

9. 说明现象总的规模和水平变动情况的统计指数是质量指数。（　　）

10. 我国物价指数的编制，一般采用统计报表资料为权数计算平均数指数。（　　）

四、单项选择题

1. 统计指数是说明社会现象数量对比关系的(　　)。

A. 相对数　　B. 绝对数　　C. 平均数　　D. 倒数

2. 指数的产生首先是从(　　)开始的。

A. 成本指数　　B. 价格指数　　C. 工资指数　　D. 产量指数

3. 工业产品产量指数为110%，货物运输总量指数为130%，这些指数都是(　　)。

A. 数量指标指数　　B. 平均指数　　C. 质量指标指数　　D. 个体指数

4. 粮食价格指数为80%，农产品亩产量指数为90%，工人工资水平指数为109%，这些指数都是(　　)。

A. 数量指标指数　　B. 平均指数　　C. 质量指标指数　　D. 个体指数

5. 按照一般原则，计算数量指标指数时，选择的同度量因素是(　　)。

A. 基期数量指标　　B. 报告期数量指标

C. 基期质量指标　　D. 报告期质量指标

6. 按照一般原则，计算质量指标指数时，选择的同度量因素是(　　)。

A. 基期数量指标　　B. 报告期数量指标

C. 基期质量指标　　D. 报告期质量指标

7. 计算综合指数时，同度量因素一方面起到同度量作用，另一方面起(　　)。

A. 权数作用　　B. 平均作用　　C. 固定作用　　D. 比较作用

8. 若粮食作物播种面积增加5.0%，粮食作物平均亩产提高2.0%，则粮食总产量增加(　　)。

A. 7.0%　　B. 10.0%　　C. 7.1%　　D. 3.0%

9. 数量指标指数与质量指标指数的划分依据是(　　)。

A. 所反映的对象范围不同　　B. 所比较的现象特征不同

C. 编制综合指数的方法不同　　D. 指数化指标的性质不同

10. 某企业2007年比2006年产量增加了15%，单位产品成本下降了4%，2006年企业总成本为3000万元，则2007年的总成本比2006年增加了(　　)万元。

A. 30　　B. 450　　C. 312　　D. 138

11. 某工厂报告期与基期比较，某产品的产量增长了6%，其单位产品成本下降了6%，那么该产品报告期的生产总成本比基期(　　)。

A. 增加了　　B. 减少了　　C. 不变　　D. 无法确定

12. 狭义指数是反映(　　)数量综合变动的方法。

A. 有限总体　　B. 无限总体　　C. 复杂总体　　D. 简单总体

13. $\sum q_1p_0-\sum q_0p_0$表示(　　)。

A. 由于价格变动而引起的产值增减数　　B. 由于价格变动而引起的产量增减数

C. 由于产量变动而引起的价格增减数　　D. 由于产量变动而引起的产量增减数

14. 某商品价格发生变化，现在的100元只相当原来的90元，则价格指数为(　　)。

A. 10%　　B. 90%　　C. 110%　　D. 111%

15. 加权调和平均数指数用于编制下列(　　)。

A. 工业生产指数　　B. 零售商品价格指数

C. 居民消费价格指数　　D. 农副产品收购价格指数

五、多项选择题

1. 指数按其所反映的对象范围不同，划分为(　　)。

A. 平均指数　　B. 简单指数

C. 个体指数　　D. 总指数

2. 下列属于数量指标指数的有(　　)。

A. 农产品产量指数　　B. 商品销售额指数

C. 商品销售量指数　　D. 劳动生产率指数

3. 下列属于质量指标指数的有(　　)。

A. 农产品价格指数　　B. 工业产品产量指数

C. 工业生产成本指数　　D. 职工工资水平指数

4. 农产品收购价格指数属于(　　)。

A. 总指数　　B. 数量指标指数

C. 个体指数　　D. 质量指标指数

5. 指出下列指数公式中的帕氏指数公式(　　)。

A. $\dfrac{\sum p_0q_1}{\sum p_0q_0}$　　B. $\dfrac{\sum p_1q_0}{\sum p_0q_0}$　　C. $\dfrac{\sum p_1q_1}{\sum p_0q_1}$

D. $\dfrac{\sum p_1 q_1}{\sum p_1 q_0}$　　E. $\dfrac{\sum \dfrac{p_1}{p_0} p_0 q_0}{\sum p_0 q_0}$

6. 在编制加权综合指数时，确定权数需要考虑的问题有(　　)。

A. 现象之间的内在联系　　B. 权数的所属时期

C. 权数的具体数值　　D. 权数的具体形式

E. 权数的稳定性和敏感性

7. 使用报告期商品销售量作权数计算的商品价格综合指数(　　)。

A. 消除了销售量变动对指数的影响

B. 包含了销售量变动对指数的影响

C. 单纯反映了商品价格的综合变动

D. 同时反映了商品价格和消费结构的变动

E. 反映了商品价格变动对销售额的影响

8. 某商业企业今年同去年相比，各种商品的价格总指数为 115%，这一结果说明(　　)。

A. 商品零售价格平均上涨了 15%　　B. 商品零售额平均上涨了 15%

C. 商品零售量平均上涨了 15%　　D. 由于价格提高使零售额上涨了 15%

E. 由于价格提高使零售量下降了 15%

9. 某企业今年与去年相比，各种产品单位成本总指数为 120%，这个相对数是(　　)。

A. 个体指数　　B. 加权综合指数

C. 数量指数　　D. 质量指数

E. 价值总量指数

10. 在由两个因素构成的加权综合指数体系中，为使总量指数等于各因素指数的乘积，(　　)。

A. 两个因素指数必须都是数量指数

B. 两个因素指数必须都是质量指数

C. 两个因素指数一个是数量指数一个是质量指数

D. 两个因素指数中的权数必须是同一时期的

E. 两个因素指数中的权数必须是不同时期的

六、简答题

1. 什么是统计指数？它有哪些基本作用？
2. 总指数有哪两种基本形式？各有何特点？
3. 什么是同度量因素？它所起的作用是什么？如何确定同度量因素的时期？
4. 什么是拉氏指数与帕氏指数？它们各有何特点？

5. 什么是指数体系？如何进行因素分析？

6. 居民消费价格指数如何编制？它有哪些作用？

七、计算题

1. 某超市2007年与2002年三种商品价格及销售量资料如表6-14所示。

表6-14 某超市2002年与2007年三种商品价格及销售量表

名 称	计量单位	价格/元		销售量	
		2002年	2007年	2002年	2007年
羊毛衫	件	240	300	1300	2400
皮鞋	双	100	120	3000	4000
西装	套	90	100	4000	4800

要求根据资料表计算：

(1) 2007年与2002年相比，三种商品总销售额增长的百分比和绝对额各是多少？

(2) 采用拉氏指数公式计算三种商品的销售综合指数及由于销售量变动而影响的绝对额。

(3) 采用帕氏指数公式计算三种商品的销售综合指数及由于价格变动而影响的绝对额。

2. 某企业总产值及产量增长的速度资料如表6-15所示。

表6-15 某企业总产值及产量增长速度表

产品名称	总产值/万元		产量增长速度/%
	基 期	报 告 期	
甲	120	150	10
乙	200	210	5
丙	400	440	20

要求根据资料计算：①产量指数；②物价指数；③由于物价变动所引起的总产值的增长额或减少额。

3. 某企业2007年和2006年的产值和职工人数资料如表6-16所示。

表6-16 某企业2006年和2007年产值和职工人数资料

年 份	产值/万元	职工人数/人	
		总人数	其中：生产工人数
2006	450	800	640
2007	650	840	714

要求：试分析该企业2007年比2006年产值增长中各个因素变动的影响作用，计算其相对影响程度和绝对影响额。

(1) 就生产工人及工人劳动生产率两个因素进行分析。

(2) 就职工人数、生产工人占职工人数比重及工人劳动生产率三个因素进行分析。

4. 进行如下指数推算：

(1) 已知生产费用总额增长20%，产品产量增长25%，计算单位成本的变动程度。

(2) 在价格上涨10%的情况下，商品购买量又增加了5%，计算货币支出额指数。

(3) 产品的材料单耗下降8%，产品产量增长10%，计算材料总消耗量指数。

5. 根据表6-17中的资料，计算某市粮食物价指数、副食品物价指数、食品类物价指数和全部零售商品物价指数。

表6-17　某市有关项目类别的权数及指数

类别和项目	权　数	组指数或类指数/%
1.食品类	48	
1.1 粮食	25	
(1)细粮	98	100.0
(2)粗粮	2	100.0
1.2 副食品	48	
(1)食用植物油	6	106.1
(2)食盐	2	100.0
(3)鲜菜	17	96.7
(4)干菜	4	101.7
(5)肉禽蛋	38	122.7
(6)水产品	21	140.2
(7)调味品	5	98.6
(8)食糖	7	103.0
1.3 烟酒类	13	102.3
1.4 其他食品	14	108.1
2.衣着类	16	116.4
3.家庭设备及用品	10	109.7
4.医疗保健类	3	98.0
5.交通和通信工具类	3	105.2
6.娱乐教育文化类	8	108.0
7.居住类	7	128.3
8.服务项目类	5	112.6

6. 某地区甲、乙、丙、丁四种产品的个体零售价格指数分别为110%、104%、108.5%、118%，它们的固定权数分别为11%、29%、35%、25%，试计算这四类商品的零售物价指数。

第七章

抽 样 推 断

学习目标： 本章主要阐述抽样推断的理论与方法。通过本章学习，要求掌握利用样本资料来推断总体数量特征的基本原理；掌握抽样推断的概念及特点；了解抽样误差产生的原因；熟练掌握点估计与区间估计的方法，并进行假设检验。

关键概念： 抽样推断(sampling deduction)　抽样误差(sampling error)　参数估计(parameter estimation)　假设检验(hypothesis test)

第一节　抽样推断概述

一、抽样推断的含义及特点

抽样推断是指按照随机的原则从全部对象(总体)中抽取一部分单位(样本)进行观察，并依据所获得的数据对全部研究对象的数量特征做出具有一定可靠性的估计判断，从而达到通过样本的信息对总体的数量特征进行科学估计与推断的一种方法(这里主要是指随机抽样调查)。抽样推断包括抽样调查与统计推断两个部分，抽样调查是一个非全面调查，它是按照随机的原则从总体中抽出部分单位进行调查，目的是为了推断总体；统计推断是根据抽样调查所获得的样本信息，对总体的数量特征做出具有一定可靠程度的估计和推断。抽样推断所产生的误差是可以计算，并加以控制的。

例如，我们想了解市民对公共交通的满意程度，理论上对每一个市民都进行调查，询问他们的满意度，这样的调查可得到准确的结论。但一个城市居民人数几十万或几百万，做全面调查成本太高，所以通常做法是，随机抽取一部分市民，对部分市民进行调查，然后根据这些调查数据，对所有市民对公共交通的满意情况进行合理的推断。

抽样调查的主要特点如下。

(1)　按随机原则抽取调查单位。随机原则也称等可能性原则，随机抽样的目的是为了排除人的主观影响，使每个样本都有相同的可能性被抽中，要求调查单位的确既不受调查者主观愿望的影响，也不决定于被调查者是否愿意合作，从而使样本对总体具有充分的代表性。哪个单位选中与不选中，完全是偶然因素的事件，这一点和其他非全面调查，如典型调查、重点调查是不同的。典型调查与重点调查一般是根据统计研究的任务和调查对象的性质，有意识地确定调查单位。

随机原则与抽样调查的目的是密切联系在一起的，抽样调查的目的在于推断总体，在抽样的时候保证每个单位有同等的机会被选取，这样就有较大的可能性使所选的样本保持和总体有相同的结构，或者说使样本和总体同分布，样本对总体的代表性就大，此外，遵守随机原则，才有可能计算抽样误差，这也是抽样推断的先决条件。

(2) 根据部分实际资料对全部总体的数量特征做出估计。抽样推断就是从总体中随机抽出部分样本，来推断总体的数量规律。因此，抽样调查既能收到非全面调查的好处，又可以达到对总体数量特征的认识，是唯一的一种非全面调查但能起到全面调查作用的调查方法。如可以根据百分之几的职工家庭收支调查，来推断全国上亿职工家庭的消费水平；根据百分之几的农作物收获面积的实际产量调查，来推断全省、全国的农产量水平。

抽样调查的科学原理很早就产生了。17 世纪到 19 世纪中叶，大数定律、概率论逐步发展形成一门数学分支，当时的统计学家把大数定律、概率论的原理引进到统计的研究领域，从而产生抽样调查的研究方法，使抽样调查获得了充分的数学理论依据，为抽样调查的精确计算和抽样方法的实际运用提供了现实的可能性，并广泛应用于社会经济统计的领域中，具有经济性、准确性和灵活性等特点。

(3) 抽样误差是可以估计的，推断结果具有一定的可靠性和准确性。由于推断是用部分来推断总体，用样本的信息推断总体信息，必然会存在误差。但这种误差可以在一定的统计假设下估计出来，也可以采取一定的调查设计来控制误差的范围，以满足调查的误差要求，保证抽样推断的结论达到指定的可靠程度。

二、抽样推断的作用

抽样推断的作用如下。

(1) 对某些不可能进行全面调查而又要了解其全面情况的社会经济现象，必须应用抽样调查。如工业生产中检验某些产品的质量时，常常具有破坏性，如灯泡的寿命检验、轮胎的里程检验、炮弹的杀伤力检验等，不能为了鉴定产品质量而毁坏所有产品；有些现象的总体过于庞大，单位过于分散，进行全面调查实际上是不可能的，如检验水库的鱼苗数、森林的木材蓄积量等都无法进行全面调查，只能用抽样推断。

(2) 对某些社会经济现象虽可以进行全面调查，但抽样推断仍具有独到的作用。如要了解职工的家庭生活状况，从理论上来说可以进行全面调查，但调查的范围太大、单位太多，而采用抽样的方法可以节省人力、费用，并能达到同样的效果。

抽样调查可以节省时间、提高调查的时效性，如对农产品的全面调查要等到收获完毕后相当长一段时间，才能得到统计数字；而抽样调查可以和收获同时进行，及时得到统计数字，这样可方便安排收购、储运、进出口等。此外，抽样调查由于调查单位少，调查队伍受过专门训练，可以增加调查项目，取得比较详细的资料，并提高调查的准确性。

(3) 抽样调查和全面调查同时进行，可以发挥相互补充和检查调查质量的作用。全面调查由于范围广、工作量大、参加人员多，因此发生登记性和计算性误差的可能性大。因此，在全面调查后，随机抽取一部分单位，将这些单位重新再调查一次，将两次调查资料进行对比，计算其差错比率，并以此为依据对全面调查的资料进行修正，这可进一步提高全面调查的准确性。如国家调查人口状况时，可根据调查项目的要求，同时进行普查和抽样调查，这两种调查的资料不但便于核对差错，也可满足不同的需要。

(4) 抽样调查可用于工业生产过程的质量控制。抽样调查不仅可用于生产结果的核算和估计，而且也可有效地用于对成批或大量连续生产的工业产品生产过程的质量控制。通过检查生产过程是否正常，及时提供有关信息，便于采取措施，预防废品的产生。

(5) 利用抽样法原理，还可以对某种总体的假设进行检验，以判断假设的真伪。如新工艺、新技术的改革及新医疗方法的使用等是否收到明显效果，需要对未知的总体做出一些假设，然后利用抽样的方法，根据实验数据对所做出的假设进行检验，做出判断。

【专栏 7-1】 我国人口变动情况抽样调查方案

人口变动情况抽样调查，采用在被抽中的调查小区(调查群)中，按常住人口登记的原则以户为单位进行调查，既调查家庭户，也调查集体户；既包括城镇人口，也包括农村人口。全国约抽取 120 万人，社区调查则仅调查被抽中的调查小区所在村委会的情况。数据的审核、录入、编辑工作由各省、自治区、直辖市统计局负责，并将录入的数据通过网络传输报国家统计局，由国家统计局进行国家级汇总、制表工作。

调查内容：按个人填报的项目，包括个人的基本情况、就业和失业情况、婚姻状况、妇女生育情况、出生和死亡情况等；按户填报的项目，包括本户住址编码、户别、本户总人口、上年 10 月 1 日以来出生人口和死亡人口、本户户籍人口中外出半年以上的人口、本户年内迁出人口等；按社区填报的项目，包括居住地类型，全村户数、人口数和出生、死亡人口，公共交通、教育、医疗、饮水、通信等方面的条件，耕地面积和上年人均年纯收入等。

调查时间：调查的标准时间为当年 10 月 1 日 0 时，现场登记的时间为 10 月份。

调查方法：以全国为总体，省级单位为次总体，采用分层、多阶段、整群概率比例抽样方法。各省、自治区、直辖市参照国家抽样基础方案，具体设计本省(自治区、直辖市)的抽样方案，按照国家分配的样本量抽取样本单位，由调查员进行入户访问。

(资料来源：国家统计局网站，http://www.stats.gov.cn/tjzd/)

三、抽样调查的基本概念

1. 总体与样本

(1) 总体。总体是指所要认识对象的全体，是由具有某种共同性质的许多单位组成的集合，因此总体也就是具有同一性质的许多单位的集合体，通常用大写字母 N 来表示。如

研究某城市职工的生活水平，则该城市全部职工即构成总体；研究某地区的粮食亩产量，则该地区的全部粮食播种面积构成一个总体。

(2) 样本。这是从总体中随机抽取出来，代表总体的那部分单位的集合体。样本中包含的个体单位的数量称为样本容量，通常用小写字母 n 来表示，相对于总体来说，样本是个很小的数目，可以是几十分之一，也可以是几万分之一。样本容量一般达到或超过 30 个称为大样本，而在 30 个以下称为小样本。社会经济现象的调查多取大样本，而自然实验观察则多取小样本，以很小的样本来推断很大的总体，这是抽样调查的基本特点。

对于一个研究对象，如果说总体是唯一确定的，而样本却不是唯一的，一个总体可能会抽取很多个不同的样本，而其容量可能也会有很大的差别。实际上，抽样本身是一种手段，目的在于对总体做出判断，因此，样本容量要多大？如何抽取？它们的分布又如何？这些都是关系到对总体判断准确程度的问题，都需要加以认真的研究。

2. 总体指标与样本指标

(1) 总体指标。这是指以总体各个单位的标志值或标志特征计算的，反映总体某种属性的综合指标。由于总体是唯一确定的，根据总体计算的总体指标也是唯一的。总体指标也称为总体参数，包括总体均值、总体成数、总体标准差、总体方差等。

不同性质的总体需要计算不同的总体指标。对于变量总体，由于各单位的标志可以用数量来表示，所以可以计算总体平均数，用大写字母 $\overline{X}$ 表示。

设总体变量值 X 有 N 个取值：

$$X：X_1，X_2，\cdots，X_N$$

总体均值

$$\overline{X}=\frac{X_1+X_2+\cdots+X_N}{N}=\frac{\sum_{i=1}^{N}X_i}{N} \tag{7-1}$$

对于属性总体，由于各单位的标志不可以用数量来表示，只能用一定的术语来描述，所以，一般计算比重结构指标，称为总体成数，用大写字母 P 来表示，它说明总体中具有某种标志的单位数在总体中所占的比重。变量总体也可以计算成数，即总体单位数在所规定的某变量值以上或以下的比重，视同具有或不具有某种属性的单位数比重。

设总体 N 个单位，有 N_1 个单位具有某种属性，N_0 个单位不具有某种属性，$N_1+N_0=N$，P 为总体中具有某种属性的单位数比重，Q 为不具有某种属性的单位数所占比重，则总体成数为

$$P=\frac{N_1}{N} \tag{7-2}$$

$$Q=\frac{N_0}{N}=\frac{N-N_1}{N}=1-P$$

此外，总体指标还有总体标准差 σ、总体方差 σ^2。这些都是测度总体标志值分散程度的指标，用公式表示为

总体标准差
$$\sigma=\sqrt{\frac{\sum(X-\bar{X})^2}{N}} \tag{7-3}$$

总体方差
$$\sigma^2=\frac{\sum(X-\bar{X})^2}{N} \tag{7-4}$$

(2) 样本指标。由样本内各个单位标志值或标志特征计算的综合指标称为样本指标，与总体指标相对应，样本指标也有样本平均数$\bar{x}$、样本成数 p，样本标准差 S 及样本方差 S^2，样本均值及样本成数一般用小写字母表示。设样本有 n 个变量：x_1，x_2，…，x_n，则样本均值用公式可以表示为

$$\bar{x}=\frac{x_1+x_2+\cdots+x_n}{n}=\frac{\sum_{i=1}^{n}x_i}{n} \tag{7-5}$$

假定样本 n 个单位中有 n_1 个单位具有某种属性，n_0 个单位不具有某种属性，$n_1+n_0=n$，p 为样本中具有某种属性的单位数所占的比重，q 为不具有某种属性的单位数所占的比重，则样本成数为

$$p=\frac{n_1}{n} \tag{7-6}$$

$$q=\frac{n_0}{n}=\frac{n-n_1}{n}=1-p$$

样本的方差和标准差分别为：

样本方差
$$S^2=\frac{1}{n-1}\sum(x-\bar{x})^2 \tag{7-7}$$

样本标准差
$$S=\sqrt{S^2} \tag{7-8}$$

由于一个总体可以抽取许多个样本，因此，与总体指标不同，样本指标的数值不是唯一确定的，样本不同，样本指标的数值也就不同。实际上样本指标是样本变量的函数，它本身也是随机变量。

四、抽样的理论依据

就数量关系来说，抽样调查是建立在概率论的大数定律基础上。大数定律是以确切的形式表明大量随机现象的平均结果实际上是与每一个别随机现象的特征无关的，而具有充分的稳定性，因此，大数定律的一系列定理为抽样推断提供了数学依据。

1. 大数定律

(1) 切贝谢夫定理：如果独立的随机变量 x_1，x_2，…，x_n，具有相同的分布，且存在数学期望 $E(x_i)=X$ 和方差 $D(x_i)=\sigma^2$，则对任意小的正数 $\varepsilon>0$，有

$$\lim_{n\to\infty}p\left\{\left|\frac{1}{n}\sum_{i=1}^{n}x_i-X\right|<\varepsilon\right\}=1$$

该定理表明，当样本容量 n 足够大时，独立同分布的一系列随机变量的算术平均数接近(依概率 p 收敛于)数学期望值，即随机变量平均数具有稳定性，这就是大数定律。该定律提供了用样本平均数估计总体平均数的理论依据。

(2) 贝努里定理：在独立试验序列中，当试验次数 n 无限增加时，事件 A 出现的频率(m/n，m 表示 n 次试验中事件 A 发生的次数)依概率收敛于事件 A 发生的概率 p，即

$$\lim_{n\to\infty} p\left\{\left|\frac{m}{n}-p\right|<\varepsilon\right\}=1$$

该定理表明，当试验次数 n 足够大时，事件 A 发生的频率接近(依概率收敛于)事件 A 发生的概率，即频率具有一定的稳定性。该定理也说明，在试验条件不变的情况下，重复进行很多次时，随机事件的频率在它的概率附近摆动。

具体地说，大数定律的意义可以归纳为以下四个方面。

(1) 现象的某种总体规律性，只有当具有这种现象的足够多数的单位汇总在一起的时候，才能显示出来。因此，只有从大量现象的总体中，才能研究这些现象的规律性。

(2) 现象的总体规律性，通常是以平均数的形式表现出来。

(3) 当所研究的现象总体包含的单位越多，平均数也就越能够正确地反映出这些现象的规律性。

(4) 各单位的共同倾向(表现为主要的、基本的因素)决定着平均数的水平，而各单位对平均数的离差(表现为次要的、偶然的因素)则会由于足够多数单位的综合汇总的结果，而相互抵消，趋于消失。

2. 中心极限定理

大数法则论证了样本平均数趋近于总体平均数的趋势，这为抽样推断提供了重要的依据，但并没有说明样本平均数与总体平均数的离差有多大，其分布如何。这个问题主要利用另一个重要的定理，即中心极限定理来说明。

中心极限定理：如果随机变量 x_1，x_2，…，x_n 独立且服从同一分布，且存在数学期望 $E(x_i)=X$ 和方差 $D(x_i)=\sigma^2$，则当样本容量 n 趋于无穷大时，随机变量均值 $\bar{x}$ 趋于期望值为 X、标准差为 $\dfrac{\sigma}{\sqrt{n}}$ 的正态分布，即当 $n\to\infty$时，$\bar{x}\sim N(X,\dfrac{\sigma^2}{n})$。

中心极限定理表明，不论总体服从何种分布，只要存在数学期望和方差，从中抽取容量为 n 的样本，则当 n 足够大时，样本均值趋于正态分布。这里的问题是，样本容量多少才可以算“足够大”呢？在统计工作中，经过大量的实践，大致可以说，即使总体明显偏离正态，只要样本容量在 30 以上，就可以应用中心极限定理，从而为我们利用正态分布来解决这类随机变量的问题提供了理论依据。

大数定律与中心极限定理的相同点是，都是通过极限理论来研究概率问题，研究对象都是随机变量序列，解决的问题都是概率论中的基本问题，因而在概率论中具有重要意义；两者所不同的是，大数定律研究的是概率或平均值的极限，而中心极限定理研究的是随机

变量总和或平均值的分布极限。

第二节　抽样平均误差

一、抽样平均误差的概念

统计调查中，一个重要的要求就是尽量减少误差，因为无论是抽样误差还是非抽样误差，都会影响决策而导致损失。如抽查产品作质量检验时，出现不应有的误差就有可能导致接收一批不合格的产品或拒绝一批合格的产品而延误生产；抽查顾客对某种产品的反映，如果有不恰当的误差，也会引起对市场的错误判断而造成损失。

抽样误差是指样本指标和总体指标之间数量上的差别，抽样调查是用样本指标推断总体指标的一种调查方法，而推断的根据就是抽样误差。实际上，抽样误差也是在随机抽取中只限于总体一部分的样本而引起的误差，如果样本包括总体全部就成为普查，这就不会出现抽样误差，因为除非出现非抽样误差，统计量就是参数本身，也就不存在进行推断统计的需要。实际上抽样误差正是随机抽查与普查之间的差距，它的一个重要特征就是这种差距具有概率规律的变异性，即如果从总体重复抽取样本量相同的样本，虽然每次抽取所得的统计指标会有差异，但是它的分布有一定的集中趋势，这个分布的期望值就是总体的平均值。因此，只要是从样本推断总体，一定都会有抽样误差，但一般情况下，根据抽样调查的结果总能为总体提供有把握的、可以控制的推断。理解抽样误差可以从两方面入手。

(1) 抽样误差是指由于抽样的随机性而产生的那一部分误差，不包括非随机的人为误差。

随机误差是指遵守了随机原则但可能抽到各种不同的样本而产生的误差。这种误差是必然产生的，但可以对它进行计算，并设法加以控制，抽样误差即是指这种随机误差；非随机的误差是指在抽样过程中，由于人为原因造成的、可以避免的误差，也称非抽样误差，如登记性错误、设计失误、调查对象选择不当、数据处理失误、调查人员误导、被调查者没有说明真相等而产生的误差，这种偏差在抽样调查时是可以避免的，一般不属于抽样误差所指的范围。

(2) 随机误差可以分为实际误差和抽样平均误差两类。实际误差是一个样本指标与总体指标之间的差别，用符号表示为$|\bar{x}-\bar{X}|$、$|p-P|$，这是无法知道的误差；抽样平均误差是指所有可能出现的样本指标的标准差，即是所有可能出现的样本指标和总体指标的平均离差。在统计中，抽样平均误差是可以用统计学来计算的，一般情况下，在讨论抽样误差时，指的就是抽样平均误差。抽样平均误差的作用就是表现它对总体的代表性，平均误差大，说明样本指标对总体的代表性低；反之，则说明样本指标对总体的代表性高。

二、影响抽样平均误差的因素

为了计算和控制抽样平均误差，需要分析影响抽样平均误差的因素。抽样平均误差的大小主要受到以下四个因素的影响。

(1) 总体标志的变动程度。总体标志变动的程度越大，抽样平均误差就越大；反之，总体标志变动的程度越小，则抽样平均误差越小，两者呈正比例关系变化。如总体各单位标志值都相等，即标准差为零时，抽样指标就等于总体指标，抽样平均误差也就不存在了，这时每个单位都可作代表，平均指标也就无需计算。

(2) 抽样单位的多少。在其他条件不变的情况下，抽取的单位数越多，抽样平均误差越小；样本单位数越少，抽样平均误差越大。抽样平均误差的大小和样本单位数呈相反关系的变化，这是因为抽样单位数越多，样本单位数在总体中的比例越高，抽样总体会越接近总体的基本特征，总体特征就越能在抽样总体中得到真实的反映。假定抽样单位数扩大到与总体单位数相等时，抽样调查就变成全面调查，抽样指标等于总体指标，实际上此时也就不存在抽样误差。

(3) 抽样方法。抽样方法包括重复抽样与不重复抽样两种，重复抽样具有独立同分布的性质，而不重复抽样在每抽取一个样本之后，就会使抽样总体减少一个抽样单位，因而会带来抽样误差计算上的差异。从抽样平均误差的计算公式中也可以明显看出，不重复抽样的平均误差一般会小于重复抽样的平均误差。

(4) 抽样组织方式。抽样平均误差除了受上述三个因素影响外，还受到不同的抽样组织方式的影响，样本的抽样组织方式不同，抽样平均误差的计算则存在差异。

三、抽样平均误差的计算

1. 样本平均数的抽样平均误差

抽样平均误差就是一系列抽样指标的标准差，一般常用 $\mu_{\bar{x}}$ 表示抽样平均误差，它的计算公式为

$$\mu_{\bar{x}}=\sqrt{\frac{\sum(\bar{x}-\bar{X})^2}{K}}$$

其中，$\bar{X}$ 表示总体平均数；$\bar{x}$ 表示样本的平均数；K 表示抽取的样本数目。

上述公式只是为了说明抽样平均误差的实质，实际计算一般不用这个公式。这是因为，首先在实际工作中从总体一般只抽取一个样本，而不是抽取所有可能的样本，并计算它们的抽样平均数；其次，在进行抽样调查的全过程中，总体平均数 $\bar{X}$ 是未知的，因而上述的抽样平均误差的公式是无法计算的。现实的做法如下。

1) 重复抽样情形

假定从总体中独立重复抽取的样本为 x_1，x_2，…，x_n，则它们是独立的，且与总体有相同的分布。假设总体的均值为μ，方差为σ^2，则样本均值的期望和方差分别为

$$E(\bar{x})=E(\frac{1}{n}\sum x_i)=\frac{1}{n}\left[E(x_1)+E(x_2)+\cdots+E(x_n)\right]=\mu$$

$$\sigma^2(\bar{x})=\sigma^2(\frac{1}{n}\sum x_i)=\frac{1}{n^2}\left[\sigma^2(x_1)+\sigma^2(x_2)+\cdots+\sigma^2(x_n)\right]=\frac{1}{n^2}n\sigma^2=\frac{\sigma^2}{n}$$

因此，样本平均数的抽样平均误差为

$$\mu_{\bar{x}}=\frac{\sigma}{\sqrt{n}} \tag{7-9}$$

式(7-9)表明抽样平均数的平均误差仅为总体标准差的$\frac{1}{\sqrt{n}}$，如当样本单位数为100时，则平均误差仅为总体标准差的1/10，这说明，一个总体的某一标志的变动度可能很大，但抽取若干单位加以平均之后，抽样平均数的标准差比总体的标准差大大地缩小了，所以，抽样平均数作为估计量是更有效的。从式(7-9)还可以看出，抽样平均误差和总体标志变动度的大小成正比，而和样本单位的平方根成反比。如抽样平均误差要减少1/2，则样本单位数必须增大到4倍，抽样平均误差要减少为原来的1/3，则样本单位数就要扩大到9倍。

【例7-1】 某讨论小组有A、B、C、D四名同学，其统计学作业分数分别为80、90、70、60分，现从中有放回地随机抽取两名同学，试计算样本平均分数的抽样平均误差。

解法一 总体均值和总体方差分别为

$$\mu=\frac{1}{4}(80+90+70+60)=75$$

$$\sigma^2=\frac{1}{4}\left[(80-75)^2+(90-75)^2+(70-75)^2+(60-75)^2\right]=125$$

因此，抽样的平均误差为

$$\mu_{\bar{x}}=\frac{\sigma}{\sqrt{n}}=\sqrt{\frac{125}{2}}=7.91$$

解法二 为了加强对样本平均数的抽样平均误差的理解，我们从定义出发进行计算，样本平均数的抽样平均误差就是样本均值的标准差，重复抽取样本容量为2的样本可能的数目共有4×4=16个，具体如表7-1所示。

表7-1 抽取样本列表

样 本	样本均值	样 本	样本均值
(80，80)	80	(70，80)	75
(80，90)	85	(70，90)	80
(80，70)	75	(70，70)	70
(80，60)	70	(70，60)	65
(90，80)	85	(60，80)	70
(90，90)	90	(60，90)	75

续表

样　本	样本均值	样　本	样本均值
(90，70)	80	(60，70)	65
(90，60)	75	(60，60)	60

因此，样本均值的平均数和样本均值的方差分别为

$$E(\bar{x})=\frac{1}{16}(80+85+75+\cdots+60)=75$$

$$\sigma^2(\bar{x})=\frac{1}{16^2}\left[(80-75)^2+(85-75)^2+\cdots+(60-75)^2\right]=62.5$$

样本平均数的抽样平均误差为

$$\mu_{\bar{x}}=\sqrt{\sigma^2(\bar{x})}=\sqrt{62.5}=7.91$$

比较解法一与解法二可得出结论，两种计算方法结果相同。

2)　不重复抽样情形

在不重复抽取的情形下，这时样本变量 x_1，x_2，…，x_n 不是相互独立的，假设总体的均值为μ，方差为σ^2，则可以证明，样本平均数的抽样平均误差为(证明过程从略)

$$\mu_{\bar{x}}=\sqrt{\frac{\sigma^2}{n}\cdot\left(\frac{N-n}{N-1}\right)}\approx\sqrt{\frac{\sigma^2}{n}\left(1-\frac{n}{N}\right)} \tag{7-10}$$

其中，N表示总体单位个数；n表示样本容量；σ^2表示总体方差。

【专栏 7-2】　抽样平均误差的计算：重复抽样与不重复抽样

通过比较重复抽样与不重复抽样的抽样平均误差计算公式可以看出，与重复抽样相比，不重复抽样多了一个系数(1−n/N)，这个系数称为不重复抽样的修正系数，该系数值在 0 和 1 之间，因此，不重复抽样的平均误差一定会小于重复抽样的平均误差。当 n 越小，修正系数就越大，表明不重复抽样对抽样误差的影响越大；n 越大，修正系数越小，表明不重复抽样对抽样误差的影响越小；当 $n=N$ 时，总体中每个单位都被抽到，抽样误差为 0。在一般情况下，总体单位数 N 很大，抽样比例 n/N 很小，则修正系数接近于 1。因此，当总体单位数 N 很大时，不重复抽样可以近似看作重复抽样，而利用重复抽样的平均误差公式来计算不重复抽样的平均误差。

【例 7-2】　某讨论小组有 A、B、C、D 四个同学，其统计学作业分数分别为 80、90、70、60 分，现从中不放回地随机抽取两名同学，试计算样本平均分数的抽样平均误差。

解法一　根据定义计算，不放回抽取样本容量为 2 的样本可能的数目共有 4×3=12 个，具体如表 7-2 所示。

表 7-2　抽取样本列表

样　本	样本均值	样　本	样本均值
(80，90)	85	(70，80)	75
(80，70)	75	(70，90)	80
(80，60)	70	(70，60)	65
(90，80)	85	(60，80)	70
(90，70)	80	(60，90)	75
(90，60)	75	(60，70)	65

因此，样本均值的平均数和样本均值的方差分别为

$$E(\bar{x})=\frac{1}{12}(80+75+\cdots+60)=75$$

$$\sigma^2(\bar{x})=\frac{1}{12^2}\left[(80-75)^2+(75-75)^2+\cdots+(60-75)^2\right]=41.67$$

因此，样本平均数的抽样平均误差为

$$\mu_{\bar{x}}=\sqrt{\sigma^2(\bar{x})}=\sqrt{41.67}=6.45$$

可见，在不重复抽样的情况下，所有可能的样本平均数的平均值与重复抽样是相同的，但抽样的平均误差比重复抽样要小。这可能的原因是，不放回抽样排除了每次抽到极端值的可能，因此，降低了抽样平均误差。

解法二　根据不重复抽样的平均误差公式计算，由例 7-1 可知总体方差σ^2=125 所以，

$$\mu_{\bar{x}}=\sqrt{\frac{\sigma^2}{n}\left(\frac{N-n}{N-1}\right)}=\sqrt{\frac{125}{2}\left(\frac{4-2}{4-1}\right)}=6.45$$

可见，两种计算方法结果相同。

2. 抽样成数的抽样平均误差

总体成数 P 是指具有某种特征的单位在总体中的比重。在社会经济现象中，有些标志表现为两种情况，非此即彼，交替出现，如产品分为合格品与不合格品，邮件分为航空与非航空邮件等，这种用“是”与“否”来表示的标志可以用 0-1 变量来表示。假设随机变量 X=1 表示总体单位具有某种特征，X=0 表示总体单位不具有某种特征，即 X 是 0-1 变量，则其数学期望和方差分别为

$$\mu=E(X)=1\times P+0\times(1-P)=P$$

$$\sigma^2=E(X-\mu)^2=(1-P)^2\times P+(0-P)^2\times(1-P)=P\times(1-P)$$

现从总体中抽取 n 个单位，如果其中有 n_1 个单位具有相应的特征，则样本成数可以表示为 $p=n_1/n$；同样道理，样本成数也可以看成随机变量 x 的样本均值。抽样成数的抽样平均误差的计算公式如下。

(1) 在重复抽样的情况下：

$$\mu_p = \frac{\sigma}{\sqrt{n}} = \sqrt{\frac{P(1-P)}{n}} \tag{7-11}$$

(2) 在不重复抽样的情况下：

$$\mu_p = \sqrt{\frac{\sigma^2}{n} \cdot \frac{N-n}{N-1}} = \sqrt{\frac{P(1-P)}{n}\left(1-\frac{n}{N}\right)} \tag{7-12}$$

如果总体成数 P 未知时，一般也可以用样本成数 p 来代替。

【例 7-3】 某灯泡厂对 10 000 个产品进行使用寿命检验，随机抽取 2%样本进行测试，所得资料如表 7-3 所示。按质量规定，电灯泡使用寿命在 1000 小时以上者为合格品，试计算在重复抽样与不重复抽样条件下灯泡使用时间与灯泡合格率的抽样平均误差。

表 7-3 抽样产品使用寿命资料表

使用时间/小时	抽样检查电灯泡数/个	使用时间/小时	抽样检查电灯泡数/个
900 以下	2	1050～1100	84
900～950	4	1100～1150	18
950～1000	11	1150～1200	7
1000～1050	71	1200 以上	3
		合　计	200

解 根据以上资料，可以获得以下基础数据。

电灯泡的平均使用时间：$\bar{x}$=1057(小时)

电灯泡合格率 P=91.5%

电灯泡平均使用时间标准差 σ=53.63(小时)

因此，灯泡使用时间的抽样平均误差为

① 重复抽样 $\mu_{\bar{x}} = \sqrt{\frac{\sigma^2}{n}} = \sqrt{\frac{53.63^2}{200}} = 3.7922$(小时)

② 不重复抽样 $\mu_{\bar{x}} = \sqrt{\frac{\sigma^2}{n}\left(1-\frac{n}{N}\right)} = \sqrt{\frac{53.63^2}{200}\left(1-\frac{200}{10\,000}\right)} = 3.7541$(小时)

灯泡合格率的抽样平均误差：

① 重复抽样 $\mu_p = \sqrt{\frac{P(1-P)}{n}} = \sqrt{\frac{0.915\times(1-0.915)}{200}} = 1.972\%$

① 不重复抽样

$$\mu_p = \sqrt{\frac{P(1-P)}{n}\left(1-\frac{n}{N}\right)} = \sqrt{\frac{0.915\times(1-0.915)}{200}\times\left(1-\frac{200}{10\,000}\right)} = 1.952\%$$

【例 7-4】 美国 FBI 的研究表明，监狱犯人获释后一年内又再次犯罪的比例(称为重犯率)为 70%。巴尔第摩监狱准备抽取 100 名犯人进行一项改造计划，希望降低重犯率，求重犯率的抽样平均误差。

解 由于巴尔第摩监狱犯人很多，因此抽样过程可以看作重复抽样，重犯率的抽样平均误差为

$$\mu_p=\sqrt{\frac{P(1-P)}{n}}=\sqrt{\frac{0.7\times(1-0.7)}{100}}=4.58\%$$

第三节 抽样方案设计

所谓抽样方案设计就是从一定总体收集样本资料之前，事先确定抽样程序或方案，目的是保证抽选的样本对目标总体有充分代表性前提下，求得最有效果并且最经济的抽样方法。如何兼顾抽样效果和抽样所付出的代价，使这两方面能有效地结合起来，是抽样设计所研究的主要内容。下面我们对几种主要的抽样调查方式作简要介绍。

一、简单随机抽样

1. 简单随机抽样方法概念

简单随机抽样又称纯随机抽样，它是对总体不作任何处理，既不进行分类也不进行排队，而是从总体的全部单位中随机抽选样本单位。简单随机抽样要求做到总体中每个元素都有相同的被选中的机会，要求调查人员对总体中每一元素都有接触到的可能，因此，对于一个总体量较小或总体量较大但比较集中、便于抽选的总体，采用简单随机抽样效果较好，否则实施起来难度较高或成本较大。简单随机抽样常用的做法如下。

(1) 直接抽选法。从调查对象中直接抽选样本，如从仓库中存放的所有同类产品中随机指定若干箱产品进行质量检验，从粮食仓库中不同的地点取出若干粮食样本进行含杂量、含水量的检验等。

(2) 抽签法。先给每个单位编上序号，将号码写在纸片上，掺和均匀后从中抽取，抽到哪一个单位就调查哪一个单位，直到抽够预先规定的数量为止。这种方法简单易行，总体单位数目不多时也可使用。

(3) 随机数码表法。随机数字表是利用电子计算机电子脉冲随机产生的数字系列，并且是经过随机性检验而确定下来的数字表格。有了这种现成的随机数字表格，我们就可直接利用它来替代烦琐的抽签方法，其基本做法是，首先将总体中所有的单位加以编号，根据编号的位数(如总体编号是三位数或四位数等)确定选用随机数码表中若干栏数字，然后从任意一列或任意一行的数字开始。由于随机表格均是随机系列，因此，沿着任意方向行或列确定号码均是可以的，如果遇到属于编号范围内的数字号码就确定下来作为样本单位，

如果是不重复抽样，则遇到重复的数字时也不要，直到抽够预定的数量为止。表 7-4 所示为一个由二位数组成的随机数码表，以此为例，说明随机数码表方法的样本抽选过程。

表 7-4　二位数随机数码表

03	47	43	73	86	36	96	47	36	61
97	74	24	67	62	42	81	14	57	20
16	76	62	27	66	56	50	26	71	07
12	56	85	99	26	96	96	68	27	31
55	59	56	35	64	38	54	82	46	22
16	22	77	94	39	49	54	43	54	82
84	42	17	53	31	57	24	55	06	88
63	01	63	78	59	16	95	55	67	19
33	21	12	34	29	78	64	56	07	82
57	60	86	32	44	09	47	27	96	54
18	18	07	92	45	44	17	16	58	09
26	62	38	97	75	84	16	07	44	99
23	42	40	64	74	82	97	77	77	81
52	36	28	19	95	50	92	26	11	97
37	85	94	35	12	83	39	50	08	30

假如要从 30 个总体单位中抽取 5 个单位，首先应将总体单位按 1～30 编号，编号最多是两位数，因此，按两位数来编号，总体单位从 01～99 号，并从随机数码表上取两列作为计算单位；其次，在抽取样本之前，随机选择数码表上一个具体数字作为起点，如在本例中，假定从第 3 列开始数，即在表 7-4 中从号码 43 开始，假设沿着列向下数，则第二个号码为 24，然后下面的 62、85、56、77 超出了范围，再接着 17 是在编号范围之内，因此 17 号作为样本单位。依此类推，还可取出 12、07、28 作为样本单位。

应用随机数码方法虽需编号，但免除了做签和掺匀的工作，因而比较简单。如果总体单位很多，可以把数字栏放宽，如从 4000 个单位中选出 50 个单位，则编号为四位数，从 0001～9999 号，然后从随机数码表中任取 4 列数字作为计算单位按顺序数号码，只要是在 4000 以内的数字号码就作为样本单位，超过 4000 的不要。如果在数的过程中，偶尔出现相同的数字，则只算第一次出现的号码，以免重复(对于不可重复抽取的号码)。如此继续，直到取够 50 个单位为止。

应用随机数字表格虽然可以简化随机抽样的程序，但是如果总体量过大，应用中还是比较麻烦。许多经济现象在进行研究时往往不采用简单随机抽样方法，而是另行设计效率较高的其他随机抽样方法。

2. 简单随机抽样方法的抽样平均误差

在上节中，我们讨论的抽样平均误差公式是以简单随机抽样为基础的，因此，上节中的抽样平均误差公式即为简单随机抽样的抽样平均误差。

二、类型抽样

1. 类型抽样的基本概念

类型抽样又称分类抽样、分层随机抽样，这是一种重要的抽样方案设计，它的特点是先对总体各单位按一定标志加以分类(层)，然后从每层中随机抽样。对总体进行分层时，各层调查的对象特征应有明显的区别，这样分层可以保证样本更有效地反映总体所包含的各个层次的特点，避免简单随机抽样可能出现的过分集中于某些层的偏向，从而提高了样本的代表性，大大降低了样本出现极端数值的可能。所以，分层抽样比简单随机抽样效率更高。如对某企业在各个销售点的销售情况进行调查时，假定销售点的大小与销售量有密切关系，并假定销售点为大、中、小三个组，这样我们就可以把总体分为三个层次，然后在每个层次内，进行简单随机抽样。

2. 类型抽样的单位数的确定

对总体划分各个类型组之后，如何确定各组的抽样单位数，一般有两种方法：一是根据抽样误差大小与标志差异程度、抽样单位数的关系来确定，凡是标志差异大的组多抽一些，标志差异小的组可以少抽一些，这样确定的各组应抽取的样本单位数，可以缩小误差，这种方法称为类型适宜抽样；二是不考虑各组标志差异程度，而是根据统一的比例来确定各组要抽取的单位数，即通常用各类型组的单位数占总体单位数的比例，来确定各组抽取的样本单位数，这种方法称为类型比例抽样。

1) 类型适宜抽样方法单位数的确定

在类型适宜抽样条件下，对于标志变动度大的组，抽取样本单位数的比例相应要大一些；反之，对于标志变动程度小的组，抽样单位数的比例可小一些。因此，确定各组抽样单位数的公式可以作如下设计

$$n_i = \frac{N_i \sigma_i}{\sum N_i \sigma_i} \times n \tag{7-13}$$

式中，n_i表示各层抽取的样本数；N_i表示每层的单位数；σ_i表示每层标志值的标准差，n表示所要抽取的样本单位数。

式(7-13)表明，各组抽取样本单位数的多少，取决于各组包含的单位数与标准差的乘积占各组单位数与标准差乘积总和的比例，即取决于各类型组单位数的多少与各组标志变动程度的差异两个因素。

【例 7-5】 假定某总体单位数 N=8000，按 1.5%抽取，共要抽取样本单位数 n=120。

总体分为三个类型组：N_1=4000，N_2=2400，N_3=1600，各组标准差分别为：σ_1=10，σ_2=15，σ_3=30。要求：按类型适宜抽样方法，计算各组需要抽取的样本单位数是多少。

解 根据题意可得

$$n_1 = \frac{N_1\sigma_1}{\sum N_i\sigma_i} \times n = \frac{4000\times 10}{4000\times 10 + 2400\times 15 + 1600\times 30} \times 120 = 38.7 \approx 39$$

$$n_2 = \frac{2400\times 15}{4000\times 10 + 2400\times 15 + 1600\times 30} \times 120 = 34.8 \approx 35$$

$$n_3 = \frac{1600\times 30}{4000\times 10 + 2400\times 15 + 1600\times 30} \times 120 = 46.5 \approx 47$$

在实际工作中，事先往往不知道各组的标准差σ_i，但容易估计出各组的全距 R，因此，上式中的σ_i也可以用 R_i 来替代。一般来说，统计实践中类型比例抽样使用较多，但从提高抽样效果来说，在有条件的情况下，也可采用类型适宜抽样方法。

2) 类型比例抽样方法单位数的确定

类型比例抽样根据各组所占总体的比例来确定各组抽取的样本数，当各层标志值离中趋势大致相同时，较为适用。目前这也是较为常用的抽样方法，具体做法是：

$$n_i = \frac{n}{N} \times N_i \tag{7-14}$$

【例 7-6】 根据例 7-5 的资料，采用类型比例抽样，计算各组所需要抽取的样本单位数是多少。

解 根据题意可得

$$n_1 = \frac{n}{N} \times N_1 = \frac{120}{8000} \times 4000 = 4000 \times 1.5\% = 60$$

$$n_2 = \frac{n}{N} \times N_2 = \frac{120}{8000} \times 2400 = 36$$

$$n_3 = \frac{n}{N} \times N_3 = \frac{120}{8000} \times 1600 = 24$$

3. 类型抽样平均误差的计算

类型比例抽样的误差取决于各组样本单位数的总和与各组组内方差的平均数，同样的原因，在测定成数指标时，计算抽样误差不是用总体成数指标 P，而是用各组的成数指标 p_i 来计算。计算公式如下。

在重复抽样条件下：

$$\mu_{\bar{x}} = \sqrt{\frac{\bar{\sigma}}{n}} \tag{7-15}$$

其中，$\bar{\sigma} = \frac{\sum \sigma_i^2 N_i}{N}$ 或 $\frac{\sum \sigma_i^2 n_i}{n}$。

$$\mu_p=\sqrt{\frac{\overline{P(1-P)}}{n}} \tag{7-16}$$

其中，$\overline{P(1-P)}=\frac{\sum P_i(1-P_i)N_i}{N}$或$\frac{\sum P_i(1-P_i)n_i}{n}$。

在不重复抽样条件下：

$$\mu_{\bar{x}}=\sqrt{\frac{\bar{\sigma}}{n}(1-\frac{n}{N})} \tag{7-17}$$

$$\mu_p=\sqrt{\frac{\overline{P(1-P)}}{n}(1-\frac{n}{N})} \tag{7-18}$$

在实际工作中，因为不知道总体各类型组组内方差，所以各类型组组内方差σ_i^2常用各组抽取样本的标准差平方代替，各类型的成数P_i用各类型样本成数代替。

【例 7-7】 某乡共有农户 4000 户，分粮食作物区与经济作物区，现在用类型比例抽样方法分别抽样 10%农户，调查农户收入情况，并计算各组内平均每户收入及其标准差，如表 7-5 所示。试推断全乡抽样平均每户收入和抽样平均误差。

表 7-5 全乡抽样平均数和标准差计算表

	农户总数	样本户数	抽样平均每户收入/元	抽样标准差/元
	N_i	n_i	$\bar{x}$	σ_i
粮食作物区	2500	250	3600	52
经济作物区	1500	150	5400	75
合　计	4000	400	—	—

解 根据上述资料，可得样本平均每户收入为

$$\bar{x}=\frac{\sum \bar{x}_i n_i}{n}=\frac{3600\times250+5400\times150}{400}=4275\,(元)$$

组内方差平均数为$\bar{\sigma}=\frac{\sum \sigma_i^2 n_i}{n}=\frac{52^2\times250+75^2\times150}{400}=3799.375\,(元)$

因此，抽样平均误差如下。

① 重复抽样情形，$\mu_{\bar{x}}=\sqrt{\frac{\bar{\sigma}}{n}}=\sqrt{\frac{3799.375}{400}}=3.08\,(元)$

② 不重复抽样情形，$\mu_{\bar{x}}=\sqrt{\frac{\bar{\sigma}}{n}(1-\frac{n}{N})}=\sqrt{\frac{3799.375}{400}(1-\frac{400}{4000})}=2.92\,(元)$

三、机械抽样

1. 机械抽样的概念

机械抽样又称为等距抽样或系统抽样，它是对总体按一定的顺序排列，每隔一定的间隔抽取一个或若干个单位，并把这些抽取的单位组成样本进行观察的一种抽样方法。假定总体单位数为 N，需要抽取一个容量为 n 的样本，机械抽样的抽选方法是，先将 N 个总体单位按一定顺序排列，令 $k=N/n$，则 k 称为抽样间隔或抽样距离，这样实际上把总体单位分成 n 段，每段中有 k 个单位，然后在 1～k 中随机地抽取一个随机数，设为 i，则某段被抽中一个随机数 i 以后，每隔 k 个单位抽取一个，即第 $i+k$，$i+2k$，…，$i+(n-1)k$，直到抽满 n 个单位为止。如要从 2500 包棉花中抽取 50 包进行检验，则抽样间隔为 k=2500/50=50，即每隔 50 个抽取一包，假定随机抽取的数字起点为 7，则抽样所得号码序列为：7，57，107，…，2457。

机械抽样也是一种随机抽样，但如果总体中包含某种周期性，而抽样间隔与周期相同时，结果可能会产生极大的误差，这是应用机械抽样时需要注意的一个重大问题。在应用时，一般是根据总体中已经具备的相应记录，然后根据顺序排列号码，进行系统抽样。

【专栏 7-3】 机械抽样按照排队所依据的标志如何分类？

机械抽样按照排队所依据的标志不同，可分为无关标志排队和有关标志排队两种。无关标志排队是指排队的标志与调查的内容无关，如调查职工生活水平时，职工按姓氏笔画排队，对产品质量检查，按产品入库顺序检查等；而有关标志排队是指排队的标志与调查的内容有关，如对耕地的农产品产量进行调查时，把地块按往年平均亩产的高低进行排队，对职工家庭生活水平进行调查时，按职工工资水平的高低进行排队等。

2. 机械抽样的平均误差的计算

不同的机械抽样，其抽样平均误差计算方法不同。按无关标志排队的机械抽样近似于简单随机抽样，因此，一般认为按无关标志排队的机械抽样也可按简单随机抽样的方法计算抽样平均误差；而按有关标志排队的机械抽样实质上也可看作是一种特殊的分类抽样，不同的是分类更细致，组数更多，而在每个组之内则只抽选一个样本单位。因此，对于按有关标志排队的机械抽样可按类型抽样的方法计算抽样平均误差(具体可见上节)。

【例 7-8】 将某社区住房按户主姓氏笔画排队，然后每隔 20 户抽 1 户，共抽取 100 户，得知他们家庭年平均收入为 30 000 元，样本标准差为 5000 元，计算该社区住房户年平均家庭收入的抽样平均误差。

解 这是按无关标志排队的等距抽样，可以看作不重复抽样的简单随机抽样。总体单位是 N=2000 户，样本容量 n=100 户，样本均值 $\bar{x}$=30 000 元，样本方差 $S^2=5000^2$ 元，因此，按照简单随机不重复抽样的平均误差公式，可得

$$\mu_{\bar{x}}=\sqrt{\frac{\bar{\sigma}}{n}(1-\frac{n}{N})}=\sqrt{\frac{5000^2}{100}(1-\frac{100}{2000})}=487.34(\text{元})$$

四、整群抽样

1. 整群抽样的概念

整群抽样是将总体全部单位分为若干部分，按随机原则从中不重复抽取部分群体，在每群中进行全面调查，据此对总体加以推断。如若调查某个大学的学生身高，组成总体的基本单位是每个学生，但抽样单位可以是由学生组成的班或系等，然后，对中选的班级或系的全部学生作为样本进行考察。

整群抽样的作用可以分为两个方面。

(1) 当总体缺乏全部总体单位的抽样框，无法进行抽选时，可以采用整群抽样。这是因为在抽样调查之前，必须有一个抽样框，它是包括所有总体的单位名单，以便给每个调查对象编制上号码，从而利用随机数码表等方法抽取所需要的样本。然而，有时总体很大且没有现成的名单，这样编制一个抽样框不仅费时费力，甚至也是不可能的。如现要调查上海市中学生患近视学生的比例有多大，则需要全上海市中学生的名单，然后按顺序编号后，才能进行抽选。显然，这是一个繁重的工作。但如果我们以学校为单位，那么从上海市教育局找一张中学的名单，对中学进行抽样，然后对抽中的学校所包括的全体学生进行全面调查，这就变得更为可行。

(2) 整群抽样相对比较方便和节约费用。有时即使具备必要的抽样框，但由于总体单位很多，分布很广，若采用简单随机抽样势必使样本的分布十分分散，调查时所需的人力和费用也比较大。上例中，假定我们具有上海全市的中学生名单，但要从数十万中学生中抽取几百人或几千人调查，其抽样的过程也是相当麻烦的，抽中的样本单位也可能分布在全市的各个中学，调查起来也很费时费力。若能抽取几个中学，对抽中的学校全部学生进行调查，这样，样本单位比较集中，调查比较方便，也可节约大量费用。

整群抽样也有局限性。由于抽取的样本单位比较集中，在一个群内各单位之间的差异往往比较小，而不同群之间则差异比较大，因此在抽取同样多的基本单位数目时，整群抽样的抽样误差常常大于简单随机抽样。而为了达到规定的精确度，则要多抽一些群，这样将大大增加调查的基本单位数。

【专栏 7-4】 整群抽样中的“群”与分层抽样(类型抽样)中的“层”有差别吗？

整群抽样中的“群”，可以是自然形成，也可以是人为划分的。整群抽样中的“群”与分层抽样中的“层”存在本质差别，分层抽样中划分“层”的目的是通过分层，体现出“层内的同质性，层间的差异性”，以提高抽样效率；而整群抽样中对所抽中的群中的全部单位进行全面调查，因此整群抽样的平均误差只与群间有关，与群内无关。因此整群抽

样中“群”的划分原则应与分层抽样中“层”的划分恰恰相反，需要体现“群内的差异性，群间的同质性”，这样才能提高抽样效率。

2. 整群抽样的抽样平均误差

假定总体单位数为 N，划分为 R 群，从中随机抽取 r 群，抽中的群中所有单位组成样本，则此时可以把每个群看作总体单位。这个抽样过程也可以看作是从 R 个总体单位中随机不重复抽取容量为 r 的样本的简单随机过程。

根据上述分析，整群抽样的抽样平均误差可以用公式表示为

$$\mu_{\bar{x}}=\sqrt{\frac{\delta_x^{\ 2}}{r}\cdot\frac{R-r}{R-1}}\approx\sqrt{\frac{\delta_x^{\ 2}}{r}(1-\frac{r}{R})}$$

其中

$$\delta_x^{\ 2}=\frac{1}{r}\sum_{i=1}^{r}(\overline{x}_i-\overline{x})^2 \tag{7-19}$$

式中：$\delta_x^{\ 2}$ 表示群间方差；$\overline{x}_i$ 表示抽样各群的平均数；$\overline{x}$ 表示抽样各群的总平均数。

式(7-19)表明当群 R 的数目较大、抽取的群 r 较小时，$\frac{R-r}{R-1}$ 可以用 $1-\frac{r}{R}$ 来代替。

【例 7-9】 某工厂生产某种灯泡，在连续生产 720 小时中，每隔 24 小时抽取 1 小时的全部产品加以检查。根据抽样资料计算结果，灯泡平均使用寿命 1200 小时，群间方差为 60 小时，试计算样本平均数的抽样误差。

解　根据资料可得 $\overline{x}$=1200 小时，δ^2=60 小时，R=720，r=720/24=30。

因此，该整群抽样的抽样平均误差为

$$\mu_{\bar{x}}=\sqrt{\frac{\delta_x^{\ 2}}{r}\cdot\frac{R-r}{R-1}}=\sqrt{\frac{60}{30}(\frac{720-30}{720-1})}=1.385(\text{小时})$$

五、多阶段抽样

1. 多阶段抽样的概念

多阶段抽样，顾名思义就是指在抽样调查抽选样本时并不是一次直接从总体中抽取，而是分两个或两个以上的阶段来进行，多阶段抽样也是实际工作中常用的抽样方法之一。多阶段抽样所划分的阶段一般不宜过多，两三阶段为宜，至多四个阶段。

多阶段抽样与类型抽样、整群抽样有点相似，都是先对总体加以分组，然后再抽取单位进行相关调查。但它们之间也有明显的区别：

(1)　类型抽样是从全部的分组中每组各抽取部分单位，而多阶段抽样在开始阶段，只是随机地抽取了部分的组。

(2)　整群抽样是从全部的分组中随机地抽取部分组，然后对中选的组进行全面调查，

而多阶段抽样只是在中选的组中，抽取部分单位进行调查。

2. 多阶段抽样方法的作用

(1) 当抽样调查的面很广，没有一个包括所有总体单位的柚样框，或者总体范围太大无法直接抽取样本时，可采用多阶段抽样。如全国农产品产量调查和城市居民的住户调查，样本单位遍布全国各地，显然，分成几个阶段逐级抽取，抽样更为方便。

(2) 可以相对地节约人力物力，节约费用。从一个较大的总体中抽取一个随机样本，势必使抽到的样本单位比较分散。如某省要确定一些农户作调查样本，若用一次随机抽样，样本可能分布在全省各地，调查往返路费较大；而如果分阶段进行调查，先抽 n 个县，再从抽中的县中抽取 m 个乡，然后在抽中的乡中抽取若干个农户，这样可以使样本相对比较集中，因而可以节省人力和物力，也可使样本具有一定的代表性。

(3) 可以利用我国现成的行政区划、组织系统作为划分各阶段的依据，为组织抽样调查提供方便。

3. 多阶段抽样的步骤

以某省粮食产量调查为例，说明多阶段抽样的基本步骤，做法是，按行政区域划分层次，以省为总体，以县为抽样单位，具体步骤如下。

(1) 从全省所有县级单位中，抽取部分县作为第一阶段抽取的样本。

(2) 从被抽中县的所有乡或村中，抽取部分乡或村作为第二阶段抽取的样本。

(3) 从被抽中乡或村的所有农户中，抽取部分农户作为第三阶段抽取的样本。

(4) 从被抽中农户的所有播种面积中，抽取部分地块，进行实割实测调查，作为最基层阶段的样本，计算其样本平均亩产量。然后，逐级往上综合估算平均亩产量，并据此推算总产量。

在多阶段抽样中，前几阶段的抽样，都类似整群抽样，每一阶段抽样都会存在抽样误差。为提高抽取样本的代表性，各阶段抽取群数的安排和抽样方式，都应注意样本单位的均匀分布，如适当多抽取第一阶段的群数，使样本单位在总体中得到均匀分布。可根据方差的大小，来考虑各阶段抽取群数的多少，对于群间方差大的阶段，应适当多抽一些群数；反之，对于群间方差小的阶段，可适当少抽一些群数。

4. 多阶段抽样平均误差的计算

以两阶段抽样调查为例，首先将总体划分为 R 组，每组包含 M_i 个单位，总体单位数 $N=M_1+M_2+\cdots+M_R$，各组的单位数 M_i 可以是相等的，也可以是不等的，为简化起见，假定 R 组中各单位数相等，则 $N=RM$。第一步，从 R 组中随机抽取 r 群；第二步，再从选中的 r 群中分别随机抽取 m_i 个单位，构成一个样本，假定从各群中抽取的单位数是相等的，则有 $n=rm$。

设 x_{ij} 表示第 i 个样本群第 j 个样本单位的标志值，第 i 个样本群的抽样平均数为 $\bar{x}_i$，抽

样的平均数为$\bar{x}$，则

$$\bar{x}_i=\frac{\sum_{j=1}^{m}x_{ij}}{m} \qquad \bar{x}_i=\frac{\sum_{i=1}^{r}\sum_{j=1}^{m}x_{ij}}{rm}=\frac{\sum_{i=1}^{r}\bar{x}_i}{r}$$

所以，第一阶段抽样平均误差的方差为

$$\frac{\delta^2}{r}\cdot\frac{R-r}{R-1},$$

式中，δ^2表示第一阶段样本群的群间方差。

第二阶段抽样平均误差的方差为

$$\frac{\overline{\sigma^2}}{rm}\left(\frac{M-m}{M-1}\right) \qquad \text{其中，} \quad \overline{\sigma^2}=\frac{\sum_{i=1}^{r}\sigma_i^2}{r}$$

式中，$\overline{\sigma^2}$表示各抽样群的群内方差的平均数，σ_i^2表示各抽样群的群内方差。

因此，综上所述，两阶段抽样平均误差的计算公式可以表示为

$$\mu_{\bar{x}}=\sqrt{\frac{\delta^2}{r}\cdot\frac{R-r}{R-1}+\frac{\overline{\sigma^2}}{rm}\cdot\frac{M-m}{M-1}} \tag{7-20}$$

两阶段抽样以上的多阶段抽样是两阶段抽样的推广，因此，计算抽样平均误差的公式也可以同理推出。

【例 7-10】 某地区共有 30 000 户居民分成 100 群，每群包括 300 户。现欲调查居民的收入水平，如果用两阶段抽样调查，先以群为第一阶段抽取单位，从 100 群中抽取 6 群，然后以住户为第二阶段抽取单位，从抽中的群中每群抽取 3 户，调查其平均收入，基本资料如表 7-6 所示。试计算两阶段抽样的样本平均误差。

表 7-6　两阶段抽样方差计算表

群别	每户每人月平均收入 x_i/元	样本平均数 $\bar{x}_i$	离差 $x_i-\bar{x}_i$	离差平方$(x_i-\bar{x}_i)^2$	各群内方差σ_i^2
1	300	326.67	−26.67	711.29	422.22
	330		3.33	11.09	
	350		23.33	544.29	
2	330	350	−20	400	466.67
	340		−10	100	
	380		30	900	

续表

群别	每户每人月平均收入 x_i/元	样本平均数 $\overline{x_i}$	离差 $x_i-\overline{x_i}$	离差平方$(x_i-\overline{x_i})^2$	各群内方差σ_i^2
3	370	393.33	−23.33	544.29	422.22
	390		−3.33	11.09	
	420		26.67	711.29	
4	418	434	−16	256	170.67
	434		0	0	
	450		16	256	
5	462	485.33	−23.33	544.29	384.89
	484		−1.33	1.77	
	510		24.67	608.61	
6	507	544	−37	1369	1622
	525		−19	361	
	600		56	3136	
	—	422.22	—	—	581.45

解 根据题意可得

全体样本平均数为

$$\overline{x}=\frac{\sum_{i=1}^{r}\overline{x}_i}{r}=\frac{326.67+350+393.33+434+485.33+544}{6}$$

$$=422.22(元)$$

群内方差平均数为

$$\overline{\sigma^2}=\frac{\sum_{i=1}^{r}\sigma_i^2}{r}=\frac{422.22+466.67+422.22+170.67+384.89+1622}{6}$$

$$=581.45(元)$$

群间方差为

$$\delta^2=\frac{1}{r}\sum_{i=1}^{r}(\overline{x}_i-\overline{x})^2=\frac{(326.67-422.22)^2+(350-422.22)^2}{6}+\frac{(393.33-422.22)^2+(434-422.22)^2}{6}+\frac{(485.33-422.22)^2+(544-422.22)^2}{6}$$

$$=5688.70$$

因此，两阶段抽样的抽样平均误差是

$$u_{\bar{x}} = \sqrt{\frac{\delta^2}{r} \cdot \frac{R-r}{R-1} + \frac{\overline{\sigma^2}}{rm} \cdot \frac{M-m}{M-1}} = \sqrt{\frac{5688.7}{6} \cdot \frac{100-6}{100-1} + \frac{581.45}{6\times 3} \cdot \frac{300-3}{300-1}}$$

$$= \sqrt{900.23 + 32.09} = 30.53(\text{元})$$

【案例 7-1】 多阶段抽样的实例——城市住户抽样调查实施方案

我国国家统计局 1981 年 9 月成立城市抽样调查队，1982 年 4 月开始城市住户抽样调查，抽样调查的主要内容包括：居民家庭人口状况、劳动就业状况、收入状况、现金收支、消费水平及消费结构状况、购买的主要消费品情况、耐用消费品拥有量等。调查内容不同，但其抽样框的选取和确定基本一致。目前在我国抽样方法多采用多阶段、随机等距抽样，一般是特大城市、大城市采用三阶段抽样，中小城市采用二阶段抽样，具体做法如下。

1)　调查户数和选户的方法

这主要是指确定需要抽取的样本农户数，一般是根据总体单位数确定一个百分比，决定抽取的样本容量，然后在市所属各区中分配，决定各区需要抽取的农户数量，主要包括以下内容。

(1)　根据现有辅助资料计算出市所属各区非农业居民占全市总计的比重。

(2)　确定各区第一阶段抽选第二阶段抽样单位——居委会数量。

(3)　根据相关调查分析，主要是各阶层居民家庭居住分布以及调查力量的情况，确定第三阶段整群抽样的规模，即在每个抽中居委会中抽选多少居民家庭。

以某市为例，确定调查户数的基本步骤如下(如表 7-7 所示)。

第一步：将各区非农业居民数填列相应表格，以全市合计数为 100，计算各区非农业居民数所占比例。

第二步：考虑某市不同阶层居民家庭居住的分布情况及该市的调查力量情况，决定在该市调查 1200 户，并规定从每个抽中居委会抽选 25 户居民家庭，则需要调查 48 个居委会。

第三步：考虑到某市现行经常性住户调查，由该市城市调查队 12 名调查员负责。为了使每个调查员工作量分配均匀，本次调查每个调查员负责 4 个居委会，为了便于组织，从每个抽中街道中抽选 2 个居委会，这样共需抽选 24 个街道。

第四步：根据各区非农业居民户所占比重，得出各区拟抽选居委会数。

第五步：用 25 户(在抽中居委会中抽选 25 个非农业居民户)乘以各区拟抽选居委会数，便得到各区应抽选的非农业居民户数。

表 7-7　某市住户抽样调查各阶段抽选单位数工作单

区名称	非农业居民户数	比重/%	拟抽选街道数(第一阶段)	拟抽选居委会数(第二阶段)	拟抽选非农业居民户数(第三阶段)
	(1)	(2)	(3)=24×(2)	(4)=(3)×2	(5)=25×(4)
合计	550 178	100	24	48	1200
一区	124 010	22.54	5	10	250
二区	152 624	27.74	7	14	350
三区	138 141	25.11	6	12	300
四区	135 403	24.61	6	12	300

2)　抽样框的编制和抽选

(1)　第一阶段：抽取街道

第一阶段的抽样单位是街道，目前我国城市“人口变动情况统计表”的起报单位是街道办事处，各区在上报统计局该区人口的变动情况中包括区内各街道的资料，该资料中列有街道名称及非农业户相关数据，从而构成了抽样调查的第一阶段抽样框。一个城市有几个区，就应该分别做几个第一阶段抽样框，然后分区抽选相应的街道办事处。

这里，以某市的二区为例，抽样框中应包含该区所有街道(如表 7-8 所示)。

第一步：计算抽选距离，即计算每隔多少户抽选一个街道办事处。

$$\text{某区抽选街道办事处距离}(k)=\frac{\text{某区非农业居民总户数}}{\text{拟抽选街道数}}$$

已知某市二区非农业居民户=152 624 户，拟抽选街道数=7 个，所以

$$k=152\ 624/7=21\ 803$$

即每隔 21 803 个非农业居民户抽选一个街道办事处。

第二步：确定起点办事处，假定随机定在 $k/2$ 处，即 21 803/2=10 901

第三步：确定其余 6 个应抽中的街道办事处，即分别为

$$32\ 704=10\ 901+1\times 21\ 803$$
$$54\ 507=10\ 901+2\times 21\ 803$$
$$76\ 310=10\ 901+3\times 21\ 803$$
$$98\ 113=10\ 901+4\times 21\ 803$$
$$119\ 916=10\ 901+5\times 21\ 803$$
$$141\ 719=10\ 901+6\times 21\ 803$$

第四步：在相应的抽选框中，把抽中的街道做上标记，其他区的抽选工作与此类似，从而完成第一阶段的抽选工作。

表 7-8　第一阶段抽样框(某市二区)

顺序号	准备阶段使用		抽选阶段使用			
	街道名称	非农居民户数	非农居民累计	规定范围	抽中	对抽中街道编号
1	街道 1	8458	8458	1～8458		
2	街道 2	7658	16 116	8459～16116	√	1
3	街道 3	7154	23 270	16117～23270		
4	街道 4	1468	24 738	23271～24738		
5	街道 5	7005	31 743	24739～31743		
6	街道 6	6119	37 862	31744～37862	√	2
7	街道 7	9270	47 132	37863～47132		
8	街道 8	7413	54 545	47133～54545	√	3
9	街道 9	6550	61 095	54546～61095		
10	街道 10	8274	69 369	61096～69369		
11	街道 11	7751	77 120	69370～77120	√	4
12	街道 12	8631	85 751	77121～85751		
13	街道 13	5600	91 351	85752～91351		
14	街道 14	6620	97 971	91352～97971		
15	街道 15	9123	107 094	97972～107094	√	5
16	街道 16	6404	113 498	107095～113498		
17	街道 17	10329	123 827	113499～123827	√	6
18	街道 18	8596	132 423	123828～132423		
19	街道 19	8566	140 989	132424～140989		
20	街道 20	6478	147 467	140990～147467	√	7
21	街道 21	5157	152 624	147468～152624		

(2)　第二阶段：抽取居委会

第二阶段的抽样单位是居委会，调查队员应到抽中街道办事处索取居委会名称和各居委会家庭户数一览表，编制第二阶段抽样框，具体做法与第一阶段相似。这里仍以第二区为例，每个街道抽取 2 个居委会，在第一阶段抽选中，第 15 街道抽中，因此，假定以 15 街道说明第二阶段抽选过程(如表 7-9)。

第一步：计算抽选距离，即计算每隔多少户抽选一个居委会。

$$\text{某区抽选居委会距离}(k)=\frac{\text{某街道居民家庭总户数}}{\text{拟抽选居委会数}}$$

已知街道 15 居民家庭户数=9257，拟抽选居委会=2，则

$$k=9257/2=4628$$

第二步：确定起点居委会，假定在 $k/2$ 处，即 4628/2=2314。

第三步：确定另一个应抽中的居委会，6942=2314+1 × 4628，即第 6942 个家庭所在的居委会为另一个被抽中的居委会。

第四步：在相应的抽选框中，把抽中的居委会做上标记，其他街道办事处的抽选工作与此类似，从而完成第二阶段的抽选工作。

表 7-9　第二阶段抽样框

顺序号	准备阶段使用		抽选阶段使用			
	居委会名称	居民家庭数	居民家庭累计	规定范围	抽中	对抽中居委会编号
1	居委会 1	578	578	1～578		
2	居委会 2	795	1373	579～1373		
3	居委会 3	603	1976	1374～1976		
4	居委会 4	605	2709	1977～2709	√	1
5	居委会 5	733	3281	2710～3281		
6	居委会 6	572	4213	3282～4213		
7	居委会 7	932	4602	4214～4602		
8	居委会 8	479	5334	4603～5334		
9	居委会 9	642	5919	5335～5919		
10	居委会 10	585	6502	5920～6502		
11	居委会 11	583	7177	6503～7177	√	2
12	居委会 12	675	7785	7178～7785		
13	居委会 13	608	8216	7786～8216		
14	居委会 14	431	8670	8217～8670		
15	居委会 15	454	9257	8671～9257		

(3)　第三阶段：抽取居民家庭

第三阶段的抽样单位是最终抽样单位即居民家庭，调查队员可从抽中的街道办事处索取第二阶段抽中的居委会居民户登记表，作为第三阶段抽样框。在使用中应注意，这个登记册中有许多页上盖有“已注销”标记，这表明整个户已搬迁，在等距抽选时，应把这种情况排除在外。以某市为例，在二区中抽中的第 15 街道，抽中了第四居委会，调查队员索取到第四居委会的居民户口登记册，然后开始抽选。第四居委会有居民家庭 605 户，由于拟在第三阶段每个抽中居委会中抽选 25 个居民户，因此

$$抽选距离(k)=605/25=24.2 \approx 24$$

起点为：$k/2=24/2=12$，即从第 12 户开始抽，每隔 24 户抽 1 户，直到抽取 25 户为止，待全部抽完后，按要求登记。其他所有抽中的居委会也与此类似，如此这样，抽样方案实施全部完毕。

（资料来源：李洁明、祁新娥，统计学原理，复旦大学出版社，2003 年 10 月）

【案例 7-2】 “抓阄”征兵计划

在美国的对越战争中，为使前线有足够的士兵，美国政府制定了一个“抓阄”的征兵计划，该计划打算把 1～366 的号码随机地分配给一年中每一天，然后由军事部门按分配的号码顺序把生日与之对应的年轻人分批征召入伍。这种方法的目的是为了给大家相等的机会卷入这场不受欢迎的战争，因此被征召的可能性应该是随机的。

在第一年的征兵计划中，号码 1 被分配给了 9 月 14 日，分配方法是随机抽取一个大容器中的 366 个写上了日子的乒乓球，结果所有年满 18 岁且生日为 9 月 14 日的合格青年将作为第一批被征召入伍，生日被分配为号码 2 的青年则在第二批被征召入伍，以此类推。因此，并不是所有的人都被征召入伍，生日被分配的号码较大的人也许永远也轮不上到军队服役。

这种“抓阄”看起来对决定应该被征召入伍是一个相当不错的方法，然而，在“抓阄”的第二天，当所有日子和它们对应的号码公布以后，统计学家们开始研究这些数据。经过观察和计算，统计学家们发现一些规律，例如，本应期望应该有差不多一半的较小的号码(1～183)被分配给前半年的日子，即从 1 月初到 6 月末；另外一半较小的号码分配给后半年的日子，即从 7 月初到 12 月末。由于“抓阄”的随机性，前半年中可能不会正好一半较小的号码，但是应当接近一半。

然而结果是，有 73 个较小的号码被分配给了前半年的日子，同时有 110 个较小的号码被分配给了后半年的日子，换句话说，如果你生于后半年的某一天，那么，你因此被分配给一个较小号码去服兵役的机会要大于生于前半年的人。在这种情况下，两个数字之间只应该有随机误差，而 73 和 110 之间的差距超出了随机性所解释的范围。后来统计学家们发现，这种非随机性是由于乒乓球在被抽取之前没有被充分搅拌造成的。在第二年，主管这件事的部门在“抓阄”之前咨询了统计学家，因此根据统计学家们的建议，乒乓球被充分搅匀，这可能使生于后半年的人感觉稍微舒服些。

（资料来源：贾俊平编著，统计学(第二版)，清华大学出版社，2006 年 7 月）

第四节 参 数 估 计

一、参数与参数估计的概念

统计推断包括两方面内容，即参数估计和假设检验。所谓参数是指那种由整个母体所决定的数值，该数值能刻画母体的某个方面的性质，描述总体数量特征的指标，是抽样调查重要的研究对象。如总体均值与方差，这是两个重要的参数，总体均值反映了总体中的个体在某个指标上的平均水平，而总体方差则反映了个体指标的离散程度。实际上，参数也是指出现在母体的概率分布中某种未知的数值，当某项数值已知时，它就不再是参数，如假定总体分布为$N(\mu,\ \sigma^2)$，已知$\sigma^2=1$，则σ^2就不再是参数了，而只有μ为参数。在统计中，所要估计的参数用θ表示，而其估计量一般用$\hat{\theta}$来表示。

参数估计是指通过从母体中抽出的样本，以它们为根据，去对未知的参数进行估计。在实际工作中，我们常遇到的问题是，随机变量总体的分布类型大致知道，但总体的参数未知，如调查某高校学生的月消费水平，假定其服从正态分布$N(\mu,\ \sigma^2)$，但总体的均值μ与总体指标的离散程度即方差σ^2是未知的，需要做出估计，这类问题称为参数估计。参数估计通常有两种方法：点估计与区间估计。

要估计参数的数值，就需要从总体中抽出若干个体，如x_1，x_2，…，x_n，这就是样本，n称为样本容量。如果总体中该项指标有一定的分布，如正态分布$N(\mu,\ \sigma^2)$，则我们通常不说“从某某总体中抽样”，而说“从某分布F中抽样”，或者说“x_1，x_2，…，x_n是从某分布F中抽出的样本”，记为x_1，x_2，…，$x_n \sim F$，这类提法的好处是，可以把在统计性质上同类的问题归结在一起，而不必每次去描述总体的具体含义。

二、点估计

点估计是用一个具体的数值去估计一个未知参数，当总体的分布形式已定，从该总体中抽取一个样本，对未知参数作一个数值点的估计即为参数的点估计。常用的点估计方法有矩估计法与最大似然法。

1. 矩估计法

矩估计法是指用样本的矩来估计总体的矩的参数估计方法。矩是在数学期望基础上定义的数字特征，可以分为k阶原点矩和k阶中心矩两类。k阶原点矩是指随机变量X的k次方的数学期望，其中k为任意正整数，当k为1时，一阶原点矩就是随机变量X的数学期望，即$m_1=E(X)=\mu$。k阶中心矩是指随机变量X与其数学期望之差的k次方的数学期望，其中k为任意正整数，当k为2时，二阶中心矩就是随机变量X的方差，即$c_1=E[X-E(X)]^2=\sigma^2$。

根据矩估计法，参数点估计就是指直接用样本的均值与方差来估计总体的均值与方差。统计上常用的参数点估计有以下几种。

(1) 用样本均值估计总体均值：$\hat{\mu}=\bar{x}$

(2) 用样本成数估计总体成数：$\hat{p}=p$

(3) 用样本方差估计总体方差：$\hat{\sigma}^2=S^2$

(4) 用样本标准差估计总体标准差：$\hat{\sigma}=S$

其中，$\hat{\mu}$、$\hat{p}$、$\hat{\sigma}^2$、$\hat{\sigma}$分别表示总体均值、总体成数、总体方差和总体标准差的相应

估计量，而 $\overline{x}$ 、p、S^2、S 分别表示样本均值、样本成数、样本方差及样本标准差。

2. 最大似然法

最大似然估计法是指利用已知总体分布的密度函数和样本信息，来估计未知的总体参数的方法。通常要构建似然函数，然后利用最大值原理，解出总体均值 μ 与总体方差 σ^2 的最大似然估计量。这里证明从略，结果为

$$\hat{\mu}=\frac{1}{n}\sum_{i=1}^{n}X_i=\overline{x}$$

$$\hat{\sigma}^2=\frac{1}{n}\sum_{i=1}^{n}(X_i-\overline{x})^2$$

由此可见，最大似然法估计的总体均值 μ 与矩估计法相同，而总体方差 σ^2 的最大似然估计量要略小于矩估计量。在实际统计工作中，常依据矩估计方法，以样本统计量作为相应的总体参数估计量。

点估计的优点是直接给出了总体参数具体数值，缺点是未能给出误差的大小。如统计部门对某市居民家庭收入水平进行调查，统计部门抽取了 200 户家庭样本，结果这些家庭的平均年收入为 30 000 元，因此，我们可以估计某市居民的家庭年收入就是 30 000 元，但这个估计误差究竟有多大？点估计并没有给出，实际上完全有这种可能，某市居民的家庭年收入实际为 10 000 元，但由于样本的随机性，200 户家庭中包含了较多的高收入户，导致样本有较大的误差。

【例 7-11】 某电子管的使用寿命服从指数分布，为了调查电子管的平均寿命，现从总体中抽取一组样本，具体数据如表 7-10 所示，求该厂电子管的平均寿命是多少？

表 7-10　某厂调查样本电子管的寿命

序号	寿命/小时	序号	寿命/小时	序号	寿命/小时	序号	寿命/小时
1	16	6	130	11	410	16	20
2	29	7	140	12	450	17	800
3	50	8	270	13	520	18	1100
4	68	9	280	14	620		
5	100	10	340	15	190		

解　根据题意，参数点估计可使用样本平均数来估计总体平均数，所以

$$\hat{\mu}=\frac{1}{n}\sum_{i=1}^{n}x_i=\frac{1}{18}(16+29+\cdots+1100)=\frac{1}{18}\times 5723=318(\text{小时})$$

即某厂电子管的平均寿命为 318 小时。

三、点估计量优劣的评价标准

在参数的点估计中，采用了样本估计量$\hat{\theta}$来推断总体参数 θ。由于受参数点估计方法的影响，不同的方法有可能产生不同的估计值，以及不同的偏误，因此，如何科学地选择合适的估计方法，来提高估计量的精确度，以改善参数估计的效率？这就需要一套科学的点估计量的评价准则。一般来说，对参数点估计量进行评价的准则有一致性、无偏性和有效性三个方面。

1. 一致性

假设θ表示待估计的总体参数，一致性(consistency)是指当样本容量$n\to\infty$时，估计量$\hat{\theta}$依概率收敛于总体参数θ，即

$$\lim_{n\to\infty} p\left\{\left|\hat{\theta}-\theta\right|<\varepsilon\right\}=1$$

则称$\hat{\theta}$为θ的满足一致性准则的估计量，或称一致估计量。

一致估计量随着样本容量的增大，其数值越来越接近被估计的总体参数，估计量的一致性特征需要在样本容量充分大的情况下才能展示出来。一般样本均值$\bar{x}$作为总体均值 μ的估计量时，即满足一致性准则的要求。

2. 无偏性

无偏性(unbiasedness)是指估计量$\hat{\theta}$的数学期望等于未知的总体参数真值 θ，当样本容量$n\to\infty$时，估计量$\hat{\theta}$的平均偏差为0，即$E(\hat{\theta}-\theta)=0$，或$E(\hat{\theta})=\theta$，则称$\hat{\theta}$为θ的满足无偏性准则的估计量，一般也称为无偏估计量。

可以这样来理解无偏估计，如果进行一次抽样，估计误差$\hat{\theta}-\theta$我们无法把握，但是如果同样的抽样重复很多次，则各次估计值$\hat{\theta}$的平均值正好等于参数值θ。

【例 7-12】 设x_1，x_2，…，x_n是来自同一总体的样本，是独立同分布的随机变量，试证明其样本均值$\bar{x}$是总体均值μ的无偏统计量。

证明：因为x_1，x_2，…，x_n，是来自同一总体的独立同分布的随机变量，所以具有相同的数学期望和方差，因此有

$$E(\bar{x})=E(\frac{1}{n}\sum_{i=1}^{n}x_i)=\frac{1}{n}\sum_{i=1}^{n}E(x_i)=\mu$$

即样本均值$\bar{x}$是总体均值μ的无偏统计量。

3. 有效性

有效性(effectiveness)是指采用均方误差对估计量精确程度的测量。均方误差(mean square error)是一个测定估计量本身的离散程度的指标，是估计量$\hat{\theta}$与总体参数真值θ的离差的平方的数学期望，一般记为MSE，可以表示为

$$\text{MSE}(\hat{\theta})=E(\hat{\theta}-\theta)^2$$

无偏性只是反映了在平均的角度估计量的数学期望是否等于总体相关参数的真值，也就是仅仅判断了 $E(\theta)$是否等于 θ，并没有考虑估计量分布的离散程度，以及估计量与总体相关参数的真值的偏移程度，而这可以用均方误差来衡量。

可以证明，如果两个估计量均为无偏估计量时，均方误差的大小主要取决于估计量本身的离散程度 $D(\hat{\theta})$ (即确定估计量 $\hat{\theta}$ 的样本方差)，因此，对于两个无偏估计量来说，估计量本身的方差越小，是越为有效的估计量。设 $\hat{\theta}_1$ 和 $\hat{\theta}_2$ 都是 θ 的无偏估计量，若对任意的样本容量 n，有 $\hat{\theta}_1$ 的方差总小于 $\hat{\theta}_2$ 的方差，则称 $\hat{\theta}_1$ 是比 $\hat{\theta}_2$ 有效的估计量；如果 θ 的一切无偏估计量中 $\hat{\theta}_1$ 的方差达到最小，则称 $\hat{\theta}_1$ 为 θ 的有效估计量。

通过对均方误差的计算，也可说明，对于一个估计量的评价，需要综合分析它对于相关总体参数的估计误差，不能简单地认为一个无偏的估计量就一定优于一个有偏的估计量，还要具体度量有偏估计量的偏移程度，以及两个估计量的有效性，所以有效性是评价估计量的一个综合性的重要依据。

【例 7-13】 假设 x_1，x_2，…，x_{100} 是来自总体的简单随机样本，也就是它们是独立同分布的，并设总体的均值为 μ，方差为 σ^2。用 $\overline{x}_{100}$ 表示第 100 个样本的样本均值，$\overline{x}_{50}$ 表示其中 50 个样本的样本均值，试证明 $\overline{x}_{100}$ 是比 $\overline{x}_{50}$ 更有效的总体均值 μ 的无偏估计量。

证明　因为，对于样本容量为 n 的样本均值 $\overline{x}$，它是总体均值 μ 的无偏估计量，因此，$\overline{x}_{100}$ 与 $\overline{x}_{50}$ 都是总体均值 μ 的无偏估计。

又因为，样本均值 $\overline{x}$ 本身的离散程度 $D(\hat{\theta})=\dfrac{\sigma^2}{n}$，则有

$$D(\overline{x}_{100})=\frac{\sigma^2}{100}<D(\overline{x}_{50})=\frac{\sigma^2}{50}$$

所以，根据有效性的定义，$\overline{x}_{100}$ 比 $\overline{x}_{50}$ 估计量更为有效。

四、区间估计

在点估计中，总体参数估计量的具体取值为一数值点，而样本是从总体中随机地抽取出来的，其估计值是依抽样分布的随机变量。显然，单一的数值点不能反映抽样分布的状态及其样本估计量的随机分布特征，从而不能度量样本估计的精确程度。区间估计是在点估计的基础上，给出在一定的置信程度下确定总体参数取值区间的方法和过程，即给出了相关总体参数真值 θ 的估计量 $\hat{\theta}$ 的同时，还给出了一个通常以取值区间形式表述的数值范围，以及在这个数值区间内包含总体参数 θ 的可靠程度。换句话说就是：根据估计量的分布，在一定的可靠程度下，指出被估计的总体参数数值的可能范围。区间估计的方法是由著名统计学家黎曼(Jerzy Neyman)在 20 世纪 30 年代提出的。

设在总体分布中含有一个未知参数 θ，若由样本确定的两个估计量 $\hat{\theta}_1(x_1，x_2，\cdots，x_n)$ 与 $\hat{\theta}_2(x_1，x_2，\cdots，x_n)$使：$P(\hat{\theta}_1<\theta<\hat{\theta}_2)=1-\alpha$，则区间($\hat{\theta}_1$，$\hat{\theta}_2$)称为置信区间。其中，$\hat{\theta}_1$、

$\hat{\theta}_2$ 分别称为置信区间的上、下限；$(1-\alpha)$表示置信系数，也称作置信概率或置信度；α称为显著性水平，是事先给定的一个小正数，它是指参数估计不准的概率(假设检验中称α为检验水平)，一般常设定α为 1%、5%和 10%。置信区间与置信概率表明，总体参数有多大的可能落在置信区间内，如假定显著性水平为 5%，某市男性市民平均身高的置信区间为(1.65，1.75)，则说明该市男性平均身高在 1.65～1.75 米之间的可能性是 95%。

【专栏 7-5】 区间估计中的置信区间与置信水平

在区间估计中，置信区间反映的是区间估计的精确程度，置信水平反映的是区间估计的可靠程度，对于某一样本容量已定的具体样本而言，这两方面互为消长。如当通过缩小置信区间来提高对总体参数的估计精确度时，就需要降低置信水平，降低对总体参数估计的可靠程度；若是要提高区间估计的可靠程度，势必会增大置信区间，降低对总体参数估计的精确程度。所以，需要根据具体情况和实际需要适当地选择置信水平的数值，进而确定置信区间。若要提高区间估计的精确度，又要提高区间估计的可靠程度，就需要采取增加样本容量，或通过更有效的抽样方法来实现。

1. 总体均值的区间估计

在进行总体均值区间估计时，需要考虑的是总体的分布。一般假定为正态分布，并分为两种情况，一是总体方差已知，二是总体方差未知。

(1) 总体方差 σ^2 已知时，对总体均值的区间估计。

根据抽样分布理论，若总体服从正态分布，即 $x\sim N(\mu,\ \sigma^2)$，则样本均值也服从正态分布，即 $\bar{x} \sim N(\mu,\ \dfrac{\sigma^2}{n})$，因此，可构建 Z 统计量，即 $Z=\dfrac{\bar{x}-\mu}{\sigma/\sqrt{n}}$，则 Z 统计量实质是对样本均值的标准化。此时，Z 统计量服从于标准正态分布，即 $Z\sim N(0,\ 1)$。

根据区间估计的定义，可构造总体均值 μ 的双侧区间估计置信区间。所谓双侧区间估计是指对置信区间的上下限均加以限定，这是区间估计的基本形式。假定给定显著性水平α，则可得：$P(-Z_{\alpha/2}<Z<Z_{\alpha/2})=1-\alpha$。因此

$$P(-Z_{\alpha/2}<\frac{\bar{x}-\mu}{\sigma/\sqrt{n}}<Z_{\alpha/2})=P(\bar{x}-Z_{\alpha/2}\sigma/\sqrt{n}<\mu<\bar{x}+Z_{\alpha/2}\sigma/\sqrt{n})$$
$$=1-\alpha$$

则有总体均值 μ 的双侧区间估计置信区间为

$$(\bar{x}-Z_{\alpha/2}\sigma/\sqrt{n},\ \bar{x}+Z_{\alpha/2}\sigma/\sqrt{n}) \tag{7-21}$$

除双侧区间估计外，还有单侧区间估计。所谓单侧区间估计是指对上下限加以限定，这种估计多用于某些只需对事物某一方面的数值进行控制的情形。如生产过程中，降低单位成本、减少产品次品率，只需对单位成本和产品次品率的上限进行控制；而提高产品收入、增加产品优质率，只需要对产品收入和产品的优质率的下限进行控制。对于总体均值进行单侧区间估计来说，置信区间可表示为$(-\infty,\ \theta_1)$或$(\theta_2,\ +\infty)$，给定显著性水平α，有

$$P(\mu > \bar{X} - Z_{\alpha/2}\,\sigma/\sqrt{n}) = P(\mu < \bar{X} + Z_{\alpha/2}\,\sigma/\sqrt{n}) = 1-\alpha$$

则总体均值 μ 的单侧区间估计置信区间为

$$(\bar{X} - Z_{\alpha/2}\,\sigma/\sqrt{n},\ \infty) \text{或者} (-\infty, \bar{X} + Z_{\alpha/2}\,\sigma/\sqrt{n}) \tag{7-22}$$

以上置信区间是在重复抽样情形下推导出来的，如果样本的抽取是不重复的，只需要乘以一个修正系数就可以了。即在不重复抽样情况下，假定总体均值为 μ，显著性水平设定为α，则不重复随机抽样的置信区间为

$$(\bar{x} - Z_{\alpha/2}\frac{\sigma}{\sqrt{n}}\sqrt{\frac{N-n}{N-1}},\ \bar{x} + Z_{\alpha/2}\frac{\sigma}{\sqrt{n}}\sqrt{\frac{N-n}{N-1}})$$

因此，置信区间与抽样的平均误差($\mu_{\bar{x}}$)、极限误差($\varDelta$)都有着密切的关系。所谓抽样的极限误差是指在一定概率保证下，样本统计量偏离总体参数的最大幅度，即抽样指标和总体指标之间抽样误差的最大可能范围。这里，$\mu_{\bar{x}} = \sigma/\sqrt{n}$，$\varDelta = Z_{\alpha/2}\sigma/\sqrt{n} = Z_{\alpha/2}\ \mu_{\bar{x}}$，从而总体均值为 μ、显著性水平为α时的置信区间为($\bar{X}-\varDelta$，$\bar{X}+\varDelta$)。

$Z_{\alpha/2}$表示总体在正态分布条件下，显著性水平为α时，统计量 Z 的临界值。表 7-11 给出了在双侧区间估计时，三个常用的显著性水平及其 $Z_{\alpha/2}$ 的临界值。

表 7-11　正态分布下三个常用的双侧区间置信概率及其 Z 值

显著性水平α	置信水平/%	$Z_{\alpha/2}$ 值
0.01	99	2.576
0.05	95	1.96
0.1	90	1.645

根据显著性水平α，表 7-8 也可通过画图来表示，如图 7-1 所示。

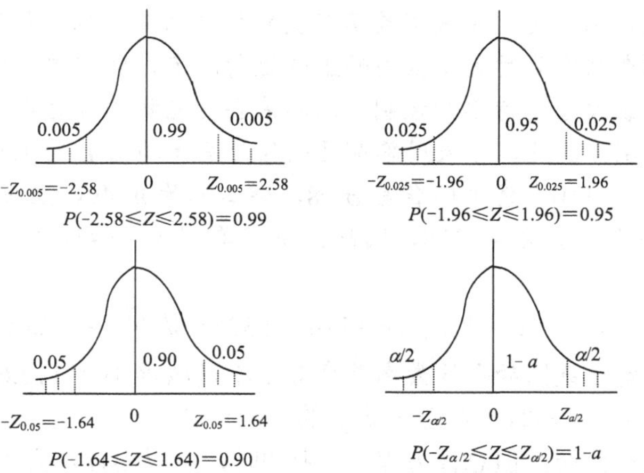

图 7-1　不同显著性水平下标准正态分布临界值

综上所述，计算总体均值的区间估计的步骤如下。

第一步：计算样本统计量$\bar{x}$

第二步：计算抽样平均误差$\mu_{\bar{x}}=\sigma/\sqrt{n}$

第三步：计算抽样极限误差$\Delta=Z_{\alpha/2}\mu_{\bar{x}}$

第四步：确实置信区间($\bar{X}-\Delta$, $\bar{X}+\Delta$)

以上讨论是针对简单随机抽样进行的，对于其他抽样组织形式得到的样本，只需在第二步计算抽样平均误差时，适当改变就可以了，其他各步骤保持不变。

【例 7-14】 从某企业全部职工中任意抽取 400 人，计算得知该样本的平均月收入为 1400 元。已知，该企业全部职工月收入的标准差为 4000 元，试以 95%的置信水平估计该企业的平均月工资。

解 已知总体方差 $\sigma^2=4000^2$，样本均值 $\bar{x}=1400$，抽样平均误差 $\mu_{\bar{x}}=\sigma/\sqrt{n}=4000/\sqrt{400}=200$，有显著性水平$\alpha=5\%$，查标准正态分布表可得临界值$Z_{\alpha/2}=1.96$，所以$\Delta=Z_{\alpha/2}\ \mu_{\bar{x}}=1.96\times200=392$。

因此，该企业的平均月工资的置信水平为 95%的置信区间为

$$
\begin{aligned}
(\bar{x}-Z_{\alpha/2}\sigma/\sqrt{n},\ \bar{x}+Z_{\alpha/2}\sigma/\sqrt{n}) &= (\bar{X}-\Delta,\ \bar{X}+\Delta)\\
&=(1400-392,\ 1400+392)\\
&=(1008,\ 1792)
\end{aligned}
$$

即有 95%的把握保证该企业的平均月工资在 1008 元和 1792 元之间。

【例 7-15】 某进出口公司需要出口一批小型电机，其中有个技术指标为电机工作时定子线圈的最高温度，为此该进出口公司在供货厂家某小型电机生产厂进行了一次调查。已知该厂电机工作时定子线圈最高温度的总体标准差σ为 8℃，随机抽出 49 台电机进行实测，得到该厂电机工作时定子线圈最高温度的样本均值为 110℃。试计算：给定置信水平为 99%时，该厂电机工作时定子线圈最高温度的总体均值μ的置信区间。

解 由于该调查只需要对置信区间的上限进行限定，即需要对电机工作时定子线圈最高温度可能出现的最大值进行单侧控制，而不需要对电机工作时定子线圈最高温度可能出现的最小值进行控制，因此，可采用单侧区间估计总体均值μ的上限。

已知样本均值$\bar{x}=110$，总体标准差 $\sigma=8$，样本容量 $n=49$，显著性水平$\alpha=1\%$时，查标准正态分布表可得临界值 $Z_\alpha=2.326$，因此，该厂单侧区间估计总体均值 μ 的置信区间上限为

$$\bar{x}+Z_\alpha\ \sigma/\sqrt{n}=110+2.326\times8/\sqrt{49}=112.66$$

即该厂电机工作时定子线圈的平均最高温度有 99%的概率小于 112.66℃。

(2) 总体方差σ^2未知时，对总体均值的区间估计。

在总体服从正态分布，但总体方差 σ^2 未知时，可以用样本方差 S^2 替代总体方差，此时，可以构建 T 统计量，服从自由度(指以样本的统计量来估计总体的参数时，样本中独立

或能够自由变化的数据的个数)为 $n-1$ 的 t 分布：

$$T=\frac{\overline{x}-\mu}{s/\sqrt{n}}\sim t(n-1)$$

给定显著性水平α，则在总体方差 σ^2 未知的情况下，总体均值 μ 的双侧区间估计置信区间为$(\overline{x}-t_{\alpha/2}s/\sqrt{n},\ \overline{x}+t_{\alpha/2}s/\sqrt{n})$；在总体方差未知的情况下，总体均值 μ 的单侧区间估计置信区间为$(\overline{x}-t_{\alpha/2}\,s/\sqrt{n},\ \infty)$或者$(-\infty,\ \overline{x}+t_{\alpha/2}\,s/\sqrt{n})$。

这里，与总体方差 σ^2 已知的情况相比，除了以样本方差 S^2 替代总体方差 σ^2 以外，还要把临界值对应的分布从标准正态分布替换为 t 分布。

【例 7-16】 某地区对该地就业的本科生在毕业一年后的月工资情况进行了一次调查，搜集了 36 名学生的月工资数据，具体如表 7-12 所示。要求：试计算给定置信水平为 95%的该地区就业的本科生毕业一年后的月工资总体均值 μ 的置信区间。

表 7-12　某地区 36 名本科生毕业一年后的月工资情况

1950	2080	2200	1590	2140	2080	1690	1960	2980
2500	2600	2300	2400	2450	2600	2780	2590	2460
2200	1800	1980	2460	2580	3100	1980	1890	2390
3090	2900	2460	2470	2650	2890	2300	2730	3180

解　依题意为双侧区间估计，已知，n=36，α=5%，$t_{\alpha/2}(36-1)$=2.0301。

根据样本数据可以计算，样本均值 $\overline{x}$=2400，样本标准差 s=406.9117，则可以计算总体均值 μ 的双侧区间估计的置信区间为

$$(\overline{x}-t_{\alpha/2}s/\sqrt{n},\ \overline{x}+t_{\alpha/2}s/\sqrt{n})=(2400-2.0301\times\frac{406.9117}{\sqrt{36}},2400+2.0301\times\frac{406.9117}{\sqrt{36}})$$

$$=(2262.32\ ,\ 2537.68)$$

即该地区本科毕业生一年后的月平均工资的真实数值有 95%的概率落在 2262.32～2537.68 元之间。

在总体方差未知的场合，当样本容量充分大时，一般经验数值为 $n>30$，认为样本均值 $\overline{x}$ 已经渐进地服从于 $N(\mu,\ \sigma^2/n)$，这时也可构建 Z 统计量，直接按标准正态分布计算其临界值。在上例中，样本容量为 36，因此也可采用标准正态分布来近似计算总体均值 μ 的置信区间。在置信水平 95%时，双侧区间估计的临界值 $Z_{\alpha/2}$=1.96，所以总体均值 μ 的置信区间近似为

$$(\overline{x}-Z_{\alpha/2}\sigma/\sqrt{n},\ \overline{x}+Z_{\alpha/2}\sigma/\sqrt{n})=(2400-1.96\times\frac{406.9117}{\sqrt{36}},\ 2400+1.96\times\frac{406.9117}{\sqrt{36}})$$

$$=(2267.08\ ,\ 2532.92)$$

【例 7-17】 在一次对某品牌电视机的开关次数进行破坏性测试中，随机抽取了 9 台

电视机进行测试，具体数据为 19 050、18 090、23 098、18 908、16 896、20 679、21 567、17 890、20 456。要求，试估计该品牌电视机开关次数的总体均值，及其在置信水平为 95%时，最低开关次数的单侧置信区间。

解 由题意可知，只需要对电视机开关次数的下限进行限定，因此这是单侧区间估计已知：n=9，α=5%，并查阅 t 分布表可得

$$t_{\alpha}(9-1)=1.859\ 5$$

由样本数据计算可得：样本均值 $\bar{x}$=19626，样本标准差 s=1977.788，因此总体均值 μ 的单侧区间估计的置信区间为

$$(\bar{x}-t_{\alpha/2}\,s/\sqrt{n}，\infty)=(19\ 626-1.8595\times\frac{1977.788}{\sqrt{9}}，\infty)=(18\ 400，\infty)$$

即该品牌电视机的平均开关次数的真实数值将有 95%的概率不低于 18 400 次。

【例 7-18】判断题

抽样极限误差总是大于抽样平均误差。(　　)

参考答案：×

分析：抽样极限误差是样本指标与总体指标之间误差的可能范围，它与抽样平均误差的数量联系用公式表示为：$\Delta=Z_{\alpha/2}\ \mu_{\bar{x}}$。因此，二者的大小在一定程度上取决于 $Z_{\alpha/2}$ 的大小，它的直观的意义是代表抽样平均误差的倍数，与抽样估计的可靠程度有关。由正态分布的概率表可知，抽样极限误差可能大于也可能小于抽样平均误差。

【例 7-19】 单项选择题

反映抽样指标与总体指标之间抽样误差可能范围的指标是(　　)。

A. 抽样平均误差　B. 抽样极限误差　C. 抽样误差系数　D. 概率度

参考答案：B

分析：这里需要分清抽样误差、抽样平均误差、抽样极限误差等几个概念。抽样误差是指由于随机抽样的偶然因素使样本各单位的结构不足以代表总体各单位的结构，所引起抽样指标和总体指标之间的绝对离差；抽样平均误差是反映抽样误差一般水平的指标，即是指抽样指标和总体指标的平均离差程度；而抽样极限误差是指抽样指标和总体指标之间的可能误差范围的指标。因此选择 B。

【专栏 7-6】 抽样平均误差与正态分布的置信区间有关系吗？

抽样平均误差与正态分布的置信区间存在一定的关系，假定总体服从正态分布，根据积分公式可以计算，当以总体平均数 $\bar{x}$ 为中心加减一个平均误差 $\mu_{\bar{x}}$ 为范围时，正态分布曲线与横轴所包含的面积为 68.27%，即从总体中随机抽取一个样本落在这个范围内的概率为 68.27%；而当 $\bar{x}\pm2\mu_{\bar{x}}$ 为范围时，落在此范围内的概率为 95.45%；当 $\bar{x}\pm3\mu_{\bar{x}}$ 为范围时，落在此范围内的概率为 99.73%。正态分布及其曲线上的面积如图 7-2 所示。

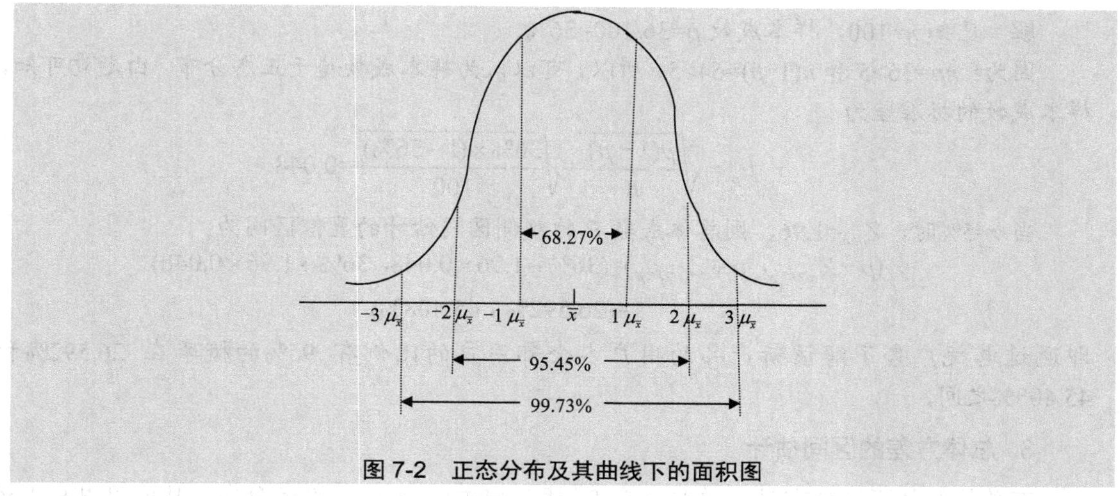

图 7-2 正态分布及其曲线下的面积图

2. 总体成数的区间估计

对于成数的区间估计，如果样本容量 n 很小，需用二项分布。但二项分布的方法较为复杂，这里我们主要讨论 n 很大时，利用正态分析近似计算总体成数的区间估计方法。假设总体成数为 P，样本成数为 p，在重复抽样的情况下，样本成数的抽样平均误差，也就是样本成数的标准差为

$$\mu_p = \sqrt{\frac{p(1-p)}{n}}$$

当样本容量充分大即 $np \geqslant 5$ 和 $n(1-p) \geqslant 5$ 时，根据中心极限定理，样本成数近似服从正态分布，其均值为 P，标准差为 μ_p，即 $p \sim N(P，\mu_p)$。因此，构建 Z 统计量，标准化为

$$Z = \frac{p-P}{\mu_p} \sim N(0，1)$$

因此，给定显著性水平 α，Z 统计量可通过查阅标准正态分布表获得。类似于总体平均数的区间估计，总体成数的估计如下。

(1) 在重复抽样情况下，给定显著性水平 α，总体成数 P 双侧区间估计的置信区间为

$$(p - Z_{\alpha/2}\mu_p，p + Z_{\alpha/2}\mu_p) \tag{7-23}$$

(2) 在不重复抽样情况下，给定显著性水平 α，总体成数 P 双侧区间估计的置信区间为

$$(p - Z_{\alpha/2}\mu_p\sqrt{\frac{N-n}{N-1}}，p + Z_{\alpha/2}\mu_p\sqrt{\frac{N-n}{N-1}}) \tag{7-24}$$

【例 7-20】 某公司为了分析新产品的电视广告效果，随机访问了 100 名用户，了解到其中 36 人是通过电视广告了解该产品的。要求：试以 95%的置信水平，估计通过电视广告了解该新产品的用户占全部用户比例的置信区间。

解　已知 n=100，样本成数 p=36/100=36%。

因为：np=36>5 和 $n(1-p)$=64>5，所以，可以认为样本成数趋于正态分布。由题意可知，样本成数的标准差为

$$\mu_p=\sqrt{\frac{p(1-p)}{n}}=\sqrt{\frac{36\%\times(1-36\%)}{100}}=0.048$$

当α=5%时，$Z_{\alpha/2}$=1.96，则总体成数 P 的双侧区间估计的置信区间为

$$(p-Z_{\alpha/2}\mu_p,\ p+Z_{\alpha/2}\mu_p)=(36\%-1.96\times0.048,\ 36\%+1.96\times0.048)$$
$$=(26.592\%,\ 45.408\%)$$

即通过电视广告了解该新产品的用户占全部用户的比例有 95%的概率在 26.592%和 45.408%之间。

3. 总体方差的区间估计

在总体服从正态分布时，样本方差 S^2 服从自由度为 $n-1$ 的χ^2分布，从而可以利用χ^2分布来构造总体方差 σ^2 的置信区间。所以，给定显著性水平α，可得：

$$P=\left[\chi^2{}_{1-\alpha/2}(k)\leqslant\chi^2(k)\leqslant\chi_{\alpha/2}{}^2(k)\right]=1-\alpha$$

式中，χ^2 临界值可通过查χ^2分布表获得。χ^2 分布密度函数如图 7-3 所示。

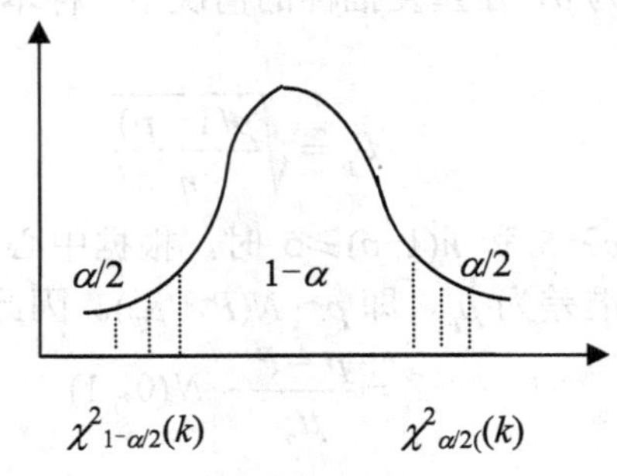

图 7-3　$\chi^2(k)$的密度曲线

由于 $\chi^2=\dfrac{(n-1)S^2}{\sigma^2}\sim\chi(n-1)$

因此，可以得到

$$P=\left[\chi^2{}_{1-\alpha/2}(n-1)\leqslant\frac{(n-1)S^2}{\sigma^2}\leqslant\chi_{\alpha/2}{}^2(n-1)\right]=1-\alpha$$

经变形可得，在显著性水平为α时，总体方差 σ^2 的置信区间为

$$\left(\frac{(n-1)S^2}{\chi_{\alpha/2}{}^2(n-1)}\leqslant\sigma^2\leqslant\frac{(n-1)S^2}{\chi_{1-\alpha/2}{}^2(n-1)}\right)\tag{7-25}$$

【例 7-21】 仍用例 7-16 中某地区对该地就业的本科生在毕业一年后的月工资数据(如

表 7-9 所示)，要求：计算在置信水平为 95%的情况下，该地区本科生毕业一年后的月平均工资标准差的置信区间估计。

解　已知 n=36，根据样本数据计算可得，样本标准差 s=406.9117。当显著性水平 α=5%时，通过查阅 χ^2 分布表，可得 $\chi^2_{0.025}(36-1)=53.203$，$\chi^2_{0.975}(36-1)=20.569$。

因此，在 95%的置信水平下，总体方差 σ^2 的置信区间为

$$\left(\frac{35\times406.9117^2}{53.203}<\sigma^2<\frac{35\times406.9117^2}{20.569}\right)=(330.04^2\ \text{，}530.80^2)$$

即该地区就业的本科生在毕业一年后月平均工资的标准差有 95%的可能在 330.04～530.80 之间。

五、样本容量的确定

为估计一个参数，需要抽取多少样本，这是一个重要而实际的问题。抽取得越多，所得抽样调查资料的代表性就越高，但需要耗费大量人力、物力及时间；抽取得过少，虽可节省费用，但样本的随机性的影响较大，无法得到满意和可靠的结果。一般来说，小样本容量节省费用但调查误差大，大样本容量调查精度高但费用较大，因此，抽样调查需要确定一个适当的样本容量。在统计实际工作中，确定必要抽样单位数的原则是：在保证抽样推断达到可靠程度和精确程度的要求下，确定一个恰当的抽取样本单位数目，即找出在规定误差范围内的最小样本容量，这样既可以保证满足误差的要求，也能使得调查的费用最小。

1. 估计均值时的样本容量

与总体均值的参数估计类似，这里我们在确定样本容量时，也假定总体服从正态分布。通过前文的分析可知，抽样极限误差与样本容量存在联系，因此通过抽样极限误差公式的推演，可以导出不同的抽样单位数确定的公式。

通常样本容量需要在调查之前确定，而此时方差 σ^2 或样本方差 S^2 是未知的，需要进行适当的估计。现实中对总体方差或样本方差的估计主要有两种方法：①用历史资料中的方差或样本方差来代替；②在正式抽样前进行若干次试验性调查，采用试验中方差最大值代替总体方差。因此，在确定抽样调查的样本容量时，一般假定总体方差 σ^2 是已知的。

根据抽样极限误差公式，当总体方差 σ^2 已知时，在重复随机抽样条件下，$\Delta=Z_{\alpha/2}\sigma/\sqrt{n}$。因此，重复随机抽样条件下，样本容量的确定公式为

$$n=\frac{Z^2_{\alpha/2}\sigma^2}{\Delta^2} \tag{7-26}$$

其中，n 表示样本单位数；Δ表示抽样极限误差；$Z_{\alpha/2}$ 表示在显著性水平为α时，标准正态分布在$\alpha/2$ 处的临界值。这里需要注意的是，当计算结果中有小数点时，通常是向上进位取整数，而不是四舍五入。

同理，我们也可以得出，在不重复随机抽样条件下，样本容量的确定公式如下。

由于，在不重复随机抽样情形，$\varDelta = Z_{\alpha/2}\dfrac{\sigma}{\sqrt{n}}\times\sqrt{1-\dfrac{n}{N}}$

所以，不重复随机抽样条件下，样本容量为

$$n=\frac{NZ^2{}_{\alpha/2}\sigma^2}{N\varDelta^2+Z^2{}_{\alpha/2}\sigma^2} \tag{7-27}$$

其中，N 表示总体单位数。

【例 7-22】某地硕士研究生毕业第一年年薪标准差大约为 2000 元人民币，如果以 95%的置信度估计其平均年薪，并且希望抽样极限误差分别不超过 500 元和 100 元，抽取的样本容量应为多少？

解 已知总体标准差 σ=2000，显著性水平 α=5%，经查标准正态分布表可得 $Z_{\alpha/2}$=1.96。因此，抽样极限误差不超过 500 元时，至少应抽取的样本容量为

$$n=\frac{Z^2{}_{\alpha/2}\sigma^2}{\varDelta^2}=\frac{1.96^2\times2000^2}{500^2}=61.47\approx62$$

抽样极限误差不超过 100 元时，至少应抽取的样本容量为

$$n=\frac{Z^2{}_{\alpha/2}\sigma^2}{\varDelta^2}=\frac{1.96^2\times2000^2}{100^2}=1536.64\approx1537$$

通过比较计算结果可得，抽样极限误差越小，所需要抽取的样本容量也应该越大。

【例 7-23】 对某地区某年已成熟的 12 000 亩某种作物进行抽样调查(根据以往资料，平均每亩收获量的标准差为 120 千克)，要求抽样推断的可靠程度达 95%。该种作物平均每亩收获量的抽样极限误差$\varDelta$不超过 12 千克，求应抽取的样本容量。

解 已知，总体单位数 N=12 000，总体标准差 σ=120，显著性水平 α=5%，查标准正态分布表得 $Z_{\alpha/2}$=1.96，抽样极限误差$\varDelta$=12。因此，至少应抽取的样本容量如下。

① 随机重复抽样情形：

$$n=\frac{Z^2{}_{\alpha/2}\sigma^2}{\varDelta^2}=\frac{1.96^2\times120^2}{12^2}=384.16\approx385(\text{亩})$$

② 随机不重复抽样情形：

$$n=\frac{NZ^2{}_{\alpha/2}\sigma^2}{N\varDelta^2+Z^2{}_{\alpha/2}\sigma^2}=\frac{1.96^2\times120^2\times12\,000}{12\,000\times12^2+1.96^2\times120^2}=372.24\approx373(\text{亩})$$

2. 估计成数时的样本容量

假定总体成数为 P，样本成数为 p，在重复抽样的条件下，根据样本成数的极限误差公式为，$\varDelta_p=Z_{\alpha/2}\mu_p=Z_{\alpha/2}\sqrt{\dfrac{P(1-P)}{n}}$。因此，已知总体成数 P，给定抽样极限误差及概率保证程度下，重复抽样条件下，至少应抽取的样本容量为

$$n = \frac{Z^2_{\alpha/2}P(1-P)}{\varDelta_p^{\ 2}} \tag{7-28}$$

在不重复抽样条件下，样本成数的抽样极限误差为

$$\varDelta_p = Z_{\alpha/2}\mu_p = Z_{\alpha/2}\sqrt{\frac{P(1-P)}{n}(1-\frac{n}{N})}$$

因此，已知总体成数 P，给定抽样极限误差及概率保证程度，不重复抽样条件下，至少应抽取的样本容量为

$$n = \frac{NZ^2_{\alpha/2}P(1-P)}{N\varDelta_p^{\ 2} + Z^2_{\alpha/2}P(1-P)} \tag{7-29}$$

同样，在以上样本容量的确定公式中，总体成数 P 或样本成数 p 必须事先已知。但它们通常是未知的，在实际工作中，一般可通过以下两种方法确定其估计值。

(1) 用历史资料中的样本成数 p 代替。

(2) 在正式抽样之前，进行若干次试验性调查，用试验中的样本成数 p 替代。

【例 7-24】 已知某网站一个 400 名使用者所组成的样本表明，该网站的使用者中 26%为女性，现在 95%的置信度下，如果想对使用者进行一次随机抽样调查，希望将抽样极限误差控制在 3%，则样本容量应为多少？

解 由于总体单位数较大，因此可以看作是重复抽样。已知：抽样极限误差为 3%，样本成数 p=26%，显著性水平 α=5%，查标准正态分布表可得 $Z_{\alpha/2}$=1.96，因此，该调查的样本容量至少应为

$$n = \frac{Z^2_{\alpha/2}P(1-P)}{\varDelta_p^{\ 2}} = \frac{1.96^2 \times 0.26 \times (1-0.26)}{0.03^2} = 821.25 \approx 822$$

即该调查样本容量至少应为 822 个使用者。

【案例 7-3】 一次失败的民意调查

抽样调查由于其独特的优势，在实际中得到十分广泛的应用，并取得了良好的效果，但如果在抽样设计、抽样程序、抽样推断中的任何一个环节出现了问题，都有可能造成统计调查的失败。本例是历史上有名的抽样调查失败的例子，也是统计中非常著名的抽样调查失败的案例。

在 1936 年的美国总统选举前，一份名为 Literary Digest 的杂志进行了一次民意调查，调查的焦点是谁将成为下一届总统——是挑战者堪萨斯州州长 Alf Landon，还是现任总统 Franklin Delano Roosevelt。为了解选民意向，民意调查专家们根据电话簿和车辆登记簿上的名单给一大批人发了简单的调查表(电话和汽车在 1936 年并没有像现在这样普及，所以这些名单较容易获得)，尽管发出的调查表有一千万张，但收回的比例并不高。在收回的调查表中，Alf Landon 非常受欢迎，于是该杂志预测 Landon 将赢得选举，但事实上是 Franklin Delano Roosevelt 赢得了选举。

这次调查失败的主要原因是，一方面，抽样框出了问题，在经济大萧条时期，由于电话和汽车并不普及，较富裕阶层才会拥有，调查有电话和汽车的人们，并不能够反映全体选民的观点；另一方面，只有少数的问卷被收回，这些都是值得怀疑的。

(资料来源：贾俊平编著，统计学(第二版)，清华大学出版社，2006 年 7 月)

第五节 假 设 检 验

一、假设检验的基本概念

上节中，是用样本的信息来对总体参数进行估计，区间估计是在给定概率下判断总体参数的可能范围。而假设检验则是先对总体的某些数量特征提出假设，然后利用样本的信息对该假设正确与否做出判断。统计学中，一般把需要通过样本去推断某假设正确与否的命题称为原假设，用 H_0 表示；与原假设相对立的假设，称为备择假设，用 H_1 表示。假设检验分为两类：参数检验与非参数检验。参数检验是检验参数是否与假设相符，在本节中我们只讨论参数检验的方法。

假设检验在实践中有极为重要的应用，例如，某厂生产一批产品，产品总数 N=1000 件，必须经检验合格方能出厂，按规定次品率不能超过 5%，否则不准出厂。在本例中，实际上我们事先对这 1000 件产品(总体)的次品率(总体参数)一无所知，但是我们可以根据以往的资料，假设其次品率不超过 5%(称为原假设)，然后随机抽取 50 件样品，检验出其次品率为 8%(称为样本参数值)，现在的问题是我们能否根据这 8%的样本次品率来判断整批产品的次品率不超过 5%，且伴有一定的可信程度？此类问题即是：根据一定随机样本所提供的信息，用它来判断总体未知参数事先所作的假设是否可信的统计分析方法，这就是假设检验。再如，有人利用虚词出现的频率，运用假设检验的方法，来判断《红楼梦》后 40 回与前 80 回是否出自同一人之手。

【专栏 7-7】 假设检验的基本思想

假设检验的基本思想是，为了判断总体的某个特征，先根据决策要求，对总体特征做出一个原假设，然后从总体中抽取一定容量的随机样本，计算和分析样本数据，对总体的原假设作假设检验，进而做出接受或拒绝原假设的决策。

假设检验所依据的是“小概率原理”，所谓小概率原理是指概率很小的事情在一次试验中是不可能发生的，这种事件也称为“实际不可能事件”。如，有人认为耳朵能认字，但在 100 次试验中他只正确了 2 次，那么，“耳朵能认字”就是小概率事件，可认为在实际中是不可能发生的。一般我们把“耳朵能认字”称为原假设，在这里是小概率事件，所以可认为原假设是不成立的。多小的概率可以算作是小概率事件呢，这没有统一的标准，通常取 1%、5%等，这个概率通常也称为假设检验的显著性水平。

二、两种类型的错误

由于假设检验判断的依据是一个样本，也就是由部分来推断总体，因而假设检验不可能绝对正确，它也可能犯错误，所以一个直观的想法就是使假设检验犯错误的概率最小。假设检验可以看作是一个决策，存在四种情况。

(1) 原假设是成立的，检验结果是接受原假设，这是一种正确的决策。

(2) 原假设是成立的，检验结果是拒绝原假设，这是一种错误的决策，属于“弃真错误”，也称为第一类错误。

(3) 原假设是不成立的，检验结果是拒绝原假设，这也是一种正确的决策。

(4) 原假设是不成立的，检验结果是接受原假设，这又是一种错误的决策，它属于“取伪错误”，也称为第二类错误。

归纳起来，上述四种情况及二类错误，可用表 7-13 表示。

表 7-13 假设检验的两类错误

	接受原假设	拒绝原假设
原假设真实	正确	第一类错误
原假设不真实	第二类错误	正确

任何决策都希望犯错误的概率越小越好，那么是否存在一个决策，使得犯第一类错误和第二类错误的概率都最小呢？答案是否定的。例如，在美国，法庭上的被告在判决之前都假定是无罪的，即原假设为，H_0：被告无罪；H_1：被告有罪。法庭的判决可能犯的第一类错误是：被告无罪但判决结果有罪，即“冤枉了好人”；法庭可能犯的第二类错误是：被告有罪但判决结果却无罪，即“放过了坏人”。在一定的证据下，为了减少“冤枉好人”的概率，法庭会尽可能接受原假设，判被告无罪，这样就很可能增加“放过坏人”的概率；相反，为了减少“放过坏人”的概率，法庭会尽可能拒绝原假设，判被告有罪，这样就很有可能增加“冤枉好人”的概率。因此，在一定的证据下，法庭不可能同时使“冤枉好人”和“放过坏人”的概率都达到最小。面对这两难选择，明智的做法是：决断犯哪类错误的后果比较严重，严格控制该类错误发生的概率，不能超过指定的水平，在此基础上使犯另外一类错误的概率最小。那么，我们应该控制哪类错误呢？如果严格控制“放过坏人”的概率在很小的水平，那么“冤枉好人”的概率就会增大，相当于产生“宁可错杀一千，不可放过一个”的严重后果。因此，在统计学中通常的做法是，给定一个显著性水平α，然后找出一个临界值，使得犯第一类错误(弃真错误)的概率小于或等于一个很小的概率α，如H_0：被告无罪，显著性水平 5%时，统计检验拒绝原假设，即表明被告是无罪的，只有在5%的可能性情况下，被告有罪，这是一个小概率事件。

三、假设检验的一般步骤

假设检验的基本思想是：首先，通过对有关总体参数提出假设；然后，通过构建统计量对原假设进行统计检验；最后，根据事先给定的显著性水平，结合统计量的数值，做出判断。一个完整的假设检验过程，通常包括以下五个步骤。

1. 提出原假设

原假设(null hypothesis)又称零假设，主要依据题意，把需要做出判断的命题作为原假设，一般可分为三种。以总体均值为例，这三种提法如下。

(1) H_0：$\mu=\mu_0$，H_1：$\mu\neq\mu_0$

(2) H_0：$\mu\geqslant\mu_0$，H_1：$\mu<\mu_0$

(3) H_0：$\mu\leqslant\mu_0$，H_1：$\mu>\mu_0$

第(1)种情况称为双侧检验，第(2)种情况称为左侧单侧检验，第(3)种情况称为右侧单侧检验，在统计工作中，主要根据研究问题的需要而定。

双侧检验中拒绝域位于正态分布的两边尾部，所以也称为双尾检验。假定显著性水平为α=5%，则双侧检验中每个拒绝域的面积各为2.5%，如图7-4所示。

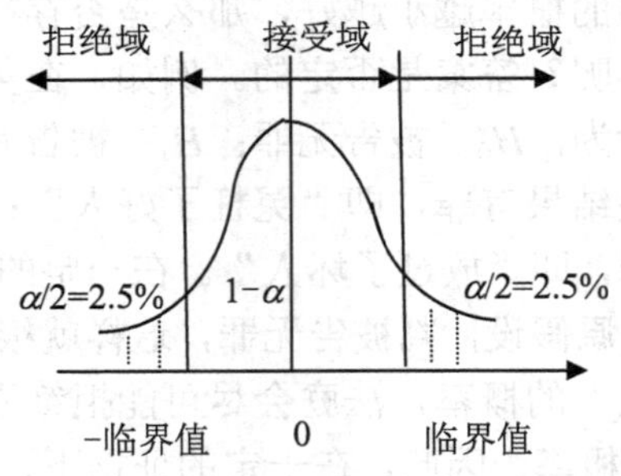

图7-4　双侧检验示意图

单侧检验是指仅在数轴上的一端设置拒绝域的边界数值，只进行单一方向控制的假设检验。单侧检验的备择假设(alternative hypothesis)在数轴上具有特定的方向性，是一种包含“＜”或“＞”运算符号的假设检验，一般也称为单尾检验，进一步，称为左侧与右侧单侧检验。假定显著性水平为α=5%，左侧与右侧单侧检验中拒绝域的面积则为5%，如图7-5所示。

2. 确定适当的检验统计量

在参数假设检验中，如同在参数估计中一样，要借助于样本统计量进行统计推断。用

于假设检验问题的统计量称为检验统计量。在具体问题中，选择什么样的统计量作为检验统计量，需要考虑的因素与参数估计相同，主要是所要检验的问题、样本容量、总体方差是否已知等。如对于总体方差已知的均值检验，可构建检验统计量 Z，服从标准正态分布；而对于总体方差未知的均值检验，可构建检验统计量 t，服从 T 分布。

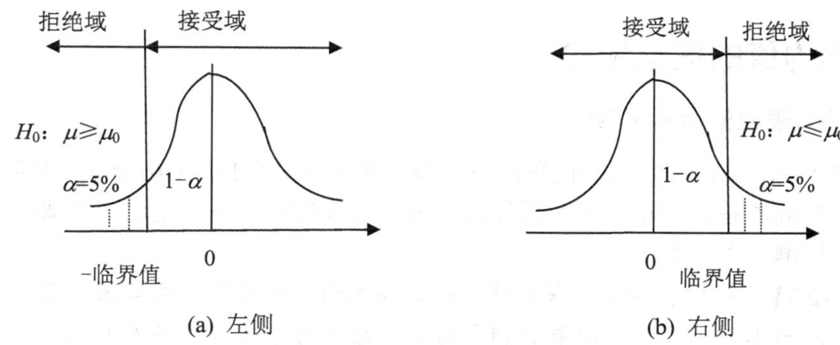

图 7-5 单侧检验示意图

3. 选择显著性水平α，确定检验统计量的临界值

显著性水平α，即为允许犯第一类错误的概率。显著性水平的大小应根据研究问题所需要的精确度和可靠程度而定，最常用的是 1%和 5%，一般显著性水平是事先给定的。根据显著性水平及检验统计量，通过查相应的分布表可得检验统计量的临界值，并注意是双侧检验还是单侧检验，从而确定拒绝域和接受域。

4. 根据样本值，计算检验统计量的数值

检验统计量的基本形式可表示如下：

$$\text{检验统计量} = \frac{\text{样本统计量} - \text{被假设参数}}{\text{统计量的标准差}}$$

例如，检验总体均值的统计量有

$$Z = \frac{\bar{x} - X_0}{\sigma/\sqrt{n}} \sim N(0, 1) \tag{7-30}$$

$$t = \frac{\bar{x} - X_0}{S/\sqrt{n}} \sim t(n-1) \tag{7-31}$$

式中：$\bar{x}$ 表示样本均值，X_0 表示被假设的参数值，σ 表示总体标准差，S 表示样本标准差，n 表示样本容量，Z 统计量表示服从标准正态分布，t 统计量表示服从自由度为$(n-1)$的 T 分布。根据该公式，可得检验统计量的数值大小。

5. 根据显著性水平及检验统计量的数值，做出决策

根据临界值的大小，如果检验统计量的数值落在拒绝域内，则说明原假设与样本描述的情况有显著差异，应该否定原假设 H_0，接受备择假设 H_1；反之，如果检验统计量的数值落在接受域内，则说明样本和原假设描述的情况差异是不显著的，接受原假设 H_0。

四、总体均值的假设检验

1. 总体方差已知情形(Z 检验)

假设样本 x_1，x_2，…，x_n 是简单随机样本，来自正态总体 $N(\mu,\ \sigma^2)$，方差 σ^2 已知，我们要检验的问题是，根据样本对总体均值进行假设检验，在方差已知的情况下，检验统计量可采用标准正态分布。

【例 7-25】 某地对 100 户居民进行的调查表明，长话费下调后第一周，平均每个长话的通话时间为 14.5 分钟，而此前的调查为平均每个长话通话时间为 13.6 分钟。已知总体标准差为 5 分钟，试问长话的通话时间在资费调整前后是否有明显变化？

解 根据假设检验的一般步骤可进行如下操作。

第一步：提出原假设和备择假设。

$$H_0:\ \mu=X_0=13.6,\ H_1\neq 13.6$$

第二步：依题意，可构建 Z 统计量。

$$\text{检验统计量为：}Z=\frac{\overline{x}-X_0}{\sigma/\sqrt{n}}$$

第三步：根据显著性水平，确定临界值。

假定显著性水平 α=5%，在本题中，根据题意，这是一个双侧检验，查标准正态分布表可得 $Z_{\alpha/2}=Z_{0.025}=1.96$，即临界值为 1.96，因此，拒绝域为 $|Z|>1.96$。

第四步：计算检验统计量数值。

由于：$\overline{x}=14.5$，$X_0=13.6$，$\sigma=5$，$n=100$，因此，检验统计量为

$$Z=\frac{\overline{x}-X_0}{\sigma/\sqrt{n}}=\frac{14.5-13.6}{5/\sqrt{100}}=1.8$$

第五步：做出判断。

由于 $1.8<1.96$，因此接受原假设 H_0，即不能认为长话的通话时间在资费调整前后有了明显的变化。

检验统计量数值的统计含义是：样本均值与假设的总体均值相比，相差 1.8 个抽样标准差，小于临界值，因此接受原假设。

2. 总体方差未知情形(t 检验)

假设样本 x_1，x_2，…，x_n 是简单随机样本，来自正态总体 $N(\mu，\sigma^2)$，方差 σ^2 未知。在方差未知的情况下，对总体均值进行假设检验，检验统计量可采用自由度为 n-1 的 t 分布。如果是大样本情形，t 分布与标准正态分布近似，此时可用 Z 检验替代 t 检验。

【例 7-26】 2006 年全国人均年消费支出为 1590 元，同期在新疆一个 25 户家庭组成的样本表明，其年人均消费支出 1450 元，样本标准差为 220 元。试以 10%的显著性水平判断，新疆的人均年消费支出是否明显的低于全国平均水平？

解　第一步：提出原假设和备择假设。

$$H_0：\mu \leqslant 1590，H_1 > 1590$$

第二步：依题意，因为总体方差未知，样本容量 n=25，属于小样本，因此，可构建 T 检验统计量。

$$\text{检验统计量为：}\ t=\frac{\overline{x}-X_0}{S/\sqrt{n}}$$

第三步：根据显著性水平，确定临界值。

给定显著性水平 α=10%，依题意可知，这是右侧单侧检验。查 t 分布表可得：$t_\alpha(n\text{-}1)=t_{0.1}(25\text{-}1)=t_{0.1}(24)=1.318$，即临界值为 1.318，拒绝域为 $t>1.318$。

第四步：计算检验统计量数值。

由于 $\overline{x}$ =1450，X_0=1590，S=220，因此，检验统计量为

$$t=\frac{\overline{x}-X_0}{\mathrm{S}/\sqrt{n}}=\frac{1450-1590}{220/\sqrt{25}}=-3.18$$

第五步：做出判断。

由于$-3.18<1.318$，因此接受原假设 H_0，即有理由认为新疆的人均年消费支出明显的低于全国平均水平。

检验统计量数值的统计含义是：样本均值与假设的总体均值相比，相差-3.18 个抽样标准差，小于临界值(右侧)，因此接受原假设。

五、总体成数的假设检验

对总体成数的假设检验实际是对两点分布总体均值的检验，所以必须在大样本的条件下进行检验，此时，样本比例 p 渐进服从正态分布。因此，在大样本情况下，可构建 Z 检验统计量，在原假设为真时，服从标准正态分布，其检验步骤与 Z 检验方法相同。

Z 检验统计量为

$$Z=\frac{P-P_0}{\sqrt{P_0(1-P_0)/n}}\sim N(0,1) \tag{7-32}$$

式中，P 表示样本成数；P_0 表示被假设的参数值；n 表示样本容量；Z 统计量表示服从标准正态分布。根据该公式，可计算检验统计量的数值大小。

【例 7-27】 某公司负责人发现开出去的发票有大量笔误，而且断定这些发票中，错误的发票占 20%以上，随机抽取 400 张检查，发现错误的发票有 100 张，即占 25%，问是否可以证明负责人的判断正确？(显著性水平α设定为 5%)

解 第一步：提出原假设和备择假设。

$$H_0:\ P \geqslant 20\%,\ P < 20\%$$

第二步：依题意，因为总体方差未知，样本容量 n=400，属于大样本，因此，可构建 Z 检验统计量。

$$Z=\frac{P-P_0}{\sqrt{P_0(1-P_0)/n}}$$

第三步：根据显著性水平，确定临界值。

给定显著性水平α=5%，依题意可知，这是左侧单侧检验。查标准正态分布表可得：Z_α=$Z_{0.05}$= 1.645，即临界值为−1.645，拒绝域为 Z<−1.645。

第四步：计算检验统计量数值。

由于 P=25%，P_0=20%，n=400，因此，检验统计量为

$$Z=\frac{P-P_0}{\sqrt{P_0(1-P_0)/n}}=\frac{25\%-20\%}{\sqrt{0.2(1-0.2)/400}}=2.5$$

第五步：做出判断。

由于 2.5>−1.645，因此接受原假设 H_0，即在 5%的显著性水平上，可以认为负责人的判断是正确的，该公司错误的发票占 20%以上。

检验统计量数值的统计含义是：样本均值与假设的总体均值相比，相差 2.5 个抽样标准差，大于临界值(左侧)，因此接受原假设。

六、总体方差的假设检验

在总体服从正态分布时，样本方差 S^2 服从自由度为 n−1 的 χ^2 分布，所以，可构建χ^2检验统计量。

χ^2 检验统计量
$$\chi^2=\frac{(n-1)S^2}{{\sigma_0}^2}\sim\chi(n-1) \tag{7-33}$$

式中，n 表示样本容量；S^2 表示样本方差；σ_0 表示被假设的参数值。对于给定的显著性水平α，χ^2 分布双侧检验的接受域和拒绝域的情况如图 7-6 所示。

对于χ^2 分布的双侧检验，拒绝域的临界值处在χ^2 分布曲线的左侧和右侧的α/2 处；对χ^2 分布的单侧检验，拒绝域的临界值根据χ^2 分布是左侧还是右侧检验，拒绝域处在χ^2 分布

曲线的左侧和右侧α处，被检验总体参数接受域的概率是 $1-\alpha$。

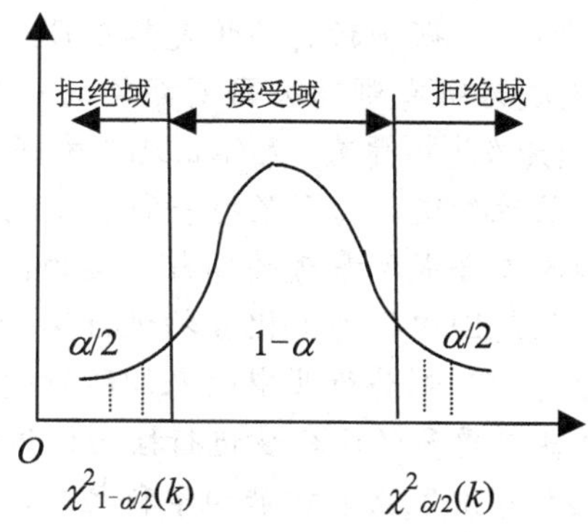

图 7-6　$\chi^2(k)$的双侧检验示意图

【例 7-28】 根据例 7-16 中某地区对该地就业的本科生在毕业一年后的月工资数据(见表 7-9)，假定月工资服从正态分布，该市对于月工资标准差的预期目标值为 400 元。要求：试在显著性水平α为 5%的前提下，检验该地区本科生毕业一年后的月工资总体标准差 σ 与该市的预期目标标准差水平 σ_0=400 元是否有显著差异。

解　第一步：提出原假设和备择假设。

$$H_0:\ \sigma^2=400，H_1:\ \sigma^2 \neq 400$$

第二步：依题意，本例是对总体方差进行假设检验，当总体服从正态分布时，样本方差 S^2 服从自由度为 n-1 的χ^2分布，因此，可构建χ^2检验统计量。

$$\chi^2=\frac{(n-1)S^2}{\sigma_0{}^2}$$

第三步：根据显著性水平，确定临界值。

给定显著性水平α=5%，依题意可知，这是双侧检验。查χ^2 分布表可得：$Z_{\alpha/2}(36-1)=Z_{0.025}(35)=53.203$，$Z_{1-\alpha/2}(36\text{-}1)=Z_{0.975}(35)=20.569$，即临界值为 20.569 和 53.203，接受域为 20.569～53.203。

第四步：计算检验统计量数值。

由 σ_0=400，n=36，根据样本资料可得，样本标准差 S=406.9117，因此，检验统计量为

$$\chi^2=\frac{(n-1)S^2}{\sigma_0{}^2}=\frac{(36-1)\times 406.9117^2}{400^2}=36.22$$

第五步：做出判断。

由于 $20.569<36.22<53.203$，因此，接受原假设 H_0，即在 5%的显著性水平上，可以认为该地区本科毕业生一年后的月工资标准差 σ 与该市预期目标标准差水平 σ_0=400 无显著差异。

【案例 7-4】 药物筛选中的假设检验

对于一个制药公司，不断开发研制新的药物是其在日益激烈的市场竞争浪潮中成功角逐的必然要素，而药物筛选成为所有制药公司所面临的一个极其重要的决策问题。查尔斯.W.邓内特曾在他的一篇题为《药物筛选：无休止地探索新的更好的药物》的文章中写道："从事研究工作的化学家们往往知道，为了治疗一种特定的疾病，应该寻找哪些类型的化学结构，而且这些化学家能人工合成所希望的那种类型的化合物。然而有时他们的知识可能是模糊的，因而必须对广阔范围内的许多化合物进行检验，要求很多的人付出多年的努力才能开发出一种有用的新药。"制药行业中的人们所称的药物筛选就是指为了少数几种可能有效的药物而对数千种甚至更多的化合物进行检验的过程。

统计学是对药物筛选技术作出了巨大贡献的学科之一，无论是药物研究者还是患者，大家共同的期盼都是希望成功研制出针对特定疾病的更有疗效的新药。根据两种可能出现的研究结果，人们提出了如下假设。

H_0：开发研制的新药对治疗某种特定疾病无效(或效果微弱)

H_1：开发研制的新药对治疗某种特定疾病有效

对此类问题进行分析处理的过程即为统计假设检验，尽管假设的内容均为描述性质，但在某项具体的实际药物试验中则通常可以利用合适的量化指标来测度该药物对特定疾病是否有效。下面以假设的某制药公司开发研制治疗恶性肿瘤的药物筛选为例进行说明。

假定研究者利用 80 只移植有癌细胞的小白鼠进行试验，将这 80 只小白鼠随机地分成两组，其中一组 40 只小白鼠接受该药物处理，而另外一组的 40 只小白鼠不做任何处理，一段时间的观察后，测量两组小白鼠体内的肿瘤重量，并分别计算两组小白鼠体内肿瘤的平均重量。理论上接受药物处理的所有小白鼠体内肿瘤的平均重量 μ_1 与没有接受药物处理的所有小白鼠体内肿瘤的平均重量 μ_2 之间的大小关系可以用于说明该公司研制的新药是否有效，则上述建立的描述性假设便体现为以下数量形式：

$$H_0: \mu_1 \geqslant \mu_2$$
$$H_1: \mu_1 < \mu_2$$

H_1 是备择假设，表示接受药物处理的所有小白鼠体内肿瘤的平均重量小于没有接受药物处理的所有小白鼠体内肿瘤的平均重量，因此，如果试验得到的样本数据能够提供证据使研究者倾向于相信 H_1 的真实性，拒绝 H_0，那么，制药公司就可以对该药物作进一步试验，否则将放弃。

因此，药物筛选可以看作是一个统计决策过程，当然，这样的决策过程不可避免地面临着不同类型、不同程度的错误发生。

(资料来源：贾俊平编著，统计学(第二版)，清华大学出版社，2006 年 7 月)

本 章 小 结

抽样推断是按随机原则从总体中抽取部分单位(称为样本)，并根据样本信息对总体的数量特征进行科学估计与推断的方法。抽样推断包括抽样调查与统计推断两个部分，抽样调查是一个非全面调查，它是按照随机的原则从总体中抽出部分单位进行调查，目的是为了推断总体。统计推断是根据抽样调查所获得的样本信息，对总体的数量特征做出具有一定可靠程度的估计和推断。

抽样误差通常指的就是抽样平均误差，它是指所有可能出现的样本指标和总体指标的平均离差。抽样平均误差的作用就是表现为对总体的代表性，是抽样推断的依据，抽样误差越大，说明样本指标对总体的代表性越低。影响抽样平均误差的大小主要有四个因素，即总体标志变动度的差异程度、抽样的样本容量、抽样方法及抽样的组织方式。

抽样方案设计就是从一定总体收集样本资料之前，事先确定的抽样程序或方案，目的是保证抽选的样本对目标总体有充分代表性前提下，求得最有效果、最为经济的抽样方法，主要有：简单随机抽样、类型抽样、机械抽样、整群抽样、多阶段抽样。关于样本容量的确定，可以通过抽样极限误差公式来推算。

统计推断包括两方面内容，即参数估计和假设检验。参数估计是用样本的信息来对总体参数进行估计，分为点估计与区间估计。点估计是用一个具体的数值去估计一个未知参数，一般直接以样本统计量作为相应的总体参数的估计量；区间估计是在给定概率下判断总体参数的可能范围。假设检验则是先对总体的某些数量特征提出假设，然后利用样本的信息对该假设正确与否做出判断。

复习思考题

一、名词解释

抽样推断　总体　样本　总体指标　样本指标　重复抽样　不重复抽样　抽样平均误差　抽样极限误差　随机简单抽样　类型抽样　机械抽样　整群抽样　多阶段抽样　总体成数　样本成数　总体平均数　点估计　区间估计　置信区间　假设检验

二、填空题

1. 抽样推断是从________中按________原则抽取________进行观察，并据以推断总体某一综合指标的方法。抽样推断所产生的误差是可以________并________的。

2. 抽样误差是指由于抽样的________而产生的那一部分误差，既不包括________，也不包括________。

3. 影响抽样误差大小的因素有________、________、________和________。

4. 抽样极限误差是指抽样指标和总体指标之间抽样误差的________。

5. 点估计是对未知参数作一个________的估计，以抽样指标推断总体指标；区间估计则是按照可靠程度的要求，根据样本指标，来推断总体指标的________。

6. 抽样单位数增加 8 倍，纯随机重复抽样平均误差缩小到原来的________；当抽样单位数减少 50%时，纯随机重复抽样平均误差扩大为原来的________倍。

7. 计算抽样平均误差时，如果缺少总体标准差的资料，一般可以用________来代替。

8. 对于纯随机重复抽样，若其他条件不变，允许误差缩小一半时，抽样单位数必须扩大到原来的________倍；若允许误差增加 2 倍，则抽样单位数减少到原来的________。

9. 某乡从农产量抽样调查中得知，粮食平均亩产量的样本指标为 800 斤，抽样平均误差为 8 斤，以点估计的方法，估计该乡粮食平均亩产量为________斤；若以 95.45%的可靠程度作区间估计，则该乡粮食平均亩产量为________斤。

10. 统计推断包括两方面内容：一是________，指用样本的信息来对总体参数进行估计；二是________，指首先对总体的某些数量特征提出假设，然后利用样本的信息对该假设正确与否做出判断。

三、判断题

1. 抽样误差是指由于破坏了抽样随机性原则而产生的误差。 (　　)
2. 样本平均数方差等于总体方差。 (　　)
3. 抽样平均误差实质上就是抽样平均数的标准差。 (　　)
4. 重复抽样的抽样平均误差有可能比不重复抽样的抽样误差小。 (　　)
5. 成数的抽样平均误差小于 0.5。 (　　)
6. 样本容量的大小与样本数目的多少成反比，而与抽样推断的可靠程度成正比。 (　　)
7. 纯随机抽样就是按随机的原则，直接从总体中抽取样本。 (　　)
8. 假设检验和区间估计之间没有必然的联系。 (　　)
9. 用抽样指标估计总体指标要求当样本的单位数 n 充分大时，抽样指标充分地接近总体指标。 (　　)
10. 允许误差越大，则抽样估计的可靠性越小。 (　　)

四、单项选择题

1. 抽样推断的主要目的是(　　)。

　A. 计算和控制抽样误差　　B. 计算必要抽样误差

　C. 用样本指标推断总体指标　　D. 研究样本单位特征值

2. 抽样调查必须遵循的原则是(　　)。

B. 典型性原则　　B. 准确性原则

C. 灵活性原则　　D. 随机性原则

3. 能够事先加以控制和计算的误差是(　　)。

A. 系统性误差　　B. 抽样误差

C. 登记性误差　　D. 调查误差

4. 抽样误差的产生是由于(　　)。

A. 没有严格遵循随机原则　　B. 计算过程中出现的误差

C. 抽样过程中的偶然因素　　D. 抽样数目太少

5. 对同一总体分别按重复抽样和不重复抽样方法抽取同样多的样本单位，两种抽样方法产生的抽样平均误差的关系是(　　)。

A. 前者大于后者　　B. 两者相等

C. 前者小于后者　　D. 无法判断

6. 在重复抽样条件下，若抽样单位数增加 50%，则抽样平均误差为原来的(　　)。

A. 0.5 倍　　B. 0.25 倍　　C. 2 倍　　D. 0.707 倍

7. 在重复抽样条件下，若抽样单位数减少 50%，则抽样平均误差为原来的(　　)。

A. 2 倍　　B. 1.414 倍　　C. 0.5 倍　　D. 0.707 倍

8. 在重复抽样条件下，若使抽样极限误差减少一半(其他条件不变)，则抽样单位数必须(　　)。

A. 减少一半　　B. 增加 1 倍　　C. 增加 3 倍　　D. 增加 4 倍

9. 对某市工商银行职工文化程度进行抽样调查，得知其中 80%的人具有高中及高中以上文化程度，抽样平均误差为 1.5%。则在显著性水平 5%时，该行全部职工中具有高中及高中以上文化程度的人所占比重在(　　)间。

A. 76%～84%　　B. 77.06%～82.94%

C. 大于 84%　　D. 小于 77.06%

10. 从纯理论出发，在直观上最符合随机原则的抽样方式是(　　)。

A. 简单随机抽样　　B. 类型抽样　　C. 等距抽样　　D. 整群抽样

11. 在假设检验中的临界区域是(　　)。

A. 接受域　　B. 拒绝域　　C. 置信区间　　D. 检验域

12. 双边检验的原假设通常是(　　)。

A. H_0：$X=X_0$　　B. H_0：$X\geqslant X_0$　　C. H_0：$X\neq X_0$　　D. H_0：$X\leqslant X_0$

13. 若各群的规模大小差异很大时，以用(　　)为宜。

A. 随机抽样　　B. 等距抽样　　C. 类型抽样　　D. 整群抽样

14. 纯随机抽样(重复)的平均误差取决于(　　)。

A. 样本单位数

B. 总体方差

C. 样本单位数和总体方差

D. 样本单位数和样本单位数占总体的比重

15. 若总体服从正态分布，且总体方差已知，则通常选用统计量(　　)对总体平均数进行检验。

A. $Z=\dfrac{\overline{x}-X_0}{S/\sqrt{n}}$　　B. $Z=\dfrac{\overline{x}-X_0}{\sigma/\sqrt{n}}$

C. $t=\dfrac{\overline{x}-X_0}{S/\sqrt{n}}$　　D. $t=\dfrac{\overline{x}-X_0}{\sigma/\sqrt{n}}$

五、多项选择题

1. 抽样调查之所以能用样本指标推断总体相应指标是因为(　　)。

A. 抽选的样本指标都很接近总体指标

B. 抽样调查遵循了随机原则

C. 抽选的样本单位均匀地分布在总体中

D. 抽选的样本单位与总体单位分布很接近

E. 抽样所产生的抽样误差可以计算和控制

2. 抽样调查的抽样方法有(　　)。

A. 重复抽样　　B. 整群抽样

C. 分类抽样　　D. 不重复抽样

3. 抽样平均误差的大小取决于(　　)。

A. 样本容量的大小　　B. 样本平均数的大小

C. 采用的抽样方法　　D. 总体平均数的大小

E. 总体方差的大小

4. 影响必要抽样数目的因素有(　　)。

A. 抽样误差的容许范围　　B. 总体的标准差

C. 概率度　　D. 抽样过程中不同的组织方式

E. 总体的极差

5. 允许误差与抽样平均误差的关系是允许误差(　　)抽样平均误差。

A. 一定大于　　B. 可能小于　　C. 不能小于

D. 可能等于　　E. 不能等于

6. 在其他条件一定的情况下，允许误差的大小与概率保证程度的关系是(　　)。

A. 允许误差越大，概率保证程度越大

B. 允许误差越大，概率保证程度越小

C. 允许误差越小，概率保证程度越大

D. 允许误差越小，概率保证程度越小

7. 通常评价估计量优良性的准则有(　　)。
A. 可加性　　B. 一致性　　C. 有效性
D. 无偏性　　E. 规范性

8. 参数估计和假设检验是统计推断的两个组成部分，它们的相同点在于(　　)。
A. 都是利用样本信息对总体进行某种推断
B. 在同一个实例中采用相同的统计量
C. 都有两个拒绝域
D. 都要计算检验统计量的值
E. 都要确定显著性水平α

9. 假设检验中，当其他条件不变时，α错误与β错误的关系是(　　)。
A. α和β可以同时增加　　B. α和β可以同时减小
C. α增加，β减小　　D. α减小，β增加

10. 确定检验统计量，需要考虑的主要因素有(　　)。
A. 进行检验的是大样本还是小样本　　B. 显著性水平是大还是小
C. 是双侧检验还是单侧检验　　D. 总体方差已知还是未知
E. 有时还要考虑两个总体方差是否相等

六、简答题

1. 什么是总体、样本、样本容量、估计量与估计值？

2. 大数定律和中心极限定理的主要内容是什么？在统计推断中有什么重要意义？

3. 类型抽样中的分组和整群抽样的分群有什么不同意义和不同要求？

4. 抽样平均误差受哪些因素的影响？假定进行简单重复随机抽样，抽样单位数增加 4 倍，则平均数的抽样平均误差将如何变化？如果要求抽样误差范围减少 20%，则其调查的样本容量应作如何调整？

5. 区间估计和假设检验有什么联系和不同？

6. 举例说明假设检验中的两类错误，并论述它们之间的关系。

七、计算题

1. 采用简单随机重复抽样的方法，从养鸡场 2000 只鸡中抽查 200 只，发现其中 190 只是健康的，有 10 只出现疾病。要求：

(1) 计算健康鸡比率的抽样平均误差。

(2) 以 95%的概率保证程度，对健康鸡的比率和健康鸡的数量进行区间估计。

(3) 如果健康鸡比率的极限误差为 2.31%，则其置信概率是多少？

2. 从麦当劳餐厅随机抽查 49 位顾客，发现每位顾客的平均消费额为 25.5 元，根据以往资料，已经知道顾客消费额的总体标准差是 10.5 元。试问：

(1) 在95%的置信概率下，抽样极限误差是多少？

(2) 在95%的置信概率下，顾客平均消费额的置信区间是多少？

3. 某公司希望估计其职工实际探亲的平均天数，为此抽取一部分职工作调查，并且公司希望由此做出的估计与真值的差距最多不超过2天，且置信系数达90%。假定职工实际探亲天数服从正态分布，其标准差 σ=15天，问至少需要抽取多少职工调查？

4. 某学校随机抽取10个男同学，平均身高170cm，标准差12cm，问有多大把握程度估计全校男学生身高介于160.5～179.5cm之间？

5. 设某总体服从正态分布，其标准差 σ 为12，现抽取了一个样本容量为400的子样，计算得平均值为21。试以显著性水平 a=0.05，确定总体的平均值是否不超过20。

6. 某食品厂用自动装袋机包装食品，每袋标准重量为50克，每隔一定时间抽取包装进行检验，现抽取10袋，测得其重量为(单位：克)：49.8、51、50.5、49.5、49.2、50.2、51.2、50.3、49.7、50.6。若每袋重量服从正态分布，问每袋重量是否合乎要求？(α=0.05)

第八章

方 差 分 析

学习目标： 方差分析是处理变量之间的关系，检验多个总体均值是否相等的一种统计分析方法，是反映数值型数据的因变量在按照某一自变量分类以后所形成的变量之间的数量关系，其自变量可以是数值型数据也可以是属性数据，自变量在方差分析中的作用只是对因变量进行分类。通过本章学习，要求了解方差分析的基本思想，重点掌握单因素方差分析及双因素方差分析的方法。

关键概念： 方差分析(analysis of variance)　单因素方差分析(one-way analysis of variance)　双因素方差分析(two-way of analysis of variance)

第一节　方差分析的基本思想

方差分析首先是由英国的统计学家费希尔(R.A.Fisher)于 20 世纪 20 年代应用于农业试验过程中，他发现一种农作物的亩产量与种子品种、播种量、农药等多种因素有关，而各因素的影响程度是不同的，因此提出了方差分析的基本原理和方法。目前，方差分析被广泛用于分析心理学、生物学、工程和医药的试验数据。从形式上来看，方差分析是比较多个总体的均值是否相等，但本质上它是研究变量之间的关系。与一般的假设检验只用于研究两个总体均值是否相等相比，方差分析用于多个总体的比较。一般来说，对于多个总体的比较，如果两两比较会增加个体显著性检验的次数，从而偶然因素导致差别的可能性增加，而方差分析同时考虑所有样本，因此，不仅可以提高检验的效率，也提高了可靠性。

用不同的生产方法生产同一种产品，比较各种生产方法对产品的产量及质量的影响是我们在生活中常遇到的问题，如电池的寿命与生产工艺、原材料、工人操作技术和工厂管理水平等因素有关，任何一个因素的改变都可能对电池的寿命产生一定的影响。因此，为了提高经济效益，需要分析各种因素对电池的寿命的影响如何，哪些因素是重要的，哪些是次要的，从而找出一种最佳的生产条件，以达到最好的经济效益。

【专栏 8-1】 英国统计学家及遗传学家 R.A.Fisher 与方差分析

20 上世纪 20 年代现代统计学的主要奠基者之一 R.A.Fisher，英国统计学家和遗传学家费希尔，1890 年 2 月 17 日生于伦敦，1962 年 7 月 29 日卒于澳大利亚阿德莱德。1912 年毕业于剑桥大学数学系，后随英国数理统计学家 J.琼斯进修了一年统计力学；1918 年任罗坦斯泰德农业试验站统计试验室主任；1933 年，因为在生物统计和遗传学研究方面成绩卓著而被聘为伦敦大学终生教授；1943 年任剑桥大学遗传学教授；1959 年去澳大利亚，在联邦科学和工业研究组织的数学统计部做研究工作。Fisher 在英国的农业试验站工作时，从田间试验设计研究入手，发现一种农作物的亩产量与种子品种、播种量、农药等多种因素有关，为从统计上鉴别各因素的影响程度，提出了方差分析的基本原理和方法，发展了统计试验设计的基本思想。试验设计一直是数理统计学中一个很活跃的分支，广泛应用于工业、农业、医疗卫生、生物技术、空间技术等许多学科领域。

费希尔

(资料来源：http://baike.baidu.com/view/481864.htm)

【专栏 8-2】 假设检验与方差分析

假设检验可用于两个总体的均值检验，对于多个总体主要运用方差分析。假定现有 4 个总体的均值分别为μ_1、μ_2、μ_3、μ_4，如果用一般假设检验的方法，如 t 检验，一次只能研究两个样本，要检验 4 个总体的均值是否相等，则需要做 6 次检验：检验Ⅰ，H_0：$\mu_1=\mu_2$；检验Ⅱ，H_0：$\mu_1=\mu_3$；检验Ⅲ，H_0：$\mu_1=\mu_4$；检验Ⅳ，H_0：$\mu_2=\mu_3$；检验Ⅴ，H_0：$\mu_2=\mu_4$；检验Ⅵ，H_0：$\mu_3=\mu_4$。很显然，做这样两两的检验十分烦琐，而且，每次检验两个的做法共需进行 6 次不同的检验。如果 $\alpha=0.05$，每次检验犯第Ⅰ类错误的概率都是 0.05，则做多次检验会使犯第Ⅰ类错误的概率相应的增加。做 6 次检验会使犯第Ⅰ类错误的概率为 $1-(1-\alpha)^6=0.265$，而置信水平则会降低到 $0.95^6=0.735$，因此，对于多个总体来说，随着增加个体显著性检验的次数，偶然因素导致差别的可能性也会增加(并非均值真的存在差别)，而方差分析同时考虑所有的样本，从而排除了累积错误的概率，避免拒绝一个真实的原假设，提高了检验效率。

一、方差分析的概念及基本原理

在生活中常遇到的问题是一些事物变量之间的关系问题，统计学中处理此类问题最为重要的两种方法是回归分析与方差分析。方差分析是通过比较方差大小来判断变量之间是否存在显著关系，而回归分析主要是通过建立回归方程，来判断变量之间关系的显著性及其数量大小(回归分析在第九章有专门的论述，这里不再赘述)。

一般来说，统计学中将事物数量特征的变动及其影响因素分为两类，一是随机因素引起的随机变动，二是受控因素引起的系统性变动。方差分析就是通过对数据所反映的数量

变动，在一定的显著性水平下对其进行显著性检验，以判断数量变动属于随机性变动，还是受控因素引起的系统性变动的方法和过程。以均值为例，当多个样本为来自某一受控因素不同水平的观察数值时，若该多个样本各自均值之间不存在显著差异，即表明这一受控因素的不同水平对均值变动的影响是不显著的，均值变动属于随机因素引起的随机变动；反之，若多个样本均值之间存在显著差异，即表明这一受控因素的不同水平对均值变动的影响是显著的，均值变动属于受控因素引起的系统性变动。因此，需要构造统计量(通常是 F 统计量)，以比较方差大小来判断原假设是否成立，这实际上也是方差分析名称的由来。

方差分析也可以描述为，依据具体因素水平下的观察值对因素进行显著性假设检验的方法和过程。这里，因素(factor)是指方差分析所要检验的对象，是可控制的试验条件，也称为因子；水平(level)是指方差分析因素的具体表现；观察值(observation value)是指在具体因素水平下的样本数据。假定有一个我们感兴趣的变量 y，则变量 y 的值既可能受到一些因素 x_1，x_2，…，x_n 的影响，也可能受到随机误差的影响。如农作物亩产量，受到种子品种及施肥量的影响，则种子品种与施肥量就是因素，种子品种与施肥量可以分别取不同的值，这就是水平。

在统计分析中，回归分析一般是反映数值型因变量与数值型自变量之间的数量关系；而方差则是反映数值型数据的因变量在按照某一自变量分类以后所形成的变量之间的数量关系，其自变量可以是数值型数据也可以是属性数据，自变量在方差分析中的作用只是对因变量进行适当的分类。

【专栏 8-3】 因素的性质：属性数据与数值型数据

(1) 属性的。如在农作物亩产量的影响因素中，种子品种就是一个属性影响因素，种子品种之间并无数量大小之分，只是纯性质的不同。

(2) 数值型的。如在农作物亩产量的影响因素中，施肥量就是一个数值型的影响因素，这个因素可以在一定范围内取值(如 50 斤/亩)，如果把每个具体的数值作为一个水平，则数值型因素有无限多个水平。在方差分析中，一般可把数值型因素进行属性化。如在农作物亩产量的影响因素分析中，虽然施肥量可以在某一范围内取任意数值，但为了实验的方便，可以把施肥量取值限定在几个指定的数值，分别表示不同的水平，假定我们在一次实验中，可以把施肥量限定在 15 斤/亩、30 斤/亩、50 斤/亩三个数值，表示施肥量低、中、高三个水平，这样施肥量因素就被属性化。

二、方差分析的基本假定

方差分析基本假定的一般描述为，设因素 A 有 k 个水平 A_1、A_2、…、A_k，在每个具体水平 A_j 下，抽取一个样本 x_{1j}，x_{2j}，…，x_{nj}，这样所取得的 k 个样本，总体分布为 $N(\mu_j, \sigma^2)$，j=1，2，…，n，其中 μ_j 和 σ^2 均为未知，k 个样本总体方差 σ^2 均相等，并且 k 个样本相互独立。其中，从不同水平所抽取的样本容量可以相等，也可以不等。显然，以上表述规定了方差分析的以下三个基本假定。

(1) 每个总体均服从正态分布。

(2) 每个总体具有同等的方差，即方差齐次性要求。

(3) 观测值都是相互独立的。

第二节 单因素方差分析

在方差分析中，对影响变量变动的因素个数的考虑，与问题的性质、研究者的知识水平、研究的规模及实际情况有关。如果在实验中只考虑一个因素变化，其他的因素不变，则称单因素方差分析。现举例说明。

【例 8-1】 消费者与产品生产者、销售者或服务的提供者之间经常发生纠纷，当发生纠纷后，消费者常常会向消费者协会投诉。为了对几个行业的服务质量进行评价，消费者协会在零售业、旅游业、航空公司、家电制造业分别抽取了不同的企业作为样本，其中，零售业抽取 7 家、旅游业抽取 6 家、航空公司抽取 5 家、家电制造业抽取了 5 家。每个行业中所抽取的这些企业，假定它们在服务对象、服务内容、企业规模等方面基本上是相同的。然后，统计出最近一年中消费者对这总共 23 家企业投诉的次数，结果如表 8-1 所示，一般而言，受到投诉的次数越多，说明服务质量也就越差，现在消费者协会想知道这几个行业之间的服务质量是否有差异。

表 8-1 不同行业投诉次数分布

企业编号	零 售 业	旅 游 业	航空公司	家电制造业
1	57	68	31	44
2	66	39	49	51
3	49	29	21	65
4	40	45	34	77
5	34	56	40	58
6	53	51		
7	44			

在例 8-1 中，要分析 4 个行业之间的服务质量是否有显著差异，就是要分析行业对投诉次数是否有显著影响，因此，“行业”是要检验的对象，称为“因素”或“因子”，在本例中只有这一个因素，是单因素方差分析；零售业、旅游业、航空业与家电制造业是“行业”这个因素的具体表现，称为“水平”，在本例中，“行业”这个因素下有 4 个水平；从表 8-1 中可以看出，在每个行业下得到了不同的样本数据(被投诉的次数)，这称为观测值。

在统计上，判断行业对投诉次数是否有显著性影响，也就是要检验这 4 个行业被投诉

次数的均值是否相等。如果它们的均值相等，就意味着行业对投诉次数没有影响；如果均值不全相等，则意味着行业对投诉次数有影响，行业之间的服务质量存在显著差异。为此，我们可以通过构造统计量，进行统计检验。

【专栏 8-4】单因素方差分析的数据结构

在单因素方差分析中，只存在一个因素，假定 A 表示因素，因素的 k 个水平分别用 A_1，A_2，…，A_k 表示，每个观测值用 $x_{ij}(i=1，2，…，k；j=1，2，…，n)$表示，即 x_{ij} 表示第 i 个水平的第 j 个观测值，如 x_{21} 表示第二个水平的第一个观测值。其中，从不同水平中所抽取的样本容量可以相等，也可以不相等。则单因素方差分析数据结构如表 8-2 所示。

表 8-2　单因素方差分析的数据结构

观测值(j)	因素(i)			
	A_1	A_2	…	A_k
1	x_{11}	x_{21}	…	x_{k1}
2	x_{12}	x_{22}	…	x_{k2}
…	…	…	…	
n	x_{1n}	x_{2n}	…	x_{kn}

一、方差分析的步骤

为检验自变量对因变量是否有显著影响，首先需要提出“两个变量在总体中没有差异”的原假设，然后，构造一个检验统计量来检验这一假设是否成立。具体来说，方差分析包括提出假设、构造检验的统计量、决策分析等步骤。

1. 提出假设

在方差分析中，原假设所描述的是在按照自变量的取舍分成的类别中，因变量的均值相等，因此，如果是检验某因素的 k 个水平的均值是否相等，需要提出的原假设如下。

H_0：$\mu_1=\mu_2=\cdots=\mu_k$　　　　自变量对因变量没有显著影响

H_1：$\mu_i(i=1，2，…，k)$不全相等　　　　自变量对因变量有显著影响

其中，μ_i 表示第 i 个总体的均值。

如果拒绝原假设，则说明自变量对因变量有显著影响，即自变量与因变量之间有显著关系；反之，如果接受原假设，则没有证据说明自变量对因变量有显著影响，即自变量与因变量之间没有显著关系。这里需要注意的是，拒绝原假设，只是表明至少有两个总体的均值不相等，并不意味着所有的均值不相等。

2. 构造检验的统计量

为检验 H_0 是否成立，需要确定检验统计量，如何构造这一统计量呢？这需要从误差分析开始。

1) 误差分析

方差分析的含义是通过对数据误差来源的分析来判断不同总体的均值是否相等，进而分析自变量对因变量是否有显著影响，因此方差分析时，需要考察数据误差的来源。下面以例 8-1 来说明单因素方差分析的误差分析。

首先，在同一行业(同一个总体)中，样本的各观测值是不同的，如在零售业中，所抽取的 7 家企业之间被投诉的次数是不同的，由于企业是随机抽取，因此，同一总体中的企业之间的差异可以看成是随机因素的影响造成的，也称为随机误差。在方差分析中，把这种来自水平内部的数据误差称为组内误差。显然，组内误差指的就是随机误差。

其次，在不同行业(不同总体)之间，各观测值也是不同的，这种差异可能是由于抽样的随机性所造成的，也可能是由于行业本身所造成的，后者所形成的误差是由系统性因素导致的，称为系统误差。在方差分析中，把这种来自组间的数据差异称为组间误差。显然，组间误差既包含随机误差，也包含系统误差。

在方差分析中，数据的误差通常用平方和来表示，因此，在单因素方差分析中，涉及三个数据的误差平方和。

一是反映全部数据误差大小的平方和，称为总平方和，记为 SST。如所抽取的全部 23 家企业被投诉次数之间的误差就是总误差平方和，它反映了全部观测值的离散状况，计算公式为

$$\mathrm{SST}=\sum_{i=1}^{k}\sum_{j=1}^{n_i}(x_{ij}-\bar{x})^2 \tag{8-1}$$

式中，$\bar{x}$ 表示全部观察值的总体平均值。

二是反映组内误差大小的平方和，称为组内平方和，也称残差平方和，或随机项误差平方和，记为 SSE。如每个样本内部的数据离差平方和，它反映了样本(各行业)内各观测值的离散状况，计算公式为

$$\mathrm{SSE}=\sum_{i=1}^{k}\sum_{j=1}^{n_i}(x_{ij}-\bar{x}_i)^2 \tag{8-2}$$

式中，$\bar{x}_i$ 表示各组观察值的组内平均值。

三是反映组间误差大小的平方和，也称为水平项平方和或组间平方和，记为 SSA。如 4 个行业被投诉次数之间的误差平方和就是组间平方和，它反映了样本均值之间的离散程度，计算公式为

$$\mathrm{SSA}=\sum_{i=1}^{k}\sum_{j=1}^{n_i}(\bar{x}_i-\bar{x})^2=\sum_{i=1}^{k}n_i(\bar{x}_i-\bar{x})^2 \tag{8-3}$$

可以证明(过程从略)：总的误差平方和=组内误差平方和+组间误差平方和，即SST=SSE+SSA。

2) 构造统计量

由于各误差平方和的大小与观测值的多少有关，为了消除观测值多少对误差平方和大小的影响，需要将其平均，也就是用各平方和除以它们所对应的自由度，这一结果称为均方或样本方差。三个平方和所对应的自由度分别如下。

SST 的自由度为 $n-1$，其中，n 为全部观测值的个数。

SSA 的自由度为 $k-1$，其中，k 为因素水平的个数。

SSE 的自由度为 $n-k$。

通常，SSA 的均方记为 MSA，SSE 的均方记为 MSE。所以

$$\mathrm{MSA}=\frac{\mathrm{SSA}}{k-1} \tag{8-4}$$

$$\mathrm{MSE}=\frac{\mathrm{SSE}}{n-k} \tag{8-5}$$

根据统计学理论，如果组间误差 SSA 比组内误差 SSE 大很多，则说明不同水平间有明显的差异，应该拒绝 H_0，不能认为这 k 个总体服从同一正态分布 $N(\mu,\ \sigma^2)$，即各水平间不仅存在随机误差，还存在系统性误差，因素对因变量的影响显著；反之，如果组间误差与组内误差相差不是很大，则说明各水平的效应不明显，可以接受 H_0，即各水平间仅存在随机误差。如例 8-1，如果行业对投诉次数没有影响，那么，4 个行业被投诉次数的均值之间的差异与每个行业被投诉次数的内部差异相比，二者就不会相差很大；反之，则意味着行业对投诉次数有显著影响。可见，判断水平是否对其观测值有显著影响，实际上也就是比较组间方差与组内方差之间差异的大小。为此，可以构造统计量：

$$F=\frac{\dfrac{1}{k-1}\sum_{i=1}^{k}\sum_{j=1}^{n_i}(\overline{x}_i-\overline{x})^2}{\dfrac{1}{n-k}\sum_{i=1}^{k}\sum_{j=1}^{n_i}((x_{ij}-\overline{x}_i)^2}=\frac{\dfrac{\mathrm{SSA}}{k-1}}{\dfrac{\mathrm{SSE}}{n-k}}=\frac{\mathrm{MSA}}{\mathrm{MSE}}\sim F(k-1,\ n-k) \tag{8-6}$$

即上述 F 统计量服从具有第一个自由度为 $k-1$，第二个自由度为 $n-k$ 的 F 分布。

3. 统计决策

计算出检验的统计量后，将统计量的值 F 与给定的显著性水平α的临界值 F_α进行比较，从而做出是否接受原假设 H_0 的决策。图 8-1 描述了 F 统计量的抽样分布及显著性水平α下的拒绝域。因此，根据给定的显著性水平α，可以在 F 分布表中查找与分子自由度为 $k-1$、分母自由度为 $n-k$ 的临界值 $F_\alpha(k-1,\ n-k)$。

如果 $F>F_\alpha(k-1,\ n-k)$，则拒绝原假设 H_0，即$\mu_1=\mu_2=\cdots=\mu_k$不成立，表明μ_i之间不全等，它们之间存在显著差异，即所检验的因素(如行业)对观测值(投诉次数)有显著影响；如果 $F<F_\alpha(k-1,\ n-k)$，则接受原假设 H_0，即$\mu_1=\mu_2=\cdots=\mu_k$成立，表明μ_i之间全等，即没有证据

证明它们之间存在显著差异，这时不能认为所检验的因素(如行业)对观测值(投诉次数)有显著影响。

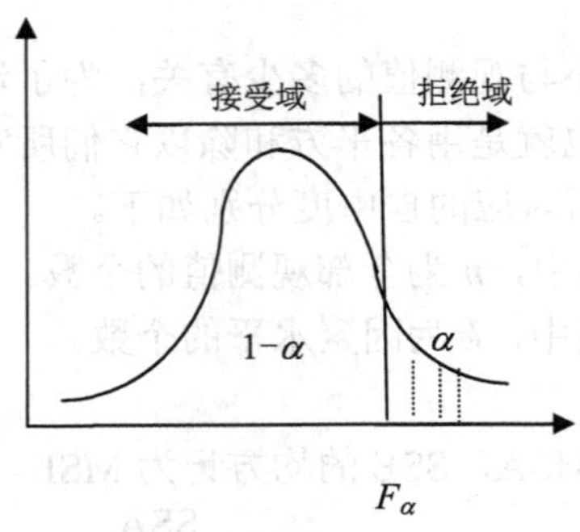

图 8-1 *F* 统计量的抽样分布

下面根据例 8-1 说明方差分析的步骤。

第一步：提出原假设和备择假设。

H_0：$\mu_1=\mu_2=\cdots=\mu_k$　　H_1：$\mu_i(i=1，2，\cdots，k)$不全相等

第二步：计算 *F* 统计量。

(1) 计算各行业的均值

零售业均值 $\bar{x}_1=\dfrac{\sum\limits_{j=1}^{7}x_{1j}}{n_1}=\dfrac{57+66+49+40+34+53+44}{7}=49$

旅游业均值 $\bar{x}_2=\dfrac{\sum\limits_{j=1}^{6}x_{2j}}{n_2}=\dfrac{68+39+29+45+56+51}{6}=48$

航空业均值 $\bar{x}_3=\dfrac{\sum\limits_{j=1}^{5}x_{3j}}{n_3}=\dfrac{31+49+21+34+40}{5}=35$

家电制造业均值 $\bar{x}_4=\dfrac{\sum\limits_{j=1}^{5}x_{4j}}{n_4}=\dfrac{44+51+65+77+58}{5}=59$

(2) 计算全部观测值的总均值

$$\bar{x}=\frac{\sum\limits_{i=1}^{k}\sum\limits_{j=1}^{n_i}x_{ij}}{n}=\frac{\sum\limits_{i=1}^{k}n_i\bar{x}_i}{n}=\frac{7\times49+6\times48+5\times35+5\times59}{23}=47.8696$$

(3) 计算误差平方和

总误差平方和 $SST=\sum_{i=1}^{k}\sum_{j=1}^{n_i}(x_{ij}-\bar{x})^2=(57-47.8696)^2+(66-47.8696)^2$

$$+\cdots+(58-47.8696)^2=4164.6087$$

组内平方和 $SSE=\sum_{i=1}^{k}\sum_{j=1}^{n_i}(x_{ij}-\bar{x}_i)^2$。由于，4 个行业的组内误差平方和分别为

零售业 $SSE_1=\sum_{j=1}^{7}(x_{1j}-\bar{x}_1)^2=(57-49)^2+(66-49)^2+\cdots+(44-49)^2=700$

旅游业 $SSE_2=\sum_{j=1}^{6}(x_{2j}-\bar{x}_2)^2=(68-48)^2+(39-48)^2+\cdots+(51-48)^2=924$

航空公司 $SSE_3=\sum_{j=1}^{5}(x_{3j}-\bar{x}_3)^2=(31-35)^2+(49-35)^2+\cdots+(40-35)^2=434$

家电制造业 $SSE_4=\sum_{j=1}^{5}(x_{4j}-\bar{x}_4)^2=(44-59)^2+(51-59)^2+\cdots+(58-59)^2=650$

所以，组内平方和 SSE=700+924+434+650=2708。

组间平方和为

$$SSA=\sum_{i=1}^{k}\sum_{j=1}^{n_i}(\bar{x}_i-\bar{x})^2=\sum_{i=1}^{k}n_i(\bar{x}_i-\bar{x})^2$$

$$=7\times(49-47.8696)^2+6\times(48-47.8696)^2+5\times(35-47.8696)^2+5\times(59-47.8696)^2$$

$$=1456.6087$$

(4) 计算统计量

根据题意 $MSA=\frac{SSA}{k-1}=\frac{1456.6087}{4-1}=485.5362$

$$MSE=\frac{SSE}{n-k}=\frac{2708}{23-4}=142.5263$$

所以 $F=\dfrac{\frac{1}{k-1}\sum_{i=1}^{k}\sum_{j=1}^{n_i}(\bar{x}_i-\bar{x})^2}{\frac{1}{n-k}\sum_{i=1}^{k}\sum_{j=1}^{n_i}(x_{ij}-\bar{x}_i)^2}=\dfrac{MSA}{MSE}=\dfrac{485.5362}{142.5263}=3.4066$

第三步：统计决策。

假定显著性水平 α=5%，则查 F 分布表可得

$$F_\alpha(4-1，23-4)=3.1274$$

由于 3.4066＞3.1274，所以拒绝原假设 H_0，即表明 μ_i 之间有显著差异，因此，可以认为行业对投诉次数有显著影响。

二、方差分析表

上面详细介绍了方差分析的计算步骤和过程，为使计算过程更加清晰，通常将上述过

程的内容列在一张表内，这就是方差分析表。单因素方差分析如表 8-3 所示。

表 8-3　单因素方差分析表

误差来源	离差平方和	自由度	均方或方差	F 值	P 值	F 临界值
组间	$SSA=\sum_{i=1}^{k}n_i(\overline{x}_i-\overline{x})^2$	$k-1$	$MSA=\dfrac{SSA}{k-1}$	$F=\dfrac{MSA}{MSE}$		$F_\alpha(k-1, n-k)$
组内	$SSE=\sum_{i=1}^{k}\sum_{j=1}^{n_i}(x_{ij}-\overline{x}_i)^2$	$n-k$	$MSE=\dfrac{SSE}{n-k}$			
总和	$SST=\sum_{i=1}^{k}\sum_{j=1}^{n_i}(x_{ij}-\overline{x})^2$	$n-1$	$\dfrac{SST}{n-1}$			

根据例 8-1，列出方差分析表，如表 8-4 所示。P 值表示接受原假设的概率为 3.876%，因此拒绝原假设 H_0，认为行业对投诉次数有显著影响。

表 8-4　例 8-1 方差分析计算表

误差来源	离差平方和	自由度	均方或方差	F 值	P 值	F 临界值
组间	SSA=1456.6087	3	MSA=485.5362	3.4066	0.038 76	$F_\alpha(3, 19)=3.1274$
组内	SSE=2708	19	MSE=142.5263			
总和	SST=4164.6087	22				

三、关系强度的测度

例 8-1 中的方差分析结果显示，不同行业被投诉次数的均值之间有显著差异，这意味着行业(自变量)与被投诉次数(因变量)之间的关系是显著的。那么，它们之间的关系强度又如何呢？实际上，只要变量组间平方和 SSA 不等于 0，这就表明两个变量之间有关系(只是是否显著的问题)。当组间平方和比残差平方和(或组内平方和 SSE)大，而且大到一定程度时，就意味着两个变量之间的关系显著，大得越多，变量之间的关系就越强；反之，当组间平方和比组内平方和小时，就意味着两个变量之间的关系不显著，小得越多，两个变量之间的关系就越弱。因此，两个变量之间关系的强度可以用组间平方和 SSA 与总平方和 SST 的比例大小来反映，记为 R^2：

$$R^2=\frac{SSA}{SST} \tag{8-7}$$

其平方根为 R，则可以用来测量两个变量之间的关系强度(在下一章的回归分析中，将 R^2 称为判决系数，R 被定义为相关系数)。

如例 8-1 中，行业与被投诉次数两个变量之间的关系强度为

$$R^2 = \frac{\text{SSA}}{\text{SST}} = \frac{1456.6086}{4164.6086} = 0.349\,759$$

这表明，行业(自变量)对投诉次数(因变量)的影响效应占总效应的 34.9759%，即行业对投诉次数差异的解释比例达到近 35%。而其他因素(残差变量)所解释的比例近为 65%以上，尽管 R^2 并不高，但行业对投诉次数的影响已经达到了统计上的显著程度。

第三节 双因素方差分析

单因素方差分析只是考虑一个因素对因变量的影响，但在对实际问题的研究中，有时需要考虑几个因素对试验结果的影响，如分析彩电销售量的影响因素时，需要考虑品牌、销售地区、价格、质量等多个因素的影响。在方差分析中，当研究两个因素对试验结果的影响时，就是双因素方差分析。按照两个影响因素是否独立，双因素方差分析又可以分为无交互作用的双因素方差分析和有交互作用的双因素方差分析两类。

一、无交互作用的双因素方差分析

在双因素方差分析中，如果两个因素对销售量的影响是相互独立的，这样的双因素方差分析称为无交互作用的方差分析，或称为无重复双因素方差分析。现举例说明。

【例 8-2】 假定有 4 个品牌的彩电在 5 个地区销售，为分析彩电的品牌和销售地区对销售量的影响，对每个品牌在各地区的销售量取得以下数据(单位：台)，如表 8-5 所示。假定品牌和地区因素对彩电销售量的影响相互独立，试分析品牌和销售地区对彩电的销售量是否有显著影响。(α=0.05)

表 8-5 某品牌彩电的销售资料 单位：台

品牌因素	地区因素				
	列因素 1	列因素 2	列因素 3	列因素 4	列因素 5
行因素 1	365	350	343	340	323
行因素 2	345	368	363	330	333
行因素 3	358	323	353	343	308
行因素 4	288	280	298	260	298

如例 8-2 中，品牌和地区是两个分类型自变量，销售量是一个数值型因变量，品牌因素有 4 个水平，称为行因素，地区因素有 5 个水平，称为列因素，共得观察值 20 个。在这个例子中，需要同时分析品牌和地区两个因素对彩电销售量的影响，究竟是一个因素在起作用，还是两个因素都起作用，或是两个因素都不起作用？

【专栏 8-5】 无交互作用双因素方差分析的数据结构

在无交互作用的双因素方差分析中，由于存在两个因素，即在获取数据时，需要将一个因素安排在行(row)的位置，称为行因素；另一个因素则安排在列(column)的位置，称为列因素。设行因素有 k 个水平，列因素有 r 个水平，则行因素与列因素的每一个水平都可以搭配成一组，共可得 $k\times r$ 个观察数据，此时，无交互作用双因素方差分析的数据结构如表 8-6 所示。

表 8-6 无交互作用双因素方差分析的数据结构

		列因素(j)				平均值 $\bar{x}_{i.}$
		列 1	列 2	…	列 r	
行因素(i)	行 1	x_{11}	X_{12}	…	x_{1r}	$\bar{x}_{1.}$
	行 2	x_{21}	X_{22}	…	x_{2r}	$\bar{x}_{2.}$
	…	…	…	…	…	…
	行 k	x_{k1}	x_{k2}	…	x_{kr}	$\bar{x}_{k.}$
平均值 $\bar{x}_{.j}$		$\bar{x}_{.1}$	$\bar{x}_{.2}$	…	$\bar{x}_{.r}$	$\bar{x}$

(一)双因素方差分析的步骤

双因素方差分析也是检验自变量对因变量是否有显著影响，因此，需要构造一个检验统计量来检验假设是否成立，具体步骤包括提出假设、构造检验统计量和决策分析。

1. 提出假设

为了检验两个因素的影响，需要对两个因素分别提出如下假设。

第一，对行因素提出的假设为

H_0：$\mu_1=\mu_2=\cdots=\mu_k$　　行因素(自变量)对因变量没有显著影响

H_1：μ_i(i=1，2，…，k)不全相等　　行因素(自变量)对因变量有显著影响

其中，μ_i 表示第 i 个水平的均值。

第二，对列因素提出的假设为

H_0：$\mu_1=\mu_2=\cdots=\mu_r$　　列因素(自变量)对因变量没有显著影响

H_1：μ_j(i=1，2，…，r)不全相等　　列因素(自变量)对因变量有显著影响

其中，μ_j 表示第 j 个水平的均值。

与单因素分析类似，如果行因素拒绝原假设，只是表明行因素至少有两个水平的均值不相等，并不意味着所有的均值不相等；如果列因素拒绝原假设，只是表明列因素至少有两个水平的均值不相等，并不意味着所有的均值不相等。

2. 构造检验的统计量

为检验 H_0 是否成立，双因素方差分析需要分别确定检验行因素和列因素的统计量，与单因素方差分析构造统计量的方法一样，也需要从总误差平方和的分解入手。

1) 误差分解

在无交互作用的双因素方差分析中，考虑到两个因素相互独立，总误差平方和的分解涉及到四个数据误差的平方和。

(1) 总误差平方和 SST，这是全部样本观察值 $x_{ij}(i=1, 2, \cdots, k; j=1, 2, \cdots, r)$与总的样本均值 $\bar{x}$ 的误差平方和，即

$$\text{SST}=\sum_{i=1}^{k}\sum_{j=1}^{r}(x_{ij}-\bar{x})^2 \tag{8-8}$$

(2) 行因素所产生的误差平方和，记为 SSR，即

$$\text{SSR}=\sum_{i=1}^{k}\sum_{j=1}^{r}(\bar{x}_i-\bar{x})^2 \tag{8-9}$$

其中，$\bar{x}_i$ 表示行因素第 i 水平的均值

(3) 列因素所产生的误差平方和，记为 SSC，即

$$\text{SSC}=\sum_{i=1}^{k}\sum_{j=1}^{r}(\bar{x}_j-\bar{x})^2 \tag{8-10}$$

其中，$\bar{x}_j$ 表示列因素第 j 水平的均值。

(4) 除行因素和列因素外剩余因素影响产生的误差平方和，称为随机误差项平方和(这与单因素方差分析中的组内平方和相似)，记为 SSE，即

$$\text{SSE}=\sum_{i=1}^{k}\sum_{j=1}^{r}(x_{ij}-\bar{x}_i-\bar{x}_j+\bar{x})^2 \tag{8-11}$$

可以证明(过程从略)：上述各误差平方和的关系是 SST= SSR+SSC+SSE。

2) 构造统计量

首先，在上述误差平方和的基础上，计算均方误差，即用各平方和除以它们所对应的自由度。四个误差平方和所对应的自由度分别如下。

总误差平方和 SST 的自由度为 $k\times r-1$，其中，$k\times r$ 为全部观测值的个数。

行因素的误差平方和 SSR 的自由度为 $k-1$，其中，k 为行因素水平的个数。

列因素的误差平方和 SSC 的自由度为 $r-1$，其中，r 为列因素水平的个数。

随机误差平方和 SSE 的自由度为$(k-1)\times(r-1)$。

为构造检验统计量，需要计算下列各均方。

行因素的均方，记为 MSR，即

$$\text{MSR}=\frac{\text{SSR}}{k-1} \tag{8-12}$$

列因素的均方，记为 MSC，即

$$\text{MSC} = \frac{\text{SSC}}{r-1} \tag{8-13}$$

随机误差项的均方，记为 MSE，即

$$\text{MSE} = \frac{\text{SSE}}{(k-1)\times(r-1)} \tag{8-14}$$

其次，构造统计量。为检验行因素对因变量的影响是否显著，构造的统计量为

$$F_R = \frac{\text{MSR}}{\text{MSE}} \sim F\left[(k-1)\ ,\ (k-1)\times(r-1)\right] \tag{8-15}$$

为检验列因素对因变量的影响是否显著，构造的统计量为

$$F_C = \frac{\text{MSC}}{\text{MSE}} \sim F\left[(r-1)\ ,\ (k-1)\times(r-1)\right] \tag{8-16}$$

3. 统计决策

计算出检验的统计量后，根据给定的显著性水平α和两个自由度，查 F 分布表，得到相应的临界值 F_α，然后将 F_R 和 F_C 与之比较。

如果 $F_R > F_\alpha(k-1)$，$(k-1)\times(r-1)]$，则拒绝行因素原假设 H_0，即行因素$\mu_i(i=1，2，\cdots，k)$不全相等，所检验的行因素有显著差异，对观测值有显著影响。

如果 $F_C > F_\alpha(r-1)$，$(k-1)\times(r-1)]$，则拒绝列因素原假设 H_0，即列因素$\mu_j(j=1，2，\cdots，r)$不全相等，所检验的列因素有显著差异，对观测值有显著影响。

上面讨论了无交互作用的双因素方差分析的计算步骤和过程，为使计算过程更加清晰，通常将上述计算过程的内容列成方差分析表，如表 8-7 所示。

表 8-7　无交互作用的双因素方差分析表

误差来源	误差平方和	自由度	均方或方差	F 值	P 值	F 临界值
行因素	SSR	$k-1$	MSR	F_R		$F_\alpha[(k-1), (k-1)\times(r-1)]$
列因素	SSC	$r-1$	MSC	F_C		$F_\alpha[(r-1), (k-1)\times(r-1)]$
剩余影响	SSE	$(k-1)\times(r-1)$	MSE			
总和	SST	$k\times r-1$				

下面以例 8-2 中的数据，说明无交互作用的双因素方差分析的步骤。

第一步：提出原假设和备择假设。

行因素(品牌)

H_0：$\mu_1=\mu_2=\mu_3=\mu_4$　　　　品牌对销售量没有显著影响

H_1：$\mu_i(i=1，2，3，4)$不全相等　　品牌对销售量有显著影响

列因素(地区)

H_0：$\mu_1=\mu_2=\mu_3=\mu_4=\mu_5$　　　　地区对销售量没有显著影响

H_1：$\mu_j(j=1，2，\cdots，5)$不全相等　　　地区对销售量有显著影响

第二步：计算 F 统计量。

(1) 计算行因素(品牌)各水平均值　$\bar{x}_{i.}=\frac{\sum_{j=1}^{r}x_{ij}}{r}$，$i=1, 2, \cdots, r$

$$\bar{x}_{1.}=\frac{365+350+343+340+323}{5}=344.2$$

$$\bar{x}_{2.}=\frac{345+368+363+330+333}{5}=347.8$$

$$\bar{x}_{3.}=\frac{358+323+353+343+308}{5}=337$$

$$\bar{x}_{4.}=\frac{288+280+298+260+298}{5}=284.8$$

列因素(地区)各水平值　$\bar{x}_{.j}=\frac{\sum_{i=1}^{k}x_{ij}}{j}$，$j=1, 2, \cdots, k$

$$\bar{x}_{.1}=\frac{365+345+358+288}{4}=339$$

$$\bar{x}_{.2}=\frac{350+368+323+280}{4}=330.25$$

$$\bar{x}_{.3}=\frac{343+363+353+298}{4}=339.25$$

$$\bar{x}_{.4}=\frac{340+330+343+260}{4}=318.25$$

$$\bar{x}_{.5}=\frac{323+333+308+298}{4}=315.5$$

(2) 计算全部观测值的总均值

$$\bar{\bar{x}}=\frac{\sum_{i=1}^{k}\sum_{j=1}^{r}x_{ij}}{k\times r}=\frac{\sum_{i=1}^{k}r\bar{x}_{j}}{k\times r}=\frac{4\times(339+330.25+339.25+318.25+315.5)}{4\times 5}$$
$$=328.45$$

(3) 计算误差平方和

总误差平方和：$\text{SST}=\sum_{i=1}^{k}\sum_{j=1}^{r}(x_{ij}-\bar{\bar{x}})^2=(365-328.45)^2+(350-328.45)^2$

$$+\cdots+(298-328.45)^2=17\,888.95$$

行因素(品牌)所产生的误差平方和：

$$SSR=\sum_{i=1}^{k}\sum_{j=1}^{r}(\overline{x}_{i.}-\overline{x})^2=\sum_{i=1}^{k}r(\overline{x}_{i.}-\overline{x})^2=5\times(344.2-328.45)^2+5\times(347.8-328.45)^2$$
$$+5\times(337-328.45)^2+5\times(284.8-328.45)^2=13\,004.55$$

列因素(地区)误差平方和：

$$SSC=\sum_{i=1}^{k}\sum_{j=1}^{r}(\overline{x}_{j}-\overline{x})^2=\sum_{j=1}^{r}k\times(\overline{x}_{j}-\overline{x})^2=4\times(339-328.45)^2+4\times(330.25-328.45)^2$$
$$+4\times(339.25-328.45)^2+4\times(318.25-328.45)^2+4\times(315.5-328.45)^2$$
$$=2011.7$$

随机误差项平方和：

$$SSE=\sum_{i=1}^{k}\sum_{j=1}^{r}(x_{ij}-\overline{x}_{i.}-\overline{x}_{j}+\overline{x})^2=(365-344.2-339+328.45)^2$$
$$+(350-344.2-339+328.45)^2+\cdots+(298-344.2-339+328.45)^2$$
$$=2872.7$$

(4) 计算统计量

根据题意：行因素(品牌)均方 $MSR=\dfrac{SSR}{k-1}=\dfrac{13\,004.55}{4-1}=4334.85$

列因素(地区)均方 $MSC=\dfrac{SSC}{r-1}=\dfrac{2011.7}{5-1}=502.925$

随机误差项均方 $MSE=\dfrac{SSE}{(k-1)\times(r-1)}=\dfrac{2872.7}{3\times4}=239.39$

所以，$F_R=\dfrac{MSR}{MSE}=\dfrac{4334.85}{239.39}=18.107\,77$

$F_C=\dfrac{MSC}{MSE}=\dfrac{502.925}{239.39}=2.100\,85$

第三步：统计决策

假定显著性水平α=5%，则查 F 分布表可得 $F_{0.05}$(4−1，(4−1)×(5−1))=3.4903，$F_{0.05}$(5−1，(4−1)×(5−1))=3.2592。

由于 F_R=18.107 77＞$F_{0.05}$(3，12)=3.4903，所以拒绝原假设 H_0，即表明μ_i之间有显著差异，因此，可以认为品牌对销售量有显著影响。

由于 F_C=2.100 85＜$F_{0.05}$(4，12)=3.2592，所以接受原假设 H_0，即表明μ_j之间没有显著差异，因此，不能认为地区对销售量有显著影响。

上述双因素方差分析也可以通过方差分析表来反映，如表 8-8 所示。采用 P 值分析，可以发现，检验行因素的 P 值=9.456E−05＜α=0.05，因此，拒绝原假设 H_0，品牌对销售量有显著影响。检验列因素的 P 值=0.14366＞α=0.05，因此，接受原假设 H_0，则地区对销售量无显著影响。

表 8-8 例 8-2 中无交互作用的双因素方差分析表

误差来源	误差平方和	自由度	均方或方差	*F* 值	*P* 值	*F* 临界值
行因素	13 004.55	3	4334.85	18.107 77	9.456E−05	$F_{0.05}(3，12)=3.4903$
列因素	2011.7	4	502.925	2.100 85	0.14366	$F_{0.05}(4，12)=3.2592$
剩余影响	2872.7	12	239.39			
总和	17 888.95	19				

(二)单因素方差分析与双因素方差分析的比较

在例 8-2 中，我们运用双因素方差分析联合考察了品牌和地区与销售量之间的关系，当然也可以分别考察两个变量对销售量的影响，这样，则需要分别作每个自变量与销售量的单因素方差分析。例 8-2 中品牌和地区因素对销售量的单因素方差分析表如表 8-9 所示，这里计算过程从略，读者可自己证明。

表 8-9(a) 例 8-2 行因素(品牌)单因素方差分析计算表

误差来源	离差平方和	自由度	均方或方差	*F* 值	*P* 值	*F* 临界值
组间	SSA=13 004.55	3	MSA=4334.85	14.1998	8.973E−05	$F_{0.05}(3，16)=3.239$
组内	SSE=4884.4	16	MSE=305.275			
总和	SST=17 888.95	19				

表 8-9(b) 例 8-2 列因素(地区)单因素方差分析计算表

误差来源	离差平方和	自由度	均方或方差	*F* 值	*P* 值	*F* 临界值
组间	SSA=2011.7	4	MSA=502.925	0.4751	0.7534	$F_{0.05}(4, 15)=3.056$
组内	SSE=15 877.25	15	MSE=1058.483			
总和	SST=17 888.95	19				

由表 8-8 与表 8-9 对比可以看出，品牌因素拒绝原假设 H_0，即品牌对销售量有显著影响；地区因素则接受原假设 H_0，即地区对销售量则无显著影响。这与双因素方差分析的结论基本相同。

但从随机误差平方和来看，双因素方差分析中的随机误差平方和等于 2872.7，比分别进行单因素方差分析时的任何一个组内平方和(4884.4 和 15 877.2)都小，而且 *P* 值也变得更小一些，这是因为在双因素方差分析中，随机误差平方和不包括两个自变量中的任何一个，因而减少了残差效应。而在分别作单因素方差分析时，将行因素(品牌)做自变量时，列因素(地区)将被包括在残差中，同样，将列因素(地区)做自变量时，行因素(品牌)将被包括在残差中，从而使单因素方差分析中的残差项比双因素方差分析要大。因此，对于两个自变量而言，进行双因素方差分析要优于分别对两个因素进行单因素方差分析。

(三)关系强度的测量

例 8-2 中的双因素方差分析结果显示，不同品牌的销售量均值之间有显著差异，这意味着品牌(行自变量)与销售量(因变量)之间的关系统计上是显著的；而不同地区的销售量的均值之间没有显著差异，表明地区(列自变量)与销售量(因变量)之间的关系统计上是不显著的，那么，两个变量合起来与销售量之间的关系强度究竟如何呢？

与单因素方差分析相似，自变量与因变量的关系强度可以用误差平方和来衡量，其中，行平方和度量了品牌这个自变量对因变量(销售量)的影响效应；列平方和度量了地区这个自变量对因变量(销售量)的影响效应。联合效应与总平方和的比值定义为 R^2，其平方根 R 则反映了这两个自变量合起来与因变量之间的关系强度，即

$$R^2=\frac{\text{联合效应}}{\text{总效应}}=\frac{\text{SSR}+\text{SSC}}{\text{SST}} \tag{8-17}$$

如例 8-2 中，品牌与地区这两个自变量与销售量之间的关系强度为

$$R^2=\frac{\text{SSR}+\text{SSC}}{\text{SST}}=\frac{13\,004.55+2011.7}{17\,888.95}=0.8394$$

这表明，品牌因素和地区因素合起来总共解释了销售量差异的 83.94%，其他因素(残差变量)只解释了销售量差异的 16.05%。而 $R=\sqrt{R^2}=0.9162$，表明品牌和地区两个因素合起来与销售量之间有较强的关系。

二、有交互作用的双因素方差分析

在上面的双因素方差分析中，两个因素对因变量的影响是相互独立的。但如果两个因素对因变量的影响不相互独立，即产生一种新的效应，这时，就需要考虑两个自变量的交互作用对因变量的影响，对其进行显著性检验，称为有交互作用的双因素方差分析。

为了进行针对交互作用的显著性检验，在实际统计工作中，要对两个因素的每一组合进行多次观测，以获得多项观测值，因而交互作用双因素分析具有重复观测的特征。所以，有交互作用的双因素方差分析又称为可重复双因素方差分析。

现举例说明。

【例 8-3】 城市道路交通管理部门为研究不同的路段和不同的时间段对行车时间的影响，让一名交通警察分别在两个路段和高峰期与非高峰期亲自驾车进行试验，通过试验共获得 20 个行车时间的数据，如表 8-10 所示。已知路段、时段对行车时间的影响不相互独立，试分析路段、时段以及路段和时段的交互作用对行车时间的影响。(α=0.05)

表 8-10 不同路段、时段的行车时间 单位：分钟

		路段(列变量)	
		路段 1	路段 2
时段(行变量)	高峰期	26	19
		24	20
		27	23
		25	22
		25	21
	非高峰期	20	18
		17	17
		22	13
		21	16
		17	12

设行因素有 k 个水平，列因素有 r 个水平，行变量中每一水平又有 m 个观测值(重复观测的次数)，则共可得 $n=k\times r\times m$ 个观察数据。在例 8-3 中，路段为列因素，有 2 个水平，时段为行因素，有 2 个水平(高峰期和非高峰期)，而行变量(时段)每一水平又有 5 个行数，即有 5 个观测值(这表示每一水平重复观测 5 次，以检验两因素交互作用的影响)，因此，共得观察值 2×2×5=20 个。

与无交互作用的双因素方差分析类似，有交互作用的双因素方差分析也需要通过构造一个检验统计量来检验自变量是否对因变量有显著影响，因此，包括对行因素、列因素及交互作用分别提出原假设、构造检验统计量、决策分析等步骤。其内容与无交互作用的双因素方差分析也大致相同，但考虑到交互作用的影响，有交互作用的双因素方差分析的误差分解不同。

1. 误差分解

总误差平方和分解涉及五个数据误差的平方和。

设 x_{ijg} 表示对应于行因素的第 i 个水平、列因素第 j 个水平和第 g 行的观测值；$\overline{x}_{i.}$ 表示行因素第 i 水平的样本均值；$\overline{x}_{.j}$ 表示列因素第 j 水平的样本均值；$\overline{x}_{ij}$ 表示对应于行因素第 i 个水平和列因素第 j 个水平组合的样本均值；$\overline{x}$ 为全部 n 个观测值的总均值。

各误差平方和的计算公式及自由度情况如下。

总平方和

$$\text{SST}=\sum_{i=1}^{k}\sum_{j=1}^{r}\sum_{g=1}^{m}(x_{ijg}-\overline{x})^2 \tag{8-18}$$

自由度为 $k\times r\times m-1$，其中，$k\times r\times m$ 为全部观测值的个数。

行变量误差平方和 $$\mathrm{SSR}=rm\sum_{i=1}^{k}(\bar{x}_i-\bar{x})^2 \tag{8-19}$$

自由度为k-1，其中，k为行因素水平的个数。

列因素误差平方和 $$\mathrm{SSC}=km\sum_{j=1}^{r}(\bar{x}_j-\bar{x})^2 \tag{8-20}$$

自由度为r-1，其中，r为列因素水平的个数。

交互作用的误差平方和 $$\mathrm{SSRC}=m\sum_{i=1}^{k}\sum_{j=1}^{r}(\bar{x}_{ij}-\bar{x}_i-\bar{x}_j+\bar{x})^2 \tag{8-21}$$

自由度为(k-1)×(r-1)。

随机误差平方和 SSE=SST-SSR-SSC-SSRC，自由度为k×r×(m-1)。

2. 构造统计量

设行因素的均方为 MSR，列因素的均方为 MSC，交互作用的均方为 MSRC，随机误差项的均方为 MSE，则可以构造F统计量如下。

行因素检验统计量 $$F_R=\frac{\mathrm{MSR}}{\mathrm{MSE}}\sim F\left[(k-1),(kr\times(m-1))\right] \tag{8-22}$$

列因素检验统计量 $$F_C=\frac{\mathrm{MSC}}{\mathrm{MSE}}\sim F\left[(r-1),(kr\times(m-1))\right] \tag{8-23}$$

交互作用检验统计量 $$F_{RC}=\frac{\mathrm{MSRC}}{\mathrm{MSE}}\sim F\left[((k-1)\times(r-1)),(kr\times(m-1))\right] \tag{8-24}$$

3. 方差分析表

与无交互作用的双因素方差分析类似，有交互作用的双因素方差分析也可以列出方差分析表，其一般形式如表 8-11 所示。

表 8-11　有交互作用的双因素方差分析表

误差来源	误差平方和	自由度	均方或方差	F值	P值	F临界值
行因素	SSR	k-1	MSR	F_R		$F_\alpha[(k-1),(kr\times(m-1))]$
列因素	SSC	r-1	MSC	F_C		$F_\alpha[(r-1),(kr\times(m-1))]$
交互作用	SSRC	(k-1)×(r-1)	MSRC	F_{RC}		$F_\alpha[(k-1)\times(r-1),(kr\times(m-1))]$
剩余影响	SSE	kr(m-1)	MSE			
总和	SST	n-1				

根据例 8-3 资料，可以计算有交互作用的双因素方差分析。这里计算过程从略，仅列出有交互作用的双因素方差分析表，如表 8-12 所示，感兴趣的读者可以自己分析。

表 8-12 例 8-3 中有交互作用的双因素方差分析表

误差来源	误差平方和	自由度	均方或方差	F 值	P 值	F 临界值
行因素	174.05	1	174.05	44.0633	0.0000	$F_{0.05}$(1，16)=4.4940
列因素	92.45	1	92.45	23.4051	0.0002	$F_{0.05}$(1，16)=4.4940
交互作用	0.05	1	0.05	0.0127	0.9118	$F_{0.05}$(1，16)=4.4940
剩余影响	63.20	16	3.95			
总和	329.75	19				

由表 8-12 可知，用于检验行因素(时段)的 F 统计量的 P 值是 $0.0000<\alpha=0.05$，因此，拒绝原假设 H_0，表明不同时段的行车时间之间有显著差异，即时段对行车时间有显著影响；用于检验列因素(路段)的 F 统计量的 P 值是 $0.0002<\alpha=0.05$，因此，拒绝原假设 H_0，表明不同路段的行车时间之间有显著差异，即路段对行车时间也有显著影响。

交互作用反映的是行因素(时段)与列因素(路段)共同产生的对因变量(行车时间)的影响，由于检验 F 统计量的 P 值为 $0.9118>\alpha=0.05$，因此，不能拒绝原假设 H_0，即没有证据证明时段和路段的交互作用对行车时间有显著影响。

同样，也可以用各平方和占总平方和的比例即 R^2 来反映两个自变量合起来与因变量之间的关系强度，用公式可以表示为

$$R^2=\frac{\text{联合效应}}{\text{总效应}}=\frac{\text{SSR}+\text{SSC}+\text{SSRC}}{\text{SST}} \tag{8-25}$$

如例 8-3 中，时段与路段这两个自变量与行车时间之间的关系强度为

$$R^2=\frac{\text{SSR}+\text{SSC}+\text{SSRC}}{\text{SST}}=\frac{174.05+92.45+0.05}{329.75}=0.808\,34$$

这表明，时段因素和路段因素合起来总共解释了行车时间差异的 80.834%，其他因素(残差变量)只解释了销售量差异的 19.166%。

【案例 8-1】 SARS 病毒灭活疫苗临床试验

2004 年 12 月 5 日，科技部、卫生部、国家食品药品监督管理局共同宣布：中国自主研制的 SARS 病毒灭活疫苗 I 期临床试验圆满结束。经过 36 人的试验结果表明，36 位受试者均未出现异常反应，其中 24 位接种疫苗的受试者全部产生了抗体，这表明我国自主研制的疫苗是安全有效的。I 期临床试验的完成，标志着 SARS 疫苗研究的难关已经基本攻克，中国由此成为世界上第一个完成 SARS 灭活疫苗 I 期临床试验的国家。

2003 年 SARS 疫情发生后，科技部积极组织相关部门成立了 SARS 攻关课题研究小组。2004 年 1 月 19 日，SARS 病毒灭活疫苗进入 I 期临床研究，主要目的是评价其安全性，并得出初步免疫结论。本次试验共选择 36 名年龄在 21～40 岁的健康人作为志愿者，男女各 18 人，在中日友好医院接受了 SARS 疫苗临床研究，免疫接种分 16 个单位和 32 个单位两

种剂量，并设安慰剂(不含疫苗的有效成分)对照组，各12人。这次SARS疫苗临床研究方案经过有关部门严格审核，完全按照国际规范，采用知情同意、伦理审查、随机双盲等规范化操作。

本次SARS病毒灭活疫苗Ⅰ期采用随机双盲的实验设计，以防止由于对治疗的了解而引起的有意识和无意识地在实施和评价临床试验中的偏差，受试者和参加临床试验或临床评价的研究人员或疫苗研制方的工作人员均不知道也不能识别受试者接受了何种注射(疫苗或安慰剂)。疫苗研制者提供外观完全无区别的A与B两种“疫苗”，医护人员和受试者均不知A与B哪个是试验疫苗或安慰剂(安慰剂不含SARS灭活疫苗的有效成分)。在试验实施过程中一直保持盲态，只有在试验结束、完成数据清理、数据已达到可以接受水平时，可由指定人员揭盲，打开密封的设盲信封，从而知道哪个受试者接种的是试验疫苗，哪个受试者接种的是安慰剂。

任何新药在广泛地用于临床之前，都需要先在动物身上进行试验，证明它安全有效；然后要在健康的志愿者中进行一个剂量或一个疗程的耐受试验，证明人体能够耐受并给出临床上将来能够使用的安全剂量；最后要在患者身上进行试验。试验设计是取得数据的有效方法，而试验设计数据的分析方法则主要是本章所介绍的方差分析。

(资料来源：贾俊平编著，统计学(第二版)，清华大学出版社，2006年7月)

本章小结

本章主要介绍了方差分析的基本原理和方法。方差分析是通过对数据所反映的数量变动，并在一定的显著性水平下对其进行显著性检验，以判断数量变动属于随机性变动，还是受控因素引起的系统性变动的方法和过程。方差分析的因变量一般是数值型数据，其自变量可以是数值型数据也可以是属性数据，自变量在方差分析中的作用只是对因变量进行适当的分类。

方差分析有时考虑一个因素对因变量的影响，有时需要考虑几个因素对试验结果的影响，本章主要介绍了单因素方差分析与双因素方差分析。单因素方差分析指在实验中只考虑一个因素变化，其他的因素不变；双因素方差分析则是分析两个因素对试验结果的影响，按照两个影响因素是否独立，双因素方差分析又可以分为无交互作用和有交互作用的双因素方差分析两类。

方差分析主要是检验自变量对因变量是否有显著影响，因此，首先需要提出原假设，然后构造检验统计量来检验这一假设是否成立。方差分析包括提出假设、构造检验的统计量、决策分析等步骤。

复习思考题

一、名词解释

方差分析　因素　水平　单因素方差分析　无交互作用的双因素方差分析　有交互作用的双因素方差分析　方差分析表

二、填空题

1. 方差分析是通过对误差的分析，研究判断多个_______是否相等的一种统计方法。

2. 在实验设计中，把要考虑的那些可以控制的条件称为_______，把因素变化的多个等级状态称为_______。

3. 描述所有样本数据 x_{ij} 离散程度的一个指标记为 SST，在单因素方差分析中，SST 的计算式为_______。

4. 与单因素方差分析组内误差 SSE 对应的自由度为_______。

5. 计算式 $\sum_{i=1}^{k} n_i(\bar{x}_i - \bar{x})^2$ 表现的是单因素方差分析中的_______离差平方和。

6. 如果要检验两个总体均值是否有显著差别，一般采用_______；若要检验多个总体均值是否相等，则应该采用_______。

7. 在单因素方差分析中，分子的自由度是_______，分母的自由度是_______。

8. 在无交互作用的双因素方差分析中，随机误差项的自由度是_______。

9. 在无交互作用的双因素方差分析中，计算行因素的检验统计量 F_R 时，分子的自由度为_______，分母的自由度为_______。

10. 在无交互作用的双因素方差分析中，总离差平方和 SST 等于_______。

三、判断题

1. 进行方差分析的前提条件是：各组观察数据是从具有相同方差的相互独立的总体中抽取的。 (　　)

2. SST 是总离差平方和，它既包含了随机误差，也包含了系统误差，是计算 F 检验值的依据。 (　　)

3. 方差分析的实质是用两个方差之比来判断原假设 H_0 是否成立。 (　　)

4. 方差分析中自变量使用的数据必须是属性数据。 (　　)

5. 方差分析中，检验时可以采用双侧检验。 (　　)

6. 组间方差反映了随机因素的影响，组内方差既反映了随机因素，也反映了系统因素的影响。 (　　)

7. 在双因素方差分析中，SSR 反映了行因素所引起的离差。 (　　)

8. 就同一批数据而言，进行单因素方差分析和进行双因素方差分析，其总离差平方和SST是一样的。 (　　)

9. 单因素方差分析提供了一种对多个总体均值差异的显著性进行检验的方法。 (　　)

10. 交互作用是指各个因素不同水平的搭配所产生的影响。 (　　)

四、单项选择题

1. $\sum_{i=1}^{k}\sum_{j=1}^{n_i}(x_{ij}-\bar{x}_i)^2$ 是单因素方差分析中的(　　)。

A. 组内平方和　　B. 组间平方和
C. 总离差平方和　　D. 某因素的离差平方和

2. $\sum_{i=1}^{k}\sum_{j=1}^{n_i}(x_{ij}-\bar{x})^2$ 是单因素方差分析中的(　　)。

A. 组内平方和　B. 组间平方和　C. 总离差平方和　D. 总方差

3. 在单因素方差分析中，若SST=20，SSA=10，k=4，n=20，则F值为(　　)。

A. 2　B. 6.33　C. 2.375　D. 5.33

4. 各实际观测值y_i与回归值$\hat{y}_i$的离差平方和称为(　　)。

A. 总离差平方和　　B. 剩余平方和
C. 回归平方和　　D. 估计标准误差

5. 单因素方差分析中，计算F统计量，其分子与分母的自由度各为(　　)。

A. k，n　B. $k-n$，$n-k$　C. $k-1$，$n-k$　D. $n-k$，$k-1$

6. 在无交互作用的双因素方差分析中，计算列因素的F_C统计量，其分子与分母的自由度各为(　　)。

A. $r-1$，$k-1$　　B. $r-1$，$(r-1)\times(k-1)$
C. $k-1$，$(r-1)\times(k-1)$　　D. $(r-1)\times(k-1)$，$kr-1$

7. 完全随机设计方差分析中的组间均方是(　　)的统计量。

A. 表示抽样误差大小
B. 表示某处理因素的效应作用大小
C. 表示某处理因素的效应和随机误差两者综合影响的结果
D. 表示n个数据的离散程度
E. 表示随机因素的效应大小

8. 完全随机设计资料的方差分析中，必然有(　　)。

A. $SS_{组间} > SS_{组内}$　　B. $MS_{组间} < MS_{组内}$
C. $SS_{总}=SS_{组间}+SS_{组内}$　　D. $MS_{总}=MS_{组间}+MS_{组内}$

9. 若方差分析中，所提出的原假设是 H_0：$\mu_1=\mu_2=\cdots=\mu_k$，则备择假设是(　　)。
   A. H_1：$\mu_1\neq\mu_2\neq\cdots\neq\mu_k$　　B. H_1：$\mu_1>\mu_2>\cdots>\mu_k$
   C. H_1：$\mu_1<\mu_2<\cdots<\mu_k$　　D. H_1：μ_1，μ_2，…，μ_k 不全相等
10. 在方差分析中，拒绝原假设 H_0：$\mu_1=\mu_2=\mu_3$，则意味着(　　)。
   A. μ_1、μ_2、μ_3 的两两组合都不相等
   B. μ_1、μ_2、μ_3 的两两组合至少有一对不相等
   C. μ_1、μ_2、μ_3 的两两组合都相等
   D. μ_1、μ_2、μ_3 的两两组合至少有一对相等
11. 与假设检验相比，方差分析方法可以使犯第 I 类错误的概率(　　)。
   A. 提高　　B. 降低　　C. 等于 0　　D. 等于 1
12. 在单因素方差分析中，检验统计量 F 是(　　)。
   A. 组间平方和除以组内平方和　　B. 组间均方除以组内均方
   C. 组间平方和除以总平方和　　D. 组间均方和除以总均方
13. 双因素方差分析涉及(　　)。
   A. 两个分类型自变量　　B. 一个数值型自变量
   C. 两个分类型因变量　　D. 两个数值型因变量
14. 方差分析所研究的是(　　)。
   A. 分类型自变量对分类型因变量的影响
   B. 分类型自变量对数值型自变量的影响
   C. 分类型因变量对数值型自变量的影响
   D. 分类型自变量对数值型因变量的影响
15. 在方差分析中，进行多重比较的前提是(　　)。
   A. 拒绝原假设
   B. 不拒绝原假设
   C. 各样本均值相等
   D. 可以拒绝原假设也可以不拒绝原假设

五、多项选择题

1. 应用方差分析的前提条件是(　　)。
   A. 各个总体报从正态分布　　B. 各个总体均值相等
   C. 各个总体具有相同的方差　　D. 各个总体均值不等
   E. 各个总体相互独立
2. 若检验统计量 $F=\dfrac{\text{MSA}}{\text{MSE}}$ 近似等于 1，说明(　　)。
   A. 组间方差中不包含系统因素的影响

B. 组内方差中不包含系统因素的影响

C. 组间方差中包含系统因素的影响

D. 方差分析中应拒绝原假设

E. 方差分析中应接受原假设

3. 对于单因素方差分析的组内误差，下面说法对的是(　　)。

A. 其自由度为 k-1

B. 反映的是随机因素的影响

C. 反映的是随机因素和系统因素的影响

D. 组内误差一定小于组间误差

E. 其自由度为 n-k

4. 对于无交互作用的双因素方差分析的误差项 SSE，下面哪种说法是对的？(　　)。

A. 其自由度为 n-r

B. 反映的是随机因素和系统因素的影响

C. 其自由度为(k-1)×(r-1)

D. 一定比 SSR 的数值小

E. 一定比 SSC 的数值小

5. 在无交互作用的双因素方差分析中，(　　)。

A. 有两个原假设和两个备择假设

B. 总体的自由度为(k-1)×(r-1)

C. 总体的自由度为 k×r-1

D. 需要计算两个检验统计量

E. SST=SSA=SSE

六、简答题

1. 方差分析的基本原理是什么？
2. 要检验多个总体均值是否相等时，为什么不两两比较，而用方差分析的方法？
3. 方差分析有哪些类型？
4. 简述单因素方差的一般步骤。
5. 试解释单因素方差分析中组内误差与组间误差的含义。
6. 解释 R^2 的含义和作用？

七、计算题

1. 表 8-13 是来自 5 个总体的样本数据，假定显著性水平 α=0.01，检验 5 个总体均值是否相等。

表 8-13　来自 5 个总体的样本数据

样本 1	样本 2	样本 3	样本 4	样本 5
14	10	11	16	14
13	9	12	17	12
10	12	13	14	13

续表

样本 1	样本 2	样本 3	样本 4	样本 5
	9	12	16	13
	10		17	12
				14

2. 某家电制造公司准备购进一批 5 号电池，现有 A、B、C 三个电池生产企业愿意供货，为比较它们生产的电池质量，从每个企业各随机抽取 5 只电池，经试验得到其寿命数据资料如表 8-14 所示。试分析 3 个家电生产企业的电池平均寿命之间有无显著差异。(假定显著性水平α=0.05)。

表 8-14　三个电池生产企业的电池寿命数据

试验编号	电池生产企业		
	A	B	C
1	50	32	45
2	50	28	42
3	43	30	38
4	40	34	48
5	39	26	40

3. 某企业准备用 3 种方法组装一个新的产品，为确定哪种方法每小时生产的产品数量最多，随机抽取了 30 个工人，并指定每个工人使用其中的一种方法。通过对每个工人生产的产品数进行方差分析得到下面的结果，要求：(1)对下面的方差分析表(见表 8-15)进行完善；(2)若显著性水平α=0.05，检验 3 种方法组装的产品数量之间是否有显著差异。

表 8-15　方差分析表

差异源	SS	df	MS	F	P-Value	F-crit
组间			210		0.245 946	3.354 131
组内	3836			—	—	—
总计		29	—	—	—	—

4. 有 5 种不同品种的种子和 4 种不同的施肥方案，在 20 块同样面积的土地上，分别采用 5 种品种的种子和 4 种施肥方案搭配进行试验，取得的收获量数据如表 8-16 所示。要求：检验种子对收获量的影响是否有显著差异，不同的施肥方案对收获量是否有显著差异，种子与施肥量合起来与收获量之间的关系强度是多少。(α=0.05)

表 8-16 不同品种及施肥方案对庆的收获量数据

品种	施肥方案			
	1	2	3	4
1	12.0	9.5	10.4	9.7
2	13.7	11.5	12.4	9.6
3	14.3	12.3	11.4	11.1
4	14.2	14.0	12.5	12.0
5	13.0	14.0	13.1	11.4

5. 某企业机修车间有 4 个维修小组，负责该企业 8 种型号的主要生产设备的常规保养工作。为了了解这 4 个维修小组的工作状态，对各维修小组保养设备的时间进行了一次调查，其结果如表 8-17 所示。要求：

(1) 试采用单因素方差分析方法，在显著性水平α=0.05 的情况下，判断 4 个维修小组和设备型号对保养设备时间长度(单位：小时)的总体均值是否存在显著差异。

(2) 试采用无交互作用的双因素方差分析方法，在显著性水平α=0.05 的情况下，判断维修小组和设备型号对保养设备时间长度的总体均值是否有显著性影响？并与单因素方差分析比较，可以得出什么结论？

表 8-17 各维修小组保养设备的时间资料 单位：小时

水平		维修小组			
		1	2	3	4
设备型号	1	255	231	304	291
	2	201	245	205	254
	3	254	212	207	261
	4	198	209	249	204
	5	188	198	257	245
	6	154	185	254	289
	7	229	198	281	244
	8	201	178	227	252

6. 一家超市连锁店进行一项研究，确定超市所在的位置和竞争者的数量对销售额是否有显著影响。表 8-18 中是获得的月销售额数据(单位：万元)，取显著性水平α=0.05，要求检验：

(1) 超市的位置对销售额是否有显著影响？

(2) 竞争者的数量对销售额是否有显著影响？

(3) 竞争者的数量和超市的位置对销售额是否有交互影响？

(4) 竞争者数量和超市位置联合与销售额的关系强度如何？

表 8-18　超市位置和竞争者数量与月销售额的资料　　单位：万元

超市位置	竞争者数量			
	0	1	2	>3
位于市内居民小区	41	38	59	47
	30	31	48	40
	45	39	51	39
位于写字楼	25	29	44	43
	31	35	48	42
	22	30	50	53
位于郊区	18	22	29	24
	29	17	28	27
	33	25	26	32

第九章

相关分析与回归分析

学习目标：相关与回归分析也是处理变量之间关系的一种统计分析方法，一般是反映数值型因变量与数值型自变量之间的数量关系。通过本章学习，要求了解相关关系的概念及种类、相关分析的概念和内容，重点掌握简单相关系数的计算方法；了解回归分析的概念，熟练掌握建立一元线性回归与多元线性回归方程的方法，并对相关参数进行统计检验，能上机操作，对统计软件回归计算的结果做出正确的解释。

关键概念：相关分析(correlation analysis)　相关系数(correlation coefficient)　回归方程(regression model)　统计检验(statistical test)

第一节　相关分析概述

一、相关关系的概念

在现实生活中存在许多社会经济现象，它们之间相互依存、相互制约，彼此之间构成有机的相互联系的整体。一方面，一种现象的存在与发展不仅影响着周围其他现象的存在与发展，另一方面，这种现象的存在与发展也会受到其他现象的影响和制约。特别是，对于现象之间的这种联系，最终都要通过相互之间的数量对应关系反映出来，因此，现象之间的联系必然表现为变量之间的依存关系。而这种依存关系有两种不同的类型：一是函数关系；二是相关关系。

1. 函数关系

函数关系是指变量之间存在着严格的数量依存关系，在这种关系中，对于某一变量的第一个数值，有另一个变量的确定的值与之相对应，并且这种关系可以用一个数学表达式反映出来。如，圆的面积对于半径的依存关系就可以用一个确定的公式来表示：

$$S=\pi R^2$$

在这种函数关系中，一般把作为影响因素的变量称为自变量，把发生对应变化的变量称为因变量。上例中，S 为因变量，R 为自变量，圆的面积 S 依半径 R 的大小而定，R 取某一数值时，S 就有一个唯一的数值与之对应。

在客观世界的各种现象中，特别是自然界广泛存在着函数关系。

2. 相关关系

相关关系指变量之间存在不确定的依存关系，在这种关系中，当一个或几个联系的变量取一定的值时，与之相对应的变量会有多个数值，表现出不确定性，但该变量仍将按一定的规律在一定范围内变动。例如，每亩耕地的施肥量与亩产量之间就存在一定的依存关系，一般情况下，施肥量适当增加，亩产量便相应的提高；但它们之间不存在严格的依存关系，相同的施肥量也可能对应几个亩产量，在一定的范围内，随着施肥量的增加，亩产量可能会提高，但不是确定的值，由于观察中的误差等原因，可以随机波动。在社会经济现象中，相关关系较为普遍。

函数关系与相关关系如图 9-1 所示。

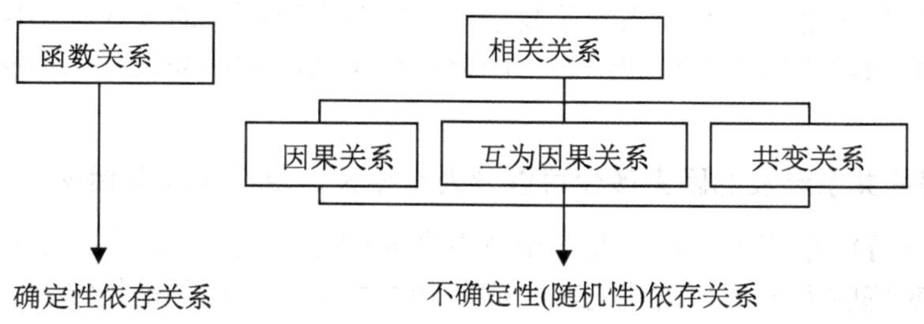

图 9-1　函数关系与相关关系示意图

在各种经济活动和生产过程中，许多经济的、技术的因素之间，都存在这种相关关系，分析这种关系的内在联系和表现形式是统计研究的一个重要任务。如身高与体重、居民消费支出与居民可支配收入等。应该指出，在研究对象之间的相关关系时，都必须是真实的、具有内在联系的关系，而不是主观臆造的，或只不过是形式的偶然巧合。因此，统计在研究相关关系时，应当根据有关的科学理论，通过观察和实验，在对现象进行深入分析的基础上，建立相关关系，而且还要通过理论上和实践上的进一步检验，只有这样，才能得出具有科学意义的研究结论。

【专栏 9-1】 对象之间有相关关系即为因果关系吗？

在相关关系中，变量之间的联系有两种情况：一是变量之间存在着一定的因果关系，这时，起影响作用的变量是“因”，称为自变量，用 x 表示；由于受到自变量的影响而发生变动的变量是“果”，称为因变量，用 y 表示。如在施肥量与亩产量之间，施肥量就是自变量，亩产量即为因变量，一般耕地的亩产量随着施肥量的变动而变动。二是变量之间虽存在相互联系但并不存在明显的因果关系。如城镇居民收入水平与工业总产值之间存在着一定的联系，但难以判断，哪一个是“因”，哪一个“果”，即二者之间难以区别哪一个是自变量，哪一个是因变量。在这种情况下，决定的主要标准应是研究的目的，如在研究城镇居民收入水平与工业总产值之间的关系时，若是为了分析工业总产值对城镇居民收入水平的影响，则可把工业总产值设为自变量，城镇居民收入水平设为因变量；反之，若是为了分析城镇居民收入水平对工业总产值的影响，则可以把城镇居民收入水平设为自变量，工业总产值设为因变量。一般来说，城镇居民收入与工业总产值之间有相互影响关系，城镇居民收入水平提高，将提高居民的消费水平，从而扩大工业品的市场规模，促进工业生产；而工业总产值提高，可以扩大就业水平，从而提高城镇居民收入水平。从逻辑上来说，统计关系式本身不可能意味着任何因果关系，要谈因果关系必须诉诸先验的或理论上的思考。

二、相关关系的种类

社会经济现象之间相互关系纷繁复杂，它们各自以不同的方式、不同形式、不同程度相互作用，并表现不同的类型和形态，因此，变量之间的相关关系从不同的角度可以有不同的分类。

1. 按相关关系涉及的因素多少可以分为单相关、复相关和偏相关

单相关又称简单相关，是涉及两个变量之间的相关关系，即只涉及一个自变量和一个因变量，如家庭收入水平与消费支出之间的相关关系。复相关是指涉及三个或三个以上变量之间的相关关系，即涉及两个或两个以上自变量和一个因变量，如某种商品的销售量与其价格水平、人均收入之间的相关关系。偏相关是指研究一个变量与多个变量相关时，假定自变量中其他变量不变，只研究因变量与某个自变量之间两个变量的相关关系，如假定人均收入水平不变，只分析某种商品的销售量与其价格水平之间的关系就是一种偏相关。

2. 按相关关系的表现形态可分为直线相关和曲线相关

直线相关是指当一个变量发生变动时，另一变量大致沿着一个方向发生均等的变动，近似表现为一条直线，如人均消费水平与人均收入水平两个变量之间就近似表现为一条线性关系；曲线相关是指相关变量之间不表现为直线关系，而是当一个变量发生变动时，另一变量表现为一条曲线。曲线相关有不同的种类，如抛物线、指数曲线、双曲线等。如产品的平均成本与产品总产量之间的相关关系就是一种曲线相关。

相关关系的表现形态非常重要，直接决定了变量之间的模拟方程，在实际工作中，现象之间的相关关系究竟取哪种形态，应根据对现象性质作理论分析，并根据实际经验来确定是直线相关还是曲线相关，从而模拟直线方程或曲线方程。

3. 按相关关系的变化方向可分为正相关和负相关

正相关是指一个变量的数值增加(减少)时，另一个变量的数值也增加(减少)，即相关的两个变量发生同方向的变化，如在一定的范围内，随着施肥量的增加，亩产量也增加，二者同方向变化；负相关是指一个变量的数值增加(减少)时，另一个变量的数值减少(增加)，

即两个变量反方向变化，如产品的成本随着劳动生产率的提高而下降，二者反方向变化。

4. 按相关关系的相关程度可分为完全相关、不相关和不完全相关

完全相关是指两个变量之间有确定的函数关系，一个现象随着另一现象的变化有确定的变化值，如 $S=\pi R^2$，这种情况下，相关关系就是函数关系；不相关是指两个变量之间各自独立，互不影响，不存在依存关系，如企业生产的产品价格与工人的年龄之间，一般情况下是不相关的；不完全相关是指两个有联系的变量，当一个变量发生变化时，另一个变量也随之发生变化，但两者不存在严格的函数关系。不完全相关介于完全相关与不相关关系之间，一般的相关现象都是指这种不完全相关。

【专栏 9-2】 真实相关与虚假相关

在现实的统计工作中，也存在“真实相关”与“虚假相关”的问题。所谓真实相关是指两个变量之间的相关关系确实存在，具有内在的联系，如居民消费水平与居民收入水平、产品成本与劳动生产率等；虚假相关是指两个变量之间的相关只是一种表面现象，实质并没有内在联系。例如，有人曾经观察某国家历年的国内生产总值与某国精神病患者人数的关系，发现两者之间高度正相关，即随着国内生产总值的提高，某国精神病患者的人数也增加，这是典型的虚假相关，因为，国内生产总值与居民精神病患者人数不可能有何内在关系，精神病患者人数的增加有可能与这段时间某国人口总量的增加有关。因此，在分析两个变量之间的相关关系时，应首先以相关学科的理论为指导，结合专业知识与实际经验，分析判断变量之间到底是真实相关还是虚假相关，以研究变量之间的内在联系，对虚假相关的分析是没有意义的，并且也会导致荒谬的结论。

三、相关分析与回归分析

相关关系是统计学研究的主要对象之一，在现代统计学中，围绕相关关系已经形成了两个重要的统计分析，即相关分析与回归分析。相关分析是研究两个或两个以上变量之间的相关方向和相关密切程度的统计分析方法；回归分析是对具有相关关系的变量之间的数量变化的一般关系进行测定，确定一个合适的回归方程，据以进行估计或预测的统计方法。相关分析与回归分析有密切联系，但由于两者研究相关关系的内容的侧重和所反映相关关系特征的角度不同，两者存在区别。

1. 描述的方式不同

相关分析主要采用相关系数 r 来度量变量之间的相关关系，通过相关系数 r 的数值大小来度量相关关系的强弱。回归分析则主要通过数学方程，拟合回归模型来度量变量之间的关系，回归模型的一般形式为：$y=f(x)+\varepsilon$，其中，ε表示随机误差项。在相关分析中，变量都是随机变量；在回归分析中，因变量 y 是随机变量，而自变量 x 一般规定为非随机的确定性变量。

2. 变量的地位不同

相关分析中变量之间的地位是对等的，可以互相转换，变量 x 与变量 y 的相关系数 r，等价于变量 y 与变量 x 的相关系数；回归分析中变量之间的地位是不对等的，不能互相转换。在回归模型中，等式右边的变量 x 称为自变量，也称为解释变量，通常可以由一个或多个变量组成；等式左边的变量 y 称为因变量，也称为被解释变量。

3. 描述的内容不同

相关分析是通过相关系数 r，所描述的是变量之间相关关系的方向和大小程度，即主要通过相关表、相关图和相关系数的测定来分析变量之间的相关关系；回归分析则是借助数学模型，不仅描述了变量之间相关关系的方向和大小程度，还刻画了变量之间相关关系的具体形式。如果变量之间的关系表现为线性相关，可采用线性方程拟合；如果变量之间关系表现为曲线相关，可采用曲线方程拟合，回归模型可以用来预测和控制。在回归模型中，变量的系数是一个估计值，可以用标准差来反映其变动程度，并可进行相应的统计检验，分析方程及变量系数的可靠性。

回归分析和相关分析的联系和区别如表 9-1 所示。

表 9-1　回归分析和相关分析的联系和区别

联　系	区　别
● 理论和方法具有一致性 ● 无相关就无回归，相关程度越高，回归越好 ● 相关系数和回归系数方向一致，可以互相推算	● 相关分析中，x 与 y 对等；回归分析中，x 与 y 要确定自变量和因变量 ● 相关分析中 x，y 均为随机变量；回归分析中，只有 y 为随机变量 ● 相关分析测定相关程度和方向；回归分析用回归模型进行预测和控制

第二节　相关关系的测定

一、相关表

相关表与相关图是研究现象之间相关关系最简单、直观的方法，一般在详细的定量分析之前，可以先利用它们对现象之间存在的相关关系的方向、形态和密切程度作大致判断。相关表是用表格形式反映变量之间相关关系的统计表，它根据数据资料是否进行分组，可分为简单相关表和分组相关表。

1. 简单相关表

简单相关表是指资料未经分组，将某一变量按其变量值的大小顺序排列，然后再将与其相关的另一变量的对应值进行排列所形成的表格。

【例 9-1】 假设对 10 家企业的年销售收入和广告费支出进行调查，得到原始资料如表 9-2 所示，试编制简单相关表。

表 9-2　企业年销售收入和广告费支出调查

企业编号	1	2	3	4	5	6	7	8	9	10
年销售收入/百万元	25	18	60	45	62	88	92	99	75	98
广告费支出/万元	20	15	40	30	42	60	65	70	53	78

解：根据表 9-2 提供的原始资料，按广告费从小到大的顺序排列，可编制简单相关表，如表 9-3 所示。

表 9-3　企业年销售收入和广告费支出的相关表

企业编号	广告费支出/万元	年销售收入/百万元
2	15	18
1	20	25
4	30	45
3	40	60
5	42	62
9	53	75
6	60	88
7	65	92
8	70	99
10	78	98

从表 9-3 可以看出，企业的广告费支出与年销售收入有同步增长的趋势，两变量之间存在明显的正相关关系。

2. 分组相关表

如果原始资料很多，据此，编制的简单相关表将很长，使用起来不方便，因此，还可以根据简单相关表的两个变量进行分组，编制分组相关表，即将原始数据进行分组而编制的相关表。根据分组的情况不同，可分为单变量分组相关表和双变量分组相关表。

(1) 单变量分组相关表。这是对有相关关系的两个变量，只根据一个变量进行分组并计算次数，而另一个变量不进行分组，只计算平均数。单变量分组相关表可使相关资料简化，更明显地反映两个变量之间的相关关系。

假定有 400 名女大学生身高和体重的原始资料，可编制单变量分组相关表如表 9-4 所示。可以看出，这 400 名女大学生的身高与体重也存在明显的正相关关系。

表 9-4　女大学生身高和体重单变量分组相关表

按体重分组/千克	人数/人	每组平均身高/cm
45 以下	1	151
45～47.5	24	154
47.5～50	91	155
50～52.5	129	158
52.5～55	87	160
55～57.5	38	162
57.5～60	25	163
60～62.5	3	167
62.5 以上	2	170
合　计	400	—

(2)　双变量相关表，这是对两个变量都进行分组而编制的相关表。

在上例中，根据 400 名女大学生的身高和体重情况，可编制双变量分组相关表如表 9-5 所示。表中，横栏与纵栏的交叉处列出两个变量各组间的共同次数，根据该次数分布的情况，则可初步判断出两个变量间相关关系的形式、方向和程度。一般情况下，采用双变量分组观察较为复杂，在实际统计工作中很少使用双变量分组计算。

表 9-5　女大学生身高和体重双变量分组相关表

按体重分组/千克	按身高分组/cm							
	150 以下	150～154	154～158	158～162	162～166	166～170	170 以上	合计
45 以下		1						1
45～47.5	2		12		10			24
47.5～50		3	30	28	20	10		91
50～52.5	3	3	24	42	45	12		129
52.5～55		2	8	20	28	25	4	87
55～57.5					16	14	8	38
57.5～60				4	6	7	8	25
60～62.5							3	3
62.5 以上							2	2
合　计	5	9	74	94	125	68	25	400

二、散点图

散点图又称相关图，它是以直角坐标系的横轴代表变量 x，纵轴代表变量 y，将变量间相对变量数值用坐标点的形式描绘出来，用于反映两变量相关关系的图形。它比相关表更为直观地表明了两变量之间的相关关系。

根据例 9-2 资料，我们可以绘出企业年销售收入与广告费支出的散点图，如图 9-2 所示。从图中可以非常直观地看出，企业年销售收入与广告费支出呈明显的正相关关系，并呈线性相关，两者关系密切。

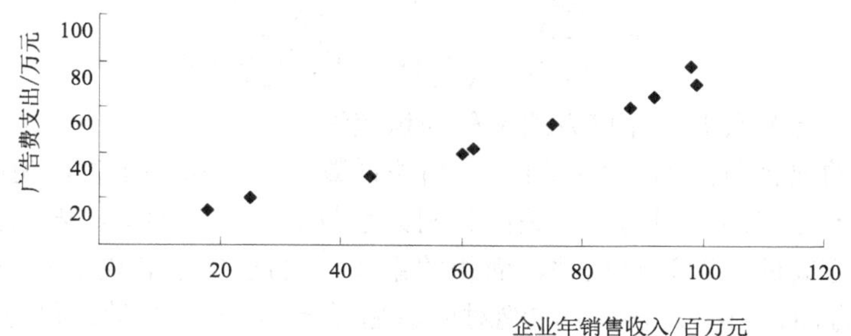

图 9-2 企业年销售收入与广告费支出相关图

在现实中，如果与某个现象相关的因素不止一个，可以分别绘制许多相关图，并从中进行对比，大致可以看出某个因素与其他各个因素的相关性。散点图的作用实际就是通过两个数值型变量之间在二维平面的直角坐标中的分布图形，粗略地把握变量之间相关关系的基本态势，分析两个变量相关性的强弱、是正相关还是负相关。同时，借助散点图还可以概略地区分和识别变量之间相关的具体类型，为回归分析确定回归方程的具体形式提供依据。如通过散点图展示的图形特征，可初步判断变量之间相关关系是直线型，还是二次曲线、指数曲线或对数曲线等，从而建立线性方程、二次曲线方程、指数方程或对数方程。

三、相关系数

相关系数(correlation coefficient)是对两个变量之间线性相关的方向和强度的测度，常用的度量指标是皮尔逊(pearson)相关系数。散点图只是粗略地刻画两个变量之间线性相关关系的方向、强度和形式，但不能确切地度量变量之间的相关关系的密切程度；而相关系数可以具体地度量变量之间的相关关系的密切程度，并且用一个相对数的数值表述出来，使之具有直接的可比性。

总体相关系数用ρ表示，一般用样本统计量 r 来估计相关系数ρ的数值水平。皮尔逊相关系数计算公式表示为

$$r = \frac{\sigma^2_{xy}}{\sigma_x \sigma_y} \tag{9-1}$$

式中，r 表示相关系数；σ^2_{xy} 表示 x 与 y 变量的协方差；σ_x、σ_y 分别表示变量 x 与变量 y 的标准差。

由于

$$\sigma^2_{xy} = \frac{\sum(x-\overline{x})(y-\overline{y})}{n}；\ \sigma_x = \sqrt{\frac{\sum(x-\overline{x})^2}{n}}；\ \sigma_y = \sqrt{\frac{\sum(y-\overline{y})^2}{n}}$$

所以，相关系数

$$r = \frac{\sigma^2_{xy}}{\sigma_x \sigma_y} = \frac{\sum(x-\overline{x})(y-\overline{y})}{\sqrt{\sum(x-\overline{x})^2}\sqrt{\sum(y-\overline{y})^2}} \tag{9-2}$$

式(9.2)中，相关系数的计算方法也称为积差法。

相关系数的取舍范围为$-1 \leqslant r \leqslant 1$。当相关系数 r 的取舍为正时，说明变量 x 和变量 y 的数值变化是同方向的，即为正相关；若相关系数 r 的取舍为负，表示变量 x 和变量 y 的数值变化是反方向的，即为负相关，而相关系数 r 的正负号取决于两个变量的协方差 σ_{xy} 的符号。另一方面，当相关系数 r 的绝对值越趋近于 1，表明变量 x 和变量 y 的相关程度越高，称为强相关；反之，当相关系数 r 的取舍越趋近于 0，则表明变量 x 和变量 y 的相关程度越低，称为弱相关。

按照统计学中常用的标准，两个变量之间相关关系的密切程度可划分为以下几个等级，如表 9-6 所示。

表 9-6　变量之间相关程度的判断标准

相关系数 r 的绝对值	相关程度
$\lvert r \rvert =0$	不相关
$0< \lvert r \rvert <0.3$	微弱相关
$0.3\leqslant \lvert r \rvert <0.5$	低度相关
$0.5\leqslant \lvert r \rvert <0.8$	显著相关
$0.8\leqslant \lvert r \rvert <1$	高度相关
$\lvert r \rvert =1$	函数关系

【例 9-2】 某地区居民货币收入和社会商品零售额资料如表 9-7 所示，试计算两变量的相关系数。

表 9-7　积差法相关系数计算表　　单位：亿元

年份	居民货币收入 x	社会商品零售额 y	$x-\bar{x}$	$(x-\bar{x})^2$	$y-\bar{y}$	$(y-\bar{y})^2$	$(x-\bar{x})(y-\bar{y})$
1	12	10	−3.25	10.56	−3.25	10.56	10.56
2	13	12	−2.25	5.06	−1.25	1.56	2.81
3	14	12	−1.25	1.56	−1.25	1.56	1.56
4	15	13	−0.25	0.06	−0.25	0.06	0.06
5	14	13	−1.25	1.56	−0.25	0.06	0.31
6	16	14	0.75	0.56	0.75	0.56	0.56
7	18	15	2.75	7.56	1.75	3.06	4.81
8	20	17	4.75	22.56	3.75	14.06	17.81
合计	122	106	—	49.48	—	31.48	38.48

解：据表 9-7 可得

$$\bar{x}=\frac{\sum x}{n}=\frac{122}{8}=15.25，\quad \bar{y}=\frac{\sum y}{n}=\frac{106}{8}=13.25$$

$$\sigma_x=\sqrt{\frac{\sum(x-\bar{x})^2}{n}}=\sqrt{\frac{49.48}{8}}=2.487$$

$$\sigma_y=\sqrt{\frac{\sum(y-\bar{y})^2}{n}}=\sqrt{\frac{31.48}{8}}=1.9837$$

$$\sigma_{xy}^2=\frac{\sum(x-\bar{x})(y-\bar{y})}{n}=\frac{38.48}{8}=4.81$$

因此，相关系数

$$r=\frac{\sigma^2_{xy}}{\sigma_x\sigma_y}=\frac{4.81}{2.487\times1.9837}=0.975$$

根据计算，可以判断该地区居民货币收入和社会商品零售额两变量为高度相关。

上例中，我们是根据公式来计算两个变量的相关系数，如果样本量 n 很大，计算将变得非常麻烦。在实际统计工作中，我们常通过一些统计软件或 Excel 办公软件，通过计算 pearson 相关系数而获得。

【例 9-3】 判断题

(甲)某产品产量与单位成本的相关系数是-0.8；(乙)产品单位成本与利润率的相关系数是-0.95；因此，(乙)比(甲)的相关程度高。(　　)

参考答案：✓

分析：相关系数是说明相关程度大小的指标，相关系数的取值范围在 ±1 之间，相关系数越接近±1，说明两变量相关程度越高，越接近于0，说明相关程度越低。因此，此题的判断是对的。

【例 9-4】 单项选择题

当所有的观察值 y 都落在直线 $y=a+bx$ 上时，则 x 与 y 之间的相关系数为(　　)。

A. $r=0$　　B. $r=1$　　C. $-1<r<1$　　D. $1<r<1$

参考答案：B

分析：当所有的观察值 y 都落在直线 $y=a+bx$ 上时，说明观察值 y 与估计值 y 没有误差，即 x 与 y 完全相关，这时计算的相关系数应等于1。所以B是对的。

【专栏 9-3】 在相关分析中，定性分析或经济理论分析重要吗?

在相关关系的计算中，定性分析或经济分析在判断两变量的相关性中起着重要作用。相关系数的计算是数学方法的应用，按公式计算，可以用于任何成对变量的数据资料，得出相关系数，但两变量是否确实存在相关关系，只能依靠定性的分析来解决。实际上，在计算相关系数之前，必须通过定性分析从理论和实践上判明所拟研究的两个变量之间是否存在实质性的联系，这也是应用任何数学方法分析联系的前提条件。如一个学生的身高是一个变量，他们的学习成绩是一个变量，若把这两个变量放在一起也可以求出一个也许是中等的相关系数，但这两个变量实际上是一种虚假相关，相关系数无任何经济意义。总之，相关系数在研究社会经济现象的数量关系中是一种有用的工具，但只有在定性分析的基础上，才能获得有经济意义的满意结果。

第三节　一元线性回归分析

回归这个统计术语最初是由英国遗传学家高尔顿(Galton)提出，他把这种统计分析方法应用于研究生物学的遗传问题，指出生物后代有回复或回归到其上代原有特性的倾向。在统计学中，我们一般把根据大量统计数据，找出变量之间在数量变化方面的统计规律，称作回归关系，把代表现象之间一般数量关系的直线或曲线称为回归直线或回归曲线。

因此，回归分析实质就是通过建立数学方程，研究因变量与自变量之间的变动关系。如果分析一个自变量与一个因变量的线性关系，称为一元线性回归；如果分析两个或两个以上的自变量与一个因变量的线性关系，则称为多元线性回归。回归分析的主要内容是：①根据样本观察值构建理论模型(可通过经济理论分析或变量之间的散点图来进行观察)，并对模型参数进行估计，求得回归方程；②对回归方程、参数估计值进行显著性检验；③利用回归方程进行预测。

【专栏 9-4】 回归一词的历史渊源

回归一词最先由费朗西斯·高尔顿(Francis Galton)引入。在一篇著名的论文中，高尔顿发现，虽然有一个趋势——父母高，儿女也高，父母矮，儿女也矮，但给定父母的身高，儿女辈的平均身高却趋向于或者“回归”到全体人口的平均身高。换言之，尽管父母都异常高或异常矮，但儿女的身高却有趋向人口总体平均身高的趋势。高尔顿的普遍回归定律(Law of Universal Regression)还被他的朋友卡尔·皮尔逊(Karl Pearson)证实。皮尔逊曾收集过一些家庭群体的 1000 多名成员的身高记录，他发现，对于一个父亲高的群体，儿辈的平均身高低于他们父辈的身高，而对于一个父亲矮的群体，儿辈的平均身高则高于其父辈的身高，这样就把高的和矮的儿辈身高一同回归到所有男子的平均身高。用高尔顿的话说，这就是“回归到中等”(regression to mediocrity)。

一、一元线性回归理论模型

一元线性回归模型是用于分析一个自变量 x 与一个因变量 y 之间线性关系的数学方程，用公式可以表示为

$$y=\beta_0+\beta_1 x+\varepsilon \tag{9-3}$$

式中，y 表示因变量；x 表示自变量；β_0、β_1 分别表示待估参数，β_0 为回归直线的纵截距，β_1 为回归直线的斜率；ε表示随机误差，一般假定是服从均值为 0 的正态分布 $N(0，\sigma^2)$的随机变量，并且独立。由于 x 与 y 之间是线性相关关系，因此，根据样本观察数据$(x_1，y_1)$，$(x_2，y_2)$，…，$(x_n，y_n)$，在变量 x 与 y 的直角坐标平面上，可以绘制散点图，从中可以直接看出所有的散点大致散布在一条直线的周围，呈线性关系。

在一元线性回归模型中，因变量 y 的取值由两个部分构成，一部分是 $\beta_0+\beta_1 x$，反映了自变量 x 的变动引起的线性变化；另一部分为剩余变动 ε，反映了不能为自变量 x 和因变量 y 之间的线性关系所解释的其他剩余的变动。在回归方程中，β_i 又称为回归系数，是回归模型中，描述由自变量 x 的变动引起因变量 y 变动的线性变化的参数。在回归模型中该参数是未知的，需要通过样本数据来获得其估计值，因此，通过估计后，可得到由样本推断的估计回归方程。用 $\hat{\beta}_i$ 表示估计的参数值，可表示为：$\hat{y}=\hat{\beta}_0+\hat{\beta}_1 x$，这是一条模拟的直线，$\hat{y}$ 表示因变量 y 的估计值，当自变量 x 取某一具体数值 x_0 时，因变量 y 的估计值也就随之确定。

二、普通最小二乘估计(OLS)

一元回归分析的几何表示就是确定一条合适的样本回归直线来拟合样本观察值，这就要求得出参数$(\beta_0，\beta_1)$的估计值$(\hat{\beta}_0，\hat{\beta}_1)$，应根据什么样的准则来估计呢？在回归分析中，常使用的准则是普通最小二乘法(ordinary least squares)准则，其基本思想是：因变量实际观

察值 y 与因变量的估计值 $\hat{y}$ 的离差平方和(也称为残差平方和)最小，即这是一条最为接近真实直线的模拟直线，用公式可以表示为

$$\min\sum e^2=\sum(y-\hat{y})^2=\min\sum\left[y-(\hat{\beta}_0+\hat{\beta}_1x)\right]^2$$

式中，$\sum e^2$ 表示残差平方和。根据微分极值原理，若使残差平方和最小，只需 $\sum e^2$ 对 $\hat{\beta}_0$、$\hat{\beta}_1$ 分别求偏导数为零，即

$$\frac{\partial(\sum e^2)}{\partial\hat{b}_0}=-2\sum(y-\hat{b}_0-\hat{b}_1x)=0$$

$$\frac{\partial(\sum e^2)}{\partial\hat{b}_1}=-2\sum(y-\hat{b}_0-\hat{b}_1x)x=0$$

由上两式可解得正规方程：

$$\sum y=nb_0+b_1\sum x$$

$$\sum xy=b_0\sum x+b_1\sum x^2$$

解此正规方程组，则得回归系数的估计值：

$$\hat{\beta}_1=\frac{\sum(x-\overline{x})(y-\overline{y})}{\sum(x-\overline{x})^2}=\frac{n\sum xy-\sum x\sum y}{n\sum x^2-(\sum x)^2} \quad (9\text{-}4)$$

$$\hat{\beta}_0=\frac{\sum y}{n}-b_1\frac{\sum x}{n}=\overline{y}-b_1\overline{x} \quad (9\text{-}5)$$

这就是最小二乘估计法，可得到一条模拟直线：$\hat{y}=\hat{\beta}_0+\hat{\beta}_1x$。上式是关于回归系数估计值的计算，在实际工作中，如果样本量很大，计算也很麻烦，一般常用统计软件如 Eviews、Spss、Stata 等进行模拟估计。

【例 9-5】 根据例 9-2 中某地区居民货币收入和社会商品零售额的资料，试建立两个变量的回归方程。

解法一 首先，根据表 9-7 资料，可画出某地区居民货币收入和社会商品零售额两个变量的散点图，如图 9-3 所示。

由图 9-3 可以看出，某地区居民货币收入与社会商品零售额明显线性相关。并根据经济理论，设社会商品零售额为因变量 y，居民货币收入为自变量 x，因此，可建立线性回归方程，回归系数分别为

$$\hat{\beta}_1=\frac{\sum(x-\overline{x})(y-\overline{y})}{\sum(x-\overline{x})^2}=\frac{38.48}{49.48}=0.7778$$

$$\hat{\beta}_0=\frac{\sum y}{n}-b_1\frac{\sum x}{n}=\frac{106}{8}-0.7778\times\frac{122}{8}=1.3885$$

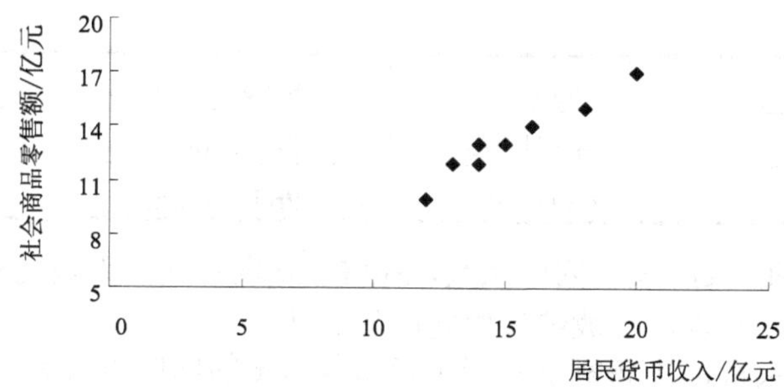

图 9-3　某地区居民货币收入与社会商品零售额散点图

因此，社会商品零售额 y 对居民货币收入 x 的直线回归方程为

$$\hat{y}=1.3885+0.7778x$$

即当该地区居民货币收入每增加 1 亿元时，社会商品零售额增加 0.7778 亿元。

解法二　运用 Eviews 5.0 软件模拟，主要步骤如下。

① 双击 Eviews 5.0，进入工作状态。

② 选择 file→new→workfile 命令，打开 workfile frequency 对话框。根据本题数据特点，单击 undated or irregular 选项，在 start observation 文本框中输入 1，end observation 文本框中输入 8，单击 OK 按钮。

③ 输入输入数据命令：data y x，按 Enter 键确认，打开 group 对话框，输入相关数据。

④ 输入回归分析命令：ls y c x，这里 c 表示常数。按 Enter 键确认，计算机将输出结果如表 9-8 所示。

表 9-8　回归分析的输出结果

Dependent Variable: Y				
Method: Least Squares				
Sample: 1 8				
Included observations: 8				
Variable	Coefficient	Std. Error	t-Statistic	Prob.
C	1.388 889	1.118 243	1.242 028	0.2606
X	0.777 778	0.072 371	10.747 09	0.0000
R-squared	0.950 617	Mean dependent var		13.250 00
Adjusted R-squared	0.942 387	S.D. dependent var		2.121 320
S.E. of regression	0.509 175	Akaike info criterion		1.700 268

续表

Sum squared resid	1.555 556	Schwarz criterion	1.720 129
Log likelihood	-4.801 073	F-statistic	115.5000
Durbin-Watson stat	2.293 651	Prob(F-statistic)	0.000 038

表 9-8 中，Coefficient 表示回归系数，Std.Error 表示回归系数的标准差，t-Statistic 表示参数的 t 检验值，Prob 表示参数统计检验的显著性。

因此，可得社会商品零售额 y 对居民货币收入 x 的回归方程为：$\hat{y}=1.3885+0.7778x$，这与解法一完全相同。

三、一元线性回归的统计检验

根据变量 x 和 y 的样本观察值，应用最小二乘法得出了样本回归直线，作为总体回归直线的近似。这种近似是否恰当，是否符合变量 x 与 y 之间的变化规律，必须进行统计检验，具体包括拟合优度检验、参数显著性检验(回归系数检验)以及回归总体线性的显著性检验等。为了说明统计检验，我们首先从回归中的离差分析开始。

1. 离差平方和的分解

假设由样本观察值(x_i，y_i)，i=1，2，…，n，通过模拟得出回归直线：$\hat{y}=\hat{\beta}_0+\hat{\beta}_1x$，这里，因变量的实际观察值 y 是围绕估计值 $\hat{y}$ 上下波动的，这种现象统计学中称为变差，如图 9-4 所示。图中，$y_i-\overline{y}$ 表示因变量的观察值 y_i 与其均值 $\overline{y}$ 的变异，称为总离差；并把总离差分为两个部分，即

$$y_i-\overline{y}=(\hat{y}_i-\overline{y})+(y_i-\hat{y}_i) \tag{9-6}$$

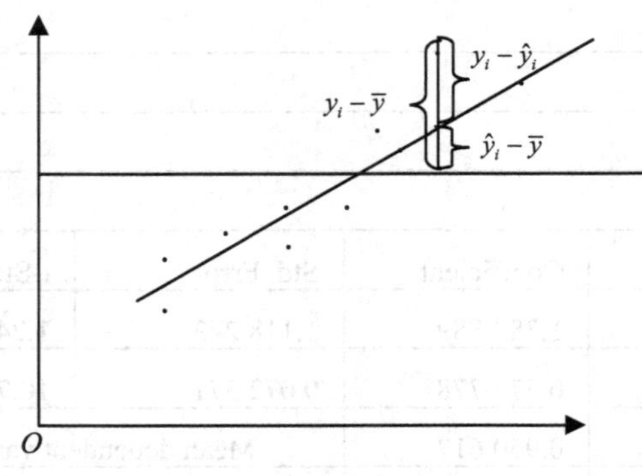

图 9-4　离差分解示意图

这里，一是样本回归直线拟合值与观察值的平均值之差，这是回归直线能够解释的部分 $\hat{\beta}_0+\hat{\beta}_1x_i-\overline{y}=\hat{y}_i-\overline{y}$；二是实际观察值与回归拟合值之差，这是回归直线不能解释的部分

(可能是观察和实验中误差的影响)，称为残差，即 $e_i = y_i - \hat{y}_i$。

为了避免离差的正负相抵，常采用离差平方和的形式来度量因变量 y 的总离差，并对其进行分解，即对公式(9.6)两边平方可得

$$\sum(y_i - \overline{y})^2 = \sum(y_i - \hat{y})^2 + (\hat{y}_i - \overline{y})^2 + 2\sum(y_i - \hat{y})^2(\hat{y}_i - \overline{y}) \tag{9-7}$$

可以证明公式(9.7)中，根据最小二乘原理，等式右边第三项 $\sum(y_i - \hat{y})^2(\hat{y}_i - \overline{y})=0$，证明过程从略。因此

$$\sum(y_i - \overline{y}))^2 = \sum(y_i - \hat{y})^2 + (\hat{y}_i - \overline{y})^2 \tag{9-8}$$

其中，$\sum(y_i - \overline{y})^2$ 称为总离差平方和，用 TSS 表示；$\sum(y_i - \hat{y})^2$ 称为残差平方和，用 RSS 表示；$(\hat{y}_i - \overline{y})^2$ 称为回归平方和，用 ESS 表示。

所以，总离差平方和可以分解为残差平方和与回归平方和两个部分，即

$$\text{TSS=RSS+ESS}$$

2. 拟合优度检验(判决系数 R^2)

在总离差平方和中，如果回归平方和所占比例越大、残差平方和所占比例越小，表明回归直线对样本观察值拟合的越好。拟合优度检验定义为：

$$R^2 = \frac{\text{回归平方和}}{\text{总离差平方和}} = \frac{\text{ESS}}{\text{TSS}} \tag{9-9}$$

R^2 也称为判决系数，其数值范围 $0 \leqslant R^2 \leqslant 1$。若 $R^2=1$，说明全部样本观察值均在估计的回归直线上，观察值 y_i 与回归估计值 $\hat{y}_i$ 完全拟合；若 $R^2=0$，则说明完全不拟合，线性模型完全不能解释因变量 y_i 的变动。R^2 越接近于 1，拟合程度越好，反之越差。

【例 9-6】 根据例 9-2 中某地区居民货币收入和社会商品零售额的资料和已经建立的回归方程，计算判决系数 R^2。

解法一　根据表 9-7 及例 9-2 中已经建立的回归方程，可得表 9-9。

表 9-9　某地区居民货币收入和社会商品零售额判决系数计算表

年　份	居民货币收入 x	社会商品零售额 y	$y-\overline{y}$	$(y-\overline{y})^2$	$y-\hat{y}$	$(y-\hat{y})^2$
1	12	10	−3.25	10.56	−0.72	0.52
2	13	12	−1.25	1.56	0.50	0.25
3	14	12	−1.25	1.56	−0.28	0.08
4	15	13	−0.25	0.06	−0.06	0.00
5	14	13	−0.25	0.06	0.72	0.52
6	16	14	0.75	0.56	0.17	0.03

续表

年　份	居民货币收入 x	社会商品零售额 y	$y-\bar{y}$	$(y-\bar{y})^2$	$y-\hat{y}$	$(y-\hat{y})^2$
7	18	15	1.75	3.06	−0.39	0.15
8	20	17	3.75	14.06	0.06	0.00
合计	122	106	—	31.48	—	1.56

所以，判决系数为

$$R^2=\frac{回归平方和}{总离差平方和}=\frac{\text{ESS}}{\text{TSS}}=1-\frac{\text{RSS}}{\text{TSS}}=1-\frac{1.56}{31.48}=0.9506$$

结果表明回归直线判决系数较高，样本观察值有95.06%可以通过回归直线来解释，拟合较好。

解法二　根据表9-6，用Eviews 5.0统计软件，输出结果表明：某地区居民货币收入和社会商品零售额模拟回归直线的判决系数R-squared为0.950 617，这与解法一完全相同。

3. 估计标准误差

直线回归是在直线相关条件下，反映变量之间一般数量关系的平均线，根据自变量的数值就可以推算出因变量的数值。但推算出来的因变量的数值并不是一个精确值，这是一个估计值，因而直接关系到推算的准确性问题，这可用估计的标准误差来衡量。估计的标准误差就是用来说明回归方程推算结果的准确程度的统计分析指标，或者说是反映回归直线代表性大小的统计分析指标。

估计的标准误差的计算是用回归的残差平方和除以它的自由度来表示，称为剩余方差，用公式表示为

$$S_{yx}{}^2=\frac{\sum(y-\hat{y})^2}{n-2}$$

剩余方差的平方根即为估计的标准误差，即

$$S_{yx}=\sqrt{\frac{\sum(y-\hat{y})^2}{n-2}} \tag{9-10}$$

从定义上来看，估计的标准误差就是以回归直线为中心反映各观察值与估计值平均数之间离差程度的大小，是观察值 y 对估计值 $\hat{y}_i$ 的平均离差。这个离差越小，则所有观察点越靠近回归直线，即关系越密切；而当离差的值越大，则所有观察点离回归直线越远，即关系越不密切。所以这个指标从另一侧面反映了相关关系的密切程度。

【例9-7】　根据例9-2中某地区居民货币收入和社会商品零售额的资料和已经建立的回归方程，计算回归直线估计的标准误差。

解　根据式(9-9)及表9-7中的相关资料，可得

$$S_{yx}=\sqrt{\frac{\sum(y-\hat{y})^2}{n-2}}=\sqrt{\frac{1.56}{8-2}}=0.509$$

根据表 9-6，Eviews 5.0 统计软件输出结果也表明，某地区居民货币收入和社会商品零售额模拟回归直线的剩余方差(sum squared resid)为 1.556，估计的标准差(S.E. of regression)为 0.509175，这与根据式(9.9)得出的计算结果完全相同。

4. 相关性检验(*r* 检验)

根据样本资料，可以建立回归方程，但两个经济变量是否相关，其相关程度如何？根据式(9.2)我们可以计算两个经济变量的相关系数 r，可以证明(过程从略)，其实，样本相关系数 r 与回归判决系数 R^2 在计算上是一致的，二者之间的关系是：$r=\pm\sqrt{R^2}$ 。但两者的含义不同，判决系数 R^2 是对变量 x 与变量 y 进行回归分析时做出的，用来衡量回归的拟合优度；而相关系数 r 是对变量 x 与变量 y 进行相关分析时做出的，用以判定变量 x 与变量 y 的线性相关程度。这里，需要注意的是，直接用 R^2 来推算相关系数 r 时，并不能确定相关系数的符号，即是正相关还是负相关。

式(9.2)仅是对相关系数 r 的计算，但并没有对相关系数进行统计上的检验，没有判断变量 y 与变量 x 在统计上是否显著线性相关，所以还必须进行相关性检验。

变量之间的相关性检验需要利用相关系数表，检验的步骤如下。

(1) 根据公式计算相关系数 r 值。

(2) 根据给定的显著性水平 α，查相关系数检验表，自由度为 $n-2$，得到临界值 $r_\alpha(n-2)$。

(3) 决断：若 $|r|>r_\alpha(n-2)$，表明变量 x 与变量 y 显著线性相关，反之，若 $|r|<r_\alpha(n-2)$，则表明变量 x 与变量 y 线性相关关系不显著。

【例 9-8】根据例 9-2 中某地区居民货币收入和社会商品零售额相关系数的计算结果，假定显著性水平 α=5%，对相关系数进行显著性检验。

解　根据例 9-2 的计算结果可知：

两变量的相关系数 r=0.9750，当 α=5%时，查相关系数检验表，可得临界值 $r_{0.05}(8-2)=0.707$。

由于：$r=0.9750>r_{0.05}(6)=0.707$，所以，在 5%的显著性水平上检验通过，某地区居民货币收入与社会商品零售额之间线性相关显著。

5. 参数的显著性检验(*t* 检验)

回归分析的显著性检验包括两方面的内容：一是对回归系数的显著性检验，称为 t 检验；二是对整个回归方程的显著性检验，称为 F 检验。

t 检验是检验自变量对因变量是否具有显著的线性关系，这是一种假设检验。以 β_1 为例，对总体参数 β_1 提出假设，检验参数估计量 $\hat{\beta}_1$ 与这个假设值之间的差异是否显著，若差异显著就不能接受这个假设，若差异不显著，就不能拒绝这个假设。经济计量学中最常用

的假设是总体参数 H_0：$\beta_1=0$，因此对参数 $\hat{\beta}_1$ 进行显著性检验，就是对 β_1 是否异于 0 进行检验。如果 $\beta_1=0$ 显著成立，则说明 β_1 所对应的自变量对因变量 y 的线性作用为 0，这是不重要的解释变量；反之，它们之间存在显著的相关关系。

为检验参数 $\hat{\beta}_1$ 的显著性，可构造 t 检验统计量，服从自由度为$(n-2)$的 t 分布：

$$t=\frac{\hat{\beta}_1-\beta_1}{S_{\hat{\beta}_1}}\sim t(n-2) \tag{9-11}$$

其中

$$S_{\hat{\beta}_1}=\sqrt{\frac{S_{yx}{}^2}{\sum(x-\bar{x})^2}}=\sqrt{\frac{\sum(y-\hat{y})^2}{(n-2)\sum(x-\bar{x})^2}}$$

上式中，$S_{\hat{\beta}_1}$ 表示回归系数估计值 $\hat{\beta}_1$ 的标准误差；S_{yx} 表示回归直线估计的标准误差。

t 检验的基本步骤如下。

(1) 提出假设 H_0：$\beta_1=0$，H_1：$\beta_1\neq 0$。

(2) 以原假设 H_0 构造 t 检验统计量，并由样本数据计算 t 检验值

$$t=\frac{\hat{\beta}_1}{S_{\hat{\beta}_1}}$$

(3) 根据给定的显著性水平α，查 t 分布表，得到自由度为$(n-2)$的临界值：$t_{\alpha/2}(n-2)$。

(4) 判断：若 $|t|>t_{\alpha/2}(n-2)$，拒绝原假设 H_0，说明因变量 y 与自变量 x 之间存在着显著的线性关系；反之，若 $|t|<t_{\alpha/2}(n-2)$，则接受原假设 H_0，说明 y 与 x 之间不存在线性关系。

【例 9-9】 根据例 9-2 中某地区居民货币收入和社会商品零售额的资料和已经建立的回归方程，对自变量 x 的回归系数 $\hat{\beta}_1$ 进行 t 检验。

解 根据表 9-6 及表 9-7 中的相关资料，计算步骤如下。

第一步：假设 H_0: $\beta_1=0$，$\beta_1\neq 0$。

第二步：计算 t 检验值。

由于

$$S_{\hat{\beta}_1}=\sqrt{\frac{\sum(y-\hat{y})^2}{(n-2)\sum(x-\bar{x})^2}}=\sqrt{\frac{1.56}{(8-2)\times 49.48}}=0.0724$$

所以

$$t=\frac{\hat{\beta}_1-\beta_1}{S_{\hat{\beta}_1}}=\frac{0.7778-0}{0.0724}=10.7431$$

第三步：假定显著性水平α=5%，查 t 分布表，得到临界值 $t_{0.05/2}(8-2)=2.45$。

第四步：判断，由于 $10.7431>2.45$，所以拒绝原假设，即居民货币收入与社会商品零

售额之间存在显著的线性关系。

参数的 t 检验通常可以通过统计软件来完成。根据表 9-6，用 Eviews 5.0 统计软件，输出结果也表明，自变量即某地区居民货币收入回归系数的 t-Statistic 为 10.747 09，Prob 表示当 t 检验值为 10.747 09 时，接受原假设 H_0 的概率，图中显示为 0.000，说明这是一个小概率事件，拒绝原假设，这与 t 检验计算结果完全相同。

6. 回归总体线性的显著性检验(F 检验)

F 检验是以方差分析为基础，对回归总体线性关系是否显著的一种假设检验，即检验模型中除常数项外其他系数是否都为零。这种检验方法是将回归方差与剩余方差进行比较，构造 F 统计量。根据总离差平方和的分解公式：TSS=RSS+ESS，考虑到比值 ESS/RSS，这个比值越大，即自变量 x 对因变量 y 的解释程度越高，可以认为总体存在线性关系，因此，利用回归平方和与剩余平方和的比值可以对总体线性关系进行推断。

假定样本有 n 个观察值，回归方程有 k 个解释变量 x_i，(i=1，2，…，k)，则根据抽样统计理论，可以构造 F 统计量，服从第一自由度为 k、第二自由度为 $n-k-1$ 的 F 分布，即

$$F=\frac{\sum(\hat{y}-\overline{y})^2/k}{\sum(y-\hat{y})^2/(n-k-1)})\sim F(k,n-k-1) \tag{9-12}$$

F 检验的步骤如下。

(1) 提出原假设 H_0：$\beta_1=\beta_2=\cdots=\beta_k=0$，$H_1$：$\beta_i$ 不全为 0。

(2) 构造 F 检验统计量，并由样本数据计算 F 检验值。

(3) 根据给定的显著性水平 α，查 F 分布表，得到临界值 $F_\alpha(k，n-k-1)$。

(4) 判断：若 $F>F_\alpha(k，n-k-1)$，拒绝原假设 H_0：$\beta_1=\beta_2=\cdots=\beta_k=0$，表明回归方程显著；反之，若 $F<F_\alpha(k，n-k-1)$，则接受原假设，表明回归总体不存在线性关系，或解释变量的集合(x_i)对 y 没有显著的线性作用。

【例 9-10】根据例 9-2 中某地区居民货币收入和社会商品零售额的资料和已经建立的回归方程，对回归方程总体进行 F 检验。

解　根据表 9-6 及表 9-7 中的相关资料可作如下计算。

第一步：提出原假设，由于本例中仅有一个自变量，所以，H_0：$\beta_1=0$，$H_1\neq0$

第二步：计算 F 统计量。

$$F=\frac{\sum(\hat{y}-\overline{y})^2/1}{\sum(y-\hat{y})^2/(8-1-1)}=\frac{29.943/1}{1.56/6}=115.387$$

第三步：假定显著性水平 α=5%，查 F 分布表，得到临界值 $F_{0.05}(1，8-2)=5.99$。

第四步：判断，由于 $F=115.387>F_{0.05}(1，6)=5.99$，因此，拒绝原假设 H_0，说明居民货币收入与社会商品零售额之间存在线性关系，回归方程总体显著。

根据表 9-6，运用 Eviews 5.0 统计软件，输出结果也表明，自变量即某地区居民货币收入回归方程的 F-statistic 为 115.50(这与 F 检验的计算结果略有差异，可能是由于数据省略

造成的)，Prob 显示为 0.000 038。因此，F 检验表明，拒绝原假设，这与 F 统计量的计算结果相同。

这里应该指出的是，在一元回归中，F 检验与 t 检验是等价的，但在多元回归中，两者有着不同的意义。在实际统计工作中，如果上述检验没有通过，其原因可能有以下几种，要进一步查清，并进行适当的处理。

(1) 影响因变量 y 的因素，除进入方程的自变量外还有其他不可忽视的因素。

(2) 因变量 y 与自变量 x 的关系不是线性的，可能是曲线关系。

(3) 因变量 y 与自变量 x 不存在相关性。

四、一元线性回归方程的预测

当一元线性回归方程的检验通过后，说明其回归方程是可信的，这时就可利用回归方程进行预测。预测是回归分析应用的重要方面，预测可分为点预测和区间预测两类。在一元线性回归中，所谓点预测即点估计，就是当给定 $x=x_0$ 时，利用样本回归方程，求出相应的样本拟合值 $\hat{y}_0$。点估计的优点是当给定 x_0 时，就能确切地给出预测值 $\hat{y}_0$。但实际值 y_0 与预测值 $\hat{y}_0$ 之间总会存在或大或小的偏差，所以我们不仅需要计算预测值 $\hat{y}_0$，还希望知道预测值 $\hat{y}_0$ 可能偏离实际值 y_0 的范围，并知道预测的可靠程度，这就存在一个预测区间，即为区间预测或称区间估计。点估计比较简单，这里我们重点讨论区间预测。

可以证明，当数据来自小样本 $n \leqslant 30$ 时，可以构造 t 统计量，服从自由度为 $n-2$ 的 t 分布(证明过程从略)：

$$t = \frac{y_0 - \hat{y}_0}{S_{yx}\sqrt{1+\frac{1}{n}+\frac{(x_0-\overline{x})^2}{\sum(x-\overline{x})^2}}} \sim t(n-2) \tag{9-13}$$

当给定显著性水平 α，则实际值 y_0 的置信区间为

$$\hat{y}_0 - t_{\alpha/2}(n-2)S_{yx}\sqrt{1+\frac{1}{n}+\frac{(x_0-\overline{x})^2}{\sum(x-\overline{x})^2}} \leqslant y_0 \leqslant \hat{y}_0 + t_{\alpha/2}(n-2)S_{yx}\sqrt{1+\frac{1}{n}+\frac{(x_0-\overline{x})^2}{\sum(x-\overline{x})^2}} \tag{9-14}$$

同理，当数据来自大样本 $n>30$ 时，可以构造 Z 统计量，服从标准正态分布：

$$Z = \frac{y_0 - \hat{y}_0}{S_{yx}\sqrt{1+\frac{1}{n}+\frac{(x_0-\overline{x})^2}{\sum(x-\overline{x})^2}}} \sim N(0,\ 1) \tag{9-15}$$

当给定显著性水平 α，则实际值 y_0 的置信区间为

$$\hat{y}_0 - Z_{\alpha/2}S_{yx}\sqrt{1+\frac{1}{n}+\frac{(x_0-\overline{x})^2}{\sum(x-\overline{x})^2}} \leqslant y_0 \leqslant \hat{y}_0 + Z_{\alpha/2}S_{yx}\sqrt{1+\frac{1}{n}+\frac{(x_0-\overline{x})^2}{\sum(x-\overline{x})^2}} \tag{9-16}$$

这样，查 t 分布及标准正态分布表，可获得 $t_{\alpha/2}(n-2)$ 及 $Z_{\alpha/2}$ 临界值，从而可以根据样本

资料，计算预测区间。

根据上述公式可知，用回归方程预测时，其精度与样本量 n 及样本均值 $\bar{x}$ 有关。在其他条件不变时，当 x_0 接近 $\bar{x}$ 时，精度就高，即估计的区间距离回归直线较窄；远离 $\bar{x}$ 的精度较差，即估计的区间距离回归直线较宽。

【例 9-11】根据例 9-2 中某地区居民货币收入和社会商品零售额的资料和已经建立的回归方程，要求：

① 假定第 9 年某地区居民货币收入为 19 亿元，对该地区社会商品零售额进行点预测；

② 给定显著性水平 α=5%，对该地区社会商品零售额进行区间预测。

解 根据表 9-5 中的相关资料及例 9-2 的回归结果，计算如下。

① 当 x_0=19 亿元时，社会商品零售额的预测值为

$$\hat{y}_0 = 1.385 + 0.7778x_0 = 1.385 + 0.7778 \times 19 = 16.17\ (\text{亿元})$$

② 本例中为小样本，若给定显著性水平 α=5%，则查 t 分布表可得临界值 $t_{0.025}(8-2)$=2.45，且 S_{yx}=0.5091，所以，当置信概率为 95%时的置信区间为

$$16.47 - 2.45 \times 0.5091 \times \sqrt{1 + \frac{1}{8} + \frac{(19-15.25)^2}{49.48}} \leqslant y_0 \leqslant 16.47 - 2.45 \times 0.5091 \times \sqrt{1 + \frac{1}{8} + \frac{(19-15.25)^2}{49.48}}$$

即为

$$14.69 \leqslant y_0 \leqslant 17.65$$

【例 9-12】填空题

已知：工资(元)依劳动生产率(千元)的回归方程为：y=10+80x 因此，当劳动生产率每增长 1 千元，工资就平均增加________元。

参考答案：80

分析：此回归方程中，工资为因变量(y)，劳动生产率为自变量(x)。此题实际是要求回答，当自变量增长一个单位时，因变量的增加值是多少的问题，因此，需按回归系数的含义来理解，正确答案是 80 元。

第四节　多元线性回归分析

一元线性回归分析的只是因变量与一个自变量之间的关系，然而在对客观现象的分析中，因变量常常受到多个自变量因素的影响。如，某种商品的销售额不仅受到自身价格的影响，还受到居民收入水平的影响。如果在有多个自变量的情况下，还是只用一个自变量，回归方程就不能得到精确的结果，因此，当研究变量之间的关系涉及三个或三个以上的变量时，就应运用多元回归分析。如果三个或三个以上的变量之间的关系是线性的，那么，这种回归分析就是多元线性回归分析。

【专栏 9-5】 回归分析中的数据类型

在任何回归分析中，回归模型的成功最终依赖于数据的获得。通常用于经验分析的数据类型有三类：时间序列数据、横截面数据和混合数据。

时间序列数据，这是某变量在不同时间取值的一组观测结果，是按时间的顺序排列起来所形成的一种统计序列，时间顺序可以是每日、每周、每月或每年等。例如，在企业投资需要分析中，我们会发现多个企业的若干指标的月度或季度时间序列；在城镇居民消费分析中，反映我国改革开放以来城镇居民消费和居民收入的年度时间序列，从1980—2007年期间，共有观测值28个。

横截面数据，指对一个或多个变量在同一个时间点上收集的数据。如我国已经经历5次人口普查，最近的第五次人口普查标准时点是2000年11月1日零时，这是反映当时的我国总人口数据；在反映我国各省区经济发展水平的数据中，某年度我国31个省区的人均GDP数据，共有31个观察值。

混合数据，是指数据中兼有时间序列和横截面数据的成分，也称面板数据(panel data)。如1980—2007年我国各省区的人均GDP，这是反映我国改革开放以来经济发展水平的数据，既包含时间序列，也有截面数据的内容，假定有31个省区(我国1980年以来省级行政区划略有变化，因此各个时期省区数量略有差异)，则1980—2007年期间，共有868个观测值。

【专栏 9-6】 回归分析中的数据质量

在现实经济生活中，虽存在大量数据，但数据的质量常常并不那么好，对此有以下几点理由。第一，大部分社会科学数据是非实验性质，因此，出于疏漏或差错，就有观测误差的可能；第二，在问卷型调查中，非应答问题可能十分严重，问卷能有60%的应答者就算幸运，根据这样的部分答卷做的分析未必能够真正反映40%非应答者的行为，特别是，回答问卷的人不一定回答所有问题，如那些财务上的敏感问题，从而导致部分数据缺失；第三，获取数据的抽样方法可能变化很大，要比较不同样本的结果通常是困难的；第四，通常获得的经济数据都是高度加总的，如宏观经济数据GDP、就业、通货膨胀等，这些高度加总的数据未必能告诉我们多少有关个人或微观单位的情况，而后者才是研究的最终目标；第五，由于保密性质，某些数据只能以高度加总的形式公布，或根本不可能获得。

一、多元线性回归分析的理论模型

假定因变量 y 与 n 个解释变量 x_1，x_2，…，x_n 具有线性相关关系，则多元线性回归的理论模型可表示为

$$y = \beta_0 + \beta_1 x_1 + \cdots + \beta_n x_n + \varepsilon \tag{9-17}$$

其中，y 为因变量；x_i 为自变量；β_i 表示回归系数；β_0 为常数项；ε 表示随机误差项。

与一元线性回归相同，若存在一个样本，给定一组因变量与自变量的统计数据时，则可得出因变量 y 与 x_1，x_2，…，x_n 的线性回归方程，即

$$\hat{y}=\hat{\beta}_0+\hat{\beta}_1x_1+\cdots+\hat{\beta}_nx_n \tag{9-18}$$

其中，$\hat{y}$ 表示因变量 y 的估计值；$\hat{\beta}_0$、$\hat{\beta}_i$ 分别表示常数项及回归系数的估计值。回归系数 $\hat{\beta}_i$ 的含义是，当其他自变量不变时，第 i 个自变量 x_i 变动一个单位，所引起的因变量 y 的平均变动量。

二、多元线性回归方程的估计与检验

与一元回归分析相同，多元回归方程的估计也是确定一条合适的样本回归直线来拟合样本观察值，这就要求得出参数(β_0，β_1，…，β_n)的估计值($\hat{\beta}_0$，$\hat{\beta}_1$，…，$\hat{\beta}_n$)。其使用的方法仍是普通最小二乘法(ordinary least squares)准则，即因变量实际观察值 y 与因变量的估计值 $\hat{y}$ 的离差平方和(也称为残差平方和)最小，从而找到一条最为接近真实直线的模拟直线。

多元回归方程估计的基本程序与一元回归相似，首先，使用最小平方法，建立方程使 $\sum(y-\hat{y})^2$ 最小；然后，根据函数的极值原理，分别对 $\hat{\beta}_i$ 求偏导数，建立正规方程；最后，根据正规方程，联立求解，得出回归系数的估计值 $\hat{\beta}_i$。多元回归方程估计的检验包括拟合优度检验(R^2 检验)、相关系数检验(r 检验)、总体方程的显著性检验(F 检验)及回归方程的参数检验(t 检验)，其基本思想也与一元回归方程估计的检验类似。

多元回归方程的估计与检验的基本原理及方法与一元线性回归分析相同，但由于涉及的变量较多，在计算上较为复杂，且自变量的数目不同，其计算公式也存在差异，这里不再赘述。在实际统计工作中，我们通常使用计算机来处理，常用的经济计量软件有 Eviews、Stata、Spss 等。

【例 9-13】 经研究发现，1989—2005 年某地区机电行业的销售额与该地区汽车制造业及建筑业的产值关系相当密切，相关资料如表 9-10 所示。要求：①建立该地区机电行业的销售额与汽车产量及建筑业产值的线性回归方程，并进行统计检验；②假定 2006 年该地区的汽车产量为 7.42 万辆，建筑业产值为 50.28 千万元，试预测该地区机电行业的销售额。

表 9-10 某地区机电行业销售额及汽车产量与建筑业产值资料

年 份	机电行业销售额 y/万元	汽车产量 x_1/万辆	建筑业产值 x_2/千万元
1989	280	3.909	9.43
1990	281.5	5.119	10.36
1991	337.5	6.666	14.50
1992	404.5	5.338	15.75

续表

年　份	机电行业销售额 y/万元	汽车产量 x_1/万辆	建筑业产值 x_2/千万元
1993	402.1	4.321	16.78
1994	452	6.117	17.44
1995	431.7	5.559	19.77
1996	582.3	7.920	23.76
1997	596.6	5.816	31.61
1998	620.8	6.113	32.17
1999	513.6	4.258	35.09
2000	606.9	5.591	36.42
2001	629	6.675	36.58
2002	602.7	5.543	37.14
2003	656.7	6.933	41.30
2004	778.5	7.638	45.62
2005	877.6	7.752	47.38
合计	9054	101.268	471.10

解　根据经济理论分析，我们建立某地区机电行业的销售额与该地区汽车制造业及建筑业产值的多元线性回归方程。

运用 Eviews 5.0 统计软件，建立多元回归方程，主要步骤如下。

(1)　输入数据，建立模型。

①　双击 Eviews 5.0，进入工作状态。

②　选择 file→new→workfile 命令，打开 workfile frequency 对话框。根据本题数据特点，选择 annual 选项，在 start observation 文本框中输入 1989，end observation 文本框中输入 2005，单击 OK 按钮。

③　输入输入数据命令：data y x1 x2，按 Enter 键确认，打开 group 对话框，输入相关数据。

④　输入回归分析命令：ls y c x1 x2，按 Enter 键确认，计算机输出结果如表 9-11 所示。

表 9-11　回归分析的输出结果

Dependent Variable: Y
Method: Least Squares
Date: 07/05/08　　Time: 23:17
Sample: 1989 2005
Included observations: 17

续表

Variable	Coefficient	Std. Error	t-Statistic	Prob.
C	19.16 458	51.937 67	0.368 992	0.7177
X1	35.67 794	10.044 23	3.552 084	0.0032
X2	10.85 793	0.9721 58	11.168 89	0.0000
R-squared	0.946 835	Mean dependent var		532.5882
Adjusted R-squared	0.939 240	S.D. dependent var		166.6518
S.E. of regression	41.07 897	Akaike info criterion		10.42 765
Sum squared resid	23 624.74	Schwarz criterion		10.57 469
Log likelihood	−85.635 07	F-statistic		124.6653
Durbin-Watson stat	1.421 988	Prob(F-statistic)		0.000 000

表 9-11 中，Coefficient 表示回归系数。因此，根据表 9-11，某地区机电行业的销售额 y 与该地区汽车制造业的产量 x_1 及建筑业产值 x_2 的回归方程为

$$\hat{y}=19.165+35.678x_1+10.858x_2$$

回归方程表明，在其他条件不变的情况下，该地区汽车产量每增加 1 万辆，机电行业销售额增加 35.678 万元；建筑业产值每增加 1 千万元，机电行业销售额增加 10.858 万元。

(2) 进行相关统计检验。

① 拟合优度检验(R^2)。

根据表 9-11，R-squared 为 0.9468，结果表明回归直线判决系数 R^2 较高，样本观察值有 94.68%可以通过回归直线来解释，拟合较好。

② 参数的 t 检验。

根据表 9-11，eviews 5.0 统计软件输出结果表明，自变量 x_1，即汽车产量回归系数的 t-Statistic 为 3.552，Prob 为 0.0032，表示当 t 检验值为 3.552 时，接受原假设 H_0 的概率为 0.32%，即在 1%的显著性水平上，拒绝原假设；自变量 x_2，即建筑业产值回归系数的 t-Statistic 为 11.168 89，Prob 为 0.000，表明在 1%的显著性水平上，拒绝原假设。参数 t 检验表明，某地区机电行业销售额与汽车产量、建筑业产值线性显著相关。

③ 回归总体的显著性检验(F 检验)。

根据表 9-11，eviews 5.0 统计软件输出结果表明，回归方程的 F-statistic 为 124.665，Prob 为 0.000，表明在 1%的显著性水平上，拒绝原假设。F 检验表明，某地区机电行业销售额与汽车产量、建筑业产值之间存在线性关系，回归方程总体显著。

(3) 该地区机电行业的销售额预测。

根据回归方程，2006 年该地区机电行业销售额为

$$\hat{y}=19.165+35.678\times7.42+10.858\times50.28=829.84\ (\text{万元})$$

三、曲线回归的线性化

在实际问题中，有些回归方程的因变量与自变量之间并不是线性关系，而是某种曲线关系，这时通常采用变量代换法，将非线性模型线性化，并利用最小二乘法估计出相关的线性回归方程，然后再转换为原来的方程形式。以下是几种常用的曲线回归的线性变换方法。

1. 多项式曲线方程

原方程为：$y=\beta_0+\beta_1x+\beta_2x^2+\beta_3x^3$

令：$x_1=x$，$x_2=x^2$，$x_3=x^3$

则多项式方程可变为线性方程：$y=\beta_0+\beta_1x_1+\beta_2x_2+\beta_3x_3$

2. 双曲线函数方程

原方程为：$\frac{1}{y}=\beta_0+\frac{\beta_1}{x}$

令：$y_1=\frac{1}{y}$，$x_1=\frac{1}{x}$

则双曲线方程可变为线性方程：$y_1=\beta_0+\beta_1x_1$

3. 指数函数方程

原方程为：$y=\beta_0e^{\beta_1x}$

对方程两边取自然对数可得：$\ln y=\ln\beta_0+\beta_1x$

令：$y_1=\ln y$，$\beta^1{}_0=\ln\beta_0$

则指数函数方程可变为线性方程：$y_1=\beta^1{}_0+\beta_1x$

4. 幂函数方程

原方程为：$y=\beta_0x^{\beta_1}$

对方程两边取自然对数可得：$\ln y=\ln\beta_0+\beta_1\ln x$

令：$y_1=\ln y$，$\beta^1{}_0=\ln\beta_0$，$x_1=\ln x$

则幂函数方程可变为线性方程：$y_1=\beta^1{}_0+\beta_1x_1$

5. 对数函数方程

原方程为：$y=\beta_0+\beta_1\ln x$

令：$x_1=\ln x$

则对数函数方程可变为线性方程：$y=\beta_0+\beta_1x_1$

6. S 曲线回归方程

原方程为：$y=\dfrac{1}{\beta_0+\beta_1 e^{-x}}$

令：$y_1=\dfrac{1}{y}$，$x_1=e^{-x}$

则曲线方程可变为线性方程：$y_1=\beta_0+\beta_1 x_1$

【例 9-14】 某省对所辖各市第三产业进行了一次调查，搜集到该省所辖 9 个市第三产业的从业人员数、年末固定资产净值和第三产业国内生产总值数据，如表 9-12 所示。要求：用最小二乘法拟合该省第三产业 C-D 生产函数的回归方程。

表 9-12　某省第三产业调查数据

城市	第三产业从业人员 L/万人	第三产业年末固定资产净值 K/亿元	第三产业 GDP/亿元
1	39	3150	9890
2	28	2550	8840
3	41	3800	11450
4	19	2200	6980
5	34	2780	9305
6	31	2810	9100
7	26	2650	8500
8	30	2695	8950
9	32	2956	9150
合计	280	25 519	92 165

解　根据经济理论分析，可以建立柯布-道格拉斯函数(C-D 函数)。

即原方程为：$\text{GDP}=AK^{\alpha}L^{\beta}$，两边取对数为：$\ln\text{GDP}=\ln A+\alpha\ln K+\beta\ln L$

其中，A、α、β 为待估参数；K 表示固定资产净值；L 表示从业人员数。

这是一个曲线方程(这里是两个变量，图形判断曲线形式不是很方便，如果是一个变量，可画散点图判断拟合曲线的方程形式)，因此，需要线性化。本题中我们运用 Eviews 5.0 软件，并进行变量代换，主要步骤如下。

①　双击 eviews 5.0，进入工作状态。

②　选择 file→new→workfile 命令，打开 workfile frequency 对话框。根据本题数据特点，选择 undated or irregular 选项，在 start observation 文本框中输入 1，end observation 文本框中输入 9，单击 OK 按钮。

③　输入输入数据命令：data GDP K L，按 Enter 键确认，打开 group 对话框，输入相关数据。

④　输入新变量命令(变量代换法)：genr y=log(gdp)，按 Enter 键确认；genr x1=log(k)，

按 Enter 键确认；genr x2=log(l)，按 Enter 键确认。

⑤ 输入回归分析命令：ls y c x1 x2，按 Enter 键确认，计算机输出结果如表 9-13 所示。

表 9-13 回归分析的输出结果

Dependent Variable: Y				
Method: Least Squares				
Date: 07/06/08 Time: 11:36				
Sample: 1 9				
Included observations: 9				
Variable	Coefficient	Std. Error	t-Statistic	Prob.
C	4.675 469	0.943 440	4.955 767	0.0026
X1	0.435 394	0.158 529	2.746 468	0.0334
X2	0.286 404	0.104 236	2.747 663	0.0334
R-squared	0.968 055	Mean dependent var		9.111 772
Adjusted R-squared	0.957 407	S.D. dependent var		0.130 469
S.E. of regression	0.026 926	Akaike info criterion		−4.130 232
Sum squared resid	0.004 350	Schwarz criterion		−4.064 490
Log likelihood	21.586 04	F-statistic		90.912 00
Durbin-Watson stat	2.133 061	Prob(F-statistic)		0.000 033

根据表 9-13，某省第三产业国内生产总值与第三产业的从业人员数、年末固定资产净值的回归方程为

$$\hat{y} = 4.675 + 0.435x_1 + 0.286x_2$$

根据变量代换可知：$A=e^{4.675}=107.233$

所以，原方程的估计为：$\text{GDP}=107.233K^{0.435}L^{0.286}$

四、应用回归分析应注意的几个问题

用回归方程分析变量之间的变动关系，是一种有效的科学方法，但在计算和应用回归方法分析时，应注意以下几个问题。

(1) 在定性基础上进行定量分析。其实，这一点是统计分析的一般原则，在建立回归方程时，必须对研究的问题有充分而正确的认识，有足够的理论知识和必要的经验作为定性分析的基础。如需要考虑，确定何为自变量，何为因变量？变量之间是否有真正的联系？是表面的联系还是内存的本质联系？如果把没有实质性联系的变量放在一起作回归分析，就会导致荒谬的“虚假回归”，若据此进行预测，则会得出荒谬的结论。

(2) 在回归方程中，回归系数的绝对值只能表示自变量与因变量之间的联系程度和两变量间的变动比例。如在例 9-13 中，我们得出，某地区机电行业的销售额 y 与该地区汽车

制造业的产量 x_1 及建筑业的产值 x_2 的回归方程为

$$\hat{y}=19.165+35.678x_1+10.858x_2$$

在该方程中，汽车制造业的回归系数为 35.678，大于建筑业产值的回归系数 10.858，但并不能说明汽车制造业对该地区机电行业销售额的影响大于建筑业产值的影响，这是因为回归系数与变量使用的单位有关。现有回归方程中，汽车产量单位是万辆，如果改为千辆，则回归系数将缩小十分之一，变为 3.5678；建筑业产值的单位是千万元，如果改为万元，则回归系数将缩小千分之一，变为 0.010 858。因此，在回归分析中，变量使用的单位直接决定了回归系数的大小，回归系数只是说明因变量与自变量之间的变动比例，而不表示变动的密切程度。

(3) 在回归分析中，对算出的参数(包括常数项及各回归系数)的有效性应进行显著性检验，以判断回归方程的有效性。回归分析使用的基本是最小二乘法，具有一系列良好的统计性质，但对样本资料及变量属性具有更高的要求，如发现某回归系数的数值没有显著意义，或某些自变量间存在多重共线、自相关等，则需要进行适当的处理。关于回归分析估计的可靠性及统计检验的方法，可参阅相关的计量经济学书籍。

【案例 9-1】 预测大学足球比赛的获胜得分差额

为检验一场大学足球比赛中“争球码数”、“传球码数”、“回传次数”、“控球时间”以及“主场优势”等变量对比赛最后得分的影响，分析人员建立了一个多元回归模型，该模型的因变量是“比赛获胜得分的差值”，它等于胜方的最后得分减去负方的最后得分。

分析人员想检验如下自变量能否解释获胜得分的差值：①争球码数差(胜方争球码数减去负方争球码数)；②传球码数差；③回传次数差；④控球时间差；⑤主场优势虚拟变量(主场球队代码为 1，客场球队代码为 0)。

在某年高校足球赛季里，分析人员从高校体育协会前 20 名球队的比赛中随机抽取了 90 场，收集到自变量和因变量的数据并进行多元回归分析，得到的回归结果如表 9-14 所示。

表 9-14　案例 9-1 中的回归分析结果

因 变 量	获胜得分差值	
自变量	系数	t 值
截距	3.22	2.06*
争球码数差	0.11	12.50*
传球码数差	0.09	10.19*
回传次数差	−2.80	−5.75*
控球时间差	−0.01	−3.94*
主场优势虚拟变量	3.04	1.68
修正的 R^2	0.72	

*表示 P 值小于 0.05，即在 5%的显著性水平下，回归系数显著。

由回归分析结果可知，除主场优势变量外，在 0.05 的显著性水平下，模型中的其余自变量均很显著，而且分析人员预选的这些自变量总共解释了获胜得分差值 72%的变差。

在保持其他自变量不变的前提下，回归方程中变量的系数所反映的情况与球迷的期望是一致的。例如，由回归方程可知，随着争球码数的增加，获胜得分差值也趋于增加，争球码数差每增加 1 码，获胜得分差值就会增加 0.11；传球码数差值每增加 1 码，获胜得分差值增加 0.09；回传次数差的回归系数显示，回传次数是获胜得分差值的重要解释变量，每当对手多回传 1 次，获胜得分差值就减少 2.80(当其他自变量保持不变时)；控球时间差的系数为-0.01，说明控球时间超过对手 1 秒，获胜得分差值就会下降 0.01，即控球时间越少的球队，可能越不容易获胜；回归结果还显示，在给定模型中其他变量的条件下，主场优势并非前 20 名球队比赛获胜得分差值的显著解释变量。

(资料来源：贾俊平编著，统计学(第二版)，清华大学出版社，2006 年 7 月)

本 章 小 结

现象之间的联系表现为变量之间的依存关系，分为两种不同的类型：一是函数关系，二是相关关系，它们之间既有区别又有联系。在现代统计学中，围绕相关关系已经形成了两个重要的统计分析，即相关分析与回归分析。相关分析是研究两个或两个以上变量之间的相关方向和相关密切程度的统计分析方法，回归分析是对具有相关关系的变量之间的数量变化的一般关系进行测定，据以进行估计或预测的统计方法。

相关关系的测定主要有相关表、散点图及相关系数的计算。相关表与散点图是研究现象之间相关关系最简单、直观的方法，只是粗略地刻画两个变量之间线性相关关系的方向、强度和形式；相关系数是对两个变量之间线性相关的方向和强度的测度，具体地度量相关关系的密切程度，常用的度量指标是皮尔逊(Pearson)相关系数。

回归分析实质就是通过建立数学方程，研究因变量与自变量之间的变动关系，如果是研究变量之间的线性关系，可以分为一元线性回归与多元线性回归。一元线性回归分析是对具有线性相关关系的两个变量之间数量变化的一般关系进行测定，多元线性回归是研究两个或两个以上的自变量与一个因变量之间的数量变化关系。在实际问题中，如果变量之间是某种曲线关系，常采用变量代换法将非线性模型线性化。

回归分析应用最小二乘法得出了样本回归直线，作为总体回归直线的近似，但回归方程还必须进行统计检验，包括拟合优度检验(R^2 检验)、相关系数检验(r 检验)、参数显著性检验(t 检验)及回归总体线性的显著性检验(F 检验)，并可根据回归方程进行相关预测。

复习思考题

一、名词解释

函数关系 相关关系 相关分析 回归分析 自变量 因变量 相关系数 正相关 负相关 单相关 复相关 偏相关 相关图(散点图) 一元线性回归 多元线性回归 回归模型 拟合优度检验

二、填空题

1. 在线性相关中，如果两个变量的变动方向相同则称为________；如果两个变量的变动方向相反则称为________。

2. 用于描述变量之间关系形态的图形称为________；用于度量变量之间关系密切程度的量称为________。

3. 相关系数 r 的取值范围是________；判定系数 r^2 的取值范围是________。

4. 若变量 x 与 y 之间为完全正相关，则相关系数 r=________；若 x 与 y 之间为完全负相关，则 r=________；若 x 与 y 之间不存在线性相关关系，则 r=________；若 x 与 y 两个变量之间，r=-0.92，这说明这两个变量存在着________相关。

5. 在线性回归分析中，只涉及一个自变量的回归称为________；涉及多个自变量的回归称为________。

6. 观察值 y_i 与其均值 $\bar{y}$ 的总变差由两部分组成，其中回归值 $\hat{y}_i$ 与均值 $\bar{y}$ 的离差平方和称为________；观察值 y_i 与回归值 y_i 的离差平方和称为________。

7. 回归平方和 SSR 占总变差平方和的比例称为________，它测度了回归直线对观测数据的________。

8. 对回归方程线性关系的显著性检验通常采用________检验；对回归系数的显著性检验通常采用________检验。

9. 对于两个变量 x 和 y，若已知 $\sum x = 1239$, $\sum y = 879$, $\sum xy = 11\,430$, $\sum x^2 = 17\,322$，$n = 100$ 则一元线性回归方程为 $\hat{y}_i$=________。

10. 若全部观测值都落在一条直线上，则相关系数 r=________；判定系数 r^2=________，估计标准误差 S_y=________。

三、判断题

1. 如果变量 x 的数值减少，变量 y 的数值也随之减少，则称两个变量为负相关。
（ ）

2. 如果变量 x 与 y 之间的简单相关系数 r=0，表明两个变量之间不存在任何相关关系。
（ ）

3. 只有当样本相关系数的数值很小时，才有必要对相关系数的显著性进行检验。 (　　)

4. 相关分析侧重于考察变量之间的关系密切程度，回归分析则侧重于考察变量之间的数量变化规律。 (　　)

5. 判定系数 r^2 的数值越大，说明回归方程的拟合程度越好。 (　　)

6. 回归平方和 SSR 反映的是由于 x 与 y 之间的线性关系而引起的 y 的变差。 (　　)

7. 设两个变量的一元线性回归方程为 $\hat{y}=-10+0.5x$，由此可以判定两个变量之间存在着正相关关系。 (　　)

8. 在其他条件不变的情况下，判定系数 r^2 越大，估计标准误差 S_y 也越大，回归直线的拟合程度就越低。 (　　)

9. 回归系数的显著性检验是检验自变量对因变量的影响是否显著。 (　　)

10. 在多元线性回归方程中，偏回归系数 b_i 表示在其他变量不变的情况下，自变量 x_i 变动一个单位时引起的因变量 y 的平均变动额。 (　　)

四、单项选择题

1. 确定回归方程时，对相关的两个变量要求(　　)。

A. 都是随机变量　　B. 都不是随机变量

C. 只需因变量是随机变量　　D. 只需自变量是随机变量

2. 变量 x 与 y 之间的负相关是指(　　)。

A. x 数值增大时 y 也随之增大

B. x 数值减小时 y 也随之减小

C. x 数值增大(或减小)y 随之减小(或增大)

D. y 的取值几乎不受 x 取值的影响

3. 设产品产量与产品单位成本之间的简单相关系数为−0.86，这说明二者之间存在(　　)。

A. 高度相关　　B. 中度相关　　C. 低度相关　　D. 极弱相关

4. 若已知 $\sum(x-\overline{x}^2)$ 是 $\sum(y-\overline{y})^2$ 的 2 倍，$\sum(x-\overline{x})\sum(y-\overline{y})$ 是 $\sum(y-\overline{y})^2$ 的 1.2 倍，则相关系数=(　　)。

A. $\sqrt{2}/1.2$　　B. $1.2/\sqrt{2}$　　C. 0.92　　D. 0.65

5. 用最小平方配合的趋势线，必须满足的一个基本条件是(　　)。

A. $\sum(y-\hat{y})^2$=最小值　　B. $\sum(y-\hat{y})^2$=最小值

C. $\sum(y-\hat{y})^2$=最大值　　D. $\sum(y-\hat{y})^2$=最大值

6. 在回归直线 $\hat{y}=a+bx$ 中，回归系数 b 表示(　　)。

A. 当 x=0 时 y 的期望值

B. x 变动一个单位时 y 的变动总额

C. y 变动一个单位时 x 的平均变动量

D. x 变动一个单位时 y 的平均变动量

7. 下列回归直线方程中，(　　)是错误的。

A. $y=35+0.3x$，$r=0.8$　　B. $y=-124+1.4x$，$r=0.89$

C. $y=18-2.2x$，$r=0.74$　　D. $y=-87-0.9x$，$r=-0.9$

8. 说明回归直线拟合程度的统计量主要是(　　)。

A. 相关系数　B. 回归系数　C. 判定系数　D. 估计标准误差

9. 在回归分析中，F 检验主要是用来检验(　　)。

A. 相关系数的显著性　　B. 回归系数的显著性

C. 线性关系的显著性　　D. 标准误差的显著性

10. 设某种产品产量为 1000 件时，其生产成本为 30 000 元，其中固定成本为 6000 元。则总生产成本对产量的一元线性回归方程为(　　)。

A. $\hat{y}=6+0.24x$　　B. $\hat{y}=6000+24x$

C. $\hat{y}=24\,000+6x$　　D. $\hat{y}=24+6000x$

11. 各实际观测值 y_1 与回归值 $\hat{y}_1$ 的离差平方和称为(　　)。

A. 总变差平方和　　B. 剩余平方和

C. 回归平方和　　D. 判定系数 r^2

12. 在直线回归方程 $y=a+bx$ 中，若回归系数 $b=0$，则表示(　　)。

A. y 对 x 的影响是显著的　　B. y 对 x 的影响是不显著的

C. x 对 y 的影响是显著的　　D. x 对 y 的影响是不显著的

13. 相关关系是指变量之间(　　)

A. 严格的关系　　B. 不严格的关系

C. 任意两个变量之间的关系　　D. 不严格的数量依存关系

14. 合理施肥量与农作物亩产量之间的关系是(　　)

A. 函数关系　　B. 单向因果关系

C. 互为因果关系　　D. 严格的依存关系

15. 在用一个回归方程进行估计推算时，(　　)。

A. 只能用因变量推算自变量

B. 只能用自变量推算因变量

C. 既可用因变量推算自变量，也可用自变量推算因变量

D. 不需要考虑因变量和自变量问题

五、多项选择题

1. 如果变量 x 与 y 之间没有线性相关关系，则(　　)。

A. 相关系数 r=0　　B. 回归系数 b=0　　C. 判定系数 r^2=0

D. 估计标准误差 S_y=0　　E. 估计标准误差 S_y=1

2. 设单位产品成本(元)对产量(千件)的一元线性回归方程为 $\hat{y}$=85−5.6x，这意味着(　　)。

A. 单位成本与产量之间存在着负相关

B. 单位成本与产量之间存在着正相关

C. 产量为 1 千件时单位成本为 79.4 元

D. 产量每增加 1 千件单位成本平均增加 5.6 元

E. 产量每增加 1 千件单位成本平均减少 5.6 元

3. 指出下列回归方程中肯定是错误的是(　　)。

A. $\hat{y}$=10+2x，r=0.52　　B. $\hat{y}$=500+0.01x，r=0.75

C. $\hat{y}$=-100+0.9x，r=0.86　　D. $\hat{y}$=-8+3.2x，r= -0.93

E. $\hat{y}$=140-1.8x，r=0.85

4. 在一元线性回归分析中，(　　)。

A. 回归方程是根据最小二乘法确定的

B. 判定系数 r^2 测度了回归直线的拟合程度

C. 估计标准误差 S_y 测度了实际观测点在直线周围的散布程度

D. 线性关系的检验是检验自变量与因变量之间的线性关系是否显著

E. 回归系数的检验是检验自变量对因变量的影响是否显著

5. 在多元线性回归方程中，(　　)。

A. 自变量只有一个，因变量则有多个

B. 因变量只有一个，自变量则有多个

C. 回归系数 β_j 表示假定其他自变量不变，变量 x_j 变动一个单位因变量的平均变动量

D. 回归系数 β_j=0 表示自变量 x_j 的变动对因变量没有任何影响

E. 对回归方程线性关系的检验是采用 F 检验

六、简答题

1. 什么是相关关系？相关关系与函数关系有何区别与联系？
2. 相关分析的主要内容是什么？相关系数如何计算？
3. 相关分析与回归分析的联系和区别是什么？
4. 最小二乘法的基本思想是什么？
5. 为何要对回归方程进行显著性检验？
6. 如何分析线性回归模型的拟合优度(R^2)检验？

七、计算题

1. 某集团所属 10 个企业某年的生产性固定资产和工业增加值资料如表 9-15 所示，试根据表中资料：(1)计算生产性固定资产价值与工业增加值的相关系数；(2)根据最小二乘法，估计工业增加值与生产性固定资产的线性回归方程；(3)计算估计的标准误差。

表 9-15　某集团所属企业某年生产性固定资产和工业增加值资料

企业编号	生产性固定资产价值 x/万元	工业增加值 y/万元
1	316	528
2	920	1020
3	200	480
4	405	830
5	425	910
6	502	945
7	328	608
8	1208	1542
9	1025	1380
10	1240	1675

2. 某工业企业某种产品产量与单位成本资料如表 9-16 所示，要求：(1)根据表中资料，绘制散点图，并拟合适当的回归方程；(2)根据回归方程，指出每当产品产量增加 1 万件时，单位成本的变动情况；(3)计算相关系数和估计标准误差；(4)当产量为 8 万件时，对单位成本作区间估计。

表 9-16　某企业某产品产量与单位成本的资料

年份	1	2	3	4	5	6	7	8
产品产量 x/万件	2	3	4	3	4	5	6	7
单位成本 y/(元/件)	73	72	71	73	69	68	66	65

3. 某高校商学院抽取了 10 名在校学生统计学、高等数学及概率论的考试成绩，如表 9-17 所示，要求：(1)计算统计学与高等数学、概率论考试成绩的相关系数；(2)以统计学成绩为因变量，以高等数学和概率论考试成绩为自变量，拟合线性回归方程，并对其进行显著性检验(显著性水平 α=0.05)；(3)假定某学生高等数学和概率论考试成绩均为 85 分，估计该同学统计学的考试成绩是多少分。

表 9-17　10 名学生的三门课程考试成绩

课程	学生序号									
	1	2	3	4	5	6	7	8	9	10
统计学 y	78	69	79	83	87	90	78	84	86	74
高等数学 x_1	74	67	78	88	89	89	80	86	84	69
概率论 x_2	76	67	80	81	86	88	76	85	89	79

4. 现有 8 个企业生产某种产品的月产量与生产费用资料，如表 9-18 所示，要求：(1)计算月产量和生产费用之间的相关系数，并说明相关方向和相关程度；(2)计算生产费用对月产量的直线回归方程，并说明回归系数的经济含义。

表 9-18　各企业生产某产品的产量与生产费用资料

企业编号	月产量 x/万吨	生产费用 y/万元
1	1.2	62
2	2.0	86
3	3.1	80
4	3.8	110
5	5.0	115
6	6.1	32
7	7.2	135
8	8.0	160

5. 已知：n=6，$\sum x$=21，$\sum y$=426，$\sum x^2$=79，$\sum y^2$=30268，$\sum xy$=1481。要求：(1)计算相关系数；(2)建立回归直线方程。

6. 测得某动物的体长(厘米)和体重(千克)的数据如表 9-19 所示，要求：绘制散点图，并拟合适当的回归直线。

表 9-19　某动物的体长和体重数据

序　号	体重 y/千克	体长 x/厘米
1	1.0	70.70
2	4.85	98.25
3	6.59	112.57
4	9.01	122.48

续表

序　号	体重 y/千克	体长 x/厘米
5	12.34	138.46
6	15.5	148.0
7	21.25	152.0
8	22.11	162.0

第十章

Excel 在统计学中的应用

学习目标：目前常用的统计分析软件有 Eviews、Stata、Spss、Sas、Matlab、TSP 等，而 Excel 作为 Office 办公软件，广泛地被企业和个人所使用，应用最为普遍且易学易懂。通过本章学习，要求了解 Excel 的基本功能及操作方法，重点掌握 Excel 在统计分析中的应用。

关键概念：Excel　统计软件与应用(statistical software)

第一节　Excel 概述

随着电子计算机的发展，目前统计分析很少用手工计算，而是借助计算机来处理。常用的经济统计分析软件有 Eviews、Stata、Spss、Sas、Matlab、TSP 等，而 Excel 是 Microsoft 公司推出的电子表格软件，广泛地被企业和个人所使用，且易学易懂，它不仅具有强大的电子表格处理功能，而且附带有内容丰富的统计数据处理功能(统计函数和统计数据分析宏)。在 Excel 提供的统计数据处理分析的宏程序——“分析工具库”中，包括了比较完备的统计方法，可以基本满足本教材所讲授的统计方法的学习和使用。使用“分析工具库”能够显著地提高统计工作效率，降低计算误差。

Microsoft Excel 的“分析工具库”不属于典型安装的内容，在 Microsoft Excel 默认安装时，一般都不会自动安装“工具分析库”，因此需要另行安装。在开始使用“分析工具库”前，单击“工具”菜单中的“数据分析”命令。如果“工具”菜单中没有“数据分析”命令，则需要安装“分析工具库”。

【专栏 10-1】　Excel 的主要功能介绍

Excel 是 Microsoft 公司推出的办公软件 Office 中的一个重要组成部分，人机界面友好，使用便捷、易学，主要用于对数据的处理、统计分析与计算，可以进行简单的数据库管理，能绘制图表，具有检查与删除宏病毒的功能，并能与 Internet 网络共享资源。在 Word 中也有表格功能，然而，Excel 表格与 Word 表格的最大不同在于 Excel 表格具有强大的数字运算和数字分析能力，Excel 中内置的公式和函数，可以帮助用户进行复杂的计算。由于 Excel 在数据运算方面具有强大的功能，使它成为用户办公必不可少的一个常用办公软件。

一、安装“分析工具库”

打开 Excel，单击“工具”菜单，发现“工具”菜单中没有“数据分析”命令。这时，选择“加载宏”命令，会弹出如图 10-1 所示的对话框，如果“加载宏”对话框中有“分析工具库”，则选中“分析工具库”复选框，并单击“确定”按钮。加载完毕，“工具”菜单中将会出现一个“数据分析”选项。

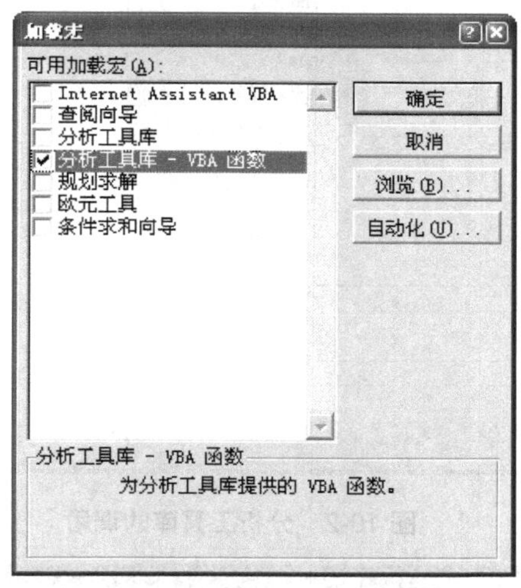

图 10-1　分析工具库的加载

如果“加载宏”对话框中没有“分析工具库”，则说明 Excel 电子表格系统尚未加载“分析工具库”宏程序，必须在 Excel 中加载并启动“分析工具库”宏程序。具体操作是，单击“浏览”按钮，定位到“分析工具库”加载宏文件“Analys32.xll”所在的驱动器和文件夹(通常位于“Microsoft office\office\library\analysis”文件夹中)；如果没有找到该文件，应运行“安装”程序，再进行“分析工具库”程序的加载。

二、使用“分析工具库”

加载“分析工具库”之后，即可在“工具”下拉菜单中，发现“数据分析”命令。选择“数据分析”命令，调出“数据分析”工具对话框，然后在“分析工具”列表框中，选中所需要使用的数据分析工具。如图 10-2、图 10-3 所示。

此外，Excel 办公软件提供了功能强大的统计分析函数。在“插入”下拉菜单中，选择“函数”命令可调出分析函数工具，以简便地用于各类统计分析和计算，统计分析函数是 Microsoft Excel 典型安装的内容，不需要另行安装就可直接使用。

图 10-2　分析工具库的调用

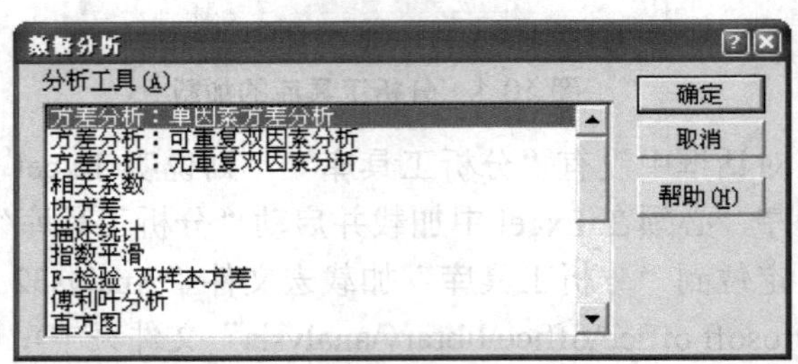

图 10-3　“数据分析”对话框

第二节　Excel 在描述统计中的应用

一、数值型数据的整理与直方图

【例 10-1】某学期某班 35 名学生的统计学考试成绩的原始数据如表 10-1 所示，要求：对该班学生的统计学考试成绩，采用重合组限和开口组限设置进行等距分组，计算组中值和频数分布，编制统计表和统计图。

表 10-1 某学期某班统计学考试成绩原始数据

92	87	75	74	65	91	98	78	84	83	78	96
62	84	76	52	69	84	81	88	70	91	89	87
75	79	82	86	79	82	64	90	56	84	89	

解 根据数据整理方法，运用 Excel 的计算步骤如下。

第一步：确定组数和组距。

根据题意，考试成绩一般可分为五组，组距为 10 分，即 60 分以下、60～69 分、70～79 分、80～89 分、90～99 分。

第二步：计算频数分布。

计算频数分布就是按照分组将原始数据分配到各组中，然后计算出落在各组中数据的个数。这里，我们主要介绍 Excel 中的 countif 和 frequency 函数。

首先介绍 countif 函数。该函数是计算给定区域内满足特定条件的单元格数目的函数，countif 函数的语法为 countif(range，criteria)，其中，range 为需要计算满足其中条件的单元格区域；criteria 是为确定哪些单元格将被计算在内的条件，即评判标准，其形式可以为数字、表达式或文本。在本例中，如图 10-4 所示，range 是所需要分组计算的原始数据所在单元格：A2 到 A36，criteria 可设定为各分组的上限和下限。

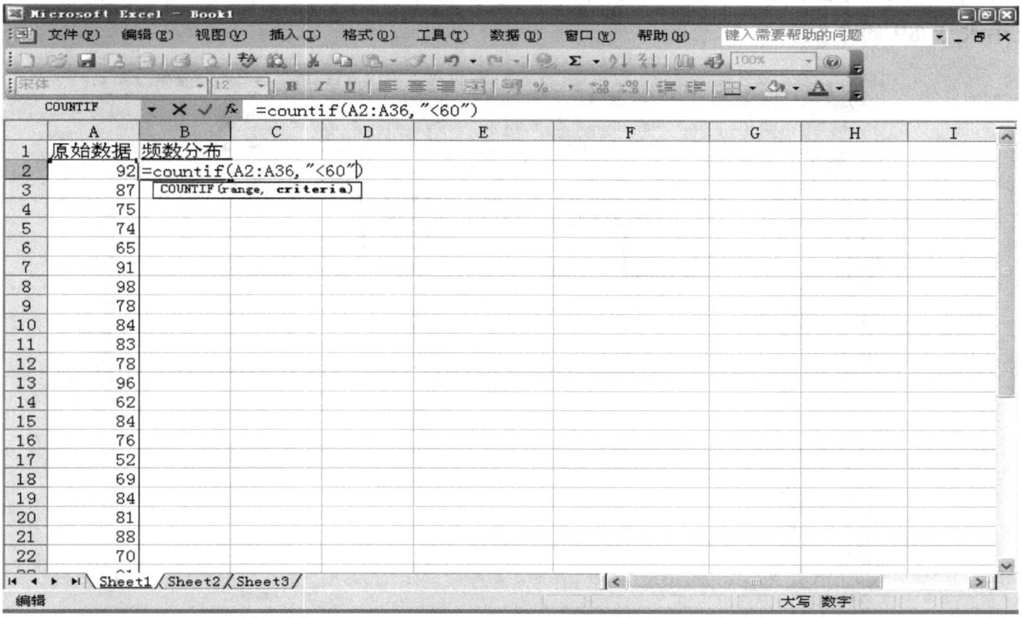

图 10-4 countif 函数公式输入

打开 Excel，输入原始数据如 A2～A36(共 35 个数据)，把光标放在单元格 B2，单击“=”，输入函数 countif(A2:A36，"<60")，如图 10-4 所示，则可得到 60 以下组的频数分布。这里需要注意的是，小于号一定是这个符号“<”，而不是 “＜”，双引号是"" 而不是符号“”，否则 Excel 软件将不能识别。然后，把光标放在 B3 单元格，单击“=”，输入函数 countif(A2:A36，"<70")- countif(A2:A36，"<60")，按 Enter 键确认；光标放在 B4 单元格，单击“=”，输入函数 countif(A2:A36，"<80")-countif(A2:A36，"<70")，按 Enter 键确认；光标放在 B5 单元格，单击“=”，输入函数 countif(A2:A36，"<90")- countif(A2:A36，"<80")，按 Enter 键确认。光标放在 B6 单元格，单击“=”，输入函数 countif(A2:A36，"<100")-countif(A2:A36，"<90")，按 Enter 键确认。从而得到各组相应的频数分布，结果为：B2 至 B6(2、4、9、14、6)，这表示小于等于 59 的个数为 2、介于 60～69 的个数为 4、介于 70～79 的个数为 9、介于 80～89 的个数为 14、大于等于 90 的个数为 6。

其次，介绍 frequency 函数。该函数是计算一列垂直数据的某个区域中的频率分布，以检测某范围内数据个数的函数，frequency 函数用来计算分组频数更为简捷。frequency 函数的语法是 FREQUENCY(data_array, bins_array)，其中，data_array 为一组数值(即原始数据)，用来计算频数分布，如图 10-5 中的 A2:A36；bins_array 为间隔的数组(分组数据)，以对 data_array 中的数值进行分组，如图 10-5 中的 B2:B5。函数 FREQUENCY 应以数组公式的形式输入，输出的数组中的元素个数比 bins_array(数组)中的元素的个数多 1，以表示超出最高间隔的数值个数。如图 10-5 中，输出结果为 C2:C6，比 B2:B5 多一个单元格，C6 表示大于 89 的个数。

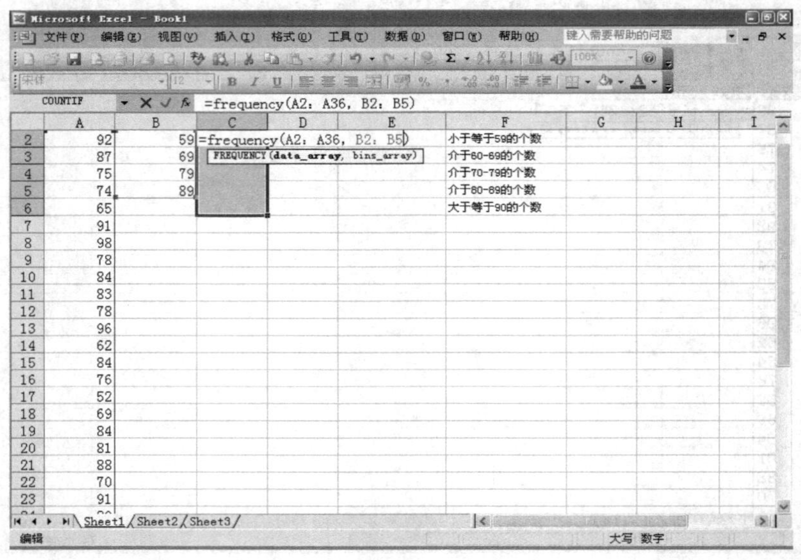

图 10-5　frequency 函数公式输入

打开 Excel，输入原始数据如 A2～A36，输入间隔的数组即间断点数据如 B2:B5，分别为 59、69、79、89，表示五组数据的上、下限，这与上述 countif 函数中的分组相同，即小于等于 59 的个数、介于 60～69 的个数、介于 70～79 的个数、介于 80～89 的个数、大于 89 的个数。然后选中区域 C2:C6，单击“=”，输入函数 frequency(A2:A36，B2:B5)，同时按 Control+Shift+Enter 组合键(数组输入公式)，即得输出结果 C2:C6，本例中为(2、4、9、14、6)，与 Countif 函数计算结果完全相同。

第三步：计算组中值。利用计算闭口组的组中值公式：(上限+下限)/2，计算各闭口组的组中值；利用重合组限设置缺少下限的组中值计算公式：该组上限-邻组组距/2，计算“60 分以下”组的组中值。

第四步：编制统计表，如表 10-2 所示。

表 10-2　某学期某班 35 名学生的统计学考试成绩

考试成绩分组	组中值/分	人数/人	比重/%	累积人数/人	累积比重/%
60 分以下	55	2	5.71	2	5.71
60～70	65	4	11.43	6	17.14
70～80	75	9	25.71	15	42.86
80～90	85	14	40.00	29	82.86
90～100	95	6	17.14	35	100
合　计	—	35	100	—	—

第五步：绘制统计图。

首先，可用“分析工具库”绘制。打开 Excel，输入原始数据如 A2:A36，输入组限数据如 B2:B6，分别是 60、70、80、90、100。在“工具”下拉菜单中，选择“数据分析”命令，选中“直方图”，单击“确定”按钮，出现如图 10-6 所示对话框。选中“标志”(如果输入区域的第一行或第一列中包含标志项，则选中此复选框；如果输入区域没有标志项，则清除此复选框)，“输入区域”A1:A36、“接受区域”B1:B6，任意“输出区域”，本例中为单元格 C3，选中 “累积百分比”和“图表输出”复选框，单击“确定”按钮，计算机在 C3 处输出直方图如图 10-7 所示。如果要对输出的直方图、坐标轴刻度、字体等进行修改，可将光标对准图表区右击，在弹出的快捷菜单中选中图表区系列格式、数据系列格式等，弹出相应对话框，然后进行修改，这里从略。

其次，也可用“图表向导”绘制，把例 10-1 中的分组用图形来表示，这里我们用饼图来说明。打开 Excel，输入分组数据如 A2:B6，将某学期某班考试成绩分组及对应人数输入，单击“图表向导”按钮，出现如图 10-8 所示对话框。选中“饼图”及“子图表类型”，单击“下一步”按钮，选中“数据区域”B2:B6(2、4、9、14、6)，“系列产生在”列，单击“系列”，选中“分类标志”A2:A6(考试成绩分组：60 分以下、60～70、70～80、80～90、

90–100)，单击“下一步”按钮，在“图表标题”中写入：某学期某班统计学成绩分布饼状图，单击“下一步”和“完成”按钮，计算机输出结果如图 10-9 所示。

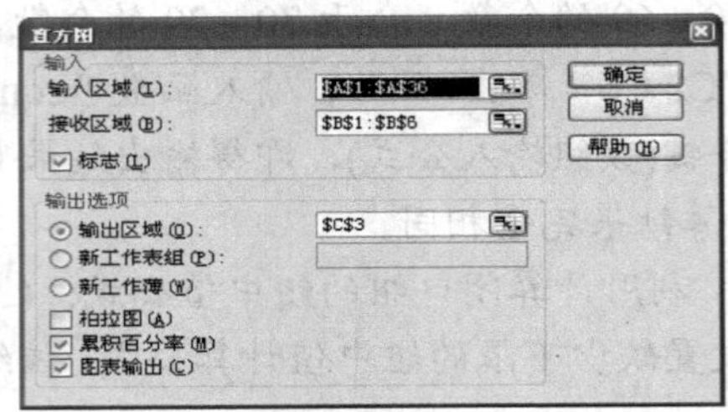

图 10-6　数据分析中“直方图”对话框

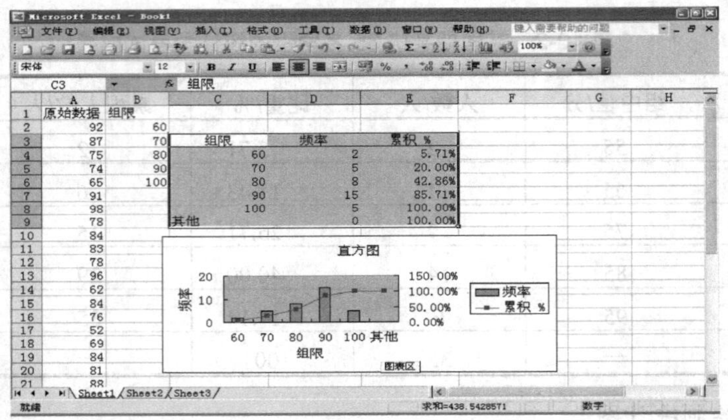

图 10-7　“直方图”输出结果

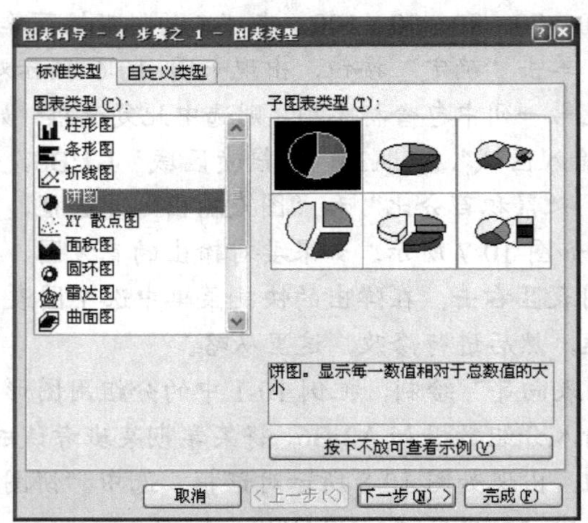

图 10-8　“图表向导”对话框

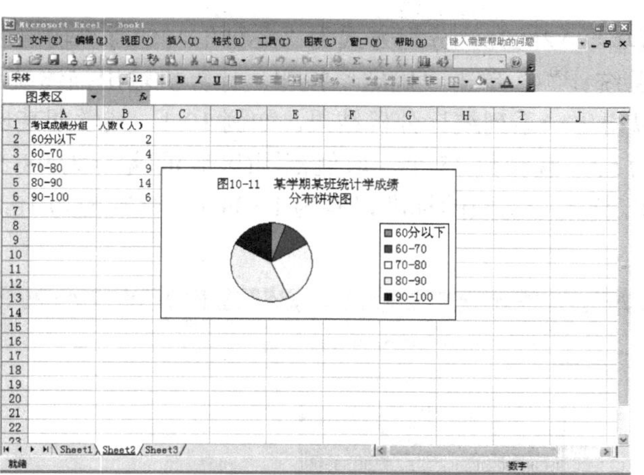

图 10-9　某学期某班 35 名学生统计学成绩分布饼状图

二、描述统计与数据分布特征的测度

描述统计与数据分布特征的测度，要运用分析工具库和插入函数计算方式。

1. 运用分析工具库

根据例 10-1，描述统计分析可用 Excel 中的“分析工具库”来完成，Excel 运算操作方法如下。

打开 Excel，输入原始数据 A2:A36，在“工具”下拉菜单中，选择“数据分析”命令，在“数据分析”对话框中选中“描述统计”，单击“确定”按钮，打开如图 10-10 所示“描述统计”对话框。

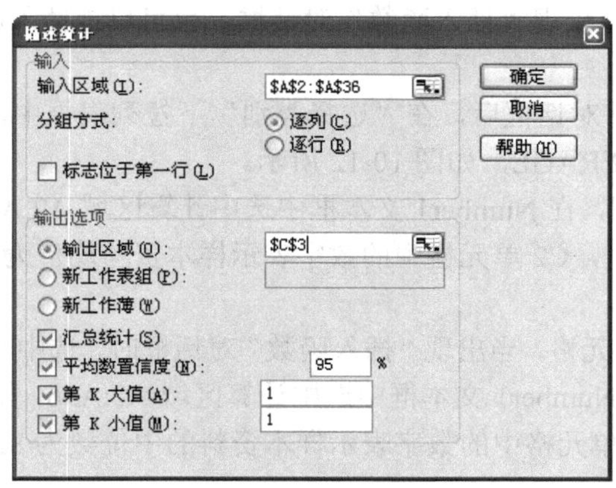

图 10-10　数据分析中“描述统计”对话框

选中“输入区域”A2:A36，分组方式为“逐列”，任意“输出区域”，本例中为单元格 C3，选中“汇总统计”，单击“确定”按钮。计算机输出描述统计量如图 10-11 所示。从图 10-7 中，可以得出一系列统计分析结果。如例 10-1，某学期某班统计学考试成绩最大值为 98，最小值为 52，观测数 35 个，取值范围(区域)即差异为 98−52=46，中位数为 82，众数 84，平均数 80，样本平均数的标准误差为 1.834 77，标准差为 10.854 65，偏度 0.381 47，峰度−0.816 31。

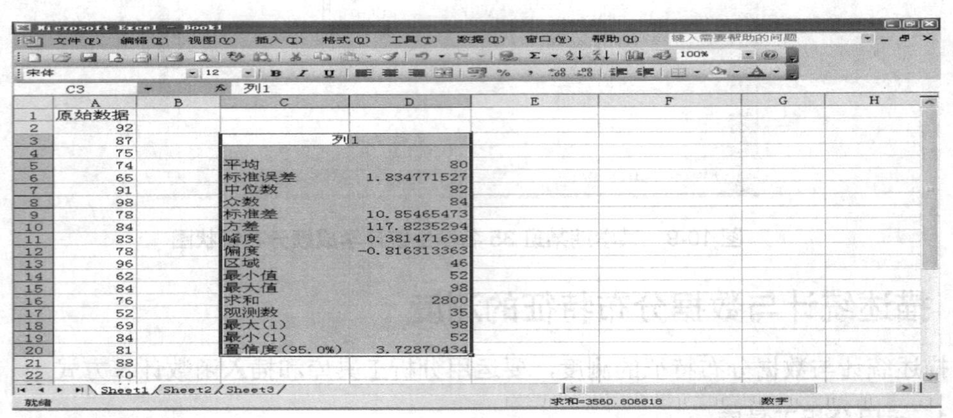

	A	C	D
1	原始数据		
2	92		
3	87	列1	
4	75		
5	74	平均	80
6	65	标准误差	1.834771527
7	91	中位数	82
8	98	众数	84
9	78	标准差	10.85465473
10	84	方差	117.8235294
11	83	峰度	0.381471698
12	78	偏度	-0.816313363
13	96	区域	46
14	62	最小值	52
15	84	最大值	98
16	76	求和	2800
17	52	观测数	35
18	69	最大(1)	98
19	84	最小(1)	52
20	81	置信度(95.0%)	3.72870434
21	88		
22	70		

图 10-11 “描述统计”输出结果

2. 运用插入函数计算

根据例 10-1 资料，描述统计分析也可用 Excel 中的“插入函数”来完成，插入函数的操作方法如下。

打开 Excel，输入原始数据 A2:A36，把光标放在某单元格如 C2，在“插入”下拉菜单中，单击“函数(F)”，出现“插入函数”对话框，也可单击插入函数快捷键 f_x 来完成。

1) 计算均值

出现“插入函数”对话框后，在“选择类别”下拉列表框中，选择“统计”，然后，选中“均值函数”AVERAGE，如图 10-12 所示。

单击“确定”按钮，在 Number1 文本框中选中计算区域 A2:A36，如图 10-13 所示。单击“确定”按钮，这时，C2 单元格中的数字表示样本资料均值为 80。

2) 计算中位数

把光标放在 C3 单元格，当出现“插入函数”对话框时，选中“中位数函数”MEDIAN，单击“确定”按钮，在 Number1 文本框中选中计算区域 A2:A36，如图 10-14 所示。单击“确定”按钮，这时，C3 单元格中的数字表示样本资料的中位数为 82。

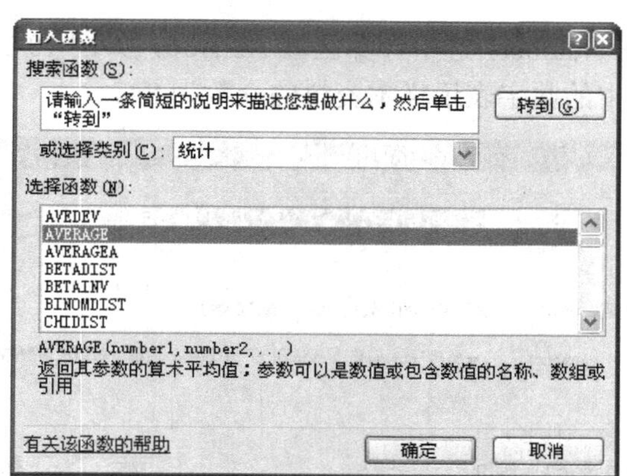

图 10-12　"插入函数"对话框

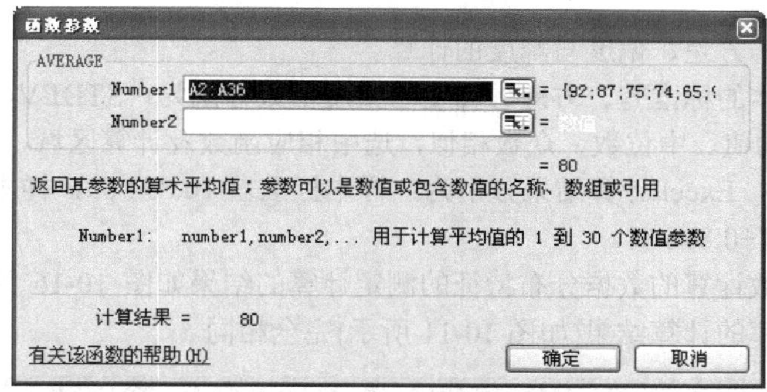

图 10-13　均值函数计算对话框

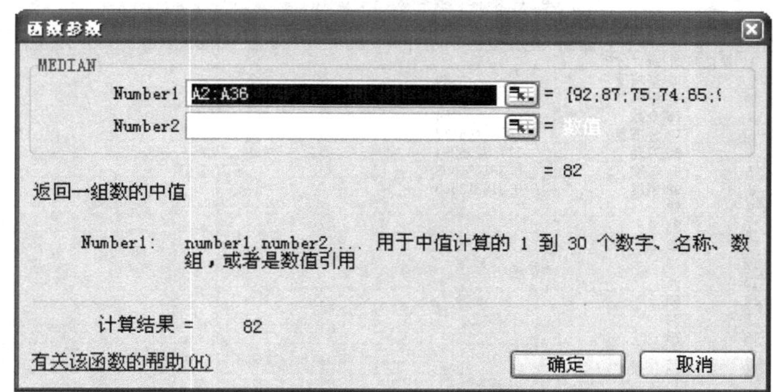

图 10-14　中位数函数计算对话框

3)　计算众数

把光标放在 C4 单元格，当出现"插入函数"对话框时，选中"众数函数"MEDIAN，单击“确定”按钮，在 Number1 选中计算区域 A2:A36，如图 10-15 所示。单击“确定”按钮，这时，C3 单元格中的数字表示样本资料的众数为 84。

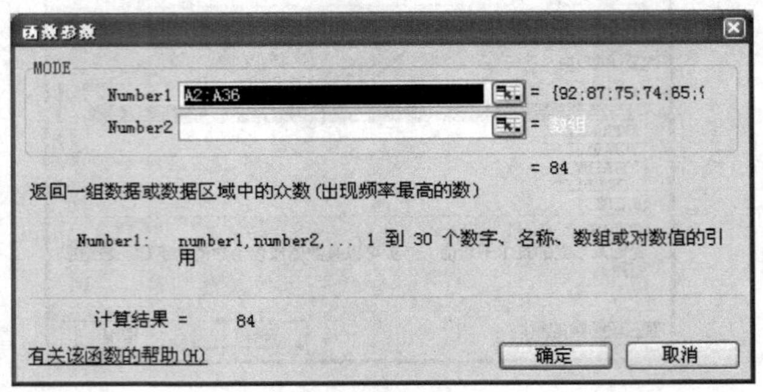

图 10-15 “众数函数”计算对话框

4) 标准差、方差、偏度与峰度的计算

已知给定样本的标准差、方差、峰度与偏度函数分别为：STDEV、VARA、KURT 和 SKEW，与计算均值、中位数、众数相似，选中相应函数及计算区域，单击“确定”按钮。根据例 10-1 资料，Excel 计算结果分别为：样本标准差 10.854 65，样本方差 117.8235，偏度 0.381 47，峰度-0.816 31。

根据插入函数计算的数据分布特征的测定计算的结果如图 10-16 所示，可以发现，这与运用分析工具库的计算结果(如图 10-11 所示)完全相同。

	A	B	C
1	原始数据	统计分析	
2	92	平均值	80
3	87	中位数	82
4	75	众数	84
5	74	标准差	10.85465473
6	65	方差	117.8235294
7	91	峰度	0.381471698
8	98	偏度	-0.816313363
9	78		
10	84		
11	83		
12	78		
13	96		
14	62		
15	84		
16	76		
17	52		
18	69		
19	84		
20	81		
21	88		

图 10-16 运用插入函数计算数据分布特征的计算结果

第三节　Excel 在统计推断中的应用

一、参数估计

【例 10-2】 利用例 7-16 中的资料，某地区对该地本科生毕业一年后的月工资情况进行了一次调查，36 名学生的月工资数据如表 7-9 所示。假定该总体服从正态分布，对其进行参数估计。要求：①计算样本均值 $\bar{x}$ 和样本标准差 s。②给定置信水平为 95%，总体均值μ的置信区间是多少？③给定置信水平 95%，总体方差σ^2的置信区间是多少？

解　根据题意，Excel 计算步骤如下。

第一步：打开 Excel，输入原始数据 A2:A37，在“工具”下拉菜单中，选择“数据分析”命令，在出现的对话框中选中“描述统计”，单击“确定”按钮，打开“描述统计”对话框。选中“输入区域”A2:A37，选中“逐列”、“汇总统计”、“平均置信度”95%，单击“确定”按钮，可得统计分析结果，如图 10-17 所示。

Microsoft Excel - Book1

	A	B	C	D
1	原始数据			
2	1950			
3	2080		列1	
4	2200			
5	1590		平均	2400
6	2140		标准误差	67.81861897
7	2080		中位数	2455
8	1690		众数	2460
9	1960		标准差	406.9117138
10	2980		方差	165577.1429
11	2500		峰度	-0.597994745
12	2600		偏度	0.02580095
13	2300		区域	1590
14	2400		最小值	1590
15	2450		最大值	3180
16	2600		求和	86400
17	2780		观测数	36
18	2590		置信度(95.0%)	137.6791152
19	2460			
20	2200			
21	1800			
22	1980			

图 10-17　某地区大学毕业生毕业一年后月工资描述统计结果

从图 10-17 可知，样本数 n=36，样本均值 $\bar{x}$=2400 元，样本标准差 s=406.912，置信度(95%)为 137.679，表示置信水平为 95%时，抽样极限误差$\Delta=t_{\alpha/2}s/\sqrt{n}$=137.679。因此，当

置信水平为95%时，总体均值μ的置信区间为$(\bar{x}-\Delta,\ \bar{x}+\Delta)$，即为(2262.32，2537.68)，这与例7-16的计算结果完全相同。

第二步：用Excel中CHIINV函数计算χ^2分布临界值。

在“插入”下拉菜单中，选择“函数(F)”命令，出现“插入函数”对话框，选中CHIINV函数，单击“确定”按钮。在Probability文本框中输入0.025，在Deg_freedom文本框中输入35，如图10-18所示，可得$\chi^2_{0.025}(36-1)=53.203$；同样，如果在Probability文本框中输入0.975，在Deg_freedom中输入35，可得$\chi^2_{0.975}(36-1)=20.569$。

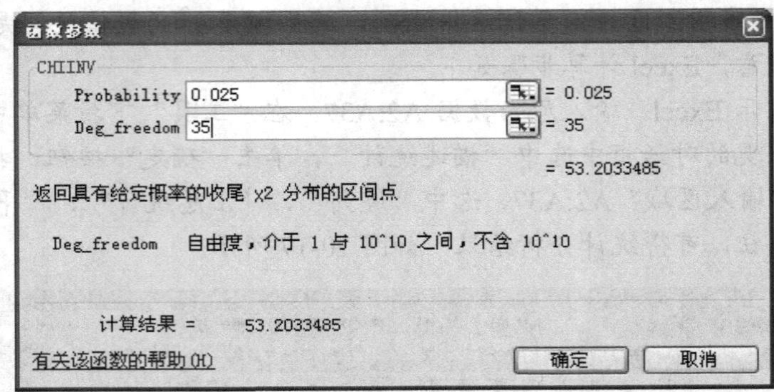

图10-18 CHIINV函数计算χ^2分布临界值

已知，n=36，s=406.912，因此，在给定置信水平95%时，总体方差σ^2的置信区间为$\left(\dfrac{(n-1)S^2}{\chi_{\alpha/2}{}^2(n-1)}<\sigma^2<\dfrac{(n-1)S^2}{\chi_{1-\alpha/2}{}^2(n-1)}\right)$，即为$(330.04^2,\ 530.80^2)$

二、假设检验

Excel中利用“分析工具库”可进行假设检验。如果是单一总体的假设检验，可以通过“描述统计”，计算相应的统计量，然后根据临界值，加以判断；如果是两个总体的假设检验，则可直接单击双样本的“t检验”或“z检验”，根据相应P值，进行统计决策。

【例10-3】 某种元件的寿命X(小时)服从正态分布$N(\mu,\ \sigma^2)$，其正常平均寿命为225小时，现随机测得16只元件寿命如表10-3所示。假定显著性水平α=0.05，根据以上数据检验该元件寿命与正常平均寿命是否存在显著性差异。

表10-3 调查样本某元件寿命数据

159	280	101	212	224	379	179	264
222	362	168	250	149	260	485	170

解 根据题意，本例为单一总体的假设检验，原假设H_0：μ=225

Excel计算步骤如下。

第一步：Excel操作。打开Excel，输入原始数据A2:A17，在“工具”下拉菜单中，单击“数据分析”选项，在出现的对话框中选中“描述统计”，单击“确定”按钮，打开“描述统计”对话框。选中“输入区域”A2:A17，选中“逐列”、“汇总统计”，单击“确定”按钮，输入结果如图10-19所示。

	A	B	C	D
1	原始数据			
2	159			
3	280		列1	
4	101			
5	212		平均	241.5
6	224		标准误差	24.6814708
7	379		中位数	223
8	179		众数	#N/A
9	264		标准差	98.7258831
10	222		方差	9746.8
11	362		峰度	1.18606666
12	168		偏度	1.08401096
13	250		区域	384
14	149		最小值	101
15	260		最大值	485
16	485		求和	3864
17	170		观测数	16

图10-19 某元件寿命统计描述结果

从图10-19可知，样本数n=16，样本均值$\overline{x}$=241.5小时，样本标准差s=98.726，所以，t检验统计量为$t=\dfrac{\overline{x}-X_0}{S/\sqrt{n}}=\dfrac{241.5-225}{98.726/\sqrt{16}}=0.67$

第二步：用Excel中TINV函数计算t分布临界值，并统计决策。

在“插入函数”对话框中，选中双尾t检验临界值TINV函数，单击“确定”按钮，在Probability文本框中输入0.05，在Deg_freedom文本框中输入15，如图10-20所示，可得$t_{0.05}(16-1)=2.131\,45$。由于t检验统计量为$0.67 < t_{0.05}=2.131\,45$，因此，落在接受域内，即接受原假设$H_0$，该元件寿命与元件正常平均寿命225不存在显著差异。

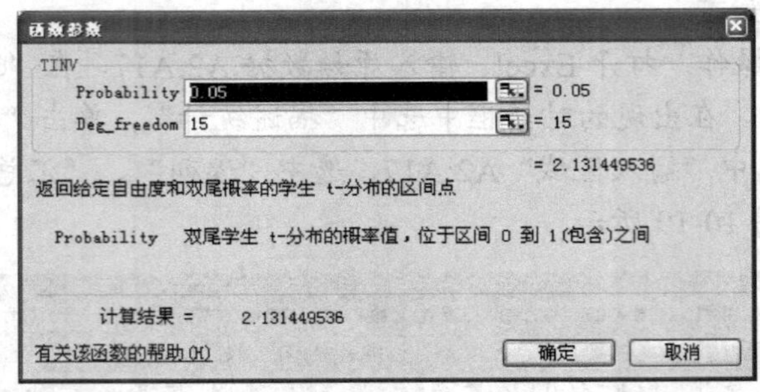

图 10-20 TINV 函数计算 t 分布临界值

三、方差分析

【例 10-4】 利用例 8-2 中的资料，假定有 4 个品牌的彩电在 5 个地区销售，对每个品牌在各地区的销售量取得以下数据(单位，台)，如表 8-4 所示。假定品牌和地区因素对彩电销售量的影响相互独立，显著性水平 α=0.05，试分析品牌和销售地区对彩电的销售量是否有显著影响。

解 根据题意，本例为无交互作用的双因素方差分析，原假设：行因素 H_0: μ_i(i=1，2，3，4)全等，列因素 H_0: μ_j(j=1，2，…，5)全等，即品牌与地区因素对销售量没有显著影响。

Excel 计算步骤如下。

第一步：Excel 操作。打开 Excel，输入原始数据 B2:F5(共 20 个数据)，在“工具”下拉菜单中，选择“数据分析”命令，在出现的对话框中选中“方差分析：无重复双因素分析”，单击“确定”按钮，打开“方差分析：无重复双因素分析”对话框。选中“输入区域”B2:F5，“标志” α为 0.05，“输出选项”为新工作表组，如图 10-21 所示，单击“确定”按钮，输出结果如图 10-22 所示。

从图 10-22 可以看到，行因素与列因素的观测数、均值、方差以及方差分析表。图中显示：行因素(品牌)所产生的误差平方和为 13 004.55，列因素(地区)误差平方和为 2011.7，随机误差项平方和为 2872.7，总误差平方和为 17 888.95，并计算了 F 统计量，以及在显著性水平 α=0.05 下的 F 临界值和 P 检验值。

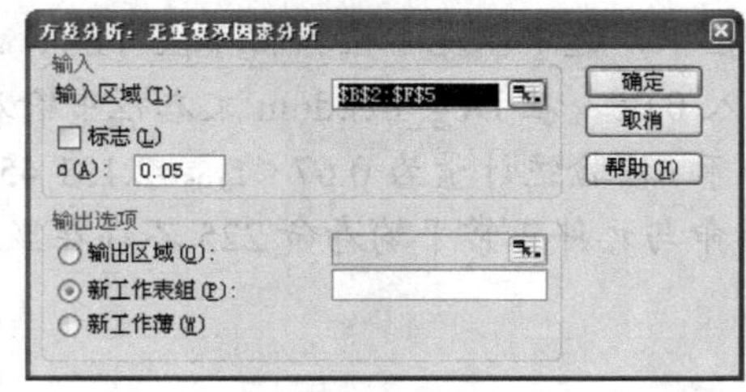

图 10-21 “方差分析：无重复双因素分析”对话框

方差分析：无重复双因素分析

SUMMARY	观测数	求和	平均	方差
行 1	5	1721	344.2	233.7
行 2	5	1739	347.8	295.7
行 3	5	1685	337	442.5
行 4	5	1424	284.8	249.2
列 1	4	1356	339	1224.6667
列 2	4	1321	330.25	1464.25
列 3	4	1357	339.25	822.91667
列 4	4	1273	318.25	1538.9167
列 5	4	1262	315.5	241.66667

方差分析

差异源	SS	df	MS	F	P-value	F crit
行	13004.55	3	4334.85	18.107773	9.456E-05	3.4902948
列	2011.7	4	502.925	2.1008459	0.1436649	3.2591667
误差	2872.7	12	239.39167			
总计	17888.95	19				

图 10-22 品牌与地区影响的无重复双因素方差分析输出结果

第二步：统计决策。

由图 10-22 可知，行因素(品牌)F 检验统计量为 18.107 77，大于 F 临界值 3.4903，而列因素(地区)F 检验统计量为 2.1008，小于 F 临界值 3.2592，因此，行因素拒绝原假设，即品牌对销售量有显著差异，而列因素接受原假设，即地区对销售量无显著性影响。

此外，直接从 P 检验值也可得出结论，检验行因素的 P 值=9.456E-05 < α=0.05，因此，拒绝原假设 H_0，即品牌对销售量有显著影响。检验列因素的 P 值=0.143 66 > α=0.05，因此，接受原假设 H_0，则地区对销售量无显著影响。

通过比较，我们可以发现，上述分析与第八章中的例 8-2 无重复双因素方差分析的结论完全相同。

【例 10-5】 利用例 8-3 中的资料，交通管理部门为研究不同路段和不同时段对行车时间的影响，通过试验，共获得 20 个行车时间的数据，其中，行因素(时段)有 2 个水平(高峰期和非高峰期)，重复观测 5 次，列因素(路段)有 2 个水平，资料如表 8-8 所示。已知路段、时段对行车时间的影响不相互独立，试分析路段、时段以及路段和时段的交互作用对行车时间的影响。(α=0.05)

解 根据题意，本例为有交互作用的双因素方差分析，原假设：行因素(时段)对行车时间没有显著影响；列因素(路段)对行车时间没有显著影响；时段与路段的交互作用对行车时间没有显著影响。

Excel 计算步骤如下。

第一步：Excel 操作。打开 Excel，输入原始数据 B2:C11(20 个数据)，在“工具”下拉菜单中，选择“数据分析”命令，在出现的对话框中选中“方差分析：可重复双因素分析”，单击“确定”按钮，打开“方差分析：可重复双因素分析”对话框。这里需要注意，在“方差分析：可重复双因素分析”的“输入区域”里，隐含了行标志和列标志的条件，因此，在输入数据所在单元格时，必须在数据所在行上移一行，在数据所在列左移一列。在本例中，选中“输入区域”A1:C11，“标志”α为 0.05，“每一样本的行数”表示每一组合重复观测的个数，本例填入数据 5，“输出选项”为新工作表组，如图 10-23 所示。单击“确定”按钮，输出结果如图 10-24 所示。

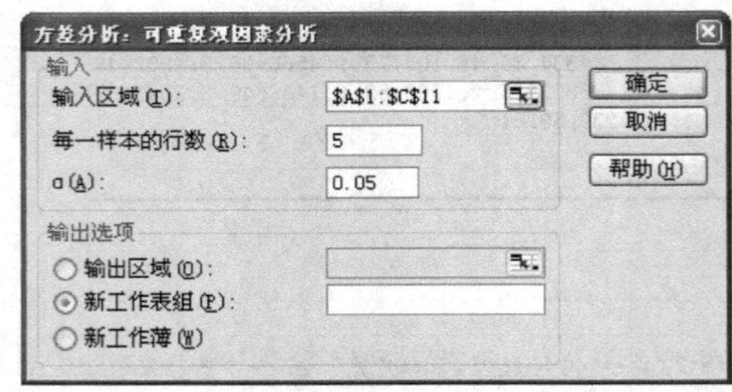

图 10-23　“方差分析：可重复双因素分析”对话框

	A	B	C	D	E	F	G
13	平均	19.4	15.2	17.3			
14	方差	5.3	6.7	10.23333			
15							
16	总计						
17	观测数	10	10				
18	求和	224	181				
19	平均	22.4	18.1				
20	方差	12.93333	13.43333				
21							
22							
23	方差分析						
24	差异源	SS	df	MS	F	P-value	F crit
25	样本	174.05	1	174.05	44.06329	5.7E-06	4.493998
26	列	92.45	1	92.45	23.40506	0.000182	4.493998
27	交互	0.05	1	0.05	0.012658	0.911819	4.493998
28	内部	63.2	16	3.95			
29							
30	总计	329.75	19				

图 10-24　路段与时段影响的可重复双因素方差分析输出结果

在图 10-24 中，“样本”的 SS 表示行因素的离差平方和 SSR，“内部”的 SS 表示剩余因素的离差平方和 SSE。

从图 10-24 中可以看出，行因素(时段)与列因素(路段)的观测数、均值、方差以及方差分析表。图中显示：行因素(时段)所产生的误差平方和为 174.05，列因素(路段)的误差平方和为 92.45，时段与路段交互作用的离差平方和为 0.05，随机误差项平方和为 63.2，总误差平方和为 329.75，并计算了 F 统计量，以及在显著性水平 α=0.05 下的 F 临界值和 P 检验值。

第二步：统计决策。

由图 10-24 可知，行因素(时段)F 检验统计量为 44.063，大于 F 临界值 4.494，列因素(路段)F 检验统计量为 20.405，大于 F 临界值 4.494，而时段与路段交互作用的 F 检验统计量为 0.013，小于 F 临界值 4.494。因此，行因素与列因素均拒绝原假设，路段与时段的交互作用接受原假设，即时段与路段对行车时间有显著性影响，而路段与时段的交互作用对行车时间无显著影响。

从 P 检验值来看，检验行因素的 P 值=5.7E−06 < α=0.05，因此，拒绝原假设 H_0，即时段对行车时间有显著影响。检验列因素的 P 值=0.000182 < α=0.05，因此，拒绝原假设 H_0，则路段对行车时间也有显著影响。检验交互作用的 P 值=0.912 > α=0.05，因此，路段与时段的交互作用对行车时间没有显著差异。

通过比较，我们可以发现，上述分析与第八章中的例 8-3 中的可重复双因素方差分析的结论完全相同。

第四节　Excel在相关与回归分析中的应用

回归分析常用的经济统计软件有 Eviews、Stata、Spss 等。在第九章一元与多元线性回归分析中，我们介绍了利用 eviews 统计软件进行回归分析的操作方法，本节主要介绍如何采用 Excel 办公软件，进行比较简单的相关与回归分析。

【例 10-6】 已知某省 1980—2006 年国内生产总值 GDP 与金融保险业增加值(单位：亿元)的数据如表 10-4 所示，要求：①计算某省金融业增加值(变量 x)和全省 GDP(变量 y)的相关关系；②以全省 GDP 为因变量 y，金融保险业增加值为自变量 x，建立线性回归方程，并对回归系数进行显著性检验(显著性水平 α设定为 0.1)。

表 10-4　1980—2006 年某省 GDP 与金融保险业增加值　　单位：亿元

年份	全省 GDP(变量 y)	金融业增加值(变量 x)	年份	全省 GDP(变量 y)	金融业增加值(变量 x)
1980	185.85	4.53	1983	290.36	6.76
1981	209.34	4.74	1984	339.92	7.98
1982	249.65	6.1	1985	368.75	8.94

续表

年份	全省 GDP(变量 y)	金融业增加值(变量 x)	年份	全省 GDP(变量 y)	金融业增加值(变量 x)
1986	458.74	11.76	1997	5733.97	214.50
1987	577.38	12.74	1998	6519.14	242.37
1988	667.53	20.84	1999	7315.51	271.07
1989	846.69	34.25	2000	7919.12	268.20
1990	1155.37	46.8	2001	8464.31	283.47
1991	1381.39	72.7	2002	9662.23	371.53
1992	1559.03	82.46	2003	10 647.71	369.20
1993	1893.30	94.83	2004	11 735.64	364.18
1994	2447.54	122.79	2005	13 625.87	418.57
1995	3431.86	146.02	2006	16 039.46	461.80
1996	4516.63	191.17			

解 Excel 中，主要通过“分析工具库”进行数据的相关与回归分析，Excel 分析操作步骤如下。

(1) 求相关系数。

打开 Excel，输入原始数据 B1:C28，在“工具”下拉菜单中，选择“数据分析”命令，在出现的对话框中选中“相关系数”，单击“确定”按钮，打开“相关系数”对话框。选中“输入区域”B1:C28、“逐列”、“标志位于第一行”、“输出区域”任选一单元格如 D5，如图 10-25 所示，单击“确定”按钮，在 D5 处输出结果如图 10-26 所示。

从图 10-26 可以看出，1980—2006 年某省 GDP 与金融保险业增加值的相关系数为 0.986822，即二者高度正相关。

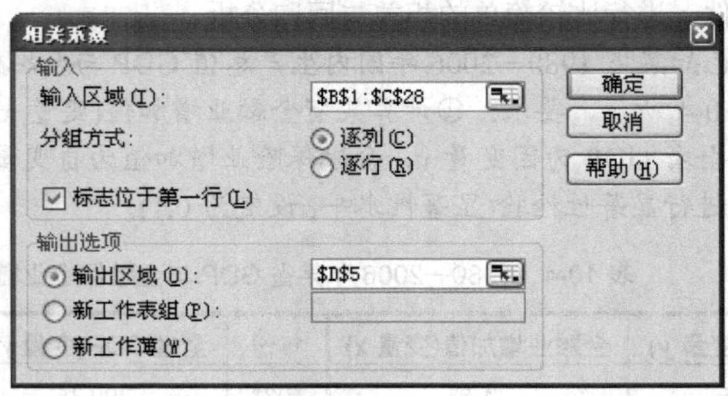

图 10-25 相关系数计算对话框

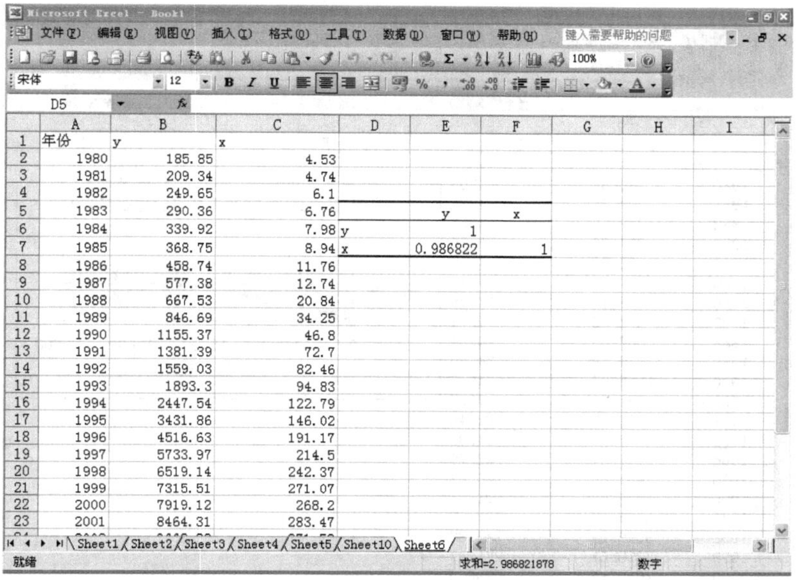

	A	B	C	D	E	F
1	年份	y	x			
2	1980	185.85	4.53			
3	1981	209.34	4.74			
4	1982	249.65	6.1			
5	1983	290.36	6.76		y	x
6	1984	339.92	7.98	y	1	
7	1985	368.75	8.94	x	0.986822	1
8	1986	458.74	11.76			
9	1987	577.38	12.74			
10	1988	667.53	20.84			
11	1989	846.69	34.25			
12	1990	1155.37	46.8			
13	1991	1381.39	72.7			
14	1992	1559.03	82.46			
15	1993	1893.3	94.83			
16	1994	2447.54	122.79			
17	1995	3431.86	146.02			
18	1996	4516.63	191.17			
19	1997	5733.97	214.5			
20	1998	6519.14	242.37			
21	1999	7315.51	271.07			
22	2000	7919.12	268.2			
23	2001	8464.31	283.47			

Sheet1 Sheet2 Sheet3 Sheet4 Sheet5 Sheet10 Sheet6

就绪　求和=2.986821878　数字

图 10-26　某省 GDP 与金融保险业增加值相关系数输出结果

(2) 回归分析。

第一步：作某省 GDP 与金融业增加值散点图。

打开 Excel，输入原始数据 B1:C28，单击“图表向导”，选中“XY 散点图”，然后，单击“下一步”按钮，选中“数据区域”，“系列产生在”列，单击“下一步”按钮，打开如图 10-27 对话框，在“图表标题”文本框中输入“1980—2006 年某省 GDP 与金融业散点图”，在“数值(X)轴”文本框中输入“金融业增加值”，在“数值(Y)轴”文本框中输入“GDP”，单击“完成”按钮，即得某省 GDP 与金融业增加值的散点图，如图 10-28 所示。

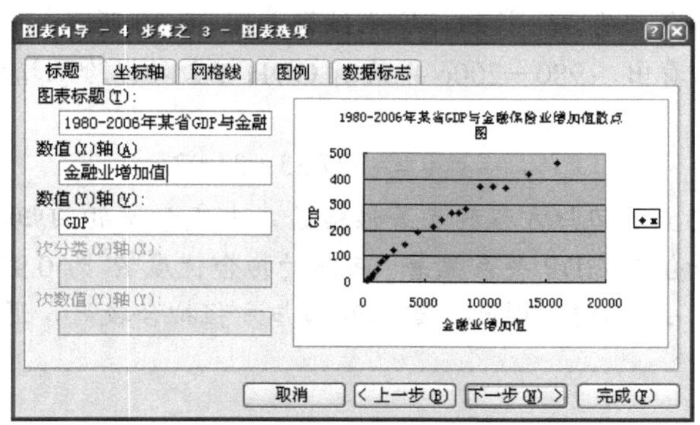

图 10-27　图表向导-图表选项对话框

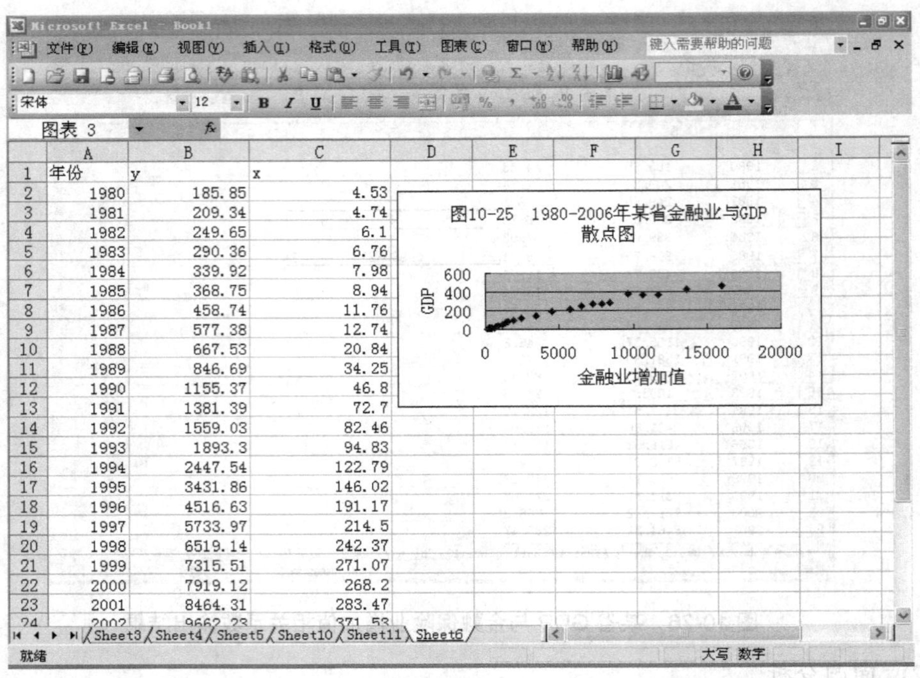

	A	B	C
1	年份	y	x
2	1980	185.85	4.53
3	1981	209.34	4.74
4	1982	249.65	6.1
5	1983	290.36	6.76
6	1984	339.92	7.98
7	1985	368.75	8.94
8	1986	458.74	11.76
9	1987	577.38	12.74
10	1988	667.53	20.84
11	1989	846.69	34.25
12	1990	1155.37	46.8
13	1991	1381.39	72.7
14	1992	1559.03	82.46
15	1993	1893.3	94.83
16	1994	2447.54	122.79
17	1995	3431.86	146.02
18	1996	4516.63	191.17
19	1997	5733.97	214.5
20	1998	6519.14	242.37
21	1999	7315.51	271.07
22	2000	7919.12	268.2
23	2001	8464.31	283.47
24	2002	9662.23	371.53

图 10-28 某省 GDP 与金融业增加值的散点图

第二步：回归分析。

由图 10-28 散点图可以判断，某省金融业增加值与 GDP 是线性关系，因此可作一元线性回归(如果根据散点图，判断估计方程是非线性回归，可对模拟方程进行适当线性变换，然后，再作线性回归)。在“工具”下拉菜单中，选择“数据分析”命令，在打开的对话框中选中“回归”，单击“确定”按钮，打开“回归”对话框。选中“Y 值输入区域”B1:B28、“X 值输入区域”C1:C28、选中“标志”、“置信度”90%，“输出选项”为新工作表组，如图 10-29 所示。单击“确定”按钮，输出结果如图 10-30 所示。

从图 10-30 可以看出，1980—2006 年某省 GDP 与金融保险业增加值相关系数的回归方程为

$$\hat{y} = -377.33 + 31.02x$$

图 10-30 中还列出了回归方程的显著性检验，自变量 x 的回归系数 t 检验的 P 值小于 0.1，说明金融业增加值与 GDP 关系显著；回归的拟合优度 R^2 为 0.973817，F 值为 929.833，F 检验的 P 值 0.00，小于 0.1，因此，建立的回归方程拟合较好，通过显著性检验。

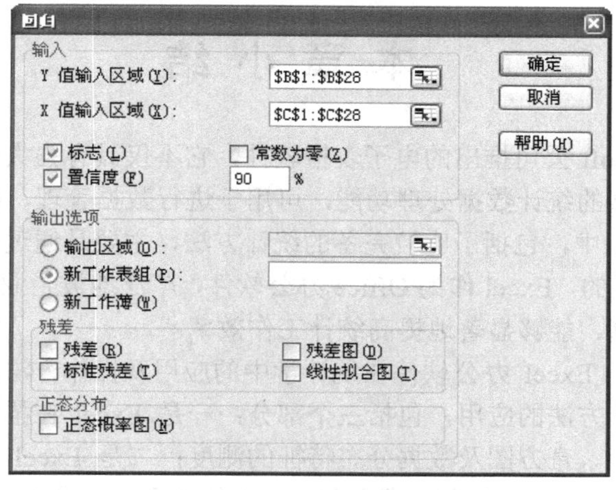

图 10-29　回归分析计算对话框

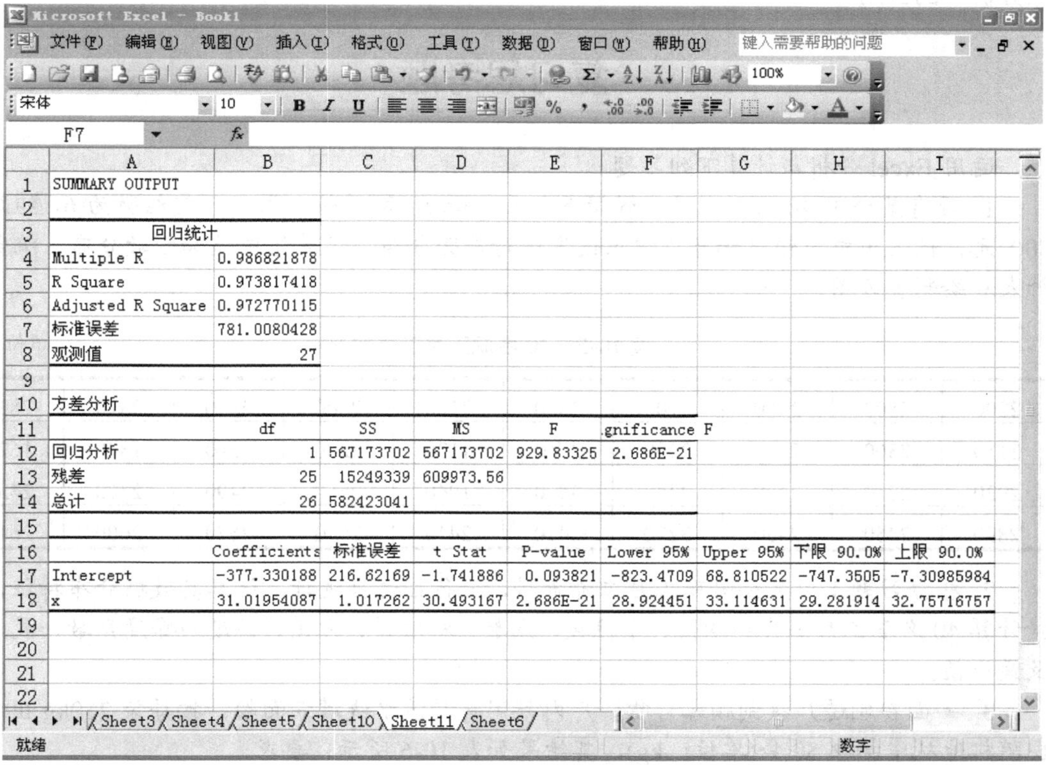

	A	B	C	D	E	F	G	H	I
1	SUMMARY OUTPUT								
2									
3	回归统计								
4	Multiple R	0.986821878							
5	R Square	0.973817418							
6	Adjusted R Square	0.972770115							
7	标准误差	781.0080428							
8	观测值	27							
9									
10	方差分析								
11		df	SS	MS	F	gnificance F			
12	回归分析	1	567173702	567173702	929.83325	2.686E-21			
13	残差	25	15249339	609973.56					
14	总计	26	582423041						
15									
16		Coefficients	标准误差	t Stat	P-value	Lower 95%	Upper 95%	下限 90.0%	上限 90.0%
17	Intercept	-377.330188	216.62169	-1.741886	0.093821	-823.4709	68.810522	-747.3505	-7.30985984
18	x	31.01954087	1.017262	30.493167	2.686E-21	28.924451	33.114631	29.281914	32.75716757

图 10-30　某省 GDP 与金融保险业增加值相关参数回归分析输出结果

本章小结

Excel 是 Microsoft 公司推出的电子表格软件，它不仅具有强大的电子表格处理能力，而且附带有内容丰富的统计数据处理功能，可用于进行数据管理、数据处理、数据分析和绘制图表。在 Excel 中，包括了比较完备的统计方法，主要是通过利用“分析工具库”及“插入函数”来完成的。Excel 作为 Office 办公软件，广泛地被企业和个人所使用，应用极为普遍，且易学易懂，能够显著地提高统计工作效率。

本章主要介绍了 Excel 办公软件在统计学中的应用及操作方法，主要通过举例来说明本教材所讲授的统计方法的应用，包括三个部分：一是 Excel 在描述统计中的应用，主要是数值型数据的整理、直方图及数据分布特征的测度；二是 Excel 在统计推断中的应用，主要是如何运用 Excel 对数据进行参数估计、假设检验及方差分析；三是 Excel 在相关与回归分析中的应用。

复习思考题

运用 Excel 分析与计算下列习题。

1. 现有某公司 40 名职工月工资情况如表 10-5 所示(单位：元)，假定组数为 6，组距为 500 元，试采用重合组限和开口组限设置进行等距分组，计算组中值和频数分布、编制统计表和绘制直方图。

表 10-5　40 名职工月工资情况　　单位：元

2200	2500	2450	3100	3800	2100	2800	2240	2310	2830
3110	2300	2450	2390	2740	1130	2200	1540	1890	1620
2930	2710	2700	2380	3590	1940	2550	2490	2370	2430
2890	2450	2430	3270	2470	2410	2510	2570	2600	2610

2. 根据习题 1 中某公司职工月工资资料，进行描述性统计，计算其数据分布特征，包括计算 40 名职工月工资的均值、中位数、众数、标准差、方差、偏度与峰度系数、最大值及最小值。

3. 一面粉制造厂接到顾客订货，厂内采用自动流水线灌装面粉，按每袋 250kg 出售，现随机地从中抽取 50 袋(单位：kg)，其结果如表 10-6 所示。要求：

(1) 计算样本均值 $\bar{x}$ 和样本标准差 s。

(2) 给定置信水平 95%，求总体均值 μ 的置信区间。

(3) 在显著性水平为 5%的情况下，判断每袋面粉的重量是否合格。

表 10-6　50 袋面粉的重量资料　　单位：kg

253	247	250	249	251	250	252	248	254	253
231	254	249	250	246	250	252	253	249	248
246	251	254	249	248	253	250	251	247	250
247	253	252	248	251	251	247	250	253	249
250	253	250	251	247	253	251	249	252	251

4. 某产品在某市平面媒体持续发布广告，为了了解广告效果，在该市 5 家大型超市对于当天购买该产品的人次，以及对该产品广告的认知程度进行了调查，如表 10-7 中的资料。要求：试采用无交互作用的双因素方差分析，在显著性水平 α=0.05 的情况下，判断广告和超市对购买该产品人次的总体均值是否存在显著影响。

表 10-7　某产品广告效果调查　　单位：人次

水　平		是否知道广告	
		不知道	知道
超市	A	152	215
	B	178	230
	C	198	240
	D	175	351
	E	154	298

5. 对 10 个城市的人均年收入和人均 GDP 的调查数据如表 10-8 所示(单位：元)，要求：

(1) 计算人均年收入和人均 GDP 的相关系数。

(2) 以人均年收入为因变量，人均 GDP 为自变量，拟合线性回归方程，并对其进行显著性检验(显著性水平 α=0.05)。

(3) 预测当人均 GDP 达到 80 000 元时的人均年收入水平，及其在显著性水平 α=0.05 下的置信区间。

表 10-8　对 10 个城市人均年收入与人均 GDP 的调查数据　　单位：元

人均年收入(y)	26 950	24 510	18 050	11 280	14 850	19 750	17 800	8860	16 800	23 040
人均 GDP(x)	62 890	59 670	29 880	14 867	18 950	29 750	36 740	20480	35 790	49 860

第十一章

统计分析与统计报告

学习目标：通过本章的学习，了解统计分析的概念、形式和统计分析的一般步骤；熟悉统计分析的各种方式；掌握统计分析报告的含义和作用，了解统计分析报告的结构，并能结合实际资料撰写统计分析报告。

关键概念：统计分析(statistics analysis)　统计分析方法(statistics analysis method)　统计分析报告(statistics analysis report)

第一节　统计分析概述

一、统计分析的概念和特点

1. 统计分析的概念

统计分析，就是运用各种统计综合指标和方法，将丰富的统计资料和生动的具体情况结合起来，对社会经济现象的各个方面进行分析研究，从而揭示其发展变化的规律性，提出解决问题的办法的一种逻辑思维活动。

2. 统计分析的作用

统计分析是整个统计工作的一个重要阶段，是统计工作的最终环节，是充分发挥统计整体职能的关键环节，其好坏直接影响统计的质量。在统计实践中，只有开展统计综合分析，才能更好地发挥统计的作用，为各级领导和有关方面的公众提供有数据、有分析的资料，为制订计划和规划，实行宏观调控，决定有关方针、政策，提供科学依据。具体表现在以下几个方面。

(1) 全面、准确地反映客观情况。统计分析从数量上、总体上认识客观事物，既是人们认识上的需要，使认识更加清晰、明确，又可以避免以偏概全，使我们的认识较为全面和正确。

(2) 深入地把握社会经济现象的规律性。只有对客观现象总体的数量方面进行分析，才能获得规律性的认识。

(3) 参与社会经济管理。统计分析把数据、情况、问题、建议等融为一体，既有定量分析，又有定性分析，比一般统计数据更集中、更系统、更清楚地反映客观实际，又便于

研究、理解和利用，因而是发挥统计信息、咨询、监督作用的主要手段。与此同时，也提高了统计工作的社会地位。

3. 统计分析的特点

(1) 以统计数据为基础，定量与定性分析相结合。统计数字是统计分析最主要的源泉，是统计分析的主要语言。一篇好的统计分析报告通常是自始至终利用统计数字进行分析。

(2) 综合运用多种分析方法。统计分析要采用分组分析法、对比分析法、集中趋势分析法、离中趋势分析法、指数因素分析法、相关分析法、综合评价分析法等多种统计方法进行分析。

(3) 统计分析要将数字与实际情况相结合，不能离开实际情况单纯地罗列数字，不能就数字论数字。有些情况不可能用统计数字来反映，若单凭统计数字进行分析，往往难于把问题说清楚，也不易把问题产生的原因和情况弄明白，因此，要密切结合数字背后的实际情况进行分析，以便得出具体而确切的分析结论。

(4) 统计分析要具有时效性，这是保证统计信息价值的重要条件，不适时统计分析是无意义的活动。

二、统计分析的形式

1. 按照研究的内容划分，有综合分析和专题分析

综合分析是从整体上对研究对象的各个方面带有全局性的问题进行的系统性分析研究，如国民经济综合分析、部门综合分析、地区综合分析、企业综合分析等。专题分析是对社会经济发展的某一方面、某一环节的现象中重大问题或关键问题所进行的专门分析和研究，如某企业的销售分析、某地区可持续发展分析等。

2. 按照研究对象的层次划分，有宏观、中观和微观统计分析

宏观分析主要是指对国民经济的发展目标和总任务、战略重点、战略步骤、总量变动及发展规律等问题所进行的分析。国民经济要保持长期、稳定、协调、持续的发展，要有长远规划；地区、部门的发展也要有长远规划和目标，统计分析通过对大量、全面的资料的研究，可以对制定、检查战略和各项有关方针政策提供依据，促进各项事业的发展。微观分析主要是指对个别消费者、生产者、企业和单位的经济活动的数量变化和发展规律所进行的统计分析。在实际工作中，运用最广泛的是对企业经营管理、产品营销和经济效益方面的分析研究。

3. 按照观察时间不同划分，有定期分析和预计分析

定期分析是指在一定时期内对生产经营活动情况的全面分析。预计分析是指在报告期尚未结束前，根据计划完成进度，结合主客观条件，预计到计划期结束前任务完成情况的

一种分析。

此外，按照分析的类型划分，还可以分为调查型、说明型、情报型、公报型、研究型、预测型和报道型等；按照统计认识作用的层次不同，可分为状态分析、规律分析和前景分析。统计分析的不同形式，反映的统计分析的内容和要求都不一样，因此，应根据不同情况搞好分析研究，写好分析报告，体现统计分析的广泛性和多样性特征，防止统计分析的公式化和固定化。

三、统计分析的一般步骤

统计分析的一般步骤如下。

1. 选择并确定研究课题

选择课题是指从客观存在的现实和大量的统计资料中选择出所要研究和反映的对象，确定研究目的和范围，规划主题思想和基本内容。准确地选择研究课题，是统计分析成功的关键。选题准确可以提高统计分析的价值，并为以后的取材、构思、表达等打下一个良好的基础。

选题必须坚持两条基本原则，即价值原则和可行性原则。从实际工作来看，选题可以围绕以下方面：一是抓领导关心的问题，特别是领导亲自出的题目；二是要抓具有现实意义的和全局性工作有密切联系的课题；三要抓经济社会发展中带有苗头性、突发性的问题；四要抓改革开放和经济建设中的新情况、新问题、新经验；五要抓各方面有不同看法的重大问题；六要配合中心工作、重要会议提供的材料。

统计分析的题材可以分为三种：①任务题，即领导交办或上级部门布置的题目；②固定题，即结合日常工作或统计报表进行的定期分析，如生产单位定期的生产进度分析、气象部门定期的天气形势分析等；③自选题，即作者自选的题目。

2. 拟订分析提纲

分析提纲要紧扣分析目的和分析题目，分析提纲一般包括下列内容。

(1) 统计分析的目的和要求。

(2) 从哪些方面进行分析，要列出分析大纲及分析的细目。

(3) 从哪些方面收集资料，以及资料的来源。

(4) 收集资料的方式和方法。

分析提纲是进行统计分析的依据，但也不要受分析提纲的限制。在分析过程中可不断修改和补充分析提纲，使之更加完善。

3. 搜集、鉴别与整理资料

统计分析的依据和语言是统计资料，选择客观、详尽、代表性强、有说服力的统计资料，是搞好统计分析的又一重要前提。对于这些资料，需要分析人员注意通过收集抄录、

现场调查、日常观察、广泛阅读等来获取。

统计分析所使用的资料内容广泛，来源渠道多，包括：①统计资料。②调查情况。指在统计调查中取得的活动情况，有文字记载的，也有文字没有记载，需要统计分析人员去记录的。③见闻资料。④政策法规和有关名人言论等。

在整理资料时，要注意收集的资料是否符合客观实际，是否新颖，是否具有普遍意义。而且要注意数字资料的时效性、可比性、完整性等。对于由于种种条件的限制，不能直接取得而分析又必须使用的数字资料，可用统计中的各种估算方法，如平衡关系推算法、因素关系推算法、比例关系推算法、抽样推算法、平均发展速度内插推算法、线性插值法等来补全。由于这部分有些内容已经在本书相关章节中详细介绍，这里不再赘述。

【专栏 11-1】 统计分析的取材

统计分析的材料有多种分类，我们仅按材料的形式分类作如下说明。

(1) 统计资料。这是写作统计分析报告用得最多，也是最主要的材料，可分为以下几种。

① 定期报表资料，这主要指当年的定期报表数字资料，也包括定期的原始记录资料。

② 一次性调查资料，这里指统计普查、抽样调查、重点调查、典型调查的数字资料。

③ 统计整理资料，这里主要指历史统计资料和统计台账资料，仍是数字资料。

④ 统计分析资料，这是指已经印发的各种统计分析素材及统计分析报告。

⑤ 统计图表资料，这是指各种形式的统计图。

⑥ 统计书刊，这是指统计部门编印的有统计资料内容的书刊，如《统计年鉴》、《统计》杂志、《中国国情国力》杂志、《统计月报》、《中国信息》等。

(2) 调查资料。这是在特定的统计调查中所取得的情况或资料，是指在统计报表之外的，尚未写成统计分析资料的情况。调查资料的获得主要有以下主要方法：观察法、访谈法、问卷法、座谈法等。

(3) 业务材料。这是反映社会经济有关业务活动情况的文字材料，这些材料大多来自各业务部门以及有关的业务会议，比如计划会议、财政会议、经济工作会议等。

(4) 见闻材料。这是通过非统计调查的日常见闻所取得的情况，一是指有文字记载的，如报刊发表的一些社会现象；二是指没有文字记载的，是作者耳闻目睹的某些社会现象(如在街上发生的一些突发事件等)，这些并非特意调查的见闻，有时也称统计分析报告的材料。

(5) 政策法规。这是政府及相关部门的有关方针、政策、法律、条例、规定、决定、决议等文件材料。

(6) 有关言论。这是指古今中外的专家、学者的有关言论，这也是统计分析报告论事说理的重要材料。

(7) 书籍材料。这是指有关的教科书、论著、专著、资料书与参考性的工具书等，在书籍材料中，主要是理论材料。

(8) 报刊材料。这是报纸、期刊发表的各类材料，其中包括内部的、不定期的报刊材料。

(9) 横向材料。这是指同类地区以及市际、省际、国际之间的材料，有了这种材料，在写作统计分析报告时就便于进行横向比较。

此外，还要掌握一些必要的文学材料，如诗歌、成语、典故、谚语等，这些文学材料若在写作中运用得好，必能增加统计分析报告的生动性与可读性。

4. 运用各种方法进行系统周密的分析

运用各种统计分析方法进行系统而严密的分析研究，如综合指标法、分组法、因素分析法、动态分析法等方法对资料加工整理、归纳分析，从定量入手，以求达到对质的认识。

5. 得出结论，提出建议

通过对现象和事物的解析，并进行各种各样的比较分析后，应对所分析的问题，作出实事求是的结论，结合有关的数据、综合比较的结果，从中揭示其发展演变的规律性，对存在的问题提出建议。

6. 根据分析结果形成分析报告

统计分析报告是在对统计资料和有关情况进行研究的基础上，用简洁明确的文字叙述研究过程、表述分析研究结果的一种主要形式。

第二节 统计分析方法综述

一、统计分析方法概述

前面有关章节介绍的各种分析方法，如分组法、静态指标法、动态分析法、指数法、相关法和方差分析法等属于传统的统计分析方法。科学地在统计分析工作中运用这些方法，对现象进行综合分析研究，能够全面、深入地认识问题。现从分析综述角度对常用分析方法作概要说明。

1. 对比分析法

对比分析法是把客观事物加以比较，以达到认识事物的本质和规律并做出正确的评价。对比分析法通常是把两个相互联系的指标数据进行比较，从数量上展示和说明研究对象规模的大小、水平的高低、速度的快慢，以及各种关系是否协调。在对比分析中，选择合适的对比标准是十分关键的步骤，选择合适，才能做出客观的评价，选择不合适，评价可能得出错误的结论。对比标准存在以下几种选择。

时间标准：即选择不同时间的指标数值作为对比标准，最常用的是与上年同期比较即

“同比”，还可以与前一时期比较，此外还可以与达到历史最好水平的时期或历史上一些关键时期进行比较。

空间标准：即选择不同空间指标数据进行比较。①与相似的空间比较，如本市与某些条件相似的城市比较。②与先进空间比较，如我国与发达国家比较。③与扩大的空间标准比较，如我市水平与全国平均水平比较。

经验或理论标准：经验标准是通过对大量历史资料的归纳总结而得到的标准，如衡量生活质量的恩格尔系数、反映社会收入差距程度的基尼系数等；理论标准则是通过已知理论经过推理得到的依据。

计划标准：即与计划数、定额数、目标数对比，市场经济并不排斥科学合理的计划，因此，计划标准对统计评价仍有一定意义。

相联系的两个指标对比，表明现象的强度、密度、普遍程度，如人均国内生产总值、人口密度、人均收入以及某些技术经济指标等。

对比分析按说明的对象不同可分为单指标对比，即简单评价；多指标对比，即综合评价。在进行对比分析时应掌握的原则如下。

(1) 指标的内涵和外延可比。

(2) 指标的时间范围可比。

(3) 指标的计算方法可比。

(4) 总体性质可比。

【案例 11-1】 长三角与珠三角经济发展的地区比较

作为对全国经济发展具有较大带动作用的两大经济区，长三角与珠三角在经济活力、对外开放、吸引外资及产业结构优化升级方面具有很多共同点，但它们的经济发展也存在差异。

(一)长三角经济总量大于珠三角

2005 年长三角 GDP 总量达 33 567 亿元，珠三角 GDP 总量达 18 059 亿元，长三角是珠三角的 1.86 倍，而 2000 年长三角是珠三角的 1.92 倍，2004 年是 1.89 倍。这表明两地区经济总量的差距在逐渐缩小。

(二)经济均保持高速增长，但珠三角增速快 2.3 个百分点

2005 年两地经济均保持快速增长。长三角经济增长 13.5%，珠三角经济增长 15.8%，珠三角比长三角快 2.3 个百分点。从历史来看，珠三角的经济增长速度也高于长三角。2000—2005 年，珠三角平均经济增长速度比长三角快 1.5 个百分点。

(三)珠三角人均 GDP 高于长三角

珠三角流动人口占了相当大的比重，且该比重远远大于长三角，2005 年珠三角以常住人口计算的人均 GDP 仍高于长三角以户籍人口计算的人均 GDP，人均经济效益明显好于长三角地区。2005 年珠三角人均 GDP(常住人口平均)为 41 990 元，长三角(户籍人口平均)

为 4 0612 元，珠三角仍比长三角高 3.4%。

(四)两地城乡居民收入不平衡

近几年，两地城乡差距在进一步扩大。2005 年长三角城镇居民人均可支配收入 15 607 元，农村居民人均纯收入为 7109 元，前者是后者的 2.2 倍，而 2000 年前者只是后者的 2 倍。2005 年珠三角城乡差距大于长三角。2005 年珠三角城镇居民人均可支配收入 17 477 元，而农村居民人均纯收入只有 6331 元，前者是后者的 2.8 倍。

(五)长三角财政收入是珠三角的 2.62 倍

2005 年，长三角财政收入为 3174 亿元，珠三角为 1211 亿元，长三角财政收入是珠三角的 2.62 倍。这种差距随着长三角经济近几年的崛起有扩大的趋势，2004 年长三角财政收入是珠三角的 2.58 倍，2003 年是 2.28 倍，2002 年是 2.02 倍。

(六)长三角对外贸易发展以较高速度超过珠三角

近几年长三角对外贸易以较高速度增长，两地区 2001—2005 年对外贸易总额比较如表 11-1 所示。

表 11-1　2001－2005 年双三角地区对外贸易总额比较

贸易额/亿美元	2001 年		2004 年		2005 年	
		比上年增长/%		比上年增长/%		比上年增长/%
长江三角洲	1381	11.73	4012	44.85	5024	25.21
进口	641	13.45	1929	42.15	2265	17.42
出口	740	11.92	2083	47.42	2759	32.45
珠江三角洲	1684	11.67	3418	26.04	4107	20.17
进口	776	9.92	1596	26.47	1836	15.04
出口	908	7.20	1822	25.65	2271	24.58
全国	5097	7.46	11 545	35.66	14 219	23.16
进口	2435	8.17	5612	35.95	6599	17.61
出口	2661	6.78	5933	35.39	7619	28.43
占全国的比重/%		年增长百分点		年增长百分点		年增长百分点
长江三角洲	27.09	1.03	34.75	6.17	35.33	0.58
进口	26.32	1.23	34.37	1.11	34.32	−0.05
出口	28.22	1.29	35.11	2.87	36.21	1.10
珠江三角洲	33.04	1.25	29.60	−4.51	28.88	−0.72
进口	31.87	0.51	28.44	−2.13	27.82	−0.62
出口	34.12	0.14	30.71	−2.39	29.79	−0.92

2005 年，长三角对外贸易总额比上年增长 25.21%，珠三角对外贸易总额增长 20.17%，长三角比珠三角快 5 个百分点。2004 年长三角比珠三角快 18.8 个百分点，到 2005 年，长三角对外贸易总额占全国的比重从 2001 年的 27.09%上升到 35.33%，而珠三角对外贸易总额占全国的比重由 2001 年的 33.04%下降到 28.88%，长三角在我国对外贸易的发展中具有越来越重要的地位。

(七)产业结构趋同

2005 年长三角和珠三角的一、二、三产业结构分别为 4:55:41 和 3:51:46，这种产业构成与全国相比有较明显的特点，一是第一产业均比全国水平低 10 个百分点左右；二是第二、三产业比重不同程度地高于全国水平，但两个三角洲相比较，具有明显的特点：一是制造业成为两地经济发展的主动力，两地第二产业比重分别为 55%和 51%，不仅远远高于全国平均 47%的水平，也是世界各国中的最高水平.在两地所辖的 30 个市中，第二产业比重超过 60%的就有 6 个，低于 50%的只有 4 个，其中苏州市的第二产业比重甚至高达 66.6%。二是两地吸引外商直接投资占全国的 59.3%、进出口贸易额占全国 64.2%，是我国成为世界加工厂的主战场。三是第三产业发展空间很大，两地的第三产业比重比 2004 年世界平均水平低 20 多个百分点，比低收入国家的 51.5%也低近 10 个百分点。

两地区 2001—2005 年三次产业结构比较如表 11-2 所示。

表 11-2　2001－2005 年双三角地区三次产业结构比较　　单位：%

产业结构	第一产业			第二产业			第三产业		
	2001 年	2004 年	2005 年	2001 年	2004 年	2005 年	2001 年	2004 年	2005 年
长三角	6.6	4.6	4.1	51.7	55.8	55.0	41.7	39.6	40.9
珠三角	5.3	3.8	2.8	49.5	53.8	50.9	45.2	42.4	46.3
全国平均	14.1	13.1	12.5	45.2	46.2	47.3	40.7	40.7	40.2

(资料来源：http://www.stats.gov.cn/tjfx/fxbg/t20061025_402360163.htm)

分析：本案例将长三角与珠三角经济发展在经济总量、发展速度、人均 GDP 等 7 个方面进行比较，给读者一个清晰的印象，而且有理有据。

2. 结构分析法

结构分析法是在统计分组的基础上，计算各组成部分所占比重，进而分析某一总体现象的内部结构特征、总体的性质、总体内部结构依时间推移而表现出的变化规律性的统计方法。结构分析法的基本表现形式，就是计算结构指标，这是指总体各个部分占总体的比重，因此总体中各个部分的结构相对数之和，即等于 100%。

通过结构分析可以认识总体构成的特征，例如，某地区近五年来高新技术产品比重第一年占 20%，第三年占 32%，第五年占 51%，表明产业结构向高新技术产业的转变。结构分析也可以揭示现象之间的依存关系，如研究商业企业中商品销售额与流通费用的依存关系，可将各商品销售额分组，计算每个组相应的商品流通费用。例如，某市年销售额 300 万元以上的企业占 15%，每万元商品销售额中的流通费为 6.0 元，而 300 万元以下的企业占 85%流通费用率为 8.5～11.2 元，说明销售规模越大的企业流通费用越少。

【案例 11-2】 服务业内部构成比例变化趋势

随着宁波服务业的较快发展，服务业发展领域迅速扩展，但现阶段依然以传统行业为主导产业。商品交易市场的发达，促进了相关的托运业、金融保险业、房地产开发业、租赁业、旅馆业、餐饮业、电信业等的快速发展。居民收入增加，生活水平的提高，对各类服务的需求也日益多样化，一些新兴行业在不断涌现，如房地产经纪与代理业、物业管理业、旅游业、广告业、公证业、咨询服务业、家政服务业、社区服务业等行业得到迅速发展。如表 11-3 所示，当前宁波服务业构成中主要以交通运输、仓储及邮政业，批发和零售业，住宿和餐饮业，金融业，房地产业等为主。

表 11-3　2004—2007 年宁波服务业构成表

项　目	2004		2005		2006		2007	
	增加值/亿元	占第三产业的比重/%	增加值/亿元	占第三产业的比重/%	增加值/亿元	占第三产业的比重/%	增加值/亿元	占第三产业的比重/%
第三产业	821.48		975.59		1151.55		1384.63	
交通运输、仓储和邮政业	90.57	11.0	112.11	11.5	135.37	11.8	152.97	11.0
批发和零售业	186.79	22.7	215.30	22.1	251.89	21.9	303.06	21.9
住宿和餐饮业	34.75	4.2	38.26	3.9	44.34	3.9	50.77	3.7
金融业	100.31	12.2	137.37	14.1	181.56	15.8	230.42	16.6
房地产业	125.93	15.3	124.93	12.8	146.11	12.7	182.07	13.1

新兴服务业快速发展，2007 年金融业增加值在服务业中所占份额比 2004 年提高 4.4 个百分点，2007 年房地产业增加值 182.07 亿元，在服务业中所占份额达 13.1%，信息传输、计算机服务和软件业占 4.9%。虽然金融、信息服务等生产性服务业的带动作用开始显现，教育培训、动漫、创意等需求潜力大的各种新型业态层出不穷，提升了服务业对国民经济特别是对制造业的支撑能力，但交通运输、批发和零售贸易餐饮等传统产业的主导地位并未改变，2007 年宁波服务业构成中交通运输、仓储及邮政业，批发和零售贸易，餐饮业等传统服务业占全部服务业比重达到了 36.5%。2004—2006 年这一比重分别为 37.99%、37.48%和 37.47%。从以上变化可以看出，虽然宁波服务业还是以传统服务业为主，但传统服务业所占份额呈现出明显的下降趋势。

(资料来源：http://www.stats.gov.cn/tjfx/dfxx/t20080807_402497497.htm)

分析：本案例利用结构分析法表明当前宁波服务业构成中主要以交通运输、仓储及邮政业，批发和零售业，住宿和餐饮业，金融业，房地产业等为主，同时新兴服务业快速发展，但传统服务业所占份额呈现出明显的下降趋势。

【案例 11-3】　世界 500 强企业最多的前五个国家的情况(见表 11-4)

表 11-4　世界 500 强企业最多的前五个国家的情况

位次(按企业数排列)		国家	企业数		营业额			利润额		
					总计/亿美元	占世界 500 强企业的比重/%		总计/亿美元	占世界 500 强企业的比重/%	
2006 年	2005 年		2006 年	2005 年		2006 年	2005 年		2006 年	2005 年
1	1	美国	162	170	73 383	35.1	36.0	5881	38.5	37.5
2	2	日本	67	70	24 072	11.5	12.3	1066	7.0	8.8
3	4	法国	38	38	18 108	8.7	8.2	1125	7.4	7.0
4	5	德国	37	35	18 365	8.8	8.5	864	5.7	8.0
5	3	英国	33	38	15 448	7.4	8.7	1264	8.3	5.5

(资料来源：http://www.stats.gov.cn/tjfx/fxbg/t20070910_402432094.htm)

分析：本案例利用结构分析法说明世界 500 强企业最多的前五个国家的企业数、营业额、利润额等方面的情况

3. 平均和变异分析法

平均和变异分析法是利用平均指标和变异指标分析社会经济现象的一般水平及差异的方法。

平均指标是同质总体中各单位某一指标值的平均数字，反映总体在一定时间、地点条件下的一般水平，如平均工资、单位产品成本、单位面积产量、平均单价等。变异指标则说明总体各单位标志值差异程度的指标，常用的变异指标是标准差和标准差系数。使用平均和变异分析法应注意以下几点。

(1) 正确的计算平均指标，必须是同质总体的平均数。

(2) 平均指标与变异指标结合运用，全面认识和评价总体，既能说明总体的一般水平，又能说明总体内部差异的程度。如甲单位月平均工资 1600 元，标准差为 60 元，标准差系数(60÷1600)为 3.75%，乙单位月平均工资为 800 元，标准差为 40 元，标准系数为(40÷800)为 5%，说明甲单位工资水平高于乙单位，差异程度低于乙单位，平均工资的代表性高于乙单位。

(3) 用组平均数补充总平均数，正确认识总体结构对平均水平的影响。

(4) 结合典型事例进行分析。

【案例 11-4】 上半年我国农民人均现金收入实际增长 10.3%

据对全国 31 个省(区、市)6.8 万户农村住户的抽样调查结果显示，上半年农民人均现金收入 2528 元，同比增长 19.8%，扣除价格因素，实际增长 10.3%。

(1) 农民的工资性收入人均 880 元，同比增长 17.9%。其中，农民务工收入人均 785 元，增长 19.3%。在务工收入中，本地务工收入人均 430 元，增长 19.0%；外出务工收入人均 355 元，增长 19.6%。

(2) 农民出售农产品的收入人均 1080 元，同比增长 22.1%。其中，出售农业产品的收入人均 576 元，增长 15.9%；出售林产品的收入人均 26 元，增长 3.2%；出售牧业产品的收入人均 444 元，增长 34.1%；出售渔业产品的收入人均 34 元，增长 10.4%。

(3) 农民家庭二、三产业生产经营收入人均 336 元，同比增长 10.5%。其中，工业收入人均 66 元，增长 2.3%；建筑业收入人均 41 元，增长 15.1%；第三产业收入人均 229 元，增长 12.4%。

(4) 农民的财产性收入人均 71 元，增长 24.0%；转移性收入人均 144 元，增长 40.1%。

(资料来源：http://www.stats.gov.cn/tjfx/jdfx/t20080724_402494133.htm)

分析：本案例利用平均指标说明了我国农民现金收入构成及增长的大致状况。

4. 动态分析法

动态分析法是以客观现象所显现出来的数量特征为标准，判断被研究现象是否符合正常发展趋势的要求，探求其偏离正常发展趋势的原因并对未来的发展趋势进行预测的一种统计分析方法。

动态分析法主要包括两个方面。第一，编制时间数列，观察客观现象发展变化的过程、趋势及其规律，计算相应的动态指标用以描述现象发展变化的特征；第二，编制较长时期的时间数列，在对现象变动规律性判断的基础上，测定其长期趋势、季节变动的规律，并据此进行统计预测，为决策提供依据。

观察编制好的时间数列，可以看出现象变化的大致过程和趋势，但要给予定量分析，必须计算各种动态分析指标：一类是动态比较指标，主要有增长量、发展速度、增长速度；一类是动态平均指标，主要有平均发展水平、平均发展速度、平均增长速度。时间数列的形成是各种不同影响事物发展变化的因素共同作用的结果，为了便于分析事物发展变化规律，通常将时间数列形成因素归纳为以下四类：长期趋势、季节变动、循环波动、不规则变动。

【案例 11-5】 2008 年上半年居民消费价格总水平状况分析

2008 年 7 月份，居民消费价格总水平同比上涨 6.3%。其中，城市上涨 6.1%，农村上涨 6.8%；食品价格上涨 14.4%，非食品价格上涨 2.1%；消费品价格上涨 7.8%，服务项目

价格上涨 1.5%。从月环比看，居民消费价格总水平比 6 月份上涨 0.1%；食品价格下降 0.1%，其中鲜菜价格上涨 4.3%，鲜蛋价格下降 0.8%。

(1) 食品类价格同比上涨 14.4%。其中，肉禽及其制品价格上涨 16.0%(其中猪肉价格上涨 12.1%)，鲜菜价格上涨 8.4%，粮食价格上涨 8.6%，油脂价格上涨 30.8%，水产品价格上涨 18.3%，鲜果价格上涨 17.4%，鲜蛋价格上涨 5.9%，调味品价格上涨 5.9%。

(2) 烟酒及用品类价格同比上涨 3.1%。其中，烟草价格上涨 0.4%，酒类价格上涨 8.1%。

(3) 衣着类价格同比下降 1.4%。其中，服装价格下降 1.5%。

(4) 家庭设备用品及维修服务价格同比上涨 3.1%。其中，耐用消费品价格上涨 1.5%，家庭服务及加工维修服务价格上涨 9.8%。

(5) 医疗保健及个人用品类价格同比上涨 3.1%。其中，西药价格上涨 1.2%，中药材及中成药价格上涨 5.4%，医疗保健服务价格上涨 0.3%。

(6) 交通和通信类价格同比下降 0.3%。其中，交通工具价格下降 1.0%，车用燃料及零配件价格上涨 22.2%，车辆使用及维修价格上涨 0.9%，城市间交通费价格上涨 4.8%，市区公共交通费价格上涨 0.5%；通信工具价格下降 19.0%。

(7) 娱乐教育文化用品及服务类价格同比下降 0.9%。其中，学杂托幼费价格上涨 0.2%，教材及参考书价格持平，文娱费价格上涨 2.0%，旅游价格下降 0.1%，文娱用品价格上涨 0.1%。

(8) 居住类价格同比上涨 7.7%。其中，水、电及燃料价格上涨 9.1%，建房及装修材料价格上涨 8.8%，租房价格上涨 3.8%。

2008 年 1—7 月份累计，居民消费价格总水平同比上涨 7.7%。其中，城市上涨 7.4%，农村上涨 8.3%；食品类价格上涨 19.5%，烟酒及用品类价格上涨 2.7%，衣着类价格下降 1.5%，家庭设备用品及维修服务价格上涨 2.6%，医疗保健及个人用品类价格上涨 3.3%，交通和通信类价格下降 1.2%，娱乐教育文化用品及服务类价格下降 0.8%，居住类价格上涨 7.0%。

(资料来源：http://www.stats.gov.cn/tjfx/jdfx/t20080812_402497789.htm)

分析：本案例利用居民消费价格指数反映我国 2008 年 1—7 月份商品价格起伏状况。

5. 平衡分析法

所谓平衡就是各个互相联系的因素之间，在数量上保持一定的合理的对应关系。平衡分析法是分析事物之间相互关系的一种方法。它分析事物之间发展是否平衡，揭示出事物间出现的不平衡状态、性质和原因，指引人们去研究积极平衡的方法，促进事物的发展。统计平衡分析的主要方法有编制平衡表和建立平衡关系式。

平衡表与一般统计表的区别在于：指标体系必须包括收入与支出、来源与使用两个对应平衡的指标。平衡表的主要形式有三种，即收付式平衡表、并列式平衡表和棋盘式平衡表，前两种形式如资产负债表、能源平衡表，后一种形式如投入产出表。

平衡关系式是用等式表示各相关指标间平衡关系的式子。如，期初库存+本期入库＝本期出库+期末库存，资产＝负债+所有者权益，增加值＝总产出－中间投入。

统计中的平衡分析基本要求和特点是：①通过有联系指标数值的对等关系来表现经济现象之间的联系；②通过有联系指标数值的比例关系来表现经济现象之间的联系；③通过任务的完成与时间进度之间的正比关系来表现经济现象的发展速度；④通过各有关指标的联系表现出全局平衡与局部平衡之间的联系。

6. 相关分析法

相关分析法是测定经济现象之间相关关系的规律性，并据以进行预测和控制的分析方法。实践中进行相关分析主要依次解决以下问题。

(1) 确定现象之间有无相关关系以及相关关系的类型。对不熟悉的现象，则需收集变量之间大量的对应资料，用绘制相关图的方法做初步判断。从变量之间相互关系的方向看，变量之间有时存在着同增同减的同方向变动，是正相关关系；有时变量之间存在着一增一减的反方向变动，是负相关关系。从变量之间相关的表现形式看有直线相关和曲线相关，从相关关系涉及的变量的个数看，有一元相关或简单相关关系和多元相关或复相关关系。

(2) 判定现象之间相关关系的密切程度，通常是计算相关系数 R，必要时应对 R 进行显著性检验，相关系数绝对值在 0.8 以上表明高度相关。

(3) 拟合回归方程，如果现象间相关关系密切，就根据其关系的类型，建立数学模型，用相应的数学表达式——回归方程来反映这种数量关系，这就是回归分析。

(4) 判断回归分析的可靠性，要用数理统计的方法对回归方程进行检验。只有通过检验的回归方程才能用于预测和控制。

(5) 根据回归方程进行内插外推预测和控制。

7. 综合评价分析法

随着统计分析活动的广泛开展，评价对象越来越复杂，简单评价方法的局限性也越来越明显。经常会出现从这几个指标看甲单位优于乙单位，从那几个指标看，乙单位优于丙单位，从其他指标看，丙单位又优于甲单位的情况，使分析者难以评价谁优谁劣，因此通过对实践活动的总结，逐步形成了一系列运用多个指标对多个参评单位进行评价的方法，称为多变量综合评价方法，或简称综合评价方法。其基本思想是将多个指标转化为一个能够反映综合情况的指标来进行评价。如不同国家经济实力，不同地区社会发展水平，企业经济效益评价等，都可以应用这种方法。

综合评价法的特点表现为：评价过程不是按逐个指标顺次完成的，而是通过一些特殊方法将多个指标的评价同时完成；在综合评价过程中，一般要根据指标的重要性进行加权处理，评价结果不再是具有具体含义的统计指标，而是以指数或分值表示参评单位“综合状况”的排序。

综合评价法的步骤：①确定综合评价指标体系，这是综合评价的基础和依据。②收集数据，并对不同计量单位的指标数据进行同度量处理。③确定指标体系中各指标的权数，以保证评价的科学性。④对经过处理后的指标进行汇总，计算出综合评价指数或综合评价分值。⑤根据评价指数或分值对参评单位进行排序，并由此得出结论。

综合评价分析指标值的计算方法很多，主要有打分综合法、打分排队法、综合指数法、功效系数法等。现将最常用的综合指数法举例介绍如下。

【案例 11-6】　某地区综合经济效益(见表 11-5)

表 11-5　某地区综合经济效益指数计算表(数字是假设的)

指　标	计量单位	权　数	标准值	报告期实际值	个体指数	分　数
甲	乙	(1)	(2)	(3)	(4)=(3)÷(2)	(5)=(1)×(4)
综合经济效益指数	分	100				104.05
社会总成本增加值率	%	20	45	46	102.22	20.44
社会总成本利税率	%	15	28	30	107.14	16.07
社会劳动生产率(按GDP 计算)	元/人	15	5900	6000	101.69	15.25
每万吨能源消耗提供的 GDP	元/万吨	10	40 000	41 000	102.50	10.25
资金产值率	%	10	60	61	101.67	10.17
资金利税率	%	10	20	22	110.00	11.00
固定资产投资效果系数	元/百元	10	0.5	0.51	102.00	10.20
新增资金经济效益指标	元/百元	10	60	64	106.67	10.67

分析：上例说明某地区综合经济效益为 104.05 分，超过了 100 分，完成得较好。表中权数和标准值是主管部门统一制定的，各地都以此为标准进行比较。可以评出优劣，并排出次序。对比的基数也可以使用本地区基期的数值、计划数值等，可视研究目的加以选择。上表的计算公式如下：

$$某指标个体指数=\frac{报告期某指标的实际值}{该项指标标准值}$$

$$综合经济效益指数=\frac{\sum(某指标个体指数\times该项指标权数)}{\sum各项指标权数}$$

由于各项指标权数之和 = 100，所以有

综合经济效益指数 = ∑(各指标个体指数×各指标权数)

8. 因素分析法

因素分析法是用来测定受多种因素影响的某种经济现象总变动中各个因素的影响方向和影响程度的一种统计分析方法。常用的因素分析方法主要有以下几种。

(1) 相关联因素的剖析，其特点不是借助于数学模型，而是根据相关因素的性质，表明其数量变化对所研究现象变动的影响关系与制约关系，它从本质上讲属于经验方法。

【案例 11-7】 2002 年上半年天津市消费品零售市场活跃，社会消费品零售总额同比增长 12.7%。促进零售市场发展的有利因素是：城市居民人均可支配收入同比增长 9.1%；大型市场发展加快，亿元以上商品商场的市场交易额同比增长 7.6%；商品房销售和装饰商品热销同比分别增长 16.6%和 86.1%；春节、“五一”两个“黄金周”是零售市场增长的亮点，二月、五月两个月社会消费品零售额大幅度增长；私营企业、个体、经济零售额同比增长 24.2 %，对全市零售总额增长的贡献率达 53.4%；餐饮业零售额同比增长 15.1%。

分析：上述因素分析未用数学表达式，但确实揭示了各因素变动对现象总变动的影响关系，可以借以认识事物的性质，为解决实际问题、推动事物发展提供了决策思路。

(2) 指数体系及其因素分析。在经济上有联系、在数字上存在等式关系的三个或三个以上的指数，称为指数体系。利用指数体系测定各影响因素对某种经济现象总体变动的方向和程度所产生的影响就是因素分析，主要有以下几种类型：对总量指标变动进行二因素分析、对总量指标变动进行多因素分析、平均指标的因素分析、指数因素分析法的扩展运用。

(3) 相加因素的分析方法。

在社会经济现象中，有一些现象的变动是由其总体内各个组成部分(或称构成因素)变动影响的结果。如工业总产值的变动是由轻工业与重工业共同变动影响的结果。由此可见，相加因素是指现象变动是各个组成因素变动的总和，常采用比重法和差额法测定总体各个组成部分的变动。

比重法是根据某因素在基数中所占比重与该因素报告期与基期的相对离差确定某因素变动对现象总量变动的影响程度。

差额法是指某因素的报告期绝对量与基期绝对量的离差与基数对比，确定某因素变动对现象总量变动影响程度，公式是

$$\text{某因素变动对现象变动的影响程度} = \frac{\text{某因素报告绝对数} - \text{该因素基期绝对数}}{\text{研究现象基期总量}}$$

【案例 11-8】 全国工业总产值发展情况(见表 11-6)

表 11-6　全国工业总产值发展情况

	基　年		报告年度		发展速度/%	各部分变动对全国工业发展的影响程度/%
	绝对值/亿元	比重/%	绝对值/亿元	比重/%		
轻工业	4316.86	45.7	5246.91	46.1	121.54	9.84
重工业	5119.48	54.3	6134.65	53.9	119.83	10.77
合　计	9436.34	100.0	11 381.56	100.0	120.61	20.61

分析：轻工业总产值变动对全国工业总产值变动的影响程度为

比重法=0.457×0.2154=0.0984 或 9.84(个百分点)

差额法=(5246.91−4316.86)÷9436.34=930.05÷9436.34=0.0985 或 9.85 个百分点

计算结果表明全国工业总产值增长了 20.61%，其中轻工业贡献了 9.84 个百分点，重工业贡献了 10.77 个百分点。

计算贡献率是因素分析的重要内容，对此不能沿用日常生活中对“贡献”的理解。贡献率因素分析中存在特定的含义，是指由于某一因素的影响，使总变动增长的份额占总变动的比重。有时贡献率还会出现负值，称为负贡献。

9. 景气分析法

景气是对经济发展状况的一种综合性描述，用以说明经济活跃的程度。所谓经济景气，是指总体经济呈上升发展趋势，呈现市场繁荣、经济总量增长速度加快的景气状态。经济不景气是指总体经济呈下滑的发展趋势，绝大部分经济活动处于收缩或半收缩状态，出现市场疲软、经济增长速度停止或迟缓、许多企业破产或倒闭、失业人数增加等现象。

景气分析法是统计分析中的一项重要内容，其研究对象是市场经济条件下宏观经济的波动，即经济运行过程中交替出现的扩张和收缩、繁荣与萧条、高涨与衰退现象。这种分析可以帮助宏观决策部门把握国民经济运行态势；帮助生产经营部门判断宏观经济走势；还可以帮助社会公众监测宏观和微观经济运行状况。

景气分析的方法主要采用时间序列分析方法、调查分析法、经济计量学方法和直接度量法等分析方法，还采用灵活多样的景气调查方法作为总量分析方法的补充。

【案例 11-9】 我国 2007.7—2008.6 宏观经济景气指数预警信号图

最近十二个月预警信号图

指标·时间	07-07	07-08	07-09	07-10	07-11	07-12	08-01	08-02	08-03	08-04	08-05	08-06
工业生产指数												
固定资产投资												
消费品零售总额												
进出口总额												
财政收入												
工业企业利润												
居民可支配收入												
金融机构各项贷款												
货币供应 M2												
居民消费价格指数												
预警指数	113	113	117	117	121	121	113	113	113	117	117	115

注：红灯（热），黄灯（偏热）；绿灯（稳定）；浅蓝灯（偏冷）；蓝灯（冷）

(资料来源：http://www.stats.gov.cn/tjsj/jdsj/hgjjqzs/t20080730_402495407.htm)

分析：通过上表可以大致了解过去 12 个月宏观经济景气状况，一目了然。

二、各种统计分析方法的综合运用

在对社会经济现象进行分析时，对于同一问题的分析，有时用一种方法分析即可，有时则要综合运用多种分析方法，并且，更多的情况下是各种分析方法的综合运用。因为只有从不同侧面、不同角度入手，运用各种不同的方法进行综合分析，才能对事物做出全面、准确的客观评价，才能真正发挥统计分析的认识社会、管理社会的作用。

【专栏 11-2】 指标赋值方法

综合评价方法中主要的内容之一是指标赋值方法，指标赋值方法主要包括对评价指标体系中各指标的无量纲处理和合成的方法。

(一)确定统一量纲的方法

在综合评价指标体系中，各个指标有不同的计量单位或计量形式；有的是通过直接计量得到的指标，有的是通过虚拟量化得到的指标。例如：在综合评价某产品如汽车的质量时，车胎耐磨程度、每小时最高速度等是可以通过直接计量得到的指标，而汽车外观质量则一般用“好、中、差”等表现，需经过虚拟，量化为 3、2、1 分等形式。不论何种形式的指标，为了统一综合评价的尺度，一般都需要进行转换，即将各种不同计量单位和计量形式转换为无量纲的形式。但也有例外。当评价指标都采取打分形式时，就无需将分数作无量纲处理。这里仅介绍几种常用的无量纲处理方法。在下面的阐述中，规定：指标取值

越大越好的为正指标，指标取值越小越好的为逆指标，指标取值要求适度的为适度指标。

1. 标准化转换方法

标准化转换的基本公式为如下。

(1) 对于正指标，有：$b_i=\dfrac{x_i-\bar{x}}{s}$

(2) 对于逆指标，有：$b_i=\dfrac{\bar{x}-x_i}{s}$

(3) 对于适度指标，则先确定出适度范围内的中值，然后指标值小于适度中值的按正指标公式计算，指标值大于适度中值的按逆指标公式计算。

上述公式中：x 表示综合评价指标体系中的某项指标，$\bar{x}$ 为该项指标的平均数，s 为该项指标的标准差，x_i 为该项指标的第 i 个变量值，b_i 为该项指标的第 i 个标准值。标准化转换可以消去计量单位不同对评价值的影响，可以把不等值的指标值换算为等值的指标值。显然，标准值的平均数为 0，方差为 1。

2. 规格化转换方法

规格化转换的基本公式如下。

(1) 对于正指标，有：$Z_i=\dfrac{x_i-x_{\min}}{x_{\max}-x_{\min}}$

(2) 对于逆指标，有：$Z_i=\dfrac{x_i-x_{\max}}{x_{\min}-x_{\max}}$

(3) 对于适度指标，则事先确定出适度范围内的中值，然后指标值小于适度中值的按正指标公式计算，指标值大于适度中值的按逆指标公式计算。

上述公式中：x 表示综合评价指标体系中的某项指标，$x_{\min}$ 和 $x_{\max}$ 分别为该项指标的最小值和最大值，x_i 为该项指标的第 i 个变量值，Z_i 为该项指标的第 i 个规格系数。规格化转换可以消去计量单位不同对评价指标的影响，其取值在 0～1 之间，显然规格系数受极端值影响。

3. 功效系数转换方法

功效系数转换的基本公式如下。

(1) 对于正指标，有：$d_i=\dfrac{x_i-x_s}{x_h-x_s}$

(2) 对于逆指标，有：$d_i=\dfrac{x_s-x_i}{x_s-x_h}$

(3) 对于适度指标，则事先确定适度范围内的中值，然后，指标值小于适度中值的按正指标公式计算，指标值大于适度中值的按逆指标公式计算。

上述公式中：x 表示综合评价指标体系中的某项指标，x_s 和 x_h 分别为该项指标的不允许值和满意值(它们是根据对事物的分析，事先确定的值)，x_i 为该项指标的第 i 个变量值，

d_i为该项指标的功效系数。功效系数的转换原理与规格系数是类似的，但其值可以大于1。

4. 指数化转换方法

指数化转换的基本公式如下。

$$\left.\begin{aligned}&(1)\ \text{对于正指标，有：}\ k_i=\frac{x_i}{x_0}\\&(2)\ \text{对于逆指标，有：}\ k_i=\frac{x_0}{x_i}\end{aligned}\right\}$$

(3) 对于适度指标，则事先确定出适度范围内的中值，然后指标值小于适度中值的按正指标公式计算，指标值大于适度中值的按逆指标公式计算。

上述公式中，x表示综合评价指标体系中的某项指标；x_0为该项指标的对比基准数值，它可以是该项指标的基期数值，报告期计划数值或标准数值、平均数值，也可以是选择的某地区或某单位的典型数值；x_i为该项指标报告期实际值；k_i为该项指标的指数值。指数化转换可以消去计量单位不同对评价指标的影响，但不能消除各项指标内部取值之间差异程度不同的影响。

(二)指标合成的方法

评价指标体系中的每项指标经过统一量纲处理以后，还必须按一定方法加以合成，得出一个综合评价指标值，以便于比较评判，这里介绍几种常用的方法。在下面的公式中设S_i和W_i分别表示第i项指标经过统一量纲处理后的数值和相应权数，G表示合成后的综合评价指标值。

1. 简单总和合成法

简单总和合成法是在不知道指标重要性权数或权数大致相等的情况下，直接将经过同度量处理的指标值经简单加总，形成一个综合值，再按照综合值的大小排出各参评单位的位次，从而达到对其进行综合评价分析的方法。

简单总和合成法的公式为：$G=\sum_{i=1}^{n}S_i$

2. 加权总和合成法

加权总和合成法是采用加权算术平均法对已经同度量处理过的资料进行加权平均求得综合值的方法。

加权总和合成法的公式为：$G=\sum_{i=1}^{n}S_iW_i$

一般要求$0<W_i<1$，且$\sum_{i=1}^{n}W_i=1$。

3. 简单乘积合成法

简单乘积合成法是在不知道指标重要性权数或权数大致相等的情况下，直接将经过同度量处理的指标值经简单相乘，形成一个综合值，再按照综合值的大小排出各参评单位的

位次，从而达到对其进行综合评价分析的方法。

简单乘积合成法的公式为：$G=\prod_{i=1}^{n}S_i$

4. 加权乘积合成法

加权乘积合成法是将已经同度量处理过的指标值的权数次幂进行相乘得综合值的方法。

加权乘积合成法的公式为：$G=\prod_{i=1}^{n}S_i^{W_i}$

在实际工作中，直接采用上述方法的情况并不多，因为多个指标值连乘以后的数值与原单个指标值差异很大，不易理解，往往采用其等价形式几何平均合成法，其公式分别为

$$G=\sqrt[n]{\prod_{i=1}^{n}S_i}\ ,\quad G=\sqrt[\sum_{i=1}^{n}W_i]{\prod_{i=1}^{n}S_i^{W_i}}$$

5. 综合记分法

综合记分法是指将指标值转换为分值，然后综合分值进行评价的方法。记分的方法多种多样，有三档、五档、七档等记分法，例如，对工业企业经济效益进行评价，设定总资产贡献率在7%～9%之间记5分，大于9%记10分，小于7%记0分，它的特点是通过设定不同的区间来消除各种随机因素的影响，从而使评价结果更接近于现实。

第三节　统计分析报告

统计分析报告就是根据统计学的基本原理和方法，运用大量统计数据来研究和反映社会经济活动的状况、成因、规律和结论的一种报告。因此，统计分析报告可以从三个方面来理解。首先，统计分析报告是一种“报告”，从写作角度看，“报告”是一种文体，它是对某种特定的客观现象，经过某种形式研究后得出的结论性认识的文字表述；其次，统计分析报告是一种“分析”报告，这种文体，将把某种特定的客观现象的分析过程和结论表达出来；再次，统计分析报告是“统计”分析报告，“统计”一词实际上反映了统计分析报告的质的规定性。

一、统计分析报告的特点

1. 运用一整套统计特有的科学分析方法

运用的方法如对比分析法、动态分析法、因素分析法、统计推断等，同时结合统计指标体系，全面、深刻地研究和分析社会经济现象的发展变化。

2. 运用数字语言

运用数字语言(包括运用统计表和统计图)来描述和分析社会经济现象的发展情况，让统计数字来说话，通过确凿、翔实的数字和简练、生动的文字进行说明和分析。

3. 注重定量分析

利用统计部门的优势，从数量方面来表现事物的规模、水平、构成、速度、质量、效益等情况，并把定量分析与定性分析结合起来。

4. 具有很强的针对性

针对各级党政领导和社会各界普遍关心的难点、热点、焦点问题进行分析，只有这样才能有的放矢，针对性强。

5. 注重准确性和时效性

准确性是统计分析报告乃至整个统计工作的生命，统计分析报告的准确性除了数字准确，不能有丝毫差错，情况真实，不能有虚假之外，还要求论述有理，不能违反逻辑；观点正确，不能出现谬误；建议可行，不能脱离实际。

统计分析报告具有很强的时效性。失去了时效性，也就失去了实用性，统计分析报告写得再好，也成了无效劳动。要保证统计分析报告的时效性，统计人员要有“一叶知秋”、“见微知著”的敏感，要有争分夺秒的时间观念。争取“雪中送炭”，避免“雨后送伞”，把统计分析报告提供在领导决策之前和社会各界需要之时。

6. 具有很强的实用性

统计分析报告是统计工作的最终成果，它不但包含了统计数据反映的信息，更为重要的是，它还能进行分析研究，能进行预测，能指出工作中的不足和问题，能提出有益于今后工作的措施和建议，从而直接满足党政领导和社会各界在了解形势、制订政策、编制计划、经营管理、检查监督、总结评比、科研教学等方面的实际需要。

二、统计分析报告的作用

1.衡量统计工作水平的综合标准

一般来说，高质量的统计分析报告，来自高质量的统计设计、统计调查、统计整理、统计分析和统计分析写作。但是，如果仅有较好的写作水平，统计设计、统计调查、统计整理和统计分析都是低质量的，也不可能产生高质量的统计分析报告，因此，统计分析报告写不好，当然是统计工作水平不高的表现。

2. 传播统计信息的有效工具

现代社会是信息的时代，信息已成为重要资源。统计信息又是社会信息的主体，而且

是最全面、最稳定、较准确的信息。统计信息要通过载体传播，而统计分析报告是主要载体之一，适合于报纸杂志上发表，传播条件比较简便，具有较大的信息覆盖面，是传播统计信息的有效工具。

3. 决策的重要依据

现代社会经济管理必须科学决策，而科学的决策又必须依据准确、真实的统计数据。统计分析报告把原始资料信息加工成决策信息，它比一般的统计资料更能深入地反映客观实际，更便于党政领导和社会各界接受利用，因而，统计分析报告是党政领导决策的重要依据。

4. 统计服务与统计监督的主要手段

统计分析报告把数据、情况、问题、建议等融为一体，既有定量分析，又有定性分析，比一般的统计数据更集中、更系统、更鲜明、更生动地反映了客观实际，又便于人们阅读、理解和利用，是表现统计成果的好形式与传播统计信息的有效工具，自然也就成了统计服务与统计监督的主要手段。

三、统计分析报告的分类

统计分析报告的应用是很广泛的，由于它主要是报告社会经济情况的一种文体，因而属于应用文范畴。统计分析报告可以从不同角度来划分种类，有许多种。

(1) 按统计领域分，可分为工业、农业、商业、科技、教育、文化、卫生、体育、人口、财政、金融、政法、人民生活、国民经济综合、核算等统计分析报告。

(2) 按写作对象的层次划分，可分为微观、中观和宏观统计分析报告。对于微观、中观、宏观的划分，目前尚无统一的标准。一般来讲，基层企事业单位、村、家庭及个人，属于社会经济的“细胞”，可视为“微观”；乡镇、县一级可视为“中观”；而地(市)及地(市)以上的地区和部门，由于地域较广，社会经济门类比较复杂，需要较多地注意平衡关系，可视为“宏观”。

(3) 按内容范围分，可分为综合与专题统计分析报告。综合统计分析报告，是研究和反映一个地区、部门或单位的全面情况的分析报告，这种分析报告，一般是定期的。所谓综合，既包括各方面的意思，也包含着综合方法的意思。专题统计分析报告，是研究和反映某一方面或某个专门问题的分析报告。专题统计分析报告有定期的，也有不定期的，而以不定期的较多。

(4) 按照时间长度分，可分为定期与不定期的统计分析报告。定期统计分析报告，一般是利用当年的定期统计报表制度的统计资料来定期研究和反映社会经济情况，根据期限不同，定期统计分析报告又可分为日、周、旬、半月、月度、季度、上半年、年度等统计分析报告。不定期的统计分析报告，主要是用于研究和反映不需要经常性定期调查的社会经济情况。

(5) 按写作类型分，可分为说明型、快报型、计划型、总结型、公报型、调查型、分析型、研究型、预测型、资料型、信息型、微型、综合型、文学型、系列型等十五种类型的统计分析报告。

【专栏 11-3】 不同类型统计分析报告的写作要点

1. 说明型

这是对统计报表进行说明的统计分析报告，亦称为“文字说明”，也就是我们通常所说的报表说明。这种说明，主要是对报表的数据作文字的补充叙述，配合报表进一步反映社会经济情况。这种补充叙述主要是针对报表中某些变化较大的统计数字，这也可以帮助本单位领导审查报表，以保证数字的质量，这是说明型统计分析报告的基本作用。

严格地说，这种说明型统计分析报告只是附属统计报表，而不能独立成篇，也无完整的文章形式，但由于它也具备统计分析报告的基本特点，我们可以把它看成是统计分析报告的雏形。

写这种说明型统计分析报告，并没有严格的要求，但要掌握以下几个要点。

(1) 文字说明的情况要与统计报表的情况有关，与报表无关的内容不应写进文字中。

(2) 写文字说明时，既可以对整个报表作综合说明，也可以只对报表中的某些统计数字加以说明。

(3) 在写文字说明时，可作出简要的分析，但不宜论述过多，如需要深入研究，应另写专题分析。

(4) 说明型统计分析报告没有标题，一般也没有开头和结尾。文中的各个段落，各有其独立的内容，结构呈并列式，最好用“一、二、三、四……”来分段叙述，使说明更有条理、更清晰。

(5) 文字要简明，直截了当。全篇文字一般为五六百字，多者为一千字左右。

2. 快报型

这是一种期限短、反映快的统计分析报告，一般是按日、周、旬、半月写作的定期统计分析报告。快报型统计分析报告的突出特点，是一个快字。按日写作的统计分析报告，常在第二天上午上班不久就要递交主管领导，以此类推。由于这种快的特点，快报型统计分析报告常用于反映生产进度、工程进度等，便于领导了解情况，对生产和工作进行及时指导，所以快报型统计分析报告在企业用的比较普遍。

快报型统计分析报告的写作特点如下。

(1) 统计指标要少而精。因为它是一种简要的统计分析报告，指标项目要少，但要有代表性，能反映各个主要方面的数量情况。

(2) 要有连续性。为了观察进度的连续变化和便于对比，分析报告中的指标项目要相对稳定。

(3) 标题要基本固定，例如：《我厂一月上旬生产情况简析》、《我厂一月中旬生产情况简析》。

(4) 结构多是简要式。通常全文分两部分，前面列出反映情况的主要数字，接着写文字情况。

(5) 在文字上，要简明扼要，全篇文字在一千字以下，若为日分析报告，两三百字亦可。

3. 计划型

这是检查计划执行情况的统计分析报告，按月、季、半年和年度检查计划执行情况的定期统计分析报告，都属于这种计划型。

计划型统计分析报告的写作要点如下。

(1) 检查计划是文章的中心，不但有实际数、计划数，而且要有计划完成相对数。

(2) 检查计划执行情况的主要目的，不是单纯地进行数字对比，而是通过分析，找出计划执行过程中存在的问题，提出对策建议，以保证计划的顺利完成。

(3) 统计指标要相对稳定，在同一个计划期内，统计指标与计划指标的项目要一致，并相对稳定，以便进行对比检查。

(4) 标题有两种形式，一种比较固定，例如：《我厂四月份计划执行情况》、《我厂五月份计划执行情况》；另一种可以变化，以突出某些特点，例如：《战高温夺高产 完成一千台——我厂八月份计划执行情况分析》。

这是运用了双标题，有正题和副题。

(5) 正文的结构多是总分式。开头总说计划完成情况，然后进行分析，提出一些建议等。

4. 总结型

这是对一定时期社会经济发展情况进行总结分析的统计分析报告，通过分析总结，可以全面认识一个地区、部门或单位的社会经济形势，或某个方面的情况，以便发扬成绩，总结经验教训，制订新的措施，为今后工作创造更好的条件。

总结型统计分析报告，大多是半年、一年或三五年的统计分析报告，从内容上看，有综合总结、部门总结及专题总结。综合总结，是对地区的整个社会经济或企业整个生产经营的总结；部门总结，是对部门经济(农业、工业、商业)或某个车间的总结；专题总结，是对某些方面进行的专题总结。

总结型统计分析报告的写作要点如下。

(1) 总结型的对象应是本地区、本部门或本单位的社会经济发展情况，并不是工作情况。

(2) 一般有三个写作重点，一是分析社会经济发展形势，二是总结经验教训，三是提出建设性的意见。

(3) 要注意运用统计资料和统计分析方法，主要采用统计数字与文字论述相结合的方法，从数量上分析社会经济现象，从定量认识发展到定性认识。

(4) 正文结构大都采用总分式。开头是简要总说，接着写情况、形势(包括成绩与问题)，再写经验体会与教训，然后写今后的方向和目标，最后写几点建议，每个部分应设小标题，使层次更分明。

(5) 标题可以适当变化，形式不拘一格。文字可以稍长一些，但语句要简洁精练，全篇文字宜在二、三千字左右，地区与部门的也不应超过四、五千字。

5. 公报型

这是政府统计机关向社会公告重大社会经济情况的统计分析报告，统计公报是政府的一种文件，一般应由级别较高的统计机关发布。级别较低的统计机关不宜发表公报，但是可以采用统计公报的写作形式公布本地的社会经济发展情况，也应列入公报型。

公报型统计分析报告的写作要点如下。

(1) 统计公报具有较强的政策性和权威性。

(2) 统计公报要充分反映本地区社会经济全面情况，主要由反映事实的统计资料来直接阐述，不作过多的分析。

(3) 统计公报的标题是一种公文式的标题，正文的结构是总分式。

(4) 公报型的统计分析报告，要求行文严肃，用语郑重，文字简练明确，情况高度概括。地区性的公报，文字在三、五千字左右为宜。

6. 调查型

这是通过非全面的专门调查来反映部分单位社会经济情况的统计分析报告，其基本特点如下。

(1) 只反映部分单位的社会经济情况，一般不直接反映和推论总体情况。

(2) 它的资料和情况来源于非全面调查(即抽样调查、重点调查和典型调查等)，并不主要来自全面统计。

调查型统计分析报告的写作要如下。

(1) 文章要有明显的针对性。要具有十分具体、明确的调查目的。

(2) 要大量占有第一手材料，用事实说话；要有一定的深度，要解剖“麻雀”，以发现其实质和典型意义。

(3) 统计资料和生动情况相结合，对于调查方法和过程应该少写或不写。

(4) 调查型统计分析报告的标题应灵活多样，结构形式也可以不拘一格。一般的安排是叙事式：先概述调查目的、调查形式和调查单位，较大篇幅阐述调查情况；然后是概况的分析研究，并做出结论；最后提出一些建议；全篇文字以一千字至三千字为宜。

7. 分析型

这是通过分析着重反映社会经济现象具体状态的统计分析报告。它同调查型的主要区别是：①它既反映部分单位的情况，也反映总体的情况，并以总体情况为主；②它的资料和情况来源是多方面的，可以是部分单位的调查资料，也可以是全面统计报表资料、历史

资料的横向对比资料等，其中又以全面统计中的报表资料较多。目前，统计人员写作的统计分析报告，大多属于这种分析型。

分析型统计分析报告的写作要点如下。

(1) 它的主要内容和写作重点是反映某个社会经济现象的具体状态，一般不涉及规律性问题，要做到具体事情具体分析。

(2) 具体分析的主要方法：①从总体的各个方面来分解和比较，比如一个企业有产、供、销，居民家庭有收、支、存，地区有经济、社会、科技、环境等。②从结构上分解和比较，如所有制结构、产业结构(一、二、三产业)、产品结构，轻重工业结构，农民收入构成等。③从因素上分解和比较，比如影响农民收入增长的各种因素，影响工业增加值的各种因素等。④从联系上分解和比较，比如GDP与发电量的联系，农民收入与社会消费品零售总额的联系等。⑤从心理、思想上分解和比较，比如问卷调查对改革的看法、对物价的看法、对婚姻的各种心理看法等。⑥从时间上分解和比较，如报告期与基期、“九五”时期与“八五”时期的比较等。⑦从地域上分解和比较，比如与别的地区之间的比较，与外省的对比等。

(3) 标题应该灵活多样，结构也要有多种形式，整篇文章以三千字左右为宜。

8. 研究型

这是着重研究解决问题办法和进行理论探讨的统计分析报告，它与分析型的统计分析报告的主要区别是：分析型对社会现象的认识仍停留在具体状态，而研究型则是对具体的状态上升理论的高度，提出理论性的见解或新的观点，所以，研究型比分析型的意义又进一步，是一种高层次的统计分析报告。

研究型统计分析报告的写作要点如下。

(1) 在研究的题目确定之后可以拟定一个研究提纲，主要内容是：研究的目的是什么，内容有哪些，需要哪些资料，如何收集，需要哪些参考书籍和文章等。

(2) 要进行抽象与概括。所谓抽象，就是在具体分析的基础上，将事物的非本质属性抛在一边，而抽出其本质属性来认识事物的方法。所谓概括，就是在抽象的基础上，把个别事物的本质属性，推及为一般事物的本质属性。有了正确的概括，就能认识社会经济现象中的共性、普遍性和规律性。

(3) 要多方论证。要做到论述严密、说理充分、没有漏洞，从多方面、多角度、多种资料、多件事实及多种逻辑方法来论证。

(4) 标题有适当变化，但要做到题文一致，用词准确、郑重。文字容量可以大一些，全篇文字二、三千字，以不超过五千字为宜。

9. 预测型

这是估量社会经济发展前景的统计分析报告，它与研究型统计分析报告的主要区别是：研究型着重对趋势性、规律性进行定性研究，而预测型是在认识趋势及规律的基础上，着重对前景进行具体的定向和定量的研究。通过预测，人们可以超前认识社会经济发展前景，对制订方针、发展策略、编制计划、搞好管理具有很大的帮助。因此，预测型分析报告的作用很大，也属于高层次的统计分析报告。

预测型统计分析报告的写作要点如下。

(1) 全文要以统计预测为中心，其他内容都要为预测服务。

(2) 写推算过程要注意读者对象，如果是写给统计同行或统计专家看的，可以写数学模型的计算过程；如果读者是党政领导和广大居民，数学模型和计算过程可以略写出或不写。

(3) 应注意预测期的长短。一般来说中、长期及未来的预测，要体现战略性和规划性，不可能写得那么具体，文字可以概略一些。对近、短期预测(亦称预计)，主要是具体地分析和估量一些实际问题，所提的措施和建议要有一定的针对性和现实性，不可写得太笼统，文字应详细、具体一些。

(4) 可用课题或论点做标题，也可用预测的结果做标题。

10. 资料型

这是着重提供统计资料的统计分析报告，主要有两种：一是数字式(也就是数字文字化)，数字式虽以数字资料为主，但它有文章的形式，也有观点和简要的分析。如历史资料、年报资料、横向对比资料等，都可以写成这种统计分析报告。二是概况式，例如地方概况、部门概况、行业概况、企业概况等。这种概况式资料，是通过数字和文字提供简要而全面的基本情况，以使读者对某个地方、某个部门、某个行业或某个企业单位的概貌有所了解。

资料型统计分析报告的写作要点如下。

(1) 要述而不论。主要是将客观事实提供给读者，并不主要依靠作者的议论去影响读者，不可妄加分析、议论和评价，更不能有人为的宣传。

(2) 要明确中心。不可能将所有的数字都写进去，要写主要的数字，但要全面、系统。

(3) 适当运用图表，标题可以多样化，结构形式也可多样，但要服从内容的需要。

11. 信息型

这是以信息方式反映社会经济情况的统计分析报告。它有内容简要、篇幅短小、传递快速、读者面广等特点。信息型统计分析报告不只在报刊上发表，也可以写成党政领导的内部参阅材料，如统计局编发的“某某经济要情”和农调队编发的“重大信息”就属于信息型的统计分析报告。

信息型统计分析报告的写作要点如下。

(1) 文字要高度概括，内容要高度浓缩。

(2) 在全面分析的基础上概括，在丰富材料的基础上浓缩。

(3) 标题可以灵活多样，文字要求精练，开门见山，直截了当，做到言简意赅。全篇文字以四、五百字至一千字为宜，并要做到快写快发，争取时效。

12. 节微型

这是以微型结构反映社会经济情况的统计分析报告，亦称为“小调查”和“小分析”。

节微型与信息型统计分析报告的主要区别是：①节微型一般只适用于反映具体的范围比较小的社会经济现象，而信息型对于宏观、中观、微观的社会经济现象都可以反映；②节微型的内容不需要浓缩，而信息型在反映大而广的社会经济现象时，内容要浓缩。③节微型的文字表达要详细，丰满一些；信息型的文字则是提纲挈领，简明扼要。

节微型统计分析报告的写作要点如下。

(1) 写作的课题要具体、范围小，要尽量选择某个侧面或某个重点来写，不能牵扯太大，面面俱到。

(2) 篇幅虽小，但内容要完整，情况、分析、论理，甚至建议也都要有。

(3) 标题要多样化，开头结尾亦应齐全。全篇文字以五、六百字左右为宜，最多不超过一千字。

13. 综合型

这是综合多项内容的统计分析报告，包括情况、分析、预测、建议等多项内容。

(1) 综合型又分为两种：重点式和并列式。重点式是在多项内容中有重点内容与一般内容之别；并列式无明显的重点内容，但要详略得当，结构均衡。重点内容虽详，也不可太繁太厚，一般内容虽略，也不要太简太薄。

(2) 结构形式多为总分式与叙事式，每项内容为一个大的层次，均设小标题，全文的文字以三千字左右，不超过五千字为宜。

14. 文学型

这是运用某些文学技巧来写作的统计分析报告。在论事说理中，运用了描写、抒情等文学手法，使统计分析报告增加了一定的表现力和感染力。但是，这种形式有一定的局限性，文学色彩太浓，有时会改变统计分析报告的性质，变成文学性的作品，这种形式尚不宜广泛采用。

15. 系列型

这是运用系列形式而写作的一组统计分析报告，常用于反映和研究范围较广、层次较多、情况较复杂、事情又很重要的社会经济问题。

系列型统计分析报告的写作要点如下。

(1) 写作内容是与同一总体有联系的事情。不能一篇说全县的总体，另一篇又把企业当成总体，一篇是说对外开放，另一篇又写离婚调查。

(2) 既要有连续性和关联性，又要有相对的独立性，没有同一总体中的连续性和关联性，就不能成为系列，没有独立性，就不能单独成篇。

(3) 写作的形式及风格要统一，不能一篇是调查型或分析型的写法，另一篇又是资料型、信息型或文字型的写法。

(4) 要采用双层标题，每篇的正题可以多样化，但副题要一致，并写明“之一”、“之二”、……，以表明系列型。

(5) 每个系列及每篇文字都不能过长，每个系列，一般以三、四篇至五、六篇统计分析报告为宜，每篇文字应控制在两千字左右。在时间上要快，不能今天出了第一篇，过了十天半月才出第二篇，这就失去了时效性。

四、统计分析报告的结构

统计分析报告的结构大致包括：标题、导语、文体、结尾四部分。

1. 标题

恰当地选定标题，是进行统计分析的重要一步。常见的标题的拟定形式如下。

(1) 论点题。这种题目能揭示主题，摆明观点，如《我省在全国经济发展中的战略地位和作用》、《调整产业结构是农村富裕的必由之路》等。

(2) 设问题。这种题目能引起读者疑问、思考，刺激读者的阅读欲望，如《住房为什么紧张？》等。

(3) 比喻、对比、加重语气题。这种题目能通过对比引人注意，如《“骨之不强”，肉将焉附？——谈投资结构问题》，显得新颖别致，醒目强烈。

【专栏 11-4】 统计分析报告选题

在实际写作统计分析报告时，可以参考以下内容来选题。

(1) 围绕方针政策选题。可以从以下几个方面来选择题目：①研究社会经济发展中的新苗头、新动向和新情况，为制订新的政策提供依据；②研究政策贯彻执行情况，反映新成就、新经验；③研究政策执行中的新问题，分析原因，提出建议，为检验和校正政策提供依据。

(2) 围绕中心工作选题。所谓中心工作，就是党政领导在一段时间内集中力量开展的某项工作。应该看到，在不同时期、不同地区、不同部门和单位，其中心工作是不同的。

(3) 围绕重点选题。所谓重点，就是在全局中处于举足轻重地位的某些部位或某项工作。

(4) 围绕经济效益选题。提高经济效益是经济发展的重要问题，应当作为写作统计分析报告的常用课题。

(5) 围绕人民生活选题。如人民生活状况如何？城乡居民收入与外省的差距有多大？

(6) 围绕民意选题。对党和政府的方针政策，出台的一些重大问题的看法和意见，真实地表达人民群众的意向和要求。

(7) 围绕形势宣传选题。

(8) 围绕发展战略选题。

(9) 围绕薄弱环节选题。

(10) 围绕重要会议选题。.

(11) 围绕理论研究选题。

【专栏 11-5】 制作好标题

在统计分析报告写作中，有相当部分作者不重视标题，这方面的通病有以下三点：一是标题无变化，格式老一套。例如：《关于××××的分析》或《关于××××的调查》，这类标题大家可用，年年可用，这种公文式的标题，显得十分呆板。二是题文不一致，往往是题意过宽或题意过窄。三是缺乏吸引力，由于标题无变化、格式陈旧，对读者没有吸引力。

制作好标题，一般来说有正题和辅题。正题也称主题或大标题，辅题包括引题和副题。引题(也称肩题、眉题或小题)，是正题的引子，副题(也称次题或提要题)是正标题的辅助标题，用于进一步补充和说明正题，使正题的意思更完整。要使标题新颖醒目，扣人心弦，增加吸引力，引起人们的重视，可以采取以下一些方法。①多用"论点题"和"事实题"，少用"对象题"。试比较以下两题：《乡镇工业大有作为》，《关于乡镇工业的调查》。②适当采用"设问题"，试比较以下两题：《商品库存为什么升高》，《商品库存情况的分析》。③用具体事实做标题。试比较以下两题：《我县夏粮增产四千万斤》，《我县夏粮获得丰收》。④用突出的事实做标题，试比较以下两题：《我区工业总产值突破一千亿大关》，《我区工业生产大幅度增长》。⑤加重语气。试比较以下两题：《我市蔬菜价格猛涨 26%》；《我市蔬菜价格上涨 26%》。⑥运用对比手法。试比较以下两题：《改革前长期亏损共达八万七，改革后一年盈利足有十万八》，《改革后我厂扭亏为盈全年赢利十万八》。⑦适当运用比喻。试比较以下两题：《××地区大力营造"绿色宝库"》，《××地区开展植树造林情况》。⑧适当运用诗词、成语、古语、警句。试比较下面两题：《安得广厦千万间黎民百姓尽开颜》，《我区房地产情况调查》。⑨适当运用副题，试比较以下两题：《××县葡萄生产情况——今年全县葡萄产量可达 25 万吨，比上年增长 24%》，《××县葡萄生产情况》。⑩适当运用提示语和有强调作用的语句。试比较以下两对标题：《请注意：我区耕地面积大量减少》，《我区耕地面积大量减少，幅度惊人》。

2. 导语

导语是统计分析报告内容的引导，是整个分析报告的开头。它是关系到分析报告成效的一个重要因素，因此，对导语的基本要求，一是要能够吸引读者，使读者有读下去的兴趣；二是要为全文的展开理清脉络，牵出头绪，确定格局；三是要短、精、新。统计综合分析报告中常用的导语形式如下。

(1) 开门见山，揭示主题。其特点是简明扼要，直叙入题，这种导语是统计分析报告最常用的形式之一。如："根据全国人大财经委的通知要求，现对当前全国经济运行的主要特点、存在问题及发展趋势作一简要分析，供参考。"

(2) 总览全文的观点。如："4 月份，江苏省货币信贷运行特征变动明显：各项贷款平稳增长，储蓄存款大幅下降，企业存款定期化增强；各项贷款增势明显回落……流动性水平略降。"

(3) 交代写作的目的或动机。这也是目前常用的开头方式之一。这种开头的主要特点是：起因线索完整，时间、地点俱在，分析动机清楚，命题明显自然。如：充分(深入)研究这一时期我市工业性投资的发展状况及存在的问题，将对我市在实现 GDP 千亿元规划目标的过程中，如何合理确定工业性投资的规模、结构以及与其他投资的比例关系提供有益的借鉴。为此，我们对“七五”以来我市工业性固定资产投资情况进行了如下分析。

(4) 突出矛盾，造成悬念。这是指在分析问题或阐述观点之前，先有意提出一个问题，以引起读者的注意和思考。如：“……然而，从目前的情况来看，达到全国平均水平的任务较为艰巨。那么，究竟需要多长时间才能实现这一目标，两个五年计划？还是更长一些时间？对此，我们在全面分析某某省与全国人均 GDP 差距的基础上，就达到全国平均水平所需的时间和速度进行了初步测算，并对某省经济实现赶超的发展思路进行梳理，以期为省领导和有关经济管理部门指导经济工作提供参考。”

(5) 设靶论战，即有意识地设置“对立面”，把不同观点列举出来，然后加以评论。如：“这几年来，国民经济增长速度不断趋缓，引起国内外社会各界对我国未来经济发展趋势的极大关注。我国经济究竟是由快速进入低速发展呢？还是继续保持快速发展？双方各持己见，分歧很大，对此，本文就这一问题作一初步分析。”

此外，统计综合分析报告也可不写导语，直接进入主体部分。

3. 主体

主体结构的形式具体体现在层次、段落上。层次即指内容的先后次序，常见的有如下几类。

(1) 叙时连贯式，即按事物发展经过和时间顺序安排层次，各层意思之间是连贯关系。

(2) 叙事递进式，即指文章各部分内容，按事理的发展顺序排列。它可以是先因后果，或先果后因的因果叙事式；也可以是按事理发展的连续性，每一阶段一个层次；也可以是按事理意义上的一层进一层，层层深入的递进关系的递进式。

(3) 总分式，即先总起来说，然后分开说；或者先分开说，后总起来说；或者前后都有总说，中间分开说。因分述内容的不同，可以是平行总分式、对比总分式、递进总分式和序时总分式。

(4) 平列式。即各部分内容相对独立，各层意思之间是平行并列关系。这种结构形式可以是同事平列式，也可以是异事平列式。

(5) 简要式。一般是篇幅短小、层次简单的分析报告，多用于快报、信息、简讯。

4. 结尾

结束语是统计综合分析报告的结尾，它是文章思想内容的必然归宿，一个好的文章结尾，可以帮助读者明确题旨、加深认识，引起读者的联想和思考，对结尾的要求是自然、简短有力。统计综合分析报告的结尾写法没有硬性规定，主要由文章内容决定，要不落俗

套，不断创新。

统计综合分析报告结尾常见的写法如下。

(1) 总括全文，照应开头。即报告在论证观点、结束全文之时予以归纳总结，突出中心思想，呼应主题。如："通过对以上经济效益指标的定量分析，说明工业品出厂价格和燃料购进价格的变动已成为影响工业经济效益的主要因素。因此，逐步理顺工业品的价格关系，已成为当前一个十分重要的问题。"

(2) 强调看法和建议。以建议结束全文也是统计综合分析报告常见的方式，或没有结尾段，以最后一个层次的若干建议来收笔，或专门有一个建议结尾段，用总结建议内容的方式收尾。如："既然在 10.2%的速度下经济增长的产业协调性还有所增强，经济增长的动力仍具有可持续性，经济发展的瓶颈约束还有所减缓，经济增长的效益又明显提高，经济增长的金融环境整体平稳，那就不要轻言 10.2%的速度"过热"了，更不要草率做出宏观调控政策需要紧缩的结论。"

(3) 对未来进行展望。即以积极的心态提出新问题，展示发展前景，预测未来发展趋势。如：我们认为，只要趋利避害，操作得当，2008 年我国国民经济仍可望继续保持"高增长、低通胀"的良好运行格局。

【专栏 11-6】 统计分析报告的修改

所谓修改，就是文章的初稿(草稿)写成后，作者对文章的内容和形式再进行多方面的加工，使其不断完善、提高，直至定稿的过程。

修改统计分析报告时需要注意以下几个问题。

(1) 修改需要冷处理。写作统计分析报告时要争取"一气呵成"，以求文意贯通，语气畅达。但在修改的时候，却不能"趁热打铁"，而要冷处理，如果时间允许，可放一段时间，使头脑冷静后再修改，就能发现许多不妥之处。

(2) 要正确地听取意见。"当事者迷，旁观者清"，一方面听取领导同志的意见，一方面要听取其他统计人员的意见。

(3) 抓住重点修改。修改当然要推敲某些字句，但这不是重点，修改的重点主要是核实数字和情况是否准确，观点是否正确，论据是否充分，说理是否透彻，意义是否深刻。

【案例 11-10】 一篇分析报告的结尾的修改

原文:总体上看，我市经济仍然处于高速增长区间，受经济运行惯性作用，全年经济增长趋势不会发生逆转。预计全年我市一产顺利完成奋斗目标，工业和服务业增长好于奋斗目标，某某等大型骨干企业对经济增长的拉动作用将进一步增强，只要全市上下齐心协力，采取各种有效措施，扎实工作，全年经济增长有望超过年初确定 9.5%的奋斗目标。

改作: 从当前经济发展的态势来看，我市某某等大型骨干企业在四季度对经济增长的拉动作用将进一步增强，因此，全年经济增长趋势不会发生逆转，仍将处于高速增长区间，预计第一产业的增长目标能顺利实现，工业和服务业增长将好于预期，总体经济增长有望超过年初确定的9.5%的奋斗目标。

分析：修改后语句更加精练，读起来比较顺畅，逻辑性强。

五、统计分析报告实例

【案例11-11】 2008年上半年空调行业投诉统计分析报告

一、投诉概况

空调行业是典型靠天吃饭的行业，用户的需求与气温有着必然的关系。在日本，盛夏30度以上的天气每增加一天，空调的销售量就增加4万台；而夏天气温每差1度，销售量可上下浮动30万台。今年上半年，由于全国范围内长时间的降雨，加上钢铁等原材料的涨价以及四川地震等因素，空调的销售量和使用频率都较上一年有大幅度的下降，由此带来的是2008年上半年的空调投诉量同比也显著下降。

2008年上半年度，315消费电子投诉网共受理空调类投诉401宗，其中，有28宗投诉因投诉内容不实、联系方式虚假等原因，被判定为无效投诉，有效投诉373宗，投诉有效率为93%。截至2008年7月1日，已有321宗投诉得到了解决，投诉解决率为86.06%。

二、投诉量对比

为了让广大消费者对2008年上半年空调行业的投诉情况有所了解，315消费电子投诉网以最近三年上半年的投诉情况进行了分析对比。

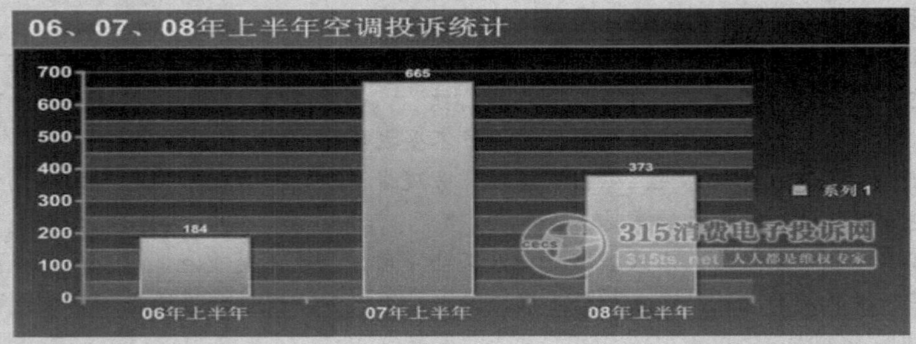

从图中可以看到，2007年上半年的投诉量远高于其他年份，通过深入分析发现，这与当年的天气因素有密切的关系。

2006年被称为空调行业的“灾难”年，因为天公不作美，接连不断的雨水和台风导致空调的销售遭受重创，另外，由于当年气温的凉爽，空调的使用频率也明显偏少，由此带来的是投诉量也处于低位。

在跨过灾难般的2006年后，2007年空调行业销售全线飘红，加上气温偏高，空调的使用频率大增，投诉量也同比上一年有极大的增加。而2008年的上半年，全国范围内再次

遇到长时间的阴雨天气，空调的销售和使用频率再次走低，2008 年上半年的投诉比上一年大幅度减少属情理之中。

由此可见，气温不仅是左右空调销售的指标，也是影响投诉多少的重要指标。在此，315 消费电子投诉网建议广大空调厂商，在根据气温高低制订相应的生产和销售计划时，还应该考虑到天气的情况制订相应的售后服务计划，做到未雨绸缪，减少投诉事件的发生，以提升品牌的满意度。

三、月投诉量趋势

空调业是靠天吃饭的行业，这一点从投诉时间与其对应的投诉量上反映得非常明显，如下图所示。

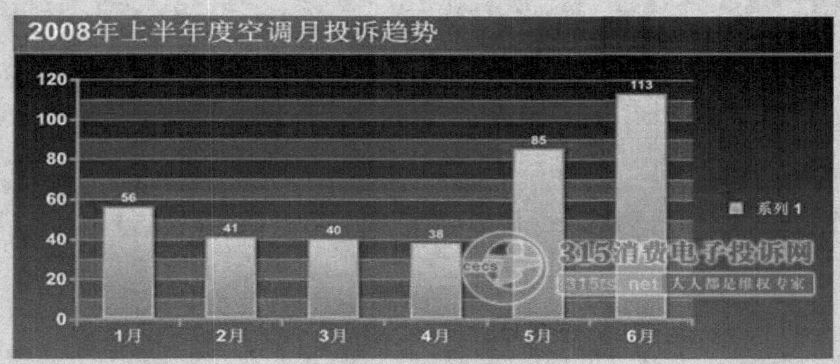

2008 年上半年的投诉量整体呈高开低走然后再走高的态势。1、2 月份，由于全国大部分地区都比较寒冷，空调使用频率较高(制热)，投诉相应较多。

受一年一度“315 世界维权日”的影响，3 月份原本是历年来各类产品投诉较多的月份，但是，3 月份空调的投诉量却继续走低。其中重要的原因是当月气温回升，空调使用较少，加上此时又属空调淡季，而随着气温的升高，加上销售回升，5、6 月份投诉数量开始急剧攀升。

四、投诉地区分布

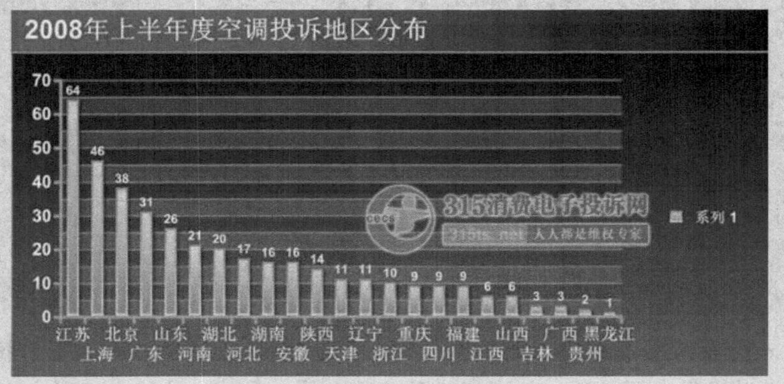

从投诉地区分布图上可以看到，江苏、上海、北京、广东、山东五省市位居投诉地区的前五位。由于上述地区经济发达，空调普及率高，投诉量也相应较多。从投诉排行榜前十位的地区名单上可以看到，北方地区占主导地位，这是因为上半年空调的使用主要以制热为主，而北方天气寒冷，空调使用频率较高。从投诉地区的分布上也体现了空调的投诉与气温呈必然的关系。

五、投诉人学历

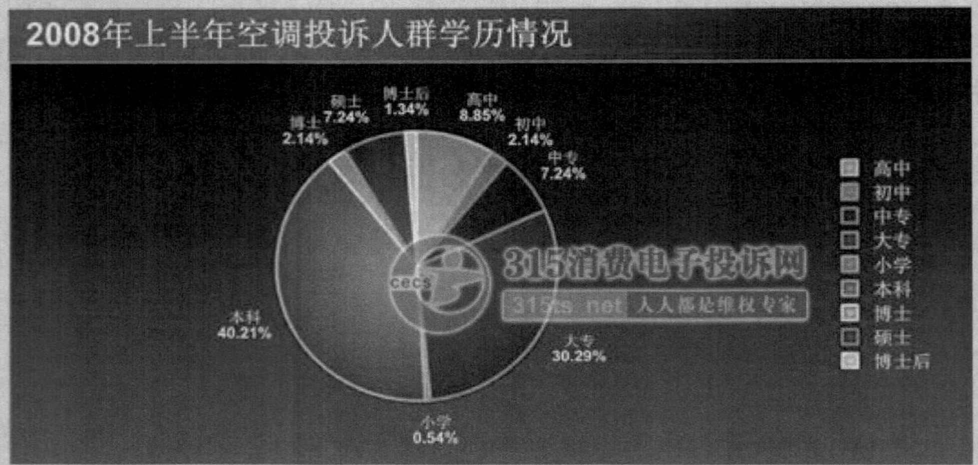

从上图可以看出，空调投诉的用户群学历较高，中专以下学历的，占不到总投诉人群的 20%，作为高学历的象征，本科以上的学历甚至占了总投诉的 50%以上。投诉人的学历较高，说明空调是一种收入较高家庭的消费商品。

六、投诉人收入

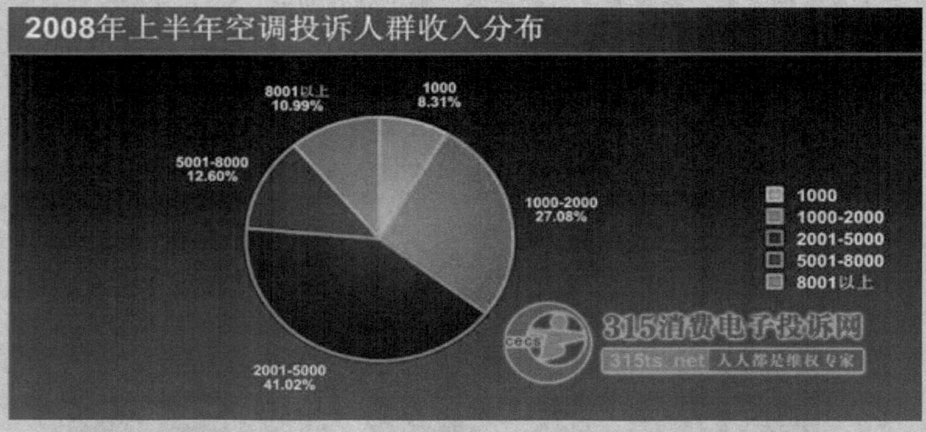

从投诉人的收入图表中可以看到，月收入超过 2000 元的投诉人占了总投诉人群的 60%以上，进一步说明了空调属收入较高家庭的必备电器。另外，月收入不到 1000 元的投诉人也

占了近 10%，这从侧面上也说明，空调尽管属高消耗的商品，但是，也已放下了高贵的身价，“飞”入了寻常百姓家。

七、投诉问题

从图表中可以看到，“不制冷/不制热”、“售后服务不及时”、“服务态度”、“噪声”、“多次维修”、“安装问题”、“收费高/不合理”、“送货/安装不及时”等是投诉最多的问题。

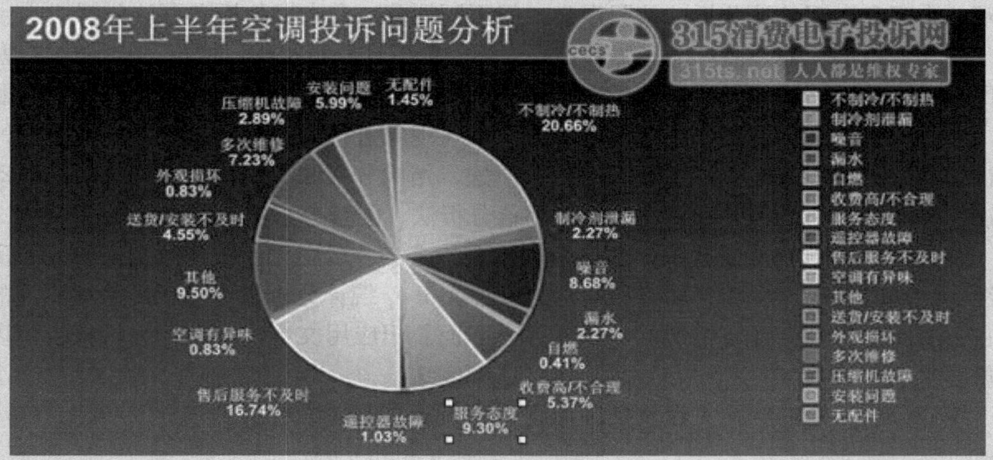

注：在同一宗投诉中，可能存在投诉多个问题的情况，如某投诉既可能投诉不制冷，也可能反映企业的售后不及时等问题。

八、投诉排行榜(略)

九、总结

从消费者反映的情况来看，衡量企业售后服务好坏的几个重要指标，如“维修收费不合理”、“缺乏配件”、“维修时间长”等，投诉率都较低，这是一个行业售后服务成熟的表现。我们期望相关企业能百尺竿头，更进一步，为引领我国企业售后服务的整体提升，起到标杆作用。

(资料来源：http://news.xinhuanet.com/it/2008-07/31/content_8874812.htm，经编者删减整理)

分析：本案例通过对比分析方法、动态分析方法等多种方式，借助统计图表将 2008 年上半年空调行业投诉情况淋漓尽致地反映出来，是一篇比较好的统计分析报告。

本 章 小 结

统计分析，就是运用各种统计综合指标和方法，将丰富的统计资料和生动的具体情况结合起来，对社会经济现象的各个方面进行分析研究，从而揭示其发展变化的规律性，提出解决问题的办法的一种逻辑思维活动。统计分析是整个统计工作的一个重要阶段，是统计工作的最终环节，是充分发挥统计整体职能的关键环节，其好坏直接影响统计的质量。在统计实践中，只有开展统计综合分析，才能更好地发挥统计的作用，为各级领导和有关方面的公众提供有数据、有分析的资料，为制订计划和规划，实行宏观调控，决定有关方针、政策，提供科学依据。

统计分析按照研究的内容划分，有综合分析和专题分析；按照研究对象的层次划分有宏观、中观和微观统计分析；按照观察时间不同划分，有定期分析和预计分析。

统计分析的一般步骤：选择并确定研究课题；拟订分析提纲；搜集、鉴别与整理资料；运用各种方法进行系统周密的分析；得出结论，提出建议；根据分析结果形成分析报告。

科学地在统计分析工作中运用各种方法，对现象进行综合分析研究，能够全面、深入地认识问题。常用分析方法主要有对比分析法、结构分析法、平均和变异分析法、动态分析法、平衡分析法、相关分析法、综合评价分析法、因素分析法、景气分析法。

统计分析报告就是根据统计学的基本原理和方法，运用大量统计数据来研究和反映社会经济活动的状况、成因、规律和结论的一种文章。统计分析报告的应用是很广泛的，由于它主要是报告社会经济情况的一种文体，因而属于应用文范畴。统计分析报告可以从不同角度来划分种类。

统计分析报告的结构大致包括：标题、导语、文体、结尾四部分。

复习思考题

一、名词解释

统计分析　对比分析法　结构分析法　平均和变异分析法　动态分析法　平衡分析法　相关分析法　综合评价分析法　因素分析法　景气分析法　统计分析报告

二、问答题

1. 统计分析报告从不同角度可以分为哪些类型？
2. 统计分析报告的写作步骤有哪些？
3. 统计分析有哪些方式？
4. 试对本章案例 11-11 进行分析。
5. 试搜集有关资料写一篇统计分析报告。
6. 登录国家统计局网站(http://www.stats.gov.cn/)或者省、市统计局网站阅读统计分析报告文章，并结合本章有关理论进行分析。

附录　常用统计表

附表 1　χ^2 统计量的临界值

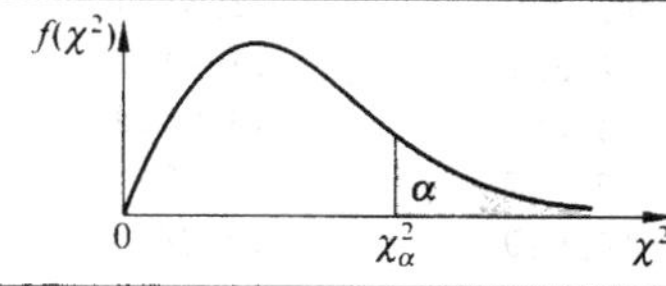

自由度	$\chi^2_{0.995}$	$\chi^2_{0.990}$	$\chi^2_{0.975}$	$\chi^2_{0.950}$	$\chi^2_{0.900}$
1	0.0000393	0.0001571	0.0009821	0.0039321	0.0157908
2	0.0100251	0.0201007	0.0506356	0.102587	0.210720
3	0.0717212	0.114832	0.215795	0.351846	0.584375
4	0.206990	0.297110	0.484419	0.710721	1.063623
5	0.411740	0.554300	0.831211	1.145476	1.61031
6	0.675727	0.872085	1.237347	1.63539	2.20413
7	0.989265	1.239043	1.68987	2.16735	2.83311
8	1.344419	1.646482	2.17973	2.73264	3.48954
9	1.734926	2.087912	2.70039	3.32511	4.16816
10	2.15585	2.55821	3.24697	3.94030	4.86518
11	2.60321	3.05347	3.81575	4.57481	5.57779
12	3.07382	3.57056	4.40379	5.22603	6.30380
13	3.56503	4.10691	5.00874	5.89186	7.04150
14	4.07468	4.66043	5.62872	6.57063	7.78953
15	4.60094	5.22935	6.26214	7.26094	8.54675
16	5.14224	5.81221	6.90766	7.96164	9.31223
17	5.69724	6.40776	7.56418	8.67176	10.0852
18	6.26481	7.01491	8.23075	9.39046	10.8649
19	6.84398	7.63273	8.90655	10.1170	11.6509
20	7.43386	8.26040	9.59083	10.8508	12.4426
21	8.03366	8.89720	10.28293	11.5913	13.2396
22	8.64272	9.54249	10.9823	12.3380	14.0415
23	9.26042	10.19567	11.6885	13.0905	14.8479
24	9.88623	10.8564	12.4011	13.8484	15.6587
25	10.5197	11.5240	13.1197	14.6114	16.4734
26	11.1603	12.1981	13.8439	15.3791	17.2919
27	11.8076	12.8786	14.5733	16.1513	18.1138
28	12.4613	13.5648	15.3079	16.9279	18.9392
29	13.1211	14.2565	16.0471	17.7083	19.7677
30	13.7867	14.9535	16.7908	18.4926	20.5992
40	20.7065	22.1643	24.4331	26.5093	29.0505
50	27.9907	29.7067	32.3574	34.7642	37.6886
60	35.5346	37.4848	40.4817	43.1879	46.4589
70	43.2752	45.4418	18.7576	51.7393	55.3290
80	51.1720	53.5400	57.1532	60.3915	64.2778
90	59.1963	61.7541	65.6466	69.1260	73.2912
100	67.3276	70.0648	74.2219	77.9295	82.3581
150	109.142	112.668	117.985	122.692	128.275
200	152.241	156.432	162.728	168.279	174.835
300	240.663	245.972	253.912	260.878	269.068
400	330.903	337.155	346.482	354.641	364.207
500	422.303	429.388	439.936	449.147	459.926

续表

自由度	$\chi^2_{0.100}$	$\chi^2_{0.050}$	$\chi^2_{0.025}$	$\chi^2_{0.010}$	$\chi^2_{0.005}$
1	2.70554	3.84146	5.02389	6.63490	7.87944
2	4.60517	5.99147	7.37776	9.21034	10.5966
3	6.25139	7.81473	9.34840	11.3449	12.8381
4	7.77944	9.48773	11.1433	13.2767	14.8602
5	9.23635	11.0705	12.8325	15.0863	16.7496
6	10.6446	12.5916	14.4494	16.8119	18.5476
7	12.0170	14.0671	16.0128	18.4753	20.2777
8	13.3616	15.5073	17.5346	20.0902	21.9550
9	14.6837	16.9190	19.0228	21.6660	23.5893
10	15.9871	18.3070	20.4831	23.2093	25.1882
11	17.2750	19.6751	21.9200	24.7250	26.7569
12	18.5494	21.0261	23.3367	26.2170	28.2995
13	19.8119	22.3621	24.7356	27.6883	29.8194
14	21.0642	23.6848	26.1190	29.1413	31.3193
15	22.3072	24.9958	27.4884	30.5779	32.8013
16	23.5418	26.2962	28.8454	31.9999	34.2672
17	24.7690	27.5871	30.1910	33.4087	35.7185
18	25.9894	28.8693	31.5264	34.8053	37.1564
19	27.2036	30.1435	35.8523	36.1908	38.5822
20	28.4120	31.4104	34.1696	37.5662	39.9968
21	29.6151	32.6705	35.4789	38.9321	41.4010
22	30.8133	33.9244	36.7807	40.2894	42.7956
23	32.0069	35.1725	38.0757	41.6384	44.1813
24	33.1963	36.4151	39.3641	42.9798	45.5585
25	34.3816	37.6525	40.6465	44.3141	46.9278
26	36.5631	38.8852	41.9232	45.6417	48.2899
27	36.7412	40.1133	43.1944	46.9630	49.6449
28	37.9159	41.3372	44.4607	48.2782	50.9933
29	39.0875	42.5569	45.7222	49.5879	52.3356
30	40.2560	43.7729	46.9792	50.8922	53.6720
40	51.8050	55.7585	59.3417	63.6907	66.7659
50	63.1671	67.5048	71.4202	76.1539	79.4900
60	74.3970	79.0819	83.2976	88.3794	91.9517
70	85.5271	90.5312	95.0231	100.425	104.215
80	96.5782	101.879	106.629	112.329	116.321
90	107.565	113.145	118.136	124.116	128.299
100	118.498	124.342	129.561	135.807	140.169
150	172.581	179.581	185.800	193.208	198.360
200	226.021	233.994	241.058	249.445	255.264
300	331.789	341.395	349.874	359.906	366.844
400	436.649	447.632	457.306	468.724	479.606
500	540.930	553.127	563.852	576.493	585.207

附表2 标准正态分布表

（表内数字表示在分布曲线下从0到 z 的面积）

z	0.00	0.01	0.02	0.03	0.04	0.05	0.06	0.07	0.08	0.09
0.0	0.0000	0.0040	0.0080	0.0120	0.0160	0.0199	0.0239	0.0279	0.0319	0.0359
0.1	0.0398	0.0438	0.0478	0.0517	0.0557	0.0596	0.0636	0.0675	0.0714	0.0753
0.2	0.0793	0.0832	0.0871	0.0910	0.0948	0.0987	0.1026	0.1064	0.1130	0.1141
0.3	0.1179	0.1217	0.1255	0.1293	0.1331	0.1368	0.1406	0.1443	0.1480	0.1517
0.4	0.1554	0.1591	0.1628	0.1664	0.1700	0.1736	0.1772	0.1808	0.1844	0.1879
0.5	0.1915	0.1950	0.1985	0.2019	0.2054	0.2088	0.2123	0.2157	0.2190	0.2224
0.6	0.2257	0.2291	0.2324	0.2357	0.2389	0.2422	0.2454	0.2486	0.2518	0.2549
0.7	0.2580	0.2612	0.2642	0.2673	0.2704	0.2734	0.2764	0.2794	0.2823	0.2852
0.8	0.2881	0.2910	0.2939	0.2967	0.2995	0.3023	0.3051	0.3078	0.3106	0.3133
0.9	0.3159	0.3186	0.3212	0.3200	0.3264	0.3280	0.3315	0.3340	0.3365	0.3389
1.0	0.3413	0.3438	0.3461	0.8485	0.3508	0.3531	0.3554	0.5577	0.3599	0.3621
1.1	0.3643	0.3665	0.3686	0.3708	0.3729	0.3749	0.3770	0.3790	0.3810	0.3830
1.2	0.3849	0.3869	0.3888	0.3907	0.3925	0.3944	0.3962	0.3980	0.3997	0.4015
1.3	0.4032	0.4049	0.4066	0.4082	0.4099	0.4115	0.4131	0.4147	0.4162	0.4177
1.4	0.4192	0.4207	0.4222	0.4236	0.4251	0.4265	0.4279	0.4292	0.4306	0.4319
1.5	0.4332	0.4345	0.4357	0.4370	0.4382	0.4394	0.4406	0.4118	0.4429	0.4441
1.6	0.4452	0.4463	0.4473	0.4484	0.4495	0.4505	0.4515	0.4525	0.4535	0.4545
1.7	0.4554	0.4564	0.4573	0.4582	0.4591	0.4599	0.4608	0.4616	0.4625	0.4633
1.8	0.4641	0.4649	0.4956	0.4664	0.4671	0.4678	0.4686	0.4693	0.4699	0.4706
1.9	0.4713	0.4719	0.4726	0.4732	0.4738	0.4744	0.4750	0.4756	0.4761	0.4767
2.0	0.4772	0.4778	0.4783	0.4788	0.4793	0.4798	0.4803	0.4808	0.4812	0.4817
2.1	0.4821	0.4826	0.4830	0.4834	0.4838	0.4842	0.4846	0.4850	0.4854	0.4857
2.2	0.4861	0.4864	0.4868	0.4871	0.4875	0.4878	0.4881	0.4884	0.4887	0.4890
2.3	0.4893	0.4896	0.4898	0.4901	0.4904	0.4906	0.4909	0.4911	0.4913	0.4916
2.4	0.4918	0.4920	0.4922	0.4925	0.4927	0.4929	0.4931	0.4932	0.4934	0.4936
2.5	0.4938	0.4940	0.4941	0.4943	0.4945	0.4946	0.4948	0.4949	0.4951	0.4952
2.6	0.4953	0.4955	0.4656	0.4957	0.4959	0.4960	0.4961	0.4962	0.4963	0.4964
2.7	0.4965	0.4966	0.4967	0.4968	0.4969	0.4970	0.4971	0.4972	0.4973	0.4974
2.8	0.4974	0.4975	0.4976	0.4977	0.4977	0.4978	0.4979	0.4979	0.4980	0.4981
2.9	0.4981	0.4982	0.4982	0.4983	0.4984	0.4984	0.4985	0.4985	0.4986	0.4986

续表

z	0.00	0.01	0.02	0.03	0.04	0.05	0.06	0.07	0.08	0.09
3.0	0.4986	0.4987	0.4987	0.4988	0.4988	0.4989	0.4989	0.4989	0.4990	0.4990
3.10	0.4990	0.4991	0.4991	0.4991	0.4992	0.4992	0.4992	0.4992	0.4993	0.4993
3.2	0.4993	0.4993	0.4994	0.4994	0.4994	0.4994	0.4994	0.4995	0.4995	0.4995
3.3	0.4995	0.4995	0.4995	0.4996	0.4996	0.4996	0.4996	0.4996	0.4996	0.4997
3.4	0.4997	0.4997	0.4997	0.4997	0.4997	0.4997	0.4997	0.4997	0.4998	0.4998
3.5	0.4998	0.4998	0.4998	0.4998	0.4998	0.4998	0.4998	0.4998	0.4998	0.4998
3.6	0.4998	0.4998	0.4999	0.4999	0.4999	0.4999	0.4999	0.4999	0.4999	0.4999
3.7	0.4999	0.4999	0.4999	0.4999	0.4999	0.4999	0.4999	0.4999	0.4999	0.4999
3.8	0.4999	0.4999	0.4999	0.4999	0.4999	0.4999	0.4999	0.5000	0.5000	0.5000
3.9	0.5000	0.5000	0.5000	0.5000	0.5000	0.5000	0.5000	0.5000	0.5000	0.5000

附表 3 随机数码表

(随机数字 4000 个)

行数	列数							
	00000 12345	00001 67890	11111 12345	11112 67890	22222 12345	22223 67890	33333 12345	33334 67890
01	66194	28926	99547	16625	45515	67953	12108	57845
02	78240	43195	24837	23511	70880	22070	52622	61881
03	00833	88000	67299	68215	11274	55624	32991	17436
04	12111	86683	61270	58036	64192	90611	15145	01748
05	47189	99951	05755	03834	43782	90599	40282	51417
06	76396	72486	62423	27618	84184	78922	73561	52818
07	46409	17469	32483	09083	76175	19985	26309	91536
08	74626	22111	87286	46772	42243	68046	44250	42439
09	34450	81974	98723	49023	58432	67083	36876	93391
10	36327	72135	33005	28701	34710	49359	50693	89311
11	74185	77536	84825	09934	99103	09325	67389	45869
12	12296	41623	62873	37943	25584	09609	63360	47270
13	90822	60280	88925	99610	42772	67561	76873	04117
14	72121	79152	96591	90395	10189	79778	68016	13743
15	95268	41377	25684	08151	61816	58555	54305	86189
16	92603	09091	75884	93424	72586	88903	30061	14457
17	18813	90291	05275	01223	79617	95426	34900	09778
18	38840	26903	28624	67157	51986	42866	14508	49315
19	05959	33836	53758	16562	41081	38012	41230	20528
20	85141	21155	99212	32685	51403	31926	69813	58781
21	75047	59043	31074	38172	03178	32119	69506	67143
22	30752	95260	68032	62871	58781	34143	68790	69766
23	22986	82575	42187	62295	84295	30634	66562	31442
24	99439	86692	90348	66036	48399	73541	26698	39437
25	20389	93029	11881	71685	65245	89047	62669	02656
26	39249	05173	68256	36359	20250	68686	05947	09335
27	96777	33605	29481	20063	09398	01843	35139	61344
28	04860	32918	10798	50492	52665	33359	94713	28393
29	41613	42375	00403	03656	77580	87772	86877	57085
30	17930	00794	53836	53692	67135	98102	61912	11246

续表

行数	列数 00000 12345	00001 67890	11111 12345	11112 67890	22222 12345	22223 67890	33333 12345	33334 67890
31	24649	31845	25736	75231	83808	98917	93829	99430
32	79899	34061	54308	59358	56462	58166	97302	86828
33	76801	49594	81002	30397	52728	15101	72070	33706
34	36239	63636	38140	65731	39788	06872	38071	53362
35	07392	64449	17886	63632	53995	17574	22247	62607
36	67133	04181	33874	98835	67453	59734	76381	63455
37	77759	31504	32832	70861	15152	29733	75371	39174
38	85992	72268	42920	20810	29361	51423	90306	73574
39	79553	75952	54116	65553	47139	60579	09165	85490
40	41101	17336	48951	53674	17880	45260	08575	49321
41	36191	17095	32123	91576	84221	78902	81020	30847
42	62320	63898	23268	74283	26091	68409	69704	82267
43	14751	13151	93115	01437	56945	89661	67680	79790
44	48462	59278	44185	29616	76537	19589	83139	28454
45	29435	88105	59651	44391	74588	55114	85834	85686
46	28340	29285	12965	14821	80425	16602	44653	70467
47	02167	58940	27149	80242	10587	79786	24959	75334
48	17864	00991	39557	54981	23588	81914	37609	13128
49	79675	80605	60059	35862	00254	36545	21545	78179
50	72335	82037	92003	34100	29879	46613	89720	13274
51	49280	88924	35779	00283	81103	07275	89863	02348
52	61870	41657	07468	08612	98083	97349	20775	45091
53	43898	65923	25078	86129	78496	97653	91550	08078
54	62993	93912	30454	84598	56095	20664	12872	64647
55	33850	58555	51438	85507	71865	79488	76783	31708
56	55336	71264	88472	04334	63919	36394	11095	92470
57	70543	29776	13087	10072	55980	64688	68239	20461
58	89382	93809	20796	95945	34101	81277	66090	88872
59	37818	72142	67140	50785	22380	16703	53362	44340
60	60430	22834	14130	96593	23298	56203	92671	15925

续表

行数	列数 00000 12345	00001 67890	11111 12345	11112 67890	22222 12345	22223 67890	33333 12345	33334 67890
61	82975	66158	84731	19436	55790	69229	28661	13675
62	39087	71938	40355	54324	08401	26299	49420	59208
63	55700	24586	93247	32596	11865	63397	44251	43189
64	14756	28997	78643	75912	83832	32768	18928	57070
65	32166	53251	70654	91827	63491	04233	33825	69662
66	23236	73751	31888	81718	06546	83246	47651	04877
67	45794	26926	15130	82455	78305	55058	52551	47182
68	09893	20505	14225	68514	46427	56788	96297	78822
69	54382	74598	91499	14523	68479	27686	46162	83554
70	94750	89923	37089	20048	80336	94598	26940	36858
71	70297	34135	53140	33340	42050	82341	44104	82944
72	85157	47954	32979	26575	57600	40881	12250	73742
73	11100	02340	12860	74697	96644	89439	28707	25815
74	36871	50775	30592	57143	17381	68856	25853	35041
75	23913	48357	63308	16090	51690	54607	72470	55538
76	79348	36085	27973	65157	07456	22255	25626	57054
77	92074	54641	53673	54421	18130	60103	69593	49464
78	06873	21440	75593	41373	49520	17972	82578	16364
79	12478	37622	99659	31065	83613	69889	58869	29571
80	57175	55564	65411	42547	70457	03426	72937	83792
81	91616	11075	80103	07831	59309	13276	26710	73000
82	78025	73539	14621	39044	47450	03197	12787	47709
83	27587	67228	80145	10175	12822	86687	65520	49325
84	16690	20427	04251	64477	73749	73945	92396	68263
85	70183	58065	65489	31833	82093	16747	10386	59293
86	90736	35385	15679	99742	50866	78028	75573	67257
87	10934	93242	13431	24590	02770	48582	00906	58595
88	82462	30166	79613	47416	13389	80268	05085	96666
89	27463	10433	07606	16285	93699	60912	94532	95632
90	02979	52997	09079	92709	90110	47516	53693	49892

续表

行数	列数							
	00000 12345	00001 67890	11111 12345	11112 67890	22222 12345	22223 67890	33333 12345	33334 67890
91	46888	69929	75233	52507	32097	37594	10067	67327
92	53638	83161	08289	12639	08141	12640	28473	09268
93	82433	61427	17239	89160	19666	08814	37841	12847
94	35766	31672	50082	22795	66948	65581	84399	15890
95	10853	42581	08792	13257	61973	24450	52351	16602
96	20341	27398	72906	63955	17276	10646	74692	48438
97	54458	80542	77563	51839	52901	53355	83281	19177
98	26337	66530	16687	35179	46450	00123	44546	79896
99	34314	23729	85264	05575	96855	23820	11901	79821
00	28603	10708	68933	34180	92166	15181	66628	58599

附表4　相关系数(r)检验表

自由度 $(n-m)$	约束条件数(m)				自由度 $(n-m)$	约束条件数(m)			
	2	3	4	5		2	3	4	5
	$(\alpha=0.05)$					$(\alpha=0.01)$			
1	0.997	0.999	0.999	0.999	1	1.000	1.000	1.000	1.000
2	0.950	0.975	0.983	0.987	2	0.990	0.995	0.997	0.998
3	0.878	0.930	0.950	0.961	3	0.959	0.976	0.983	0.987
4	0.811	0.881	0.912	0.930	4	0.917	0.949	0.963	0.970
5	0.754	0.836	0.874	0.898	5	0.874	0.917	0.937	0.949
6	0.707	0.795	0.839	0.867	6	0.834	0.886	0.911	0.927
7	0.666	0.758	0.807	0.838	7	0.798	0.855	0.885	0.904
8	0.632	0.726	0.777	0.811	8	0.765	0.827	0.860	0.882
9	0.602	0.697	0.750	0.766	9	0.735	0.800	0.835	0.861
10	0.576	0.671	0.726	0.763	10	0.708	0.776	0.814	0.840
11	0.553	0.648	0.703	0.741	11	0.684	0.753	0.793	0.821
12	0.532	0.627	0.683	0.722	12	0.661	0.732	0.773	0.802
13	0.514	0.608	0.664	0.703	13	0.641	0.712	0.755	0.785
14	0.497	0.590	0.646	0.686	14	0.623	0.694	0.737	0.768
15	0.482	0.574	0.630	0.670	15	0.606	0.677	0.721	0.752
16	0.468	0.559	0.615	0.655	16	0.590	0.662	0.706	0.738
17	0.456	0.545	0.601	0.641	17	0.575	0.647	0.691	0.724
18	0.444	0.532	0.587	0.628	18	0.561	0.633	0.678	0.710
19	0.433	0.520	0.575	0.615	19	0.549	0.620	0.665	0.698
20	0.423	0.509	0.563	0.604	20	0.537	0.608	0.652	0.685

附表 5 t 分布单侧临界值表

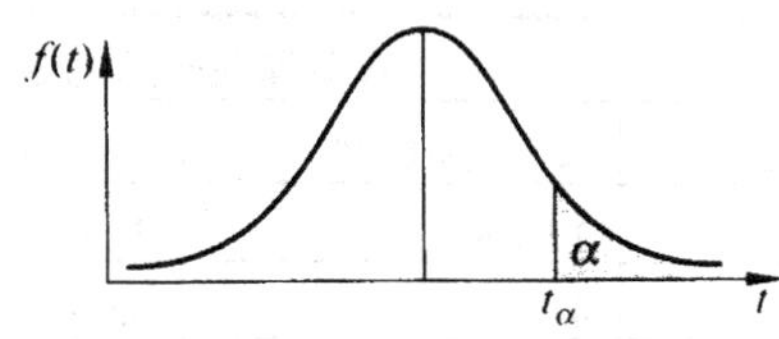

v	$t_{0.100}$	$t_{0.050}$	$t_{0.025}$	$t_{0.010}$	$t_{0.005}$	$t_{0.001}$	$t_{0.0005}$
1	3.078	6.314	12.706	31.821	63.657	318.31	636.62
2	1.886	2.920	4.303	6.965	9.925	22.326	31.598
3	1.638	2.353	3.182	4.541	5.841	10.213	12.924
4	1.533	2.132	2.776	3.747	4.604	7.173	8.610
5	1.476	2.015	2.571	3.365	4.032	5.893	6.869
6	1.440	1.943	2.447	3.143	3.707	5.208	5.959
7	1.415	1.895	2.365	2.998	3.499	4.785	5.408
8	1.397	1.860	2.306	2.896	3.355	4.501	5.041
9	1.383	1.833	2.262	2.821	3.250	4.297	4.781
10	1.372	1.812	2.228	2.764	3.169	4.144	4.587
11	1.363	1.796	2.201	2.718	3.106	4.025	4.437
12	1.356	1.782	2.179	2.681	3.055	3.930	4.318
13	1.350	1.771	2.160	2.650	3.012	3.852	4.221
14	1.345	1.761	2.145	2.624	2.977	3.787	4.140
15	1.341	1.753	2.131	2.602	2.947	3.733	4.073
16	1.337	1.746	2.120	2.583	2.921	3.686	4.015
17	1.333	1.740	2.110	2.567	2.898	3.646	3.965
18	1.330	1.734	2.101	2.552	2.878	3.610	3.922
19	1.328	1.729	2.093	2.539	2.861	3.579	3.883
20	1.325	1.725	2.086	2.528	2.845	3.552	3.850
21	1.323	1.721	2.080	2.518	2.831	3.505	3.792
22	1.321	1.717	2.074	2.508	2.819	3.505	3.792
23	1.319	1.714	2.069	2.500	2.807	3.485	3.767
24	1.318	1.711	2.064	2.492	2.797	3.467	3.745
25	1.316	1.708	2.060	2.485	2.787	3.450	3.725
26	1.315	1.706	2.056	2.479	2.779	3.435	3.707
27	1.314	1.703	2.052	2.473	2.771	3.421	3.690
28	1.313	1.701	2.048	2.467	2.763	3.408	3.674
29	1.311	1.699	2.045	2.462	2.756	3.396	3.659
30	1.310	1.697	2.042	2.457	2.750	3.385	3.646
40	1.303	1.684	2.021	2.423	2.704	3.307	3.551
60	1.296	1.671	2.000	2.390	2.660	3.232	3.460
120	1.289	1.658	1.980	2.358	2.617	3.160	3.373
∞	1.282	1.645	1.960	2.326	2.576	3.090	3.291

附表 6 t 分布双侧临界值表

自由度	双侧和在一起的面积			
	α=0.10	α=0.05	α=0.02	α=0.01
1	6.314	12.706	31.821	63.657
2	2.920	4.403	6.965	9.925
3	2.353	3.182	4.541	5.841
4	2.132	2.776	3.747	4.604
5	2.015	2.571	3.365	4.032
6	1.943	2.447	3.143	3.707
7	1.895	2.365	2.988	3.499
8	1.860	2.306	2.996	3.355
9	1.833	2.262	2.821	3.250
10	1.812	2.228	2.764	3.169
11	1.796	2.201	2.718	3.106
12	1.782	2.179	2.681	3.055
13	1.771	2.160	2.650	3.012
14	1.761	2.145	2.624	2.977
15	1.753	2.131	2.602	2.947
16	1.746	2.120	2.583	2.921
17	1.740	2.110	2.567	2.898
18	1.734	2.101	2.552	2.878
19	1.729	2.093	2.539	2.861
20	1.725	2.086	2.528	2.845
21	1.721	2.080	2.518	2.831
22	1.717	2.074	2.508	2.819
23	1.714	2.069	2.500	2.807
24	1.711	2.064	2.942	2.797
25	1.708	2.060	2.485	2.787
26	1.760	2.056	2.479	2.779
27	1.703	2.052	2.473	2.771
28	1.701	2.048	2.467	2.763
29	1.699	2.045	2.462	2.756
30	1.697	2.042	2.457	2.750
40	1.684	2.021	2.423	2.704
60	1.671	2.000	2.390	2.660

附表 7 F 分布的临界值表

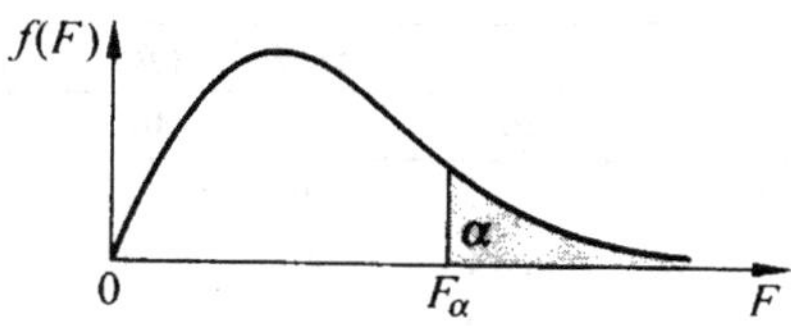

$F_{0.10}$

ν_2 \ ν_1	分子自由度								
分母自由度	1	2	3	4	5	6	7	8	9
1	39.86	49.50	53.59	55.83	57.24	58.20	58.91	59.44	59.86
2	8.53	9.00	9.16	9.24	9.29	9.33	9.35	9.37	9.38
3	5.54	5.46	5.39	5.34	5.31	5.28	5.27	5.25	5.24
4	4.54	4.32	4.19	4.11	4.05	4.01	3.98	3.95	3.94
5	4.06	3.78	3.62	3.52	3.45	3.40	3.37	3.34	3.32
6	3.78	3.46	3.29	3.18	3.11	3.05	3.01	2.98	2.96
7	3.59	3.26	3.07	2.96	2.88	2.83	2.78	2.75	2.72
8	3.46	3.11	2.92	2.81	2.73	2.67	2.62	2.59	2.56
9	3.36	3.01	2.81	2.69	2.61	2.55	2.51	2.47	2.44
10	3.29	2.92	2.73	2.61	2.52	2.46	2.41	2.38	2.35
11	3.23	2.86	2.66	2.54	2.45	2.39	2.34	2.30	2.27
12	3.18	2.81	2.61	2.48	2.39	2.33	2.28	2.24	2.21
13	3.14	2.76	2.56	2.43	2.35	2.28	2.23	2.20	2.16
14	3.10	2.73	2.52	2.39	2.31	2.24	2.19	2.15	2.12
15	3.07	2.70	2.49	2.36	2.27	2.21	2.16	2.12	2.09
16	3.05	2.67	2.46	2.33	2.24	2.18	2.13	2.09	2.06
17	3.03	2.64	2.44	2.31	2.22	2.15	2.10	2.06	2.03
18	3.01	2.62	2.42	2.29	2.20	2.13	2.08	2.04	2.00
19	2.99	2.61	2.40	2.27	2.18	2.11	2.06	2.02	1.98
20	2.97	2.59	2.38	2.25	2.16	2.09	2.04	2.00	1.96
21	2.96	2.57	2.36	2.23	2.14	2.08	2.02	1.98	1.95
22	2.95	2.56	2.35	2.22	2.13	2.06	2.01	1.97	1.93
23	2.94	2.55	2.34	2.21	2.11	2.05	1.99	1.95	1.92
24	2.93	2.54	2.33	2.19	2.10	2.04	1.98	1.94	1.91
25	2.92	2.53	2.32	2.18	2.09	2.02	1.97	1.93	1.89
26	2.91	2.52	2.31	2.17	2.08	2.01	1.96	1.92	1.88
27	2.90	2.51	2.30	2.17	2.07	2.00	1.95	1.91	1.87
28	2.89	2.50	2.29	2.16	2.06	2.00	1.94	1.90	1.87
29	2.89	2.50	2.28	2.15	2.06	1.99	1.93	1.89	1.86
30	2.88	2.49	2.28	2.14	2.05	1.98	1.93	1.88	1.85
40	2.84	2.44	2.23	2.09	2.00	1.93	1.87	1.83	1.79
60	2.79	2.39	2.18	2.04	1.95	1.87	1.82	1.77	1.74
120	2.75	2.35	2.13	1.99	1.90	1.82	1.77	1.72	1.68
∞	2.71	2.30	2.08	1.94	1.85	1.77	1.72	1.67	1.63

续表

ν_2 \ ν_1 分子自由度	10	12	15	20	24	30	40	60	120	∞
1	60.19	60.71	61.22	61.74	62.00	62.26	62.53	62.79	63.06	63.33
2	9.39	9.41	9.42	9.44	9.45	9.46	9.47	9.47	9.48	9.49
3	5.23	5.22	5.20	5.18	5.18	5.17	5.16	5.15	5.14	5.13
4	3.92	3.90	3.87	3.84	3.83	3.82	3.80	3.79	3.78	3.76
5	3.30	3.27	3.24	3.21	3.19	3.17	3.16	3.14	3.12	3.10
6	2.94	2.90	2.87	2.84	2.82	2.80	2.78	2.76	2.74	2.72
7	2.70	2.67	2.63	2.59	2.58	2.56	2.54	2.51	2.49	2.47
8	2.54	2.50	2.46	2.42	2.40	2.38	2.36	2.34	2.32	2.29
9	2.42	2.38	2.34	2.30	2.28	2.25	2.23	2.21	2.18	2.16
10	2.32	2.28	2.24	2.20	2.18	2.16	2.13	2.11	2.08	2.06
11	2.25	2.21	2.17	2.12	2.10	2.08	2.05	2.03	2.00	1.97
12	2.19	2.15	2.10	2.06	2.04	2.01	1.99	1.96	1.93	1.90
13	2.14	2.10	2.05	2.01	1.98	1.96	1.93	1.90	1.88	1.85
14	2.10	2.05	2.01	1.96	1.94	1.91	1.89	1.86	1.83	1.80
15	2.06	2.02	1.97	1.92	1.90	1.87	1.85	1.82	1.79	1.76
16	2.03	1.99	1.94	1.89	1.87	1.84	1.81	1.78	1.75	1.72
17	2.00	1.96	1.91	1.86	1.84	1.81	1.78	1.75	1.72	1.69
18	1.98	1.93	1.89	1.84	1.81	1.78	1.75	1.72	1.69	1.66
19	1.96	1.91	1.86	1.81	1.79	1.76	1.73	1.70	1.67	1.63
20	1.94	1.89	1.84	1.79	1.77	1.74	1.71	1.68	1.64	1.61
21	1.92	1.87	1.83	1.78	1.75	1.72	1.69	1.66	1.62	1.59
22	1.90	1.86	1.81	1.76	1.73	1.70	1.67	1.64	1.60	1.57
23	1.89	1.84	1.80	1.74	1.72	1.69	1.66	1.62	1.59	1.55
24	1.88	1.83	1.78	1.73	1.70	1.67	1.64	1.61	1.57	1.53
25	1.87	1.82	1.77	1.72	1.69	1.66	1.63	1.59	1.56	1.52
26	1.86	1.81	1.76	1.71	1.68	1.65	1.61	1.58	1.54	1.50
27	1.85	1.80	1.75	1.70	1.67	1.64	1.60	1.57	1.53	1.49
28	1.84	1.79	1.74	1.69	1.66	1.63	1.59	1.56	1.52	1.48
29	1.83	1.78	1.73	1.68	1.65	1.62	1.58	1.55	1.51	1.47
30	1.82	1.77	1.72	1.67	1.64	1.61	1.57	1.54	1.50	1.46
40	1.76	1.71	1.66	1.61	1.57	1.54	1.51	1.47	1.42	1.38
60	1.71	1.66	1.60	1.54	1.51	1.48	1.44	1.40	1.35	1.29
120	1.65	1.60	1.55	1.48	1.45	1.41	1.37	1.32	1.26	1.19
∞	1.60	1.55	1.49	1.42	1.38	1.34	1.30	1.24	1.17	1.00

（行：分母自由度 ν_2）

续表

$F_{0.05}$

v_2 \ v_1 分子自由度	1	2	3	4	5	6	7	8	9
1	161.4	199.5	215.7	224.6	230.2	234.0	236.8	238.9	240.5
2	18.51	19.00	19.16	19.25	19.30	19.33	19.35	19.37	19.38
3	10.13	9.55	9.28	9.12	9.01	8.94	8.89	8.85	8.81
4	7.71	6.94	6.59	6.39	6.26	6.16	6.09	6.04	6.00
5	6.61	5.79	5.41	5.19	5.05	4.95	4.88	4.82	4.77
6	5.99	5.14	4.76	4.53	4.39	4.28	4.21	4.15	4.10
7	5.59	4.74	4.35	4.12	3.97	3.87	3.79	3.73	3.68
8	5.32	4.46	4.07	3.84	3.69	3.58	3.50	3.44	3.39
9	5.12	4.26	3.86	3.63	3.48	3.37	3.29	3.23	3.18
10	4.96	4.10	3.71	3.48	3.33	3.22	3.14	3.07	3.02
11	4.84	3.98	3.59	3.36	3.20	3.09	3.01	2.95	2.90
12	4.75	3.89	3.49	3.26	3.11	3.00	2.91	2.85	2.80
13	4.67	3.81	3.41	3.18	3.03	2.92	2.83	2.77	2.71
14	4.60	3.74	3.34	3.11	2.96	2.85	2.76	2.70	2.65
分母自由度 15	4.54	3.68	3.29	3.06	2.90	2.79	2.71	2.64	2.59
16	4.49	3.63	3.24	3.01	2.85	2.74	2.66	2.59	2.54
17	4.45	3.59	3.20	2.96	2.81	2.70	2.61	2.55	2.49
18	4.41	3.55	3.16	2.93	2.77	2.66	2.58	2.51	2.46
19	4.38	3.52	3.13	2.90	2.74	2.63	2.54	2.48	2.42
20	4.35	3.49	3.10	2.87	2.71	2.60	2.51	2.45	2.39
21	4.32	3.47	3.07	2.84	2.68	2.57	2.49	2.42	2.37
22	4.30	3.44	3.05	2.82	2.66	2.55	2.46	2.40	2.34
23	4.28	3.42	3.03	2.80	2.64	2.53	2.44	2.37	2.32
24	4.26	3.40	3.01	2.78	2.62	2.51	2.42	2.36	2.30
25	4.24	3.39	2.99	2.76	2.60	2.49	2.40	2.34	2.28
26	4.23	3.37	2.98	2.74	2.59	2.47	2.39	2.32	2.27
27	4.21	3.35	2.96	2.73	2.57	2.46	2.37	2.31	2.25
28	4.20	3.34	2.95	2.71	2.56	2.45	2.36	2.29	2.24
29	4.18	3.33	2.93	2.70	2.55	2.43	2.35	2.28	2.22
30	4.17	3.32	2.92	2.69	2.53	2.42	2.33	2.27	2.21
40	4.08	3.23	2.84	2.61	2.45	2.34	2.25	2.18	2.12
60	4.00	3.15	2.76	2.53	2.37	2.25	2.17	2.10	2.04
120	3.92	3.07	2.68	2.45	2.29	2.17	2.09	2.02	1.96
∞	3.84	3.00	2.60	2.37	2.21	2.10	2.01	1.94	1.88

续表

$F_{0.01}$

v_2（分母自由度） \ v_1（分子自由度）	1	2	3	4	5	6	7	8	9
1	4052	4999.5	5403	5625	5764	5859	5982	5928	6022
2	98.50	99.00	99.17	99.25	99.30	99.33	99.36	99.37	99.39
3	34.12	30.82	29.46	28.71	28.24	27.91	27.67	27.49	27.35
4	21.20	18.00	16.69	15.98	15.52	15.21	14.98	14.80	14.66
5	16.26	13.27	12.06	11.39	10.97	10.67	10.46	10.29	10.16
7	12.25	9.55	8.45	7.85	7.46	7.19	6.99	6.84	6.72
8	11.26	8.65	7.59	7.01	6.03	6.37	6.18	6.03	5.91
9	10.56	8.02	6.99	6.42	6.06	5.80	5.61	5.47	5.35
10	10.04	7.56	6.55	5.99	5.64	5.39	5.20	5.06	4.94
11	9.65	7.21	6.22	5.67	5.32	5.07	4.89	4.74	4.63
12	9.33	6.93	5.95	5.41	5.06	4.82	4.64	4.50	4.39
13	9.07	6.70	5.74	5.21	4.86	4.62	4.44	4.30	4.19
14	9.86	6.51	5.56	5.04	4.69	4.46	4.28	4.14	4.03
15	8.68	6.36	5.42	4.89	4.56	4.32	4.14	4.00	3.89
16	8.53	6.23	5.29	4.77	4.44	4.20	4.03	3.89	3.78
17	8.40	6.11	5.18	4.67	4.34	4.10	3.93	3.79	3.68
18	8.29	6.01	5.09	4.58	4.25	4.01	3.84	3.71	3.60
19	8.18	5.93	5.01	4.50	4.17	3.94	3.77	3.63	3.52
20	8.10	4.85	4.94	4.43	4.10	3.87	3.70	3.56	3.46
21	8.02	5.78	4.87	4.37	4.04	3.81	3.64	3.51	3.40
22	7.95	5.72	4.82	4.31	3.99	3.76	3.59	3.45	3.35
23	7.88	5.66	4.76	4.26	3.94	3.71	3.54	3.41	3.30
24	7.82	5.61	4.72	4.22	3.90	3.67	3.50	3.36	3.26
25	7.77	5.57	4.68	4.18	3.85	3.63	3.46	3.32	3.22
26	7.72	5.53	4.64	4.14	3.82	3.59	3.42	3.29	3.18
27	7.68	5.49	4.60	4.11	3.78	3.56	3.39	3.26	3.15
28	7.64	5.45	4.57	4.07	3.75	3.53	3.36	3.23	3.12
29	7.60	5.42	4.54	4.04	3.73	3.50	3.33	3.20	3.09
30	7.56	5.39	4.51	4.02	3.70	3.47	3.40	3.17	3.07
40	7.31	5.18	4.31	3.83	3.51	3.29	3.12	2.99	2.89
60	7.08	4.98	4.13	3.65	3.34	4.12	2.95	2.82	2.72
120	6.85	4.79	3.95	3.48	3.17	2.96	2.79	2.66	2.56
∞	6.63	4.61	3.78	3.32	3.02	2.80	2.64	2.51	2.41

参 考 文 献

1. 李成瑞. 社会经济统计学原理教程. 北京：中国统计出版社，1992
2. 岳巍，章坤基. 统计分析理论与方法. 北京：中国统计出版社，1993
3. 王振龙. 统计学原理. 西安：陕西科学技术出版社，1993
4. 刘汉良. 统计学教程. 上海：上海财经大学出版社，1995
5. 佟哲晖，姚志学. 社会经济统计学原理. 大连：东北财经大学出版社，1991
6. 姬景周. 统计学原理. 北京：中国商业出版社，1997
7. 杨昌斌，林洪. 统计学概论. 北京：中国统计出版社，1996
8. 胡健颖，冯泰. 实用统计学. 北京：北京大学出版社，1996
9. 吕宏志，樊冬梅. 现代统计学. 郑州：黄河水利出版社，1999
10. 贾俊平. 统计学. 北京：清华大学出版社，2006
11. 吴可杰，邢西治. 统计学原理. 南京：南京大学出版社，1999
12. 陶靖轩，刘春雨等. 应用统计学. 北京：中国计量出版社，2007
13. 梁前德. 基础统计. 北京：高等教育出版社，2000
14. 卢小广. 统计学教程. 北京：清华大学出版社，北方交通大学出版社，2006
15. 李洁明，祁新娥，统计学原理. 上海：复旦大学出版社，2003
16. 孙静娟. 统计学. 北京：清华大学出版社，2006
17. 王长江，郝华荣. 统计学原理. 北京：国防工业出版社，2005
18. 徐国祥. 统计学(第二版). 北京：高等教育出版社，2004
19. 苏均和. 概率论与数理统计. 北京：上海财经大学出版社，1999
20. N.古扎拉蒂. 计量经济学基础. 北京：中国人民大学出版社，2005